**Ser justo com a psicanálise —
Ensaios de psicanálise e filosofia**

Joel Birman

Ser justo com a psicanálise
Ensaios de psicanálise e filosofia

1ª edição

Rio de Janeiro | 2021

Copyright © Joel Birman, 2021

CIP-BRASIL. CATALOGAÇÃO NA PUBLICAÇÃO
SINDICATO NACIONAL DOS EDITORES DE LIVROS, RJ

B521s Birman, Joel, 1946-
   Ser justo com a psicanálise : ensaios de psicanálise e
   filosofia / Joel Birman. – 1. ed. – Rio de Janeiro: Civilização
   Brasileira, 2021.

   ISBN 978-65-5802-036-3

   1. Freud, Sigmund, 1856-1939. 2. Psicanálise.
   3. Psicanálise e filosofia. I. Título.

            CDD: 150.195
21-71497   CDU: 159.964.2

Meri Gleice Rodrigues de Souza – Bibliotecária – CRB-7/6439

Todos os direitos reservados. Proibida a reprodução,
o armazenamento ou a transmissão de partes deste livro,
através de quaisquer meios, sem prévia autorização por escrito.

Texto revisado segundo o novo Acordo Ortográfico da Língua Portuguesa.

Direitos desta edição adquiridos pela
EDITORA CIVILIZAÇÃO BRASILEIRA
Um selo da
EDITORA JOSÉ OLYMPIO LTDA.
Rua Argentina, 171 – Rio de Janeiro, RJ – 20921-380 – Tel.: (21) 2585-2000.

Seja um leitor preferencial Record.
Cadastre-se e receba informações sobre nossos lançamentos e
nossas promoções.

Atendimento e venda direta ao leitor:
sac@record.com.br

Impresso no Brasil
2021

Para Renata, Daniela, Mariana, Clara e Olivia, as meninas.
Para Pedro e Rafael, os meninos.

Os belos livros são escritos numa espécie de língua estrangeira.

Marcel Proust em *Contre Sainte-Beuve**

---

*   Deleuze, G. *Marcel Proust et les signes*. Paris, Presses Universitaires de France, 1984.

Sumário

INTRODUÇÃO – SER JUSTO OU FAZER JUSTIÇA A FREUD? *13*
   Cientificidade *13*
   Desconstrução da filosofia do sujeito *15*
   Critério de justiça *16*

PARTE 1   PROBLEMAS, PROBLEMÁTICAS E PROBLEMATIZAÇÕES (FREUD) *19*

1. Cartografias da filosofia *21*
   Preâmbulo *23*
   Interlocução *24*
   Discurso *28*
   Recepção *29*
   Negatividade e inadequação *31*
   Sentido e verdade *37*
   Inconsciente e desejo *48*
   Metapsicologia, metafísica e interpretação *52*
   Desconstrução do sujeito *56*
   Descentramentos *64*
   Da consciência ao inconsciente *66*
   Outro *70*
   Trágico e diferença *72*

2. A cena teórica da epistemologia *77*
   Cientificidade *79*
   Fisicalismo? *81*
   História, sentido e linguagem *86*
   Refutação da cientificidade *93*

Ciência e interpretação 96
Metapsicologia e interpretação 98
Sujeito do inconsciente 103
Objeto teórico 108
Desejo e ética 112
Saber, desejo e poder 114

3. A psicanálise na berlinda? 119
Variações e presenças 121
Tagarelice 123
Sexualidade, biopoder e bio-história 127
Cuidado e saber de si 128
Sujeito e formas de subjetivação 132

4. Governabilidade, política e guerra 139
Guerras atuais e dispositivos de segurança 141
Paz impossível 144
Culpa, piedade e interdito de matar 149
Guerra e política 153

5. Paradigmas em questão 157
Abertura 159
Paradigma e discurso da ciência 161
Repetição do mesmo e repetição da diferença 164
Narcisismo das pequenas diferenças 165
Diferentes paradigmas 167
Paradigma e objeto teórico 168
Psicanálise, ciência e continente do inconsciente 170
Formação discursiva 172
Mal-estar 175
Histeria e normalização do erotismo 178
Melancolia, trauma e violência 180
As psicoses em questão 182
Estados-limites e função materna 184
Mal-estar e biopolítica 185

Transformações nos campos do mal-estar e da biopolítica   *187*
Jogos de verdade e discursividade   *190*

PARTE 2   REMANEJAMENTOS (LACAN)   *193*

6. Da filosofia à antifilosofia
(Sobre o percurso teórico de Lacan)   *195*
 Preâmbulo   *197*
 Dialética, alienação e reconhecimento   *197*
 Linguagem e estruturalismo   *201*
 Escrita e arquivo   *204*
 Saber, poder e subjetivação   *205*
 Conhecimento e desejo   *208*

7. Os filósofos apenas interpretaram o mundo
de diversas maneiras, mas o que importa é transformá-lo
(Sobre Lacan e Marx, comentários preliminares)   *211*
 Ausência eloquente   *213*
 Presença flagrante   *216*
 A problemática da verdade   *219*
 A tradição alemã   *222*
 A adaptação em questão   *228*
 Crítica da psicologia   *229*
 Identificação, informação e linguagem   *231*
 Reconhecimento e real   *233*
 Politzer, Wallon e Lacan   *237*
 Guerra e real   *240*
 Ego e ideologia   *243*

PARTE 3   RECEPÇÃO FILOSÓFICA   *245*

8. Psicanálise e filosofia contemporânea
(Hyppolite, leitor de Freud e de Lacan)   *247*
 Releitura de Hegel   *249*
 Dialética hegeliana e o "retorno a Freud"   *252*

Filosofia francesa e psicanálise   256
Leitura filosófica de Freud   259

9. A imaginação, a fantasia e o sublime em psicanálise
(Uma leitura de *Eros e civilização*, de Herbert Marcuse)   269
Utopia e desejo   271
Águia?   274
Trabalho e prazer   275
Interpretação filosófica   278
Imaginação e Eros   280
Estética e razão instrumental   283
Além do princípio de realidade   286
Sublimar e erotizar   289
Sublime Eros?   291
Eterno retorno de Eros   294

10. A problemática da verdade na psicanálise, na genealogia e na
estilística da existência   297
Veracidade, poder e subjetivação   299
Estética da existência e estilo de vida   302
Cuidado de si e conhecer a si mesmo   304
Genealogia e história   306
Foucault e a psicanálise   307
Ciência e ética   308
Dizer verdadeiro e franco falar   313
A psicanálise em questão   314
Foucault e Lacan   316

11. Escrita e psicanálise
(Derrida, leitor de Freud)   319
Livro e texto   321
Presença, logos e episteme   322
Crítica da fenomenologia e do estruturalismo   326
Leituras da psicanálise   328
O traço   331

Do traço à escrita *340*
Escritura e máquina *343*

12. Arquivo e mal de arquivo *347*
    Problemática *349*
    Arquivos sobre o mal *351*
    Versão clássica *353*
    Diferença e vontade de verdade *355*
    Princípios ontológico e nomológico *358*
    Pulsão de morte, silêncio e esquecimento *361*
    Arquivo *versus* arqueologia *363*
    Desconstrução e construção do comando *366*
    Promessa e justiça *367*

13. Signos e excessos
(A clínica em Deleuze) *371*
    Preâmbulo *373*
    As sombras da história *375*
    O édipo, as máquinas desejantes e o corpo sem órgãos *378*
    O excesso pulsional e a impessoalidade singular *380*
    Os signos, os trajetos e as cartografias *385*

14. Psicanálise e filosofia política na contemporaneidade
(Sobre as categorias de povo, de populismo e de identidade) *393*
    Preâmbulo *395*
    Universal e particular *397*
    Hegemonia e democracia radical *399*
    Equivalência e tradição *402*
    Povo e populismo *405*
    Multiculturalismo e luta de classes *406*
    Psicanálise revisitada *408*
    Diferença *413*
    Sujeito e subjetivação *417*
    Trauma *419*

BIBLIOGRAFIA *423*

Introdução
Ser justo ou fazer justiça a Freud?

CIENTIFICIDADE

A intenção primordial deste livro é a de *problematizar*[1] as relações existentes entre a psicanálise e a filosofia, numa perspectiva eminentemente histórica, pela qual os diferentes autores e interlocutores mediados nessa *problematização* estarão devidamente circunscritos nos seus horizontes sociais, políticos e culturais, na leitura que propuseram da psicanálise e da filosofia. As coordenadas fundamentais desta obra estão condensadas nos delineamentos de suas *linhas de força* cruciais, assim como as suas *linhas de fuga* inesperadas, esboçando nessa base a nudez de sua nervura.

Portanto, a psicanálise desde o tempo da emergência histórica do discurso freudiano, na viragem do século XIX para o século XX, com a publicação emblemática de *A interpretação dos sonhos*,[2] colocou certamente um *problema* crucial para o discurso filosófico. Este, em contrapartida, empreendeu progressivamente desde então a *recepção* crítica do discurso psicanalítico, de forma ao mesmo tempo *sistemática* e *assistemática*.

De maneira complementar, mas em conexão íntima com a recepção crítica do discurso filosófico e do discurso psicanalítico, o discurso da ciência e o discurso da medicina se opuseram simultaneamente à psicanálise, pelo não *reconhecimento* de sua cientificidade. Com efeito,

---

1. Foucault, M. *Dits et écrits*. Volume IV. Paris, Gallimard, 1994; Deleuze, G.; Guattari, F. *Mille Plateaux*: Capitalisme et schizophrenie 2. Paris, Minuit, 1980.
2. Freud, S. *L'interprétation des rêves* (1900). Capítulo 7. Paris, Presses Universitaires de France, 1976.

SER JUSTO COM A PSICANÁLISE

o fundamento desse não reconhecimento da cientificidade do discurso freudiano se baseava nos pressupostos do discurso neopositivista da ciência, tal como foram sistematizados pelo Círculo de Viena, segundo os quais apenas seriam considerados científicos os enunciados discursivos que pudessem ser reduzidos a proposições simples. Ao mesmo tempo, tais proposições deveriam ser passíveis de *verificação* empírica. Nessa perspectiva, nem o discurso filosófico, nem tampouco o discurso estético, pôde ser considerado científico, pois contrariaria os interpretados como *discursos com sentido* propriamente ditos. Em contrapartida, foram considerados como *discursos sem sentido*. A psicanálise foi, portanto, indiscutivelmente inscrita no campo *negativo* dos discursos sem sentido, na medida em que os enunciados da *metapsicologia* freudiana não seriam passíveis de verificação, tal como ocorria com os enunciados dos discursos filosófico e estético, em oposição cerrada ao discurso da ciência na sua *positividade*.

Contudo, se na tradição anglo-saxônica, ao mesmo tempo norte-americana e inglesa, a psicanálise nunca foi efetivamente reconhecida como ciência, em decorrência da importância dessa leitura epistemológica da ciência, de *fato* e de *direito*, para aludir a Kant em *Crítica da razão pura*,[3] na tradição francesa, a psicanálise começou a ser interpretada e reconhecida como *saber da interpretação*. Dessa forma, a problemática da produção do *sentido* pelo sujeito passou a ser colocada no primeiro plano de leitura pelos intérpretes dessa tradição teórica e cultural. Com efeito, de Politzer a Ricoeur e Merleau-Ponty, passando por Lacan e Dalbiez, o discurso psicanalítico tornou-se positivamente recuperado como um saber da interpretação. No entanto, nessa tradição filosófica, uma vez que esse discurso foi considerado como a *presença negativa* do espectro da psicologia clássica no campo do discurso psicanalítico, a *metapsicologia* freudiana foi frontalmente refutada e recusada de forma sistemática para, assim, promover efetivamente o desenvolvimento da psicanálise como saber da interpretação.

---

3. Kant, E. *Critique de la raison pure* (1781). Paris, Presses Universitaires de France, 1971.

INTRODUÇÃO

DESCONSTRUÇÃO DA FILOSOFIA DO SUJEITO

Desde os seus tempos iniciais e heroicos o discurso psicanalítico colocou um problema crucial para a filosofia, a saber, o *descentramento do sujeito* dos registros da *consciência*, do *eu* e da *representação*, opondo-se radicalmente à tradição filosófica oriunda de Descartes. Se essa tradição se fundava nesses três pressupostos que conduziam inequivocamente ao enunciado do *cogito* como "Penso, logo sou",[4] em contrapartida, o discurso freudiano se fundava no registro do *desejo*, que seria o instituidor efetivo da existência do sujeito, do qual seria oriundo posteriormente o registro do pensamento.[5]

Essa foi a tese fundamental que o discurso psicanalítico colocou para o discurso filosófico, conduzindo este a refutar inicialmente o projeto teórico da psicanálise na tradição da filosofia do sujeito e, por outro lado, a reconhecer parcialmente tal projeto nos autores que assumiram uma leitura crítica e desconstrutivista da tradição, como foi o caso de Foucault, Derrida, Deleuze, Rosset e Politzer.

Ao mesmo tempo, na tradição filosófica alemã, a geração inicial da Escola de Frankfurt, com Adorno, Horkheimer e Marcuse, acolheu positivamente o discurso psicanalítico, enfatizando a importância do discurso freudiano por oferecer ferramentas conceituais para empreender a desconstrução dos processos sociais de *alienação* e de *reificação*, promovidos de maneira abrangente pelo modo de produção capitalista. Portanto, para esses autores o discurso psicanalítico possibilitaria a potencialização da operação teórica da *negatividade*, presente nos discursos filosóficos de Hegel e de Marx.

---

4. Descartes, R. "Méditations métaphysiques: Objections et réponses" (1641). In: Descartes, R. *Oeuvres et lettres de Descartes*. Paris, Gallimard (Plêiade), 1949.
5. Lacan, J. *Écrits*. Paris, Seul, 1966.

CRITÉRIO DE JUSTIÇA

Esta obra pretende dar lugar a todas essas vozes que possibilitaram as recepções e a interpretação crucial que a psicanálise fez do discurso filosófico, assim como as diversas respostas que o discurso filosófico endereçou à psicanálise, seja para refutá-la, seja para acolhê-la. Por isso mesmo, esta obra seguiu rigorosamente as linhas de força da história, iniciando por Freud e Lacan, nas formas pelas quais seus diferentes discursos psicanalíticos interpelaram e empreenderam o debate com o discurso filosófico. Em seguida, os diferentes discursos da filosofia, com Marcuse, a Escola de Frankfurt, Deleuze, Foucault, Hyppolite e Derrida, respectivamente, foram colocados em cena, a partir do diálogo e da recepção crítica que tiveram com a psicanálise enquanto saber.

Ao escolher o título deste livro, procurei inseri-lo historicamente no coração desse debate teórico, intitulando-o *Ser justo com a psicanálise*. O título se inscreve na espinha dorsal da interlocução que foi estabelecida historicamente entre psicanálise e filosofia. Numa passagem célebre de *História da loucura*, Foucault enunciou de maneira peremptória que seria preciso "ser justo com Freud", uma vez que este reconheceu efetivamente a experiência da loucura em sua verdade, pois não concebeu mais o *delírio* como *erro da razão*, ao inscrevê-lo de forma eloquente como *forma de linguagem* e de *discurso* na sua positividade.[6] Ao enunciar essa avaliação ética e teórica, Foucault se baseava certamente na análise que Freud realizou do famoso caso Schreber, principalmente na leitura dos *delírios de interpretação* e da erotomania a partir da proposição axial "Eu te amo", indicando que, pela mudança de posição do *sujeito*, do *verbo* e do *predicado* na frase em questão, seria então possível recensear a totalidade de tais delírios.[7]

Ao lado disso, Foucault, na sua *arqueologia do saber* realizada ainda na *História da loucura*, enunciou também que o *dispositivo psicanalítico*

---

6. Foucault, M. *Histoire de la folie à l'âge classique* (1960). Paris, Gallimard, 1972.
7. Freud, S. "Remarques psychanalytiques sur l'autobiographie d'un cas de paranoia (Dementia paranoides) (Le President Schreber)" (1911). In: Freud, S. *Cinq psychanalyses*. Paris, Presses Universitaires de France, 1975.

INTRODUÇÃO

baseado na transferência se constituiu pelas coordenadas estabelecidas pelo *dispositivo do tratamento moral* instituído no campo do asilo psiquiátrico no início do século XIX.[8] Assim, estabeleceu uma relação de *contradição* e até mesmo de *paradoxo* entre a tese do delírio como verdade e a leitura de dispositivo psicanalítico como *derivação* arqueológica do dispositivo do tratamento moral.

Foi fundamentalmente por essa última formulação de crítica à psicanálise que Derrida reagiu ao discurso teórico de Foucault, estabelecendo com ele um debate denso sobre a psicanálise, e realizando uma crítica à *História da loucura*. Num ensaio inicial intitulado "Cogito e história da loucura", de 1963, Derrida enunciou que o projeto de Foucault não teria sido teoricamente possível sem a constituição histórica da psicanálise, que realizou, ao mesmo tempo, a crítica sistemática da psiquiatria e do dispositivo asilar. Ao lado disso, Derrida se insurgiu radicalmente contra a leitura de Foucault sobre Descartes, teórico que teria sido constituidor do registro razão-*desrazão*, que é crucial, como se sabe, na leitura de Foucault na obra em questão.[9]

Em 1993, no contexto do colóquio organizado em Paris pela Sociedade de História da Psicanálise e da Psiquiatria, coordenado por E. Roudinesco e por R. Major, com o tema "Trinta anos da História da loucura", Derrida voltou a criticar a leitura de Foucault, num ensaio intitulado "Fazer justiça a Freud", no qual faz uma ironia à Foucault pela formulação dessa frase.[10] Derrida retornou à obra de Foucault sobre a constituição histórica da loucura, enunciando que, sem a psicanálise, ela não seria, enfim, possível, pela desconstrução radical promovida no discurso psiquiátrico.[11]

Entre o enunciado "ser justo com Freud" formulado por Foucault e o ensaio "Fazer justiça a Freud" enunciado por Derrida, escolhemos

---

8. Foucault, M. *Histoire de la folie à l'âge classique. Op. cit.*
9. Derrida, J. "Cogito et histoire de la folie". In: Derrida, J, *L'écriture et la différence.* Paris, Seuil, 1967.
10. *Idem.* "Fazer justiça a Freud". In: Foucault, M.; Derrida, J. *Três tempos sobre a História da loucura.* Rio de Janeiro, Relume-Dumará, 2001.
11. *Ibidem.*

o título *Ser justo com a psicanálise*, para assim estabelecer as linhas de força e as linhas de fuga que foram delineadas entre os discursos psicanalítico e filosófico desde a emergência histórica e epistemológica da psicanálise como saber. E também para enfatizar as problemáticas que a psicanálise endereçou ao discurso da filosofia ao longo do século XX e que foram por esta incorporadas em diferentes discursos teóricos, com diversos níveis de complexidade.

PARTE 1 Problemas, problemáticas
e problematizações
(Freud)

1. Cartografias da filosofia

PREÂMBULO

A finalidade deste ensaio é delinear a constituição e o desenvolvimento teóricos do discurso freudiano, naquilo que esse colocou como questões fundamentais para o discurso filosófico, desde a fundação da psicanálise, na passagem do século XIX para o século XX. Pela sua construção, como modalidade original do discurso, Freud circunscreveu algumas *problemáticas*[1] teóricas que foram cruciais para a filosofia que, por sua vez, respondeu devidamente a elas. Com efeito, com críticas e objeções, mas também com reconhecimento, pela pertinência das tais problemáticas esboçadas, a filosofia estabeleceu um diálogo sempre rigoroso com a psicanálise. Tudo isso constituiu evidentemente uma *interlocução* bastante viva entre psicanálise e filosofia, que atravessou a totalidade do século passado, de maneira a tecer uma verdadeira história entre as duas disciplinas, que não saíram incólumes desse diálogo crítico de gigantes. Vale dizer, a psicanálise acabou por incorporar, no seu discurso teórico, uma série de ponderações críticas formuladas pela filosofia, da mesma forma que esta também inscreveu, no seu corpo teórico, uma série de questões enunciadas pela psicanálise. Aconteceu assim, enfim, um rico processo de *interpelação* recíproca, que fertilizou ambas as disciplinas, por caminhos quase sempre inesperados e marcados por surpresas instigantes.

---

1. Foucault, M. *Dits et écrits*. Volume IV, Paris, Gallimard, 1994; Deleuze, G., Guattari, F. *Mille Plateaux*: Capitalisme et schizofrenie 2. Paris, Minuit, 1980.

SER JUSTO COM A PSICANÁLISE

A incidência da psicanálise no discurso filosófico o interpelou no que diz respeito a uma tradição teórica muito especial, centrada fundamentalmente na concepção de *sujeito*. A *filosofia do sujeito* foi questionada pela psicanálise de maneira precisa e bem circunscrita. Para a filosofia, o sujeito seria não apenas originário, mas estaria sempre inscrito no campo da consciência e se enunciava no registro do *eu*, enquanto que a psicanálise formulou eloquentemente o *descentramento* do sujeito em ambos os registros. Foi esta problemática crucial, portanto, que delineou e costurou a interlocução crítica entre psicanálise e filosofia. Daí derivaram em cascata as demais problemáticas teóricas, que formalizaram a interlocução entre ambas.

É pelo viés agudo dessa interlocução crucial que se esboça este ensaio sobre a relação do discurso freudiano com o discurso filosófico. O que implica em dizer que nosso *recorte teórico* do discurso freudiano se deu nesse contexto específico, com a finalidade de sublinhar as torções e retorções estabelecidas pelas ideias e proposições teóricas de Freud.

INTERLOCUÇÃO

Antes de tudo, é preciso enunciar, de forma eloquente, que Freud não era um filósofo. Nunca pretendeu tampouco que, com a constituição da psicanálise, estivesse formulando algo que pudesse aproximá-lo efetivamente da filosofia. Um *ruído* se introduz então, bruscamente, dado que ele não construiu efetivamente um discurso filosófico. Além disso, Freud manifestava geralmente certa *ojeriza* ao discurso filosófico, como veremos, foi enunciado literalmente em alguns de seus textos.

Em 1932, num ensaio tardio sobre a *visão de mundo*, inserido nas *Novas conferências introdutórias sobre a psicanálise*, Freud opôs a psicanálise à filosofia, dizendo que a primeira não era absolutamente uma *Weltanschauung* como pretendia ser a segunda.[2] Isso porque, pelos pro-

---

2. *Weltanschauung*, palavra em alemão oriunda do discurso da filosofia, é frequentemente traduzida por *visão de mundo*. Freud, S. "D'note conceptions de l'univers" (Septième conférence). In: Freud, S. *Nouvelles conférences sur la psychanalyse* (1932). Paris, Gallimard, 1984.

CARTOGRAFIAS DA FILOSOFIA

cedimentos presentes no discurso científico, a psicanálise se voltaria para a pesquisa de *objetos circunscritos*, enquanto a filosofia pretenderia captar sempre a *totalidade* do *ser* e do *real*. Concepção discutível do discurso filosófico — é possível certamente sempre dizer isso —, mas era a que Freud supunha ser no contexto histórico e no fechamento crítico de seu percurso teórico. Uma leitura radical, portanto, da filosofia e de sua *diferença* absoluta da psicanálise, foi enunciada por Freud, permeada pela oposição aguda entre os discursos da *ciência* e da *filosofia*.

Seria apenas esta a única concepção teórica de filosofia presente no discurso de Freud, para diferenciá-la devidamente da psicanálise? Certamente não. Em *Totem e tabu*, livro publicado em 1913, ele construiu uma comparação entre diferentes *formações culturais* e diversas *formações sintomáticas*.[3] O que nos dizia sobre isso? Se a *histeria* era quase uma *obra de arte* e a *neurose obsessiva* quase uma *religião*, a *filosofia* seria quase um delírio paranoico. É preciso destacar logo de início que Freud não afirmou absolutamente a identidade essencial existente entre estas formações discursivas e as diversas patologias psíquicas, mas se valeu sempre da palavra *quase*. Em outras palavras, formulou que a histeria se assemelharia a uma obra de arte, da mesma forma que a religião e a filosofia seriam similares às discursividades obsessiva e paranoide. Ou seja, o discurso freudiano enunciou que essas diferentes modalidades psicopatológicas de discurso *poderiam* efetivamente ser como essas diversas formações discursivas existentes na cultura, *caso* as subjetividades implicadas na sua produção tivessem a possibilidade de empreender a *sublimação* das pulsões sexuais e realizar então uma obra de cultura. Existiria sempre um processo sublimatório presente nas diferentes formações culturais, mas ele não estaria em ação nas ditas formações psicopatológicas, na medida em que o imperativo de *gozo* dominaria essas formações, em oposição radical às *formações sublimatórias*.[4]

Porém, mesmo considerando essas ponderações críticas à similaridade estrutural e às formas de funcionamento psíquico implicadas nessas

---

3. Freud, S. *Totem et tabou* (1913). Paris, Payot, 1975.
4. *Ibidem*.

SER JUSTO COM A PSICANÁLISE

formações sublimatórias e nas formações psicopatológicas, foram enunciadas com toda a eloquência. Com efeito, Freud afirmou que existiria um *estilo* de ser similar entre a exibição *sedutora* presente na *histeria* e a obra de arte, assim como entre as *cavilações culposas* presentes nas *obsessões* e nos *sistemas religiosos*. Do mesmo modo, a *ordenação lógica perfeita*, mas fundada numa *base falsa*, presente nos delírios paranoicos seria próxima da forma filosófica de discursividade. Pode-se depreender disso, portanto, que Freud mantém sempre o discurso filosófico sob certa *suspeita* na medida em que a *sistematicidade da argumentação* lógica no discurso filosófico não se apoiaria num ponto de partida incontestável, que seria duvidoso quanto à sua veracidade.

Foi por isso mesmo, aliás, que voltou à questão, logo depois, em 1915, no ensaio O *inconsciente*. Procurando diferençar a neurose e a psicose, afirmou então que na primeira existiria uma articulação precisa entre *representação-coisa* e *representação-palavra*, enquanto na segunda a subjetividade deslizaria sempre no vazio da representação-palavra.[5] Portanto, Freud acabou por concluir, de maneira surpreendente, que a *esquizofrenia* funcionaria como a filosofia. Tanto nesta como naquela, o discurso se teceria apenas em torno de palavras, sem nunca se preocupar com o registro das coisas.

Assim, o delírio e o discurso filosófico funcionariam de maneira similar, pois em ambos a subjetividade manejaria sempre as palavras como se fossem coisas, não tendo assim a devida exigência de submeter o discurso ao imperativo do teste de realidade. O que é uma forma de dizer, enfim, que o discurso filosófico não passaria de um *delírio sistematizado*, de característica eminentemente paranoica.

Não foi apenas isso e nem sempre dessa maneira que Freud falou da filosofia. Existiram também outros contextos de sua obra nos quais se referiu à filosofia de maneira respeitosa e até mesmo bem mais próxima daquilo que se fazia em psicanálise. Pode-se então contrapor essa perspectiva *posterior* francamente crítica de Freud em relação à filosofia ao

---

5.   Freud, S. "L'inconscient" (1915). In: Freud, S. *Métapsychologie*. Paris, Gallimard, 1968.

que teria dito inicialmente ao se debruçar sobre esta. Isso pode nos evidenciar um giro de cento e oitenta graus na sua relação com a filosofia. O contexto dessa evidência está na sua correspondência com Fliess, nos últimos anos do século XIX.

Fliess era um otorrinolaringologista que morava em Berlim e a quem Freud atribuía elevada respeitabilidade científica. Por isso mesmo, compartilhou com ele as suas primeiras concepções psicanalíticas, esperando o seu reconhecimento teórico. Pois bem, o que disse Freud para Fliess sobre a filosofia, no momento crucial de construção teórica da psicanálise? De maneira curta e grossa, Freud afirmou que, com a invenção da psicanálise, estava finalmente realizando o seu desejo de ser um filósofo. Ao lado disso, enunciou ainda, para o espanto de todos os leitores, que nunca tivera talento para a terapêutica, apesar de sua formação e atividade médica. Espanto relativo, seguramente. Isso porque Freud teve uma formação inicial como pesquisador em anatomia do sistema nervoso, a qual teve de abandonar por falta de recursos financeiros, dedicando-se então à clínica neurológica. Portanto, no contexto de constituição da psicanálise, Freud a aproximava da filosofia e a afastava da medicina. Enfim, a psicanálise nada tinha a ver efetivamente com a prática médica e não tinha uma pretensão terapêutica, estando bem mais próxima assim da filosofia.[6]

Pode-se enunciar, assim, que, nas pontas extremas de seu percurso teórico, o discurso freudiano não apenas manifestou juízos diferentes e até mesmo opostos sobre a filosofia, como também realizou operações contrapostas, de franca aproximação e de absoluto distanciamento, entre a psicanálise e a filosofia. É preciso reconhecer que o que estava em questão para Freud nessas diferentes conjunturas não era a mesma coisa. Portanto, é preciso distinguir devidamente o que estava em pauta para ele nesses diferentes contextos teóricos.

Existe uma interlocução latente da psicanálise com a filosofia, que perpassa a totalidade do discurso freudiano. Essa interlocução evidencia

---

6. Freud, S.; Fliess, W. "Lettres à Wilhelm Fliess, Notes et Plans" (1887-1902). In: Freud, S. *La naissance de la psychanalyse*. Paris, Presses Universitaires de France, 1973.

SER JUSTO COM A PSICANÁLISE

não apenas as diferentes concepções de Freud sobre o que seja efetivamente a filosofia, mas também como ele a diferenciava da psicanálise, nos seus diversos momentos teóricos. As oscilações entre a atração fatal e a ojeriza temperaram também o estilo do discurso freudiano na sua leitura teórica sobre essa questão. Enfim, a filosofia como discurso permeia o horizonte teórico do pensamento freudiano, como uma miragem em filigrana em que Freud deve sempre se demarcar de maneira pontual.

A *fundação* e *legitimidade* da psicanálise como saber estará assim sempre em pauta no campo tenso dessa interlocução, estando Freud constantemente impulsionado por razões epistemológicas, nas suas diferentes tomadas de posição no que concerne a isso. Foi por isso que aludi propositalmente à noção de *fronteira*, que remete necessariamente para a de *território*, já que a fundamentação epistemológica aqui referida não é alheia à noção de *soberania*, no sentido político do termo.

Podemos nos indagar, contudo, se tais fronteiras do território psicanalítico não seriam basicamente *móveis* e sempre em processo de deslocamento, marcadas pela *porosidade*. Assim, a imagem da *borda*, caracterizada pelas imagens da fluidez, mobilidade e porosidade de suas linhas de frente, seria bem mais adequada que a de fronteira compacta para descrever o território de legitimidade teórica da psicanálise. Por este viés, seria possível ter uma perspectiva mais perscrutadora para empreender as contraditórias e paradoxais leituras do discurso freudiano sobre o discurso filosófico.

DISCURSO

No entanto, as intenções epistemológicas do pensamento freudiano, voltadas para a fundação teórica da psicanálise, não esgotam suas relações com a filosofia. Isso porque é preciso evocar ainda o campo de *recepção* desta por aquela, o que também faz parte da problemática dessa interlocução crítica. A filosofia também leu o discurso freudiano de diferentes maneiras, em contextos teóricos e históricos diversos. É preciso, pois, dar algum lugar a isso aqui também, nem que seja da maneira esquemática, pois se constituiu uma efetiva história da recepção da psicanálise pela filosofia.

Porém, para que tudo isso se empreenda devidamente, é preciso indicar previamente a direção metodológica que me orientou nessa empreitada. Assim, o discurso freudiano será aqui considerado nas suas proposições teóricas que formam um conjunto articulado de *enunciados*, os quais, por sua vez, se inscrevem num campo teórico regulado por *enunciações* fundantes. Esse conjunto de *enunciados* o constitui como um *discurso* propriamente dito.[7] Evidentemente, Freud formulou vários discursos ao longo de sua obra, cujos *enunciados* e *enunciações* conceituais foram submetidos a *regras* e a *contextos teóricos* diferentes. Portanto, esta obra foi sendo constituída como um processo sempre recomeçado. Daí a pertinência da imagem da borda, para se referir ao território da psicanálise. Pode-se então falar em *discursos*, no plural e não no singular, para se referir ao pensamento freudiano.

Dito isso, no entanto, é preciso privilegiar os diversos conjuntos discursivos que foram forjados nesse percurso. Vale dizer, o discurso freudiano enunciou uma série de pressupostos e teses sobre a subjetividade, construindo leituras sobre o psiquismo. Dessas formulações decorreu uma série de consequências e desdobramentos teóricos imprevisíveis no horizonte de Freud. Tudo isso se evidencia na *recepção* do pensamento freudiano, constituindo uma história própria. Pela consideração dessas questões, a comunidade filosófica se manifestou em relação à psicanálise.

RECEPÇÃO

Este ensaio foi escrito justamente para tratar de tais temas. Assim, é preciso justificar teoricamente a importância e a presença do pensamento freudiano no campo do discurso filosófico. Isso porque aque-

---

7. Foucault, M. *L'order du discours*. Paris, Gallimard, 1988; Foucault, M. *L'archeologie du savoir*. Paris, Gallimard, 1969.

SER JUSTO COM A PSICANÁLISE

le não pode se inscrever neste por uma razão da ordem do *fato*, mas apenas da ordem do direito, para me valer de uma célebre oposição de Kant[8] em *Crítica da razão pura*. Ou seja, Freud não era de fato um filósofo, mas acabou por constituir a psicanálise como um novo campo do saber, que formulou novos pressupostos sobre a subjetividade. Seu pensamento liga-se diretamente ao campo filosófico propriamente dito pela *problemática* que a psicanálise colocou para a filosofia.[9] Sendo assim, impõem-se as indagações: qual foi a problemática que a construção do discurso psicanalítico colocou para a filosofia e como sua invenção teórica interpelou a filosofia efetivamente? Estas são as únicas questões de direito que podem ser legitimamente reivindicadas, tendo, pois, alguma pertinência teórica; qualquer outra questão, por mais instigante que seja, deve ser aqui considerada como secundária e até mesmo como irrelevante.

Assim, um dos fios de prumo deste percurso procura destacar os efeitos da filosofia sobre a psicanálise, e o outro procura sublinhar a importância que o discurso freudiano assumiu para a filosofia, isto é, quais foram os seus *efeitos* no campo desta. Por conseguinte, estamos face a uma pluralidade de efeitos que o discurso freudiano disseminou sobre o campo da filosofia, provocando geralmente estranheza, quando não franca discórdia. Porém, a harmonia, a incorporação e a ressonância positiva também aconteceram no contexto teórico de algumas retóricas filosóficas.

Para percorrer esquematicamente as diferentes direções consideradas e costurar os seus fios num bordado que seja consistente, vamos começar por alinhavar a fundação teórica da psicanálise como saber, esboçando as rupturas conceituais realizadas por Freud com a *neuropatologia* e a *psicologia* da segunda metade do século XIX. Desde então já se perfila a interlocução da psicanálise com a filosofia, pois tanto a neuropatologia quanto a psicologia daquele momento histórico se inscreviam em certos pressupostos filosóficos.

---

8. Kant, I. *Critique de la raison pure* (1781). Paris, Presses Universitaires de France, 1971.
9. Jauss, H. R. *Pour une esthétique de la recéption*. Paris, Gallimard, 1978.

NEGATIVIDADE E INADEQUAÇÃO

A invenção da psicanálise como saber se realizou pela formulação da existência do *inconsciente* como registro psíquico além da consciência.[10] Foi esta descoberta, empreendida por Freud, que teve a potencialidade teórica de subverter os saberes sobre o psiquismo então instituídos, a saber, a psiquiatria e a psicologia.

A psiquiatria, como saber voltado para a elucidação e o tratamento das perturbações mentais, era um discurso então bastante recente, constituído na passagem do século XVIII para o século XIX, com o advento da Revolução Francesa. Esta foi a tese formulada por Foucault na já famosa *História da loucura*. A instituição do *asilo* como lugar designado para o cuidado dos loucos foi a positivação social da psiquiatria, porque rompeu decididamente com o Hospital Geral, estabelecido no Antigo Regime, no século XVII. Nele, loucos, criminosos, indigentes e todos os demais excluídos do campo social eram confusamente misturados num mesmo espaço, uma vez que o registro da *razão* se opunha ao da *desrazão*.[11] Nesse novo contexto, a psiquiatria considerou os loucos como *doentes mentais*, assim como o campo da desrazão os considerou como portadores de uma enfermidade como qualquer outra descrita pela medicina somática.[12] A psiquiatria, portanto, reivindicava os seus direitos epistemológicos de ser uma especialidade médica.[13]

Contudo, dessa forma também começavam a se colocar os problemas para a psiquiatria, discutindo-se assim sua legitimidade médica. Isso porque era teoricamente impossível inscrever a *alienação mental* nos cânones da medicina, já que a psiquiatria não conseguia defini-la de acordo com os então recentes critérios postulados pela medicina somática. Esta havia sido estabelecida como clínica na passagem do século XVIII para o século XIX, fundando-se na racionalidade anato-

---

10. Freud, S. *L'interprétation des rêves*. Capítulo 7. *Op. cit.*
11. *Idem. Histoire de la folie à l'âge classique. Op. cit.*
12. *Idem. Naissance de la clinique.* Paris, Presses Universitaires de France, 1963.
13. *Idem. Histoire de la folie à l'âge classique. Op. cit.*

moclínica enunciada por Foucault em *O nascimento da clínica*. Segundo essa racionalidade, as enfermidades se materializariam sempre por uma lesão anatômica a qual explicaria os diferentes sintomas e signos presentes nas diversas doenças somáticas, mesmo que estas pudessem ter causas diferentes e múltiplas.[14]

Diante da impossibilidade de inscrever a *alienação mental* nessa exigência epistemológica, a psiquiatria viu-se em um impasse teórico para sua legitimação como especialidade médica. Essa impossibilidade se dava porque o corpo anatômico dos ditos alienados se mostrava silencioso em relação à questão, não evidenciando qualquer *lesão* capaz de justificar a pretensão médica da psiquiatria. O cérebro do suposto doente psiquiátrico, definido pela psiquiatria como o órgão onde as lesões deveriam ocorrer, não indicava absolutamente sinais das mesmas. Como legitimar, então, que a alienação mental seria uma enfermidade?[15]

Essa impossibilidade debilitava a posição teórica dos autores que sustentavam uma leitura somática da alienação mental e reforçava a daqueles que formulavam uma leitura de que, se os loucos tinham perdido decididamente a razão, e assim foram colocados, pois, no fundamento da alienação mental, tal fato não se deveria a uma lesão somática, mas a uma transformação de ordem moral. Esquirol, que ao lado de Pinel foi um dos fundadores da psiquiatria, enunciou que seriam as *paixões* excessivas que estariam no fundamento da alienação mental.[16] Por essa razão, a comunidade psiquiátrica se propôs a efetivar o *tratamento moral* para promover a *desalienação mental*. E a internação dos alienados seria assim o ato inaugural do tratamento moral.[17]

Entretanto, no momento de sua fundação a psiquiatria formulou a possibilidade teórica da *cura* da alienação mental, não obstante os seus impasses de se legitimar como um discurso médico. Foi por isso que os loucos foram retirados dos Hospitais Gerais e inseridos nos asilos.

---

14. *Idem. Naissance de la clinique. Op. cit.*
15. Birman, J. *A psiquiatria como discurso da moralidade.* Rio de Janeiro, Graal, 1976.
16. Esquirol, J.E.D. "De la folie". In: Esquirol, J.E.D. *Des maladies mentales.* Volume I. Paris, J. B. Baillière, 1983.
17. Birman, J. *A psiquiatria como discurso da moralidade. Op. cit.*

CARTOGRAFIAS DA FILOSOFIA

A desalienação mental era a finalidade a ser alcançada pelo dito tratamento moral, na medida em que a loucura passou a ser concebida como doença mental.

Essa postura teórica da psiquiatria a diferenciava daquela existente no Antigo Regime, no qual se defendia que a *perda da razão* era incontornável, isto é, uma vez que a pessoa perdesse a razão, permaneceria assim até seu falecimento. O modelo teórico da perda da razão era então o da *demência*, na qual existiria a perda total e absoluta das faculdades mentais. Contudo, com a constituição da psiquiatria, o modelo teórico da perturbação da razão era evidenciado agora pelo *delírio*, sendo, pois, a alienação o novo paradigma teórico sobre a loucura.

Esses diferentes momentos da história da loucura tiveram ressonâncias significativas no discurso filosófico. Pode-se reconhecer em Kant a leitura da loucura como perda irreversível da razão, caucionando a interpretação vigente no Antigo Regime.[18] Em contrapartida, Hegel[19] aplaudiu o então recente saber psiquiátrico, justamente porque sustentava que a curabilidade da loucura seria possível. Hegel identificou o seu projeto teórico com o da psiquiatria, porque a alienação mental não seria uma perda da razão, mas sim uma transformação possível, inscrevendo-se, portanto, de maneira constitutiva no próprio campo da racionalidade por ele delineado. A loucura como alienação mental indicaria uma *parada* do *movimento dialético do espírito*, sendo sua terapêutica a condição concreta de possibilidade de relançá-lo para a retomada daquele movimento que fora paralisado. Pode-se dizer, enfim, que as chamadas *paixões excessivas*, aludidas por Esquirol, estariam no fundamento da *estagnação* do tal movimento dialético, cuja consequência crucial seria a produção do delírio e da alienação mental.

O discurso psiquiátrico, contudo, se deslocou decisivamente do lugar estratégico que ocupava no momento de sua fundação, tendo progressivamente se afastado e se descartado da causalidade moral, assim como

---

18. Swain, G. *Dialogues avec l'insensé*. Paris, Gallimard, 1994.
19. Hegel, G.W.F. *Precis de l'encyclopédie des sciences philosophiques*. Paris, Vrin, 1932; Hegel, G.W.F. *La phénoménologie de l'esprit*. Paris, Aubier, 1941.

SER JUSTO COM A PSICANÁLISE

do seu correlato, qual seja a aposta na transformação do espírito na alienação mental. Com efeito, as hipóteses biológicas passaram a ocupar uma posição cada vez mais dominante na psiquiatria, principalmente sob a forma das teorias da *hereditariedade* e da *degenerescência*, de forma a colocar cada vez mais num plano subalterno qualquer perspectiva terapêutica.[20] A causalidade somática, articulada numa concepção mais vasta sobre os impasses presentes na civilização moderna, acabou por sobrepujar qualquer veleidade teórica sobre a causalidade moral no campo da loucura.[21]

De qualquer forma, a leitura moral da alienação mental era estritamente considerada no registro da *consciência*, entre os teóricos que sustentavam para aquela uma causalidade moral. Para os somaticistas também o psiquismo era restrito ao campo da consciência, de maneira que seria sempre nela que incidiriam as alterações primordialmente cerebrais. Vale dizer, as perturbações psíquicas seriam um simples epifenômeno daquilo que se produziria silenciosamente, de forma ainda obscura para a ciência, na estrutura cerebral.

Ao lado disso, a psicologia clássica que se centrava no estudo das *faculdades mentais* — a sensação, a percepção, a atenção, a memória, a imaginação e o entendimento —, que estavam também apenas referidas à consciência. O psíquico, portanto, era completamente identificado com o ser da consciência, estando apenas nesta a sua verdade. A subjetividade estava fundada na consciência, e nela se inscreveria o eu.[22] Era este o discurso psicológico dominante no século XIX, não obstante a então recente constituição da psicologia experimental, na Alemanha, a partir dos anos 1850.

No final do século XIX, portanto, a psicologia clássica tinha já uma longa história, tendo se iniciado com a filosofia de Descartes e continuado com a tradição cartesiana. Como se sabe, o *cogito* cartesiano — *penso, logo sou* — definiu a categoria de existência como essencial-

---

20. Foucault, M. *Histoire de la folie à l'âge classique. Op. cit.*
21. Birman, J. *A psiquiatria como discurso da moralidade. Op. cit.*
22. Canguilhem, G. "Qu'est-ce que la psychologie?" In: Canguilhem, G. *Études d'histoire et de philosophie de la science.* Paris, Vrin, 1968.

mente atrelada ao registro do pensamento. Estariam nele o fundamento e a certeza da subjetividade. Em decorrência, a tradição da psicologia clássica nele fundada se voltava principalmente para a pesquisa do pensamento, de forma que o estudo das demais funções mentais era realizado com a finalidade de explicar a produção e a reprodução do entendimento. Pretendia-se, pois, explicitar não apenas como funcionava o pensamento, mas também enunciar quais seriam os seus pressupostos formais e materiais, pois a certeza da existência do eu circulava sempre e apenas em torno do pensamento.[23]

Nesse contexto, a *imaginação* era sempre considerada de maneira *negativa*, porque não oferecia subsídios positivos para a elucidação do entendimento. Pelo contrário, os devaneios da imaginação afastariam a racionalidade do caminho reto do conhecimento. Sendo assim, a pesquisa sobre os *sonhos* não tinha qualquer lugar no campo da psicologia clássica, já que não entreabria caminho algum para a compreensão do entendimento, como era o caso das funções da sensação, da percepção, da atenção e da memória.[24] A dita psicologia clássica se fundava num paradigma absolutamente racionalista, voltando-se decididamente para o registro da cognição e para a efetiva produção científica do conhecimento.

É possível entrever, assim, os impasses que foram colocados tanto para a então recente psiquiatria quanto para a psicologia clássica, ao se defrontarem com a experiência da loucura, naquilo que esta revelava de mais fundamental: a existência de *alucinações* e *delírios*. Isso porque a formulação de critérios puramente cognitivos para descrevê-las servia apenas para enunciar tais formações psíquicas como pura *negatividade*. Com efeito, alucinação era sempre caracterizada como uma modalidade de *falsa* percepção e o delírio como sendo um juízo *errôneo* sobre a realidade. Seria isso o que fundaria a alienação mental, nas suas diversas modalidades clínicas de existência. Tudo isso caracterizaria o desvario da razão e a desordem profunda do entendimento. Dessa forma,

---

23. Descartes, R. "Méditation. Objections et réponses" (1641). In: Descartes, R. *Oeuvres et lettres de Descartes*. Paris, Gallimard (Plêiade), 1949.
24. Canguilhem, G. "Qu'est-ce que la psychologie?" *Op. cit.*

SER JUSTO COM A PSICANÁLISE

a psiquiatria e a psicologia clássica, ao se restringirem aos registros da consciência, do eu e do pensamento para conceberem a subjetividade, ficaram reduzidas à oposição *verdadeiro/falso* para realizarem a leitura das perturbações do espírito. Não existiria, portanto, qualquer *positividade* na experiência da loucura, isto é, nas alucinações e nos delírios, a subjetividade nada dizia. Existiria apenas perda e nenhum ganho neste desvario do espírito.

Tal concepção da subjetividade — fundada apenas nos registros da consciência, do eu e do pensamento — se dava a partir do critério da *adequação* do eu aos objetos do mundo, o único a ser destacado na leitura do psiquismo. A categoria de *verdade* supunha essa adequação, de maneira que os pensamentos apenas seriam considerados como verdadeiros se existisse a tal adequação e falsos no caso da sua inadequação. Consequentemente, a alucinação seria sempre considerada como falsa percepção e o delírio não passaria de (alienado) juízo errôneo sobre um acontecimento qualquer. Enfim, para essas concepções teóricas não existiria qualquer *verdade* na *experiência da loucura*, sendo esta, pois, o grau zero da veracidade.

Sendo assim, desconsiderava-se o recente campo patológico das *monomanias*, descritas então pela psiquiatria, caracterizadas pela loucura parcial.[25] Como revela literalmente o próprio nome que os designa, os monomaníacos seriam pessoas normais em quase tudo, com a exceção de uma só dimensão de seu espírito, no qual seriam francamente alienados e manifestariam todo o seu desvario. Neste contexto, o critério de adequação do eu com a realidade é bastante problemático para caracterizar tais perturbações psíquicas, pois não é fácil compreender como a subjetividade pode ser perfeitamente bem adaptada no que se refere a quase tudo, salvo num único ponto em que o desvario explode, de forma eloquente.

A invenção da psicanálise foi uma subversão fundamental no campo dos saberes sobre o psíquico, justamente porque articulou uma elegante solução teórica para os impasses então presentes, tanto na psiquiatria

---

25. *Ibidem.*

CARTOGRAFIAS DA FILOSOFIA

quanto na psicologia clássica. Ao formular o conceito de inconsciente, deslocou decisivamente o psiquismo dos registros da consciência e do eu. Os efeitos teóricos desta invenção não foram imediatos, mas exigiram um longo tempo de inflexão e de desenvolvimento conceitual no próprio interior do discurso freudiano. É o que veremos agora.

SENTIDO E VERDADE

O gesto teórico crucial realizado pelo discurso freudiano foi o de deslocar a problemática da loucura do registro da adequação — entre o eu e o objeto — para o da produção do *sentido*. Nessa inflexão teórica o conceito de inconsciente pôde encontrar as suas condições concretas de possibilidades. Para isso, no entanto, o discurso freudiano teve que reconhecer os estritos limites existentes para os registros do eu e da consciência no psiquismo. Como se construiu essa consistente hipótese de trabalho? Quais foram os caminhos trilhados pelo discurso freudiano para constituí-la?

Freud partiu do que se evidenciava como impasse crucial na experiência clínica: a questão da histeria. Esta era enigmática justamente porque questionava a medicina no seu fundamento anatomoclínico, pois apresentava uma série de sinais e sintomas que não podiam ser explicados pela anatomia patológica (não havia evidência de qualquer lesão anatômica). Abalada de maneira frontal na sua certeza teórica, a medicina passou a caracterizar os histéricos como *mentirosos* e *fabuladores* que inventavam sintomas inexistentes. A histeria não passaria, assim, de simulação e de um amontoado de enganações. Para o discurso médico, o histérico seria uma completa fraude, não enunciando qualquer verdade nas suas queixas.[26]

Não obstante, alguns neurologistas importantes da segunda metade do século XIX se voltaram para a investigação da histeria, buscan-

---

26. Birman, J. *Freud e a interpretação psicanalítica*. A constituição da psicanálise. Parte 1. Rio de Janeiro, Relume Dumará, 1991.

SER JUSTO COM A PSICANÁLISE

do decifrar o seu enigma teórico. O célebre neuropatologista francês Charcot, de quem Freud foi discípulo, se dedicou inteiramente a essa pesquisa no final do seu percurso científico. Após ter realizado o trabalho exaustivo de classificação das enfermidades neurológicas pelo viés da racionalidade anatomoclínica, não conseguiu inscrever a histeria no registro dessa racionalidade. Avançou muito em seu estudo, supondo que existiam traumas ferroviários na etiologia da histeria. A utilização da hipnose lhe permitiu, além disso, reconhecer que existiam experiências psíquicas que não eram ditas em plena consciência, mas apenas no lusco-fusco de sua suspensão. No entanto, formulou que existiria na histeria uma lesão anatômica de ordem *funcional* e que no futuro as pesquisas histológicas iriam evidenciar a sua positividade. Charcot permaneceu no registro da racionalidade anatomoclínica, apesar de seus avanços teóricos no que tange ao trauma e à hipnose.[27]

Em contrapartida, Bernheim, pesquisador suíço com quem Freud estabeleceu também trocas científicas, supunha que a histeria seria sempre produzida pela *sugestão* e até mesmo pela *autossugestão*. Os histéricos seriam, portanto, seres sugestionáveis e, por isso, poderiam ser curáveis pela hipnose, na medida em que essa realizaria um trabalho de contrassugestão.[28]

Situado entre estes polos teóricos, Freud realizou a crítica sistemática de ambos. Não concordava com Charcot no que se refere à lesão anatomofuncional e também não estava de acordo com Bernheim no que tange à ausência de qualquer substrato material para a sugestibilidade na histeria — esse substrato se materializaria num *traço* psíquico, não tendo, pois, qualquer positividade anatômica. Porém, Freud aprendeu com eles, pela hipnose, que existia uma região psíquica que estava fora

---

27. Freud, S. "Preface to the translation of Bernheim's suggestion" (1888). In: *The Standard Edition of the Complete Psychological Works of Sigmund Freud*. Volume I. Londres, Hogarth Press, 1978; Freud, S. "Charcot" (1894). In: *The Standard Edition of the Complete Psychological Works of Sigmund Freud. Op. cit.*

28. Freud, S. "Charcot". *Op. cit.*; Idem. "Hipnose" (1891). In: *The Standard Edition of the Complete Psychological Works of Sigmund Freud. Op. cit.*; Idem. "Review of August Forel hyptism" (1889). In: *The Standard Edition of the Complete Psychological Works of Sigmund Freud. Op. cit.*

do campo da consciência e que escapulia completamente ao controle do eu. Ao lado disso, a hipnose lhe ensinou a potência da *linguagem* na produção e na cura dos sintomas, desde que a fala pudesse circular entre duas figuras, na qual a primeira, o enfermo, investisse a segunda, o médico, de um poder terapêutico. Portanto, foi pela articulação estabelecida entre traço psíquico e linguagem, na qual estes se imantavam numa poderosa relação intersubjetiva permeada pelo afeto, que o conceito de inconsciente efetivamente se constituiu.[29]

Para costurar devidamente tal concepção, Freud contou ainda com um terceiro mestre que lhe entreabriu outras possibilidades teóricas. Aprendeu com Breuer que a histeria seria sempre produzida por uma alteração particular da consciência, denominada de *estado hipnoide*, o qual seria engendrado pela hipnose, mas também nas situações traumáticas. Nestas, a dor psíquica decorrente do trauma conduziria a subjetividade ao estado hipnoide, do qual se seguiria sempre uma *divisão da consciência*, da qual se originariam infalivelmente todos os sintomas histéricos. Breuer enfrentou corajosamente o espinhoso problema da divisão da consciência, assim como a das *múltiplas personificações* presentes na histeria, que estavam bastante em voga na segunda metade do século XIX, remetendo tudo isso a uma causalidade traumática.[30]

Freud aderiu inicialmente a uma concepção do *trauma*, um *corpo estranho* inserido no psiquismo enunciando que seria sempre produzido pelo *excesso* de excitação nele presente, em decorrência do fato de que o eu não teria respondido a algo que o teria ofendido. Consequentemente, o eu dividiria a consciência, pela qual uma das partes expulsaria a outra de seu território, como uma forma radical de proteção do eu, para que este não tivesse mais contato com aquilo que o ofendera. Contudo, aquilo que fora excluído retornava sempre, de maneira oblíqua, através de *sintomas somáticos* denominados de *conversão*. Isso evidenciaria a transformação de um sofrimento psíquico, supostamente mais perturbador,

---

29. *Idem.* "La psychothérapie de l'hystérie". In: Freud, S.; Breuer, S. *Études sur l'hystérie* (1895). Paris, Presses Universitaires de France, 1971.

30. Freud, S.; Breuer, J. *Études sur l'hystérie* (1895). Paris, Presses Universitaires de France, 1971.

numa dor somática. Esta seria a maneira indireta do eu de se recordar do que tinha lhe acontecido. Por isso mesmo, Freud e Breuer enunciaram a fórmula canônica: "os histéricos sofrem de reminiscências", que subverteu inteiramente a interpretação teórica e clínica da histeria.[31]

Foi ainda nesse contexto que ambos conceberam o *método catártico* para o tratamento da histeria. Este consistia em colocar o indivíduo, sob hipnose, novamente em contato ativo com o que vivera de penoso, para que pudesse responder devidamente ao que não pôde empreender no momento traumático. Com isso, o corpo estranho retornaria ao registro da consciência e o eu se unificaria novamente, revertendo a conversão estabelecida no registro somático e fazendo os sintomas desaparecerem.[32]

Portanto, a *rememoração* possibilitaria que o eu se libertasse definitivamente das *reminiscências* dolorosas. O tratamento catártico seria uma forma de *purgação de afetos*, que permitiria a inclusão das reminiscências no registro da consciência e suspenderia a sua divisão.[33] A *Poética* de Aristóteles incidiu decididamente sobre o discurso freudiano, pois este se baseou diretamente nessa obra para forjar o conceito de *catarse*.[34]

Apesar de suas concordâncias iniciais, as diferenças entre Freud e Breuer apareceram logo em seguida, porque, para este, o trauma não tinha qualquer caráter *sexual*. Para Breuer, qualquer experiência dolorosa e que produzisse excesso no campo da consciência seria efetivamente traumática, enquanto que, para Freud, apenas as que tinham uma marca sexual poderiam produzir o referido excesso quantitativo. Para este, o corpo estranho, como eixo de constituição da segunda consciência, tinha sempre um sentido sexual.

Inicialmente, Freud admitia que a histeria poderia se configurar em diversas modalidades clínicas, como sendo *hipnoide*, de *retenção* e de

---

31. *Idem.* "Comunication préliminaire" (1893). In: Freud, S., Breuer, J. *Études sur l'hystérie. Op. cit.*
32. *Idem. Études sur l'hystérie. Op. cit.*
33. *Ibidem.*
34. Aristóteles. *Poétique.* Paris, Le livre de Poche (Classiques de Poche), 1990.

defesa (1894),[35] mas pouco depois passou a formular que só podia existir a histeria de defesa (1896),[36] todas as outras modalidades de histeria seriam a esta reduzida. O conceito de *defesa* se destacou no discurso freudiano, sendo considerado como uma poderosa operação do eu para tentar silenciar uma experiência traumática dolorosa, que seria sempre de ordem sexual. Ou seja, para Freud, a ofensa de que a subjetividade teria sido objeto teria sempre uma infalível marca erótica.

O que implica afirmar isso? Diante de um trauma de caráter sexual, o *eu* procura expulsar do campo da consciência as representações desprazerosas que evocariam o trauma e o manteriam presente. Existiria, portanto, uma *atividade psíquica* do eu no ato mesmo da *expulsão*, não sendo esta o efeito passivo de uma alteração funcional da consciência, como supunha Breuer. Freud concluiu que pela expulsão voluntária da representação em causa se configurariam o corpo estranho e a segunda consciência, que sempre retornariam posteriormente, de maneira indireta, como sintoma somático. Por isso, a ruptura teórica com Breuer estava definitivamente consumada.[37]

O conceito de defesa como operação crucial do registro psíquico do eu não ficou restrito à histeria. Freud o estendeu decisivamente à leitura de outras *formações psicopatológicas*, como a *fobia*, a *obsessão* e a *psicose*, que teriam igualmente na sua gênese a presença de traumas sexuais. A divisão da consciência seria sempre produzida pela ação de uma defesa agenciada pelo eu, evitando o contato com uma representação dolorosa.[38]

Esta expulsão voluntária deixaria traços no psiquismo, que então seriam inscritos numa segunda consciência. A partir da formulação de tal conceito, delineava-se outro modelo teórico do psiquismo, que se diferenciava ostensivamente tanto do modelo presente na psicologia

---

35. Freud, S. "Les psychonévroses de défense" (1894). In: Freud, S. *Névrose, psychose et perversion*. Paris, Presses Universitaires de France, 1973.
36. *Idem.* "Nouvelles remarques sur les psychonevroses de défense" (1896). In: Freud, S. *Névrose, psychose et perversion. Op. cit.*
37. *Ibidem.*
38. *Ibidem.*

SER JUSTO COM A PSICANÁLISE

clássica quanto do modelo da neuropatologia do cérebro. Nessa nova perspectiva, a subjetividade se expressava positivamente nas mais diferentes formações psicopatológicas, procurando *enunciar* algo sobre a sua experiência dolorosa.

Assim, o psiquismo passou a ser configurado como um conjunto *disperso* de traços mentais *imantados por intensidades*. Contudo, se evidenciava francamente dividido por uma barreira relativamente intransponível, que seria produzida pelas defesas do eu. Numa das bordas do psiquismo haveria sempre o eu e a consciência, enquanto na outra haveria a presença de uma segunda consciência. Um *conflito* fundamental se delineava entre estes diferentes registros mentais, porque o primeiro se opunha à emergência do segundo no campo da consciência pela decidida e vigorosa ação das defesas. A segunda consciência faria um esforço contínuo para penetrar no campo da primeira e assim ter acesso à ação. O conflito se estabeleceria entre *vontade* e *contravontade*, encontrando o seu ponto de equilíbrio numa *formação de compromisso* entre ambas, que se evidenciava sempre pela produção de sintomas. Estes indicavam eloquentemente as marcas daquilo que fora ostensivamente expulso do campo da consciência pela ação das defesas, e a *resistência* — que se apossava dos indivíduos ao serem convidados a se lembrar do que tinha acontecido com eles — evidenciava a ação contínua das defesas. O eu queria evitar, a todo o custo, o contato com o que lhe produzia *sofrimento*.[39]

Porém, ao conseguir contornar as fronteiras delineadas pelas defesas e penetrar astuciosamente no território da segunda consciência, Freud descobriu que os traços aí presentes, apesar de serem aparentemente dispersos, se conjugavam entre si de maneira significativa, estabelecendo relações bastante rigorosas e precisas. O *trauma*, como *acontecimento existencial* crucial, seria o que permitiria costurar os traços psíquicos, que se articulavam de maneira cerrada pela dimensão *lógica* e pela dimensão *temporal* simultaneamente. Seria, portanto, o

---

39. *Ibidem.*

CARTOGRAFIAS DA FILOSOFIA

que conferia sentido e consistência não apenas aos traços presentes na segunda consciência, mas também à divisão efetiva do próprio campo da consciência.[40]

Neste contexto, Freud compara a organização da segunda consciência a um *arquivo*, no qual cada traço psíquico teria uma relação *lógica* e *histórica* com os demais. Este arquivo formaria uma memória secreta de traços sempre investidos e marcados pela mobilidade. Esta memória/arquivo constituiria uma *escrita* psíquica, sobre a qual uma história traumática estaria veladamente condensada, mas que a mobilidade que a permearia ativamente poderia transformá-la sempre em *fala* e em *discurso*.[41]

Foi dessa descrição freudiana que posteriormente Derrida articulou a construção do psiquismo em Freud com a sua teoria da *escrita*,[42] assim como Lacan encontrou aí os elementos cruciais para formular que a psicanálise se fundava no *campo da fala e da linguagem*, uma vez que o psiquismo seria centrado no registro dos significantes.[43]

Ao lado disso, Freud compara a organização como arquivo da segunda consciência a uma *civilização desaparecida*, de forma que a pesquisa psicanalítica seria, então, análoga à *investigação arqueológica*. A restauração do trauma na primeira consciência seria o equivalente a trazer novamente à superfície uma civilização desaparecida, tal como teria sido realizado por Schliemann quando descobriu a existência da civilização micênica antiga subjacente à grega clássica. Porém, haveria uma diferença crucial; a segunda consciência não seria uma civilização morta, como a micênica, mas viva, permeada por forças dinâmicas que insistiam em retornar à consciência e ocupar a cena psíquica principal.

---

40. Freud, S. "La psychotherapie de l'hysterie". In: Freud, S. Breuer, J. *Études sur l'hystérie. Op. cit.*
41. *Ibidem.*
42. Derrida, J. "Freud et la scène de l'écriture". In: Derrida, J. *L'écriture et la différence.* Paris, Seuil, 1967.
43. Lacan, J. "Fonction et champ de la parole et du langage en psychanalyse". In: Lacan, J. *Écrits.* Paris, Seuil, 1966.

SER JUSTO COM A PSICANÁLISE

A investigação psicanalítica seria, portanto, uma *arqueologia do sentido*, o qual estaria arquivado nas tramas da memória.[44]

Portanto, o discurso freudiano se aproximou da *racionalidade histórica*, ao enunciar a existência significativa do psiquismo como uma rede de traços articulados por operadores lógicos e temporais em torno de um *acontecimento* fundador denominado trauma. A utilização dos conceitos de arquivo e de arqueologia não é fortuita, ela evidencia como Freud estava bem informado sobre a constituição de uma leitura outra do mundo, centrada na *episteme da história*, como nos disse Foucault em *As palavras e as coisas*.[45]

Porém, essa leitura supunha outra, anterior, fundadora do discurso freudiano. No começo da década de 1890, no ensaio sobre as afasias, Freud concebeu o psiquismo como um *aparelho de linguagem*, isto é, um conjunto de signos que dotavam de sentido os acontecimentos vivenciados pelos indivíduos. Foi com base nessa concepção que Freud pôde enunciar que o *tratamento psíquico* seria efetivamente centrado na linguagem, indo na contramão da perspectiva positivista da medicina da época, que não conferia qualquer valor à palavra na experiência clínica.[46] No entanto, logo em seguida, em 1895, no "Projeto para uma psicologia científica", Freud afirmou não apenas que o psiquismo seria um aparelho de linguagem, mas que, além disso, esse seria permeado por intensidades. Em suma, estava condensado já aqui o paradigma teórico forjado pelo discurso freudiano, com o enunciado do conceito do *aparelho psíquico*.[47]

Constitutivo da segunda consciência, contudo, o trauma tinha uma leitura bastante específica. Antes de tudo, apenas um acontecimento de *ordem sexual* poderia produzir um excesso quantitativo no psiquismo. No entanto, isso se produzia num *corpo* ainda considerado como *asse-*

---

44. Freud, S. "La psychotherapie de l'hysterie". *Op. cit.*; Freud, S. *Malaise dans civilisation* (1930). Paris, Presses Universitaires de France,1971.
45. Foucault, M. *Les mots et les choses*. Paris, Gallimard, 1966.
46. Freud, S. *Contribution à la conception des aphasies* (1891). Paris, Presses Universitaires de France, 1983.
47. *Idem.* "Esquisse d'une psychologie scientifique" (1895). In: Freud, S. *La naissance de la psychanalyse. Op. cit.*

CARTOGRAFIAS DA FILOSOFIA

xuado. Para Freud, o trauma seria um corpo estranho no psiquismo, justamente porque o sexual era algo estranho num corpo infantil assexuado. Para que se desse a produção do trauma, a criança seria abusada, por um adulto ou por outra criança mais velha, ficando, pois, numa posição passiva e indefesa face à sedução. Não entenderia o que tinha se passado, porque desconheceria a linguagem erótica. Somente num segundo momento, ao se defrontar com outra experiência análoga de sedução, na puberdade, quando já seria *sexuado*, o jovem daria um sentido ao que acontecera anteriormente. Apenas então o evento se transformaria em traumático, pois o eu procurou ativamente repelir o que ocorrera por meio da divisão da consciência e da constituição da segunda consciência. Isso porque o indivíduo repugnava aquela experiência, sendo esta fonte interminável de *nojo* e *vergonha*. Por isso, Freud denominou esta teoria do trauma de *teoria da sedução*.[48] No âmbito dessa teorização, Freud enunciava que o trauma se referia sempre a um *acontecimento real* que seria fundador das perturbações psíquicas, mas que apenas ganharia sentido quando o corpo assexuado se transformasse posterior e definitivamente em sexuado.

Pode-se depreender disso que o discurso freudiano inicial se inscrevia ainda numa tradição *pré-moderna* do pensamento neste aspecto, segundo a arqueologia do saber de Foucault.[49] O psiquismo representava as coisas de maneira especular, sendo a *consciência* o *espelho do mundo*. É claro que Freud já dividira a consciência pela ação fulminante das defesas, multiplicando-a e estilhaçando-a bastante, segundo as linhas de força de diversas especularidades. Porém, considerando, a partir de Foucault, a pertinência teórica da *história das técnicas de interpretação*, Freud se inscreveria inicialmente no registro da *semiologia*, em cujo contexto teórico existiria ainda uma especularidade *estrita* entre os registros das *palavras* e das *coisas*.[50]

---

48. Freud, S. "L'etiologie de l'hystérie" (1896). *In: Freud, S. Nevrose, psychose et perversion. Op. cit.*
49. Foucault, M. *Les mots et les choses. Op. cit.*
50. *Ibidem.*

SER JUSTO COM A PSICANÁLISE

Foi justamente este paradigma teórico que caiu por terra logo em seguida, quando Freud abandonou definitivamente a teoria da sedução. Numa carta a Fliess, afirmara, desolado, que "não acreditava mais na sua neurótica", isto é, não acreditava mais que os seus pacientes tinham sido de fato seduzidos como diziam. Dar credibilidade a isso seria supor que todos os adultos eram completamente perversos e que acreditar nisso lhe repugnava.[51]

Contudo, não dizia, com isso, que seus pacientes eram mentirosos. Alegar tal coisa seria reafirmar a leitura médica da fraudulência histérica. O que os pacientes diziam era verídico, mas a verdade não remetia a um acontecimento real, e sim a algo que se forjava no *registro fantasmático* do psiquismo. O psiquismo, como objeto teórico autônomo se constituiu somente aí, de fato e de direito, passando a ser concebido de maneira descolada dos acontecimentos reais.

A partir dessa concepção, Freud elaborou que existia uma *realidade psíquica* ao lado da *realidade material*, de maneira que a queixa de sedução dos indivíduos deveria ser remetida à primeira e não mais à segunda realidade, como supunha até então.[52] Enunciar que o registro da experiência era a realidade psíquica e não mais a material, seria formular que a *verdade* do acontecimento se fundaria apenas no registro dos *signos* e não mais no registro das *coisas*. De acordo com a citada arqueologia de Foucault, Freud se inscreveria agora na modernidade, se deslocando do campo especular da semiologia para o da *hermenêutica*. Vale dizer, as palavras remeteriam agora de maneira insistente e infinita a outras palavras, não existindo mais um momento fundador absoluto e originário que pudesse fundar a produtividade discursiva, como no tempo da teoria do trauma como sedução.[53]

Pela nova leitura, a consciência especular foi definitivamente desbancada de sua posição *soberana*. Porém, enunciar que a verdade do acontecimento se ordena na realidade psíquica e não na material é formular

---

51. Freud, S. "Lettres à Wilhelm Fliess, Notes et Plans" (1887-1902). In: Freud, S. *La naissance de la psychanalyse. Op. cit.*

52. *Idem. L'interprétation des rêves. Op. cit.*

53. Foucault, M. *Le mots et les choses. Op. cit.*

que as *certezas* da subjetividade seriam forjadas por *fantasmas*. Ou seja, o sistema de signos estava permeado por intensidades e por fantasmas, que, como *espectros*, povoariam o psiquismo. A verdade se deslocou do registro semiológico — em que existia a referida adequação especular entre o eu e a coisa — para outro no qual o que estaria em pauta seria a realidade psíquica, em que signos, intensidades e fantasmas constituiriam as cenas psíquicas.[54] O psiquismo passou a ser um campo de signos imantado por intensidades, de maneira que as representações-signos seriam reguladas por investimentos afetivos, comandando de forma imperativa e permanente o psíquico.

É claro que a *descrição* freudiana anterior do psiquismo se mantém incólume, mas é refundada numa outra concepção do acontecimento, centrada na realidade psíquica e não mais na material. O psiquismo continua sendo considerado um conjunto disperso de traços permeados por intensidades que se articulam entre si segundo o sentido que os perpassa, delineando as relações lógicas e temporais entre os traços. E seriam, assim, os fantasmas que alinhavariam o sentido dos acontecimentos, direcionando as cenas psíquicas. Por isso, apesar de opostas, as leituras de Derrida e Lacan, centradas respectivamente na escrita e na fala como materialidades da linguagem, puderam se reencontrar com o discurso freudiano.

Portanto, o discurso freudiano passou a conferir *positividade* para o que na psicologia clássica era mera negatividade, a *imaginação*. Com a descoberta do inconsciente e a invenção da psicanálise, ela foi restaurada pelo lugar estratégico conferido aos fantasmas, subvertendo a posição hegemônica de autonomia e soberania antes atribuída ao eu especular no psiquismo.

Para isso, o discurso freudiano enunciou que o psiquismo estava fundado no *imperativo do prazer*. Insistentemente presente na produção e na reprodução do psiquismo, o *princípio do prazer* o regularia nas suas diferentes formações — o que implica dizer que a sexualidade, identificada com a busca permanente do prazer, seria constitutiva do aparelho

---

54. Freud, S. *l'interpretation des rêves. Op. cit.*

SER JUSTO COM A PSICANÁLISE

psíquico.[55] Nos *Três ensaios sobre a teoria da sexualidade*, Freud enunciou a existência da *sexualidade infantil*, desarticulando definitivamente a sexualidade do campo restrito da *reprodução*, indicando esta como apenas uma dimensão daquela. Na dita sexualidade infantil os fantasmas se ancorariam e perpassariam capilarmente todas as representações mentais, constituindo as cenas psíquicas interditas e secretamente arquivadas em signos dispersos. Isso se desdobrou em outra descrição teórica do aparelho psíquico.[56]

INCONSCIENTE E DESEJO

O psiquismo foi configurado como inserido em diferentes registros, que estabelecem relações intrincadas entre si: o *inconsciente*, o *pré-consciente* e a *consciência*. Entre o primeiro registro e os demais existiria uma barreira bem estabelecida, constituída pelo *recalque*,[57] que seria a defesa fundamental, já que instauradora do psiquismo. A divisão psíquica se redescreve, então, em outros termos, não existindo mais a oposição entre diversas modalidades de consciência, sustentada pela luta interminável entre vontade e contravontade. O conflito se realizaria entre o inconsciente — que empreende um insistente movimento de retorno para ter acesso à consciência e à ação — e o pré-consciente/consciência, que a isso se oporia de forma decidida, pela mediação do recalque. Porém, seria continuamente pela dinâmica do conflito que se estabeleceriam as *formações do inconsciente*, como Lacan as designou: os sonhos,[58] os lapsos,[59] os atos falhos,[60] os chistes[61] e os sintomas. A verdade, presente

---

55. Idem. "Esquisse d'une psychologie scientifique" (1895), Parte 1. In: *La naissance de la psychanalyse. Op. cit.*; *L'interprétation des rêves*. Capítulos 2 e 7, *op. cit.*
56. Idem. *Trois essais sur la sexualité* (1905). Paris, Gallimard, 1962.
57. Idem. *L'interprétation des rêves*. Capítulo 7, *op. cit.*; Freud, S. "L'inconscient" (1915). In: Freud, S. *Métapsychologie. Op. cit.*
58. Lacan, J. *Les formations de l'inconscient*. Le Séminaire, livre V. Paris, Seuil, 1998.
59. Idem. *L'interprétation des rêves. Op. cit.*
60. Idem. *Psychopathologie de la vie quotidienne* (1901). Paris, Payot, 1973.
61. Idem. *Le mot d'espirit et sa relation à l'inconscient*. Paris, Gallimard, 1986.

nas cenas do inconsciente, se enunciaria pela mediação de tais formações psíquicas, e pela interpretação meticulosa delas se poderia aceder ao inconsciente.

A diferença fundamental existente entre o inconsciente e o pré-consciente se definiria pelo fato de que, pela vontade, seria possível tornar imediatamente consciente algo presente no pré-consciente, enquanto tal não seria possível no que se refere ao inconsciente. Isso porque, para se aproximar do inconsciente, seria necessário superar a *resistência* que essa tentativa provocaria no psiquismo (o efeito da operação do recalque). No pré-consciente estariam presentes as representações que estão momentaneamente fora da consciência, por não interessarem à *ação instrumental do eu*, mas que poderiam ser permanentemente evocadas desde que este assim o queira. Entre os registros do pré-consciente e da consciência existiria outra censura, mas esta seria porosa, justamente porque não seria da ordem do recalque, que foi denominado de *repressão e de supressão*. Portanto, formula-se que o eu seria sempre instrumental e que não poderia operar eficazmente com o excesso de representações, de maneira que faria sempre a economia da presença destas no campo da consciência, em nome da sua efetividade instrumental.

Finalmente, a consciência seria o terceiro registro mental, mantendo todas as características que tinha na concepção clássica. Seria supostamente transparente para si própria e seria ao mesmo tempo o espelho do mundo, iluminada sem cessar pelo foco da atenção, que regularia o ritmo e o fluxo de representações, mediado pelo eu na sua ação instrumental.

Nos seus diferentes registros, o psiquismo seria sempre constituído por representações permeadas por intensidades. E o que diferenciaria os registros seriam tanto as *diferentes modalidades de representação* quanto as *regras* segundo as quais as representações seriam conjugadas. As formas existentes de *articulação* entre as representações seriam devidas, portanto, à especificidade destas e às regras que as conjugariam entre si.

Nesta perspectiva, seria preciso diferençar entre a *representação-coisa* e a *representação-palavra*. A primeira materializaria o impacto direto das pulsões no psiquismo, enquanto a segunda remeteria à imagem acústica das palavras naquele. Assim, a representação-coisa seria marcadamen-

SER JUSTO COM A PSICANÁLISE

te de ordem *visual*, e a representação-palavra teria uma materialidade *auditiva*, desdobramento indireto dos discursos escutados. A incidência direta das pulsões no psiquismo se faria pelo registro da *consciência--percepção*, produzindo as representações-coisa, que existiriam inicialmente em estado disperso e em seguida seriam articuladas em *cadeias associativas*, segundo as regras da *contiguidade* e da *simultaneidade*, que ordenariam as cadeias de signos. Só posteriormente as cadeias de representações-coisas seriam articuladas com as representações-palavra, possibilitando então a *consciência propriamente dita*. Nesse contexto, a representação-coisa seria a característica do inconsciente e a representação-palavra se inscreveria no registro do pré-consciente, sendo o ato de *consciência* a resultante da conjugação entre estes diferentes registros de representação. A consciência seria positivada como uma proposição e um enunciado, em que a representação-coisa e a representação-palavra seriam intimamente articuladas numa *frase* constituída pela conjunção entre *sujeito*, *verbo* e *predicado*.[62]

Porém, todos esses elementos se inscreveriam, ainda, em *sistemas* diferentes, orientados por *regras* diversas. As representações-coisas estariam submetidas ao *princípio do prazer*, isto é, buscariam o prazer e o gozo a qualquer custo, não recuando diante dos impasses colocados. A mobilidade absoluta dos traços psíquicos com vistas ao gozo caracterizaria o *processo primário*. Este seria o sistema inconsciente, no qual não existiria a ideia de morte e de contradição, nem a noção de tempo, mas apenas o *imperativo de gozar*. Para obstaculizar os efeitos nefastos deste *gozo absoluto*, o recalque seria estabelecido. Com o sistema pré-consciente/consciência, o psiquismo se regularia pelo *princípio de realidade*, de forma que o prazer ficaria submetido aos imperativos da realidade material e não apenas da realidade psíquica. Vale dizer, o *processo secundário* encadearia as representações segundo as relações de causalidade e o reconhecimento do contexto, de acordo com os pressupostos da *lógica formal* fundada na *identidade* e na *contradição*.[63]

---

62. *Idem*. *L'interpretation des rêves*. Capítulo 7, *op. cit.*
63. *Ibidem*.

CARTOGRAFIAS DA FILOSOFIA

Desta maneira, os fantasmas definiriam o imperativo de gozo, sempre presente no sistema inconsciente, configurando este pela mediação do *desejo*. O desejo, por sua vez, regularia a realidade psíquica, sempre sua dependente estrita. As diferentes formações do inconsciente seriam constantemente reguladas pelo *desejo*, que buscaria sempre se realizar em ato e, então, se inscrever no registro da consciência. Entretanto, o recalque formaria uma barreira para impedir a realização do intento do desejo. A positivação da imaginação, empreendida pelo discurso freudiano, se realizou pelo viés de conferir também ao desejo, conjugado ao fantasma, um lugar original na subjetividade, que não estava presente na psicologia clássica. A produção de sentido seria, assim, sempre efetuada pela inscrição nas cenas fantasmáticas.

Essa descrição freudiana do psiquismo foi denominada de *primeira tópica*, na qual se delineou a existência de diferentes registros mentais, nos quais circulavam diversas modalidades de representação e de sintaxes reguladoras.[64] Assim, a representação-coisa e a representação-palavra seriam reguladas pelos princípios do prazer e da realidade, por um lado, e pelos processos primário e secundário, pelo outro. A realidade psíquica, imantada pelo desejo, se contraporia à realidade material, regulada pelas gramáticas do eu e da consciência. Estaria aqui o cerne da *conflitualidade*, que marcaria o psiquismo, dilacerado entre estes diferentes polos.

A *segunda tópica* foi estabelecida por Freud em 1923, no ensaio *O eu e o isso*, e modificou o enunciado dos registros psíquicos, mas manteve a mesma lógica conceitual do sistema teórico e a presença da conflitualidade como princípio. Nela, o *isso* representava o *polo pulsional* do psiquismo, o *eu* mantinha o seu antigo lugar e o *supereu* representava a *instância moral* de interdição do desejo.[65]

A leitura do psiquismo esboçada nas diferentes tópicas freudianas exigiu a formulação de outro discurso teórico, que não seria mais o da

---

64. Freud, S. *L'interprétation des rêves. Op. cit.*; Freud, S. "L'inconscient". In: Freud, S. *Métapsychologie*. Paris, Gallimard, 1960.

65. *Idem*. "Le moi et le ça" (1923). In: Freud, S. *Essais de Psychanalyse*. Paris, Payot, 1981.

psicologia clássica nem o da neuropatologia. Para este discurso teórico, Freud forjou o nome de *metapsicologia*.[66] Esta se caracterizaria pela utilização de três códigos de descrição dos fenômenos mentais, que seriam complementares: o *tópico*, o *dinâmico* e o *econômico*. Assim, qualquer experiência psíquica exigiria, antes de tudo, uma leitura que definisse em que registros psíquicos ela estaria ocorrendo e que modalidades de representação estariam em causa. Em seguida, a dinâmica psíquica seria delimitada pelos registros em pauta e as representações correspondentes que estabeleceriam conflitos entre si. Como as representações seriam sempre investidas, a dimensão econômica da metapsicologia procurava definir quais seriam as intensidades em questão. Uma descrição metapsicológica do psiquismo seria por via de regra orientada por esta tripla exigência teórica.

Pela indagação da metapsicologia se pode situar devidamente a problemática crucial que a psicanálise colocou para a filosofia. É o que veremos agora, esmiuçando nas suas difrações e refrações o discurso metapsicológico.

METAPSICOLOGIA, METAFÍSICA E INTERPRETAÇÃO

É muito curioso que Freud tenha denominado de metapsicologia o saber de referência na psicanálise, criando um *neologismo*, pois a palavra era então inexistente na língua alemã. Além disso, afirma que a psicanálise não é uma *psicologia*, mas uma *metapsicologia*. Com efeito, a leitura que a psicanálise realiza do psiquismo não se identifica com a da psicologia, pois não se volta para a descrição das faculdades mentais, mas para a elucidação do sentido da experiência psíquica para o sujeito.

Por isso mesmo, Freud afirmou que a leitura psicanalítica da subjetividade pretende ir *além* da psicologia. A inclusão do prefixo grego *meta* indica justamente isso. A metapsicologia pretende ser uma leitura do psiquismo que transcenderia a da psicologia, por não se restringir

---

66. *Idem.* "Pulsions et destins des pulsions" (1915). In: *Métapsychologie. Op. cit.*

ao estudo das faculdades psíquicas. Pressupondo que o psiquismo é um *processo*, propõe a ele um triplo código de leitura, tópico, dinâmico e econômico.

Porém, ultrapassar o registro das faculdades implica em, ao mesmo tempo, realizar uma modalidade de interpretação do psiquismo que transcenderia os registros da consciência e do eu. Desta maneira, o que estaria em pauta seria uma ruptura evidente com os pressupostos da psicologia clássica, na medida em que, com a metapsicologia, a psicanálise pretenderia circunscrever os processos subjacentes ao eu e à consciência. Em decorrência disso, Freud afirmou repetidas vezes que a psicanálise seria uma *psicologia profunda*, e a psicologia clássica, por sua vez, seria uma *leitura da superfície do psiquismo*, porque ficaria restrita a seus registros periféricos.

E isso ainda não é tudo. A palavra metapsicologia é evidentemente derivada da palavra *metafísica*. Ao denominar o saber teórico da psicanálise a partir de uma derivação imediata e incontornável da palavra metafísica, Freud identifica naquela algo que a aproximaria desta. Mas o que poderia tangenciar a psicanálise com o saber da metafísica? Não parecem existir dúvidas a respeito disso: a psicanálise seria um saber fundado na *interpretação*. Em outras palavras, o psiquismo seria construído em torno dos conceitos de sentido e de significação, pois a interpretação apenas seria possível se estivesse sempre remetida ao mundo do sentido como o seu correlato.

Por isso mesmo a obra inaugural da psicanálise intitula-se justamente *A interpretação dos sonhos*.[67] Contrariando as tradições da psicologia clássica e da neuropatologia, o discurso freudiano enunciou que o sonho seria não apenas uma formação psíquica, mas também forjado pela tessitura do sentido. Sonhar quer dizer alguma coisa, isto é, o sujeito enuncia algo através de seus sonhos, não sendo estes o subproduto da atividade cerebral nem tampouco um devaneio errático da imaginação. Freud retomou, assim, uma longa tradição popular e pré-científica,

---

67. *Idem. L'interprétation des rêves. Op. cit.*

SER JUSTO COM A PSICANÁLISE

segundo a qual os sonhos seriam produções significativas.[68] A construção do sentido do sonho seria imantada pelo desejo, que se materializaria de maneira eloquente na narrativa onírica. Em decorrência disso, o discurso freudiano enunciou inicialmente que o sonho seria o *caminho real* para o inconsciente, pois este teria no desejo o seu primado. O sonho foi enunciado, enfim, como uma formação do inconsciente, o seu paradigma teórico.

Em seguida, o discurso freudiano circunscreveu outras formações do inconsciente, como os *lapsos*,[69] os *atos falhos*[70] e os *chistes*,[71] constituindo uma verdadeira *psicopatologia da vida cotidiana*. Pela mediação de tais formações seria possível ter acesso ao inconsciente, isto é, seria possível delinear o campo desejante em ato numa dada subjetividade, para realizar o seu deciframento efetivo. Finalmente, todas as perturbações psicopatológicas do espírito poderiam ser igualmente interpretadas pelo paradigma do inconsciente, porque seriam significativas.

As formações do inconsciente seriam caracterizadas pelo *enigma*, uma vez que sempre se apresentariam de maneira *cifrada*, tanto para o sujeito quanto para o intérprete. Nem este nem aquele seriam detentores de uma *chave* predeterminada de leitura dos sonhos, como se realizava na Antiguidade. Esta chave seria inoperante, porque não seria capaz de destacar a *singularidade do sujeito*, definida sempre pelo desejo.[72] Enfim, o método de interpretação construído pela psicanálise seria o do *deciframento*.

Para a interpretação de qualquer formação do inconsciente seria necessário que o sujeito pudesse *associar livremente* a partir de cada um dos fragmentos cifrados da narrativa enigmática. O sujeito deveria ser colocado num estado de *errância*, sem estar preocupado em explicar a formação em questão, mas em se deixar levar pela trama discursiva

---

68. *Ibidem*. Capítulo 2.
69. *Idem. Psychopathologie de la vie quotidienne. Op. cit.*
70. *Ibidem*.
71. *Idem. Le mot d'esprit et sa relation à l'inconscient. Op. cit.*
72. *Idem. L'interpretation des rêves.* Capítulo 2. *Op. cit.*

do que lhe vem espontaneamente ao espírito.[73] Assim, o processo associativo já seria um processo interpretativo em si mesmo, que suporia a fragmentação do psiquismo como sua condição concreta de possibilidade. Pelo *deslizamento insistente* do sujeito nas cadeias de signos/representações mentais o sentido iria se configurando, permitindo delinear o desejo numa formação cifrada específica.

Entretanto, se a *livre associação* seria o único imperativo metodológico para o analisante, a *atenção flutuante* seria a sua contrapartida para a figura do analista. Seria exigido que este também não buscasse qualquer explicação e não privilegiasse nenhum fragmento da narrativa do analisante, mas que se deixasse sempre levar pela escuta errática do deslizamento deste. Ou seja, o analista/intérprete estaria submetido à mesma errância e à mesma suspensão explicativa exigida da figura do analisante, para que a interpretação propriamente dita pudesse se enunciar.[74]

O que estes imperativos metodológicos evidenciam, afinal de contas? Tanto a associação livre, do lado do analisante, quanto a atenção flutuante, do lado do analista, revelam a exigência de suspensão do eu, para que as diversas cadeias associativas, na sua real fragmentação, possam se enunciar em ato como discurso. Por meio dessa suspensão, os registros do desejo e do sentido poderiam se evidenciar literalmente, sem os ruídos das manobras explicativas do eu e sua ação instrumental, que estaria sempre voltada para a adaptação do sujeito à realidade social.

Evidentemente, tudo isso nos indica como a desconstrução teórica da psicologia clássica se realizou pelo advento da suspensão momentânea do eu e do seu correlato, qual seja, a sua estratégia estritamente cognitiva. Com isso, a imaginação pôde ser positivada na sua produtividade simbólica, pela mediação do deslizamento insistente das cadeias de signos/representações. Os imperativos metodológicos do deciframento psicanalítico visam, pois, a dar consistência aos pressupostos teóricos de uma subjetividade fundada na realidade psíquica do inconsciente.

---

73. *Ibidem.*
74. *Ibidem.*

SER JUSTO COM A PSICANÁLISE

Não foi por acaso que todas as formações do inconsciente enuncia-das por Freud denotaram modalidades de ser do psíquico nas quais o eu, no registro estritamente cognitivo, *falha* literalmente na sua fun-cionalidade instrumental. Tanto no sonho, quanto no ato falho, no lapso, no chiste e no sintoma, o eu *derrapa* a partir de algo que o des-constrói momentaneamente, indicando a irrupção do desejo. É sempre isso que está em jogo quando se alude à presença do inconsciente no psiquismo, na medida em que a consciência foi posicionada como su-balterna e o eu colocado em estado de suspensão momentânea na sua instrumentalidade. Enfim, a imaginação como excesso e positividade produtiva pode ser eloquentemente destacada, saindo assim definitiva-mente da condição de negatividade na qual foi colocada pela psicolo-gia clássica.

Foi nesse contexto histórico da descoberta da psicanálise que Freud enunciou de forma inesperada que, com a metapsicologia, estaria reali-zando o seu antigo desejo de se dedicar à filosofia e não mais à medici-na, pois não tinha interesse nem talento para a terapêutica.[75] O que que-ria dizer Freud com isso, efetivamente? Diversas coisas, como veremos de maneira esquemática.

DESCONSTRUÇÃO DO SUJEITO

É preciso dizer que se Freud não era um erudito em filosofia, mas não era tampouco um incauto. Ele acompanhou alguns cursos ministrados por Brentano na Universidade de Viena, no tempo em que era estudante de medicina. Além disso, dedicou-se à prática da tradução para se sus-tentar, também ainda quando estudante. Traduziu alguns textos filosófi-cos, como os de Stuart Mill. Portanto, Freud não era absolutamente um ignorante no que concerne à filosofia, tendo, pois, uma boa educação de base.

---

75. *Idem.* "Lettres à Wilhelm Fliess, Notes et Plans" (1887-1902). In· Freud, S. *La naissance de la psychanalyse. Op. cit.*

No entanto, é preciso considerar a desconfiança da comunidade científica da Alemanha em relação à filosofia na segunda metade do século XIX. Os naturalistas alemães consideravam perigosas as formulações *totalizantes* presentes no discurso filosófico, porque não faziam avançar o conhecimento positivo e específico pretendido pelas ciências. O discurso filosófico em questão era representado principalmente por Hegel, a quem se atribuía uma versão *panlogista* do mundo — a feliz expressão cunhada posteriormente por Hyppolite. Em decorrência disso, na tradição filosófica alemã, houve um deslocamento teórico significativo da filosofia de Hegel para a de Kant, nos rastros da Escola Marburgo e da leitura de Cohen sobre a filosofia kantiana. Neste contexto, os naturalistas alemães se inscreviam principalmente na tradição filosófica kantiana, considerada como crítica da perspectiva totalizante supostamente presente na filosofia de Hegel e mais próxima, então, do ideário da positividade do saber científico.[76]

Evocamos assim especificamente esse contexto teórico e histórico para justificar as crescentes e progressivas desconfianças teóricas de Freud em relação à filosofia. Freud sempre buscou enfatizar que a psicanálise não era uma modalidade filosófica de saber, porque tinha a pretensão de ser um discurso científico. A cientificidade da psicanálise, contudo, era colocada em questão pela comunidade científica de então. O pomo da discórdia era precisamente a baixa positividade e os impasses da verificação presentes nos enunciados teóricos da psicanálise, de maneira que esta foi aproximada do campo da estética desde a publicação de *A interpretação dos sonhos*. Além disso, a psicanálise era um saber fundado na interpretação, sendo, por isso, aproximada do discurso filosófico. Este se transformou num fantasma diabólico, tanto para Freud quanto para a psicanálise nessa conjuntura histórica.

Visando aos diferentes objetos teóricos em questão na psicanálise e na filosofia, e procurando distingui-las radicalmente, Freud empreen-

---

76. Bouveresse, J. "La théorie et l'observation dans la philosophie des sciences du positivisme logique". In: Chatelet, F. *Le XXe siècle: Histoire de la philosophie*. Volume VII. Paris, Hachette, 1973.

deu a crítica psicanalítica da filosofia, como vimos inicialmente neste ensaio. A filosofia de Hegel era o alvo teórico visado por Freud, caracterizada pela *pretensão totalizante* e pela pretensão de ser um *sistema*. Por isso mesmo, Freud aproximou o discurso filosófico da paranoia, pela presença em ambos do imperativo do *sistema*. Além disso, a retórica filosófica foi considerada similar à que se encontrava na esquizofrenia, pois em ambas o fascínio com as palavras distanciariam o sujeito do registro das coisas, fazendo-o perder o juízo de realidade. E a sedução pela exigência do sistema conduziria a filosofia a ficar presa na retórica do discurso e dar as costas ao mundo do real. Finalmente, a presença do imperativo totalizante conduziria a filosofia a se transformar numa visão de mundo, o que não era o caso da psicanálise, que teria uma leitura fragmentar do real, fundada sempre num *objeto teórico* específico, isto é, o inconsciente.[77]

Portanto, para ser teoricamente reconhecida como uma leitura científica sobre o psiquismo, a psicanálise não poderia ser uma modalidade de discurso filosófico. Pela mediação da interpretação de seu objeto teórico — o inconsciente —, a metapsicologia foi construída. Foi nesse contexto que Freud disse a Fliess que, com a metapsicologia, estaria finalmente realizando o seu desejo de ser um filósofo. Enfim, a borda existente entre metapsicologia e metafísica estaria no fato de que ambas se realizariam pela prática da interpretação. Porém, foi pela existência efetiva dessa borda que Freud se inquietou com o fantasma da filosofia no interior da psicanálise, que precisaria ser contínua e permanentemente exorcizado para que a psicanálise pudesse ter seu reconhecimento como um discurso científico. Daí a razão da mordacidade quase sempre presente na crítica de Freud ao discurso filosófico, pois buscava decantar a presença deste fantasma.

Nessa perspectiva, Freud se valeu de diferentes argumentos teóricos para sustentar o direito de inscrever a psicanálise no campo da ciência. Freud afirmava que os conceitos de matéria e de energia seriam tão

---

77. Freud, S. "D'une conception de l'univers". In: Freud, S. *Nouvelles conférences sur la psychanalyse. Op. cit.*

CARTOGRAFIAS DA FILOSOFIA

abstratos quanto o de pulsão, muito distantes de qualquer empiricidade. Além disso, os conceitos fundamentais de um dado discurso científico posterior apenas seriam fixados definitivamente com o desenvolvimento teórico desse discurso, como foi o caso exemplar da física, devendo ser considerados como provisórios nos seus primórdios, isto é, como hipóteses fecundas de trabalho, e que poderiam ser retificadas no futuro com o desenvolvimento científico.[78] Enfim, mesmo se os conceitos fundamentais da metapsicologia não fossem empíricos, isso também se passaria com os demais discursos científicos e mesmo com a física, considerada, então, como o modelo de cientificidade.

No entanto, o imperativo de *verificação* dos enunciados teóricos da psicanálise se impunha frequentemente a Freud, porque seria por este viés que o discurso freudiano poderia reivindicar a sua positividade científica e afastar o inquietante fantasma da filosofia do seu interior.[79] Por esse motivo, Freud publicou extensos casos clínicos nos quais se descrevia a elucidação metapsicológica dos sintomas e a primeira geração de psicanalistas publicou longas narrativas de experiências analíticas, visava a atender precisamente à exigência de verificação formulada pelo discurso científico. A experiência psicanalítica foi transformada, assim, no laboratório de verificação científica dos enunciados metapsicológicos da psicanálise.[80]

É preciso ainda evocar que o discurso neopositivista, que procurava diferençar os enunciados científico, estético e filosófico pela mediação da categoria de verificação, se constituiu nesse contexto histórico e na mesma Viena em que vivia então Freud. Era ao ideário neopositivista de ciência, forjado pelo Círculo de Viena, que o discurso freudiano tinha

---

78. *Idem.* "Pour introduire le narcisisme" (1914). In: Freud, S. *La vie sexuelle.* Paris, Presses Universitaires de France, 1973; Freud, S. "Pulsions et destins des pulsions" (1915). In: *Métapsychologie. Op. cit.*

79. Bouveresse, J. "La théorie et l'observation dans la philosophie des sciences du positivisme logique". In: Chatelet, F. *Le XXe siècle:* Histoire de la philosophie. Volume VII, Paris, Hachette, 1973.

80. Freud, S. *Cinq psychanalyses. Op. cit.*

SER JUSTO COM A PSICANÁLISE

que prestar contas na perspectiva epistemológica, para que a psicanálise pudesse ser reconhecida como uma ciência e não como uma filosofia.

Contudo, Freud teve que reconhecer que a psicanálise não se adequava efetivamente aos cânones neopositivistas de ciência; diferentes conceitos metapsicológicos fundamentais não eram passíveis de qualquer verificação. Desde os anos 1920 Freud teve que aceitar definitivamente isso. Quando enunciou o conceito de pulsão de morte, que não foi reconhecido por parcela significativa das comunidades científica e psicanalítica, Freud afirmou que se tratava de uma "especulação", isto é, de algo que não poderia ser empiricamente verificado.[81] Especulação de que não poderia abrir mão, contudo, tal a certeza que tinha naquele conceito bem fundado para interpretar certos processos psíquicos.[82] Por isso, valeu-se de Platão e de Empédocles, constituindo um *argumento mítico e filosófico*, para legitimar finalmente o conceito de pulsão de morte.[83]

Além disso, no final de seu percurso teórico, Freud passou a aproximar a metapsicologia da *bruxaria* para circunscrever a pertinência teórica do discurso psicanalítico, evocando uma tradição teórica que teria sido enterrada pelo advento da ciência moderna. Portanto, a psicanálise se inscreveria numa longa tradição *pré-científica*, uma vez que não se harmonizava com os cânones do neopositivismo do discurso da ciência.[84]

A evocação da bruxaria, no entanto, não é apenas uma metáfora para Freud, já que estaria referida a um momento da história do pensamento em que se afirmava que os espíritos malévolos seriam os responsáveis pela loucura. Contudo, na Idade Média, com a Inquisição, as histéricas foram lançadas nas fogueiras da virtude justamente porque foram con-

---

81. *Idem*. "Au-delà du principe du plaisir" (1920). In: Freud, S. *Essais de psychanalyse*. Paris, Payot, 1981.
82. *Idem*. *Malaise dans la civilization* (1930). Paris, Presses Universitaires de France, 1971.
83. *Idem*. "Au-delà du principe du plaisir" (1920). In: Freud, S. *Essais de psychanalyse*. *Op. cit.*
84. *Idem*. "Une névrose démoniaque au XVIIe siècle" (1923). In: Freud, S. *Essais de psychanalyse*. *Op. cit.*

sideradas como possuídas pelos maus espíritos. Para Freud, contudo, a teoria demonológica foi finalmente vitoriosa contra a tradição positivista na leitura da loucura, na medida em que o conceito de fantasma, enunciado pela psicanálise, teria conferido positividade à ideia religiosa de espírito maléfico.[85]

Como vimos, segundo a concepção freudiana, o psiquismo seria perpassado por fantasmas que encantavam a realidade psíquica para o bem e para o mal. Nas cenas em que os desejos se inscreveriam e circulavam permanentemente, os fantasmas capturariam os signos e as representações mentais, colocando a subjetividade em movimento, de maneira a sustentá-la no seu pensar, no seu dizer e no seu fazer. Por isso, pela interpretação, a metapsicologia freudiana buscava decifrar os fantasmas e os desejos que impulsionavam a subjetividade, que se manifestavam de forma ruidosa pelos pequenos signos e representações psíquicas, denominados justamente de formações do inconsciente.

Porém, mesmo reconhecendo que a psicanálise não era efetivamente uma ciência, de acordo com os cânones do neopositivismo, Freud ainda afirmava que ela seria uma ciência de outra ordem e não uma modalidade de discurso filosófico, porque não pretendia ser um sistema, nem realizar uma leitura totalizante do real. A interpretação em psicanálise não constituiria uma visão de mundo, porque, com o modelo do deciframento e sem se fundar nunca num código *a priori* de símbolos, a interpretação psicanalítica visaria sempre a cada uma das marcas particulares evidenciadas pelos signos, se deslocando o tempo todo no eixo da singularidade. Esta seria, de maneira paulatinamente destacada, perpassada pelos fantasmas e desejos que a costurariam nos seus pequenos detalhes. Portanto, a *fragmentação* do psiquismo seria o contraponto permanente do deciframento, e a *condição concreta* de possibilidade da interpretação. A *sexualidade perverso-polimorfa* estaria no fundamento dessa fragmentação, impulsionada pelo imperativo do prazer.[86]

---

85. *Ibidem.*
86. *Idem.* "D'une conception de l'univers". In: Freud, S. *Nouvelles conférences sur la psychanalyse. Op. cit.; Idem. Trois essais sur la théorie de la sexualité. Op. cit.*

SER JUSTO COM A PSICANÁLISE

Enuncia-se, assim, o problema fundamental que o discurso freudiano colocou para a filosofia na virada do século XIX para o século XX: o *descentramento do sujeito*. Formular que a interpretação como deciframento se refere a uma leitura fragmentar do psíquico implica afirmar o descentramento do sujeito promovido pela psicanálise, face e verso que seriam da mesma folha de papel. A tese do descentramento colocou em questão uma longa tradição filosófica que se constituiu com Descartes e que foi denominada justamente de *filosofia do sujeito*. Era sempre isso que estaria em pauta na crítica empreendida por Freud da psicologia clássica.

A crítica pôs em discussão toda a tradição filosófica fundada no *cogito*, como Lacan indicou devidamente desde o início de seu percurso teórico na psicanálise. Se para Descartes o pensamento era a garantia do critério da existência para o sujeito — penso, logo sou —, para Lacan a descoberta do inconsciente pela psicanálise indicava um paradoxo fundamental: o sujeito existia onde não pensava e pensava onde não existia (se o inconsciente seria desejo, o desejo fundaria a condição de existência fora do registro do pensamento). Consequentemente, Lacan enunciou no seu percurso teórico posterior que o inconsciente seria fundamentalmente um conceito *ético* e não mais *ôntico*, não se inscrevendo mais no registro do conhecimento. Portanto, a existência do sujeito e a produção da *verdade* se realizariam para a psicanálise fora do registro do entendimento, inscrevendo-se definitivamente nos registros do desejo e do inconsciente.[87]

Essa seria uma das versões da tese do descentramento do sujeito promovida pela psicanálise, porém existem outras versões que formularam a mesma tese, segundo outra direção teórica. Uma delas se deu quando Foucault inscreveu Freud como um dos fundadores da tradição *hermenêutica*, ao lado de Marx e de Nietzsche, e acentuou a dimensão interpretante que estaria presente no discurso freudiano, na qual teriam se

---

87. Lacan, J. *L'éthique en psychanalyse*. Le Séminaire, livre VII. Paris, Seuil, 1986; Lacan, J. *Les quatre concepts fondamentaux de la psychanalyse*. Le Séminaire, livre XI. Paris, Seuil, 1978.

CARTOGRAFIAS DA FILOSOFIA

perdido para sempre as noções de *origem* e de *referente* do campo da linguagem. Essa perda teria se dado com a emergência da modernidade, em contraposição ao que existia na dita Idade Clássica, por sua vez fundada no registro da *representação* e da *semiologia*. A consciência, concebida como superfície especular das coisas, era a base da semiologia e da crença de que o pensamento poderia representar o mundo das coisas. Entre as operações do *ver* e do *dizer* existia uma articulação fundamental, que se perdeu posteriormente. Com a *hermenêutica*, no entanto, a modernidade passou a conceber a linguagem como *errância infinita*, na qual cada palavra endereçaria sempre a outra palavra, sem que se pudesse jamais capturar um referente originário. Dessa forma, estaria rompida a identidade entre o ver e o dizer, materializada na representação.[88]

Pode-se perceber que, com a psicanálise, estaríamos bastante longe de uma filosofia fundada no *cogito* cartesiano, constituidor do campo da representação como fundamento epistêmico para a leitura das coisas, no qual o ver e o dizer se identificavam em última instância. Com a hermenêutica freudiana, a linguagem não se refere mais ao universo das coisas; a realidade psíquica está em questão, e não mais a realidade material.

Sendo assim, podemos afirmar que a problemática colocada pela psicanálise para a filosofia se centra na crítica do *cogito*, colocando em pauta uma proposta teórica de *desconstrução* da filosofia do sujeito, a partir de seu descentramento dos registros do eu e da consciência.[89] Essa desconstrução, no entanto, não se realizou de maneira imediata no discurso freudiano, mas exigiu um longo e tortuoso percurso, tendo que ultrapassar diferentes patamares conceituais. A totalidade da obra de Freud, nos seus diversos contextos teóricos, foi a materialização efetiva dessa desconstrução, porque a experiência psicanalítica subverteria o pensamento de Freud em ato.[90] É o que indicarei agora.

---

88. Foucault, M. "Nietzsche, Freud, Marx" (1960). In: Foucault, M. *Dits et écrits.* Volume I. *Op. cit.*
89. Descartes, R. "Meditations. Objections et reponses". In: Descartes, R. *Oeuvres et lettres de Descartes. Op. cit.*
90. Lacan, J. *L'ethique de la psychanalyse.* Le Séminaire, livre VII. *Op. cit.*

SER JUSTO COM A PSICANÁLISE

DESCENTRAMENTOS

Num ensaio publicado na França, em 1925, intitulado "Uma resistência à psicanálise", Freud afirmou que a psicanálise não provocava resistências contingentes, mas estruturais. Isso porque nem o fato de ser uma jovem modalidade de saber nem o de se fundar na sexualidade justificariam as resistências à psicanálise. Elas se dariam antes, em razões estabelecidas no eu e na consciência, por estes pretenderem sempre dominar inteiramente o campo do psiquismo. Nessa medida, a psicanálise implicaria numa "ferida narcísica" para a humanidade, devido aos descentramentos do psiquismo do eu e da consciência por ela promovidos.[91]

A leitura desse ensaio é fundamental para evidenciar tal problemática, por diversas razões. Em primeiro lugar, porque é uma produção madura do discurso freudiano, na qual se condensam os diversos sentidos assumidos para a palavra e o conceito de descentramento. Em segundo lugar, porque o descentramento promovido pela psicanálise foi também inscrito no rastro de outros que foram cruciais na história do pensamento no Ocidente. Em terceiro lugar, porque todos esses descentramentos se realizaram no campo do discurso científico, sendo, pois, constitutivos da modernidade.[92]

Assim, a psicanálise representaria a terceira grande ferida narcísica da humanidade, tendo sido precedida historicamente pela *revolução copernicana* na *cosmologia* e pela *revolução darwiniana* na *biologia*. Com Copérnico, a Terra foi deslocada do centro do Universo e inserida na posição secundária de apenas um dos diversos planetas que girariam ao redor do Sol; com Darwin, o homem perdeu o seu lugar privilegiado na ordem da natureza e se inscreveu nesta como uma simples espécie animal derivada de outras espécies na evolução biológica. Portanto, se o homem acreditava ocupar um lugar destacado no Universo e no campo do olhar divino, com a teoria heliocêntrica de Copérnico, tal pretensão teria caído por terra, delineando-se o *universo infinito* no qual se inseria

---

91. Freud, S. "Résistance à la psychanalyse" (1925). In: Freud, S. *Resultats, idées, problèmes*. Volume II (1920-1939). Paris, Presses Universitaires de France, 1986.
92. *Ibidem*.

o homem desamparado e amedrontado. Da mesma forma, o homem podia se representar ainda como um ser superior aos demais para o olhar divino, mas com a interpretação darwiniana foi remetido para as suas devidas dimensões animais, perdendo, assim, qualquer aura de superioridade.[93] A psicanálise, por sua vez, teria retirado a última ancoragem da pretensão humana, o último reduto de sua suposta superioridade e arrogância, ao enunciar que, no psiquismo, a consciência não é soberana e o *eu* não é autônomo. Vale dizer, a realidade psíquica se deslocou da consciência e do eu para os registros do inconsciente e da pulsão, que passaram a regulá-la. Porém, condensam-se aqui três sentidos diferentes para o descentramento, que se realizaram ao longo do pensamento freudiano: 1) da consciência para o inconsciente; 2) do eu para o Outro; 3) da consciência, do eu e do inconsciente para as pulsões.

Existem, portanto, diferentes sentidos para o descentramento que transformam o seu conceito. Entretanto, esses sentidos não são incompatíveis entre si, mas complementares. O que se enuncia, desta maneira, é a *radicalização* do conceito de descentramento ao longo do discurso freudiano, pois, nos dois registros iniciais, a crítica se circunscrevia ainda ao campo da *representação*, mas no terceiro registro o descentramento se fundaria na exterioridade deste, inscrito no registro da pulsão.

Nessa perspectiva, o discurso freudiano colocou paulatinamente em questão os três registros teóricos nos quais o *cogito* se fundava, a *consciência*, o *eu* e a *representação*. Esta desconstrução foi não apenas progressiva, mas também evidenciou limiares crescentes de complexidade. Vale dizer, desconstruir o centramento da subjetividade no registro da consciência é bem mais fácil do que fazê-lo no registro do eu. É certamente bem mais simples do que desconstruir o centramento no registro da representação. Porém, foi esta a direção desconstrutiva assumida pelo discurso freudiano, no qual se atingiram os três pilares fundadores da tradição teórica da filosofia do sujeito. Consideremos, então, os diferentes sentidos do descentramento em psicanálise, indicando esquematicamente as suas ressonâncias no campo do discurso filosófico.

---

93. *Ibidem.*

DA CONSCIÊNCIA AO INCONSCIENTE

No primeiro descentramento freudiano, a consciência foi retirada de seu lugar destacado no psiquismo e relativizada em relação ao inconsciente. Estamos, assim, no momento historicamente inaugural da psicanálise. A realidade psíquica, centrada no inconsciente, se autonomizou, perdendo a condição de simples reflexo especular da realidade material. Esta é a primeira tópica, em que o inconsciente como sistema psíquico autônomo se contraporia ao sistema pré-consciente/consciência, e o psiquismo seria construído por representações atravessadas por intensidades. As representações circulariam entre os diversos sistemas psíquicos, nos quais se articulariam e se desarticulariam, na representação-coisa e na representação-palavra.[94] Porém, o registro do eu não está colocado em questão, mantendo-se ainda como uma instância soberana no psiquismo, em que realizaria sua função cognitiva instrumental, sendo sempre regulado pelo princípio da realidade. Em decorrência disso, o eu não seria uma instância sexualizada, mantendo-se como pura *racionalidade* e podendo discriminar entre as representações inconscientes e as pré-consciente/conscientes. As fantasias inconscientes não teriam o poder de perturbar a percepção do eu, pois este poderia afastá-las decididamente de seu território. Isso porque o eu seria investido pelo "interesse", isto é, pelas exigências de autoconservação da individualidade.

Daí porque o modelo freudiano inicial do dualismo pulsional, que definia as linhas de força do conflito psíquico, se configuraria pela oposição entre as *pulsões sexuais* e as *pulsões de autoconservação*. Em nome da autoconservação, representada pelo sistema pré-consciente/consciência e pelo eu, a subjetividade se protegeria da irrupção da sexualidade perverso-polimorfa, advinda do sistema inconsciente. Essa proteção se realizaria pela operação psíquica do recalque, divisor de águas entre esses sistemas. O conflito se fundaria entre os polos *vital* e *sexual*

---

94. *Idem. L'interprétation des rêves* (1900). Capítulo 7. *Op. cit.*; *Idem. Trois essais sur la théorie de la sexualité. Op. cit.*

do psiquismo, de maneira que, parafraseando Schiller, Freud enunciou que o conflito psíquico se ordenaria entre a *fome* e o *amor*.

Nesse momento, o método psicanalítico se circunscrevia ao imperativo de tornar consciente o que era inconsciente, para que neste deslocamento de registros psíquicos o eu pudesse, em nome dos interesses vitais da autoconservação, oferecer um destino estruturante para a irrupção do sexual. O que se impunha então, como exigência ética para a subjetividade, era a adequação do princípio do prazer ao princípio da realidade, pelo qual o eu, na sua soberania, pudesse harmonizar a subjetividade dilacerada.

Esse descentramento inaugural do discurso freudiano provocou efeitos importantes na filosofia. As ressonâncias foram diversas, assumindo diferentes direções, nas quais os autores se posicionaram frente ao esvaziamento teórico da consciência.

A *fenomenologia* criticou bastante Freud pela promoção do primeiro descentramento, pois a consciência perderia inteiramente a sua consistência e hegemonia no psiquismo. Para responder a isso, foi arguido que o inconsciente não passaria da condição de ser outra modalidade de consciência, isto é, uma forma latente e virtual desta. Isso tudo apesar das repetidas objeções teóricas de Freud frente a esta leitura, principalmente pelo enunciado dos conceitos de inconsciente como sistema e do recalque como seu operador teórico, que restringiriam efetivamente a consistência do ser da consciência.

Foi nesse contexto teórico, situado nos anos 1940, que Freud foi vivamente criticado por Sartre. Este insistiu bastante no *mecanicismo* e *fisicalismo* presentes na metapsicologia psicanalítica, que esvaziavam o ser da consciência de sua riqueza e plenitude significativas, baseando-se, para isso, na fenomenologia de Husserl e na filosofia existencial de Heidegger. Em decorrência disso, Sartre aproximou a subjetividade referida pelo inconsciente freudiano de uma *postura ética* de *má-fé* daquela, pela covardia e pela não assunção da *responsabilidade* que implicava para a subjetividade a crença num inconsciente na exterioridade da consciência. Em contrapartida à psicanálise, o autor francês enunciou a construção de uma *analítica existencial*, na qual a centralidade moral e

SER JUSTO COM A PSICANÁLISE

cognitiva da consciência seria finalmente restaurada pelo destaque conferido ao conceito de *projeto existencial*.[95]

Por outro lado, destacando a subversão filosófica que a psicanálise produziu justamente por causa do descentramento em pauta, Althusser ironizou, nos anos 1960, a tradição fenomenológica na sua crítica à psicanálise. Aplaudindo a boa-nova das concepções de Freud para a crítica da filosofia do sujeito, incluído ao lado de Nietzsche como aquele que perturbou esta tradição filosófica, Althusser criticou também os promotores da analítica existencial e os psicanalistas que aderiram ao silenciamento do discurso freudiano, pela sedução teórica e mundana que estaria implicada na *fenomenologia* e no *existencialismo*.

Não se inscrevendo mais na tradição fenomenológica, Politzer valorizou, no final dos anos 1920, a ruptura teórica da psicanálise com a psicologia clássica e a promoção do descentramento da subjetividade. Porém, indicou também os obstáculos teóricos representados pelo mecanicismo fisicalista presente na metapsicologia para que a psicanálise pudesse refundar efetivamente a teoria da subjetividade que prometera.[96] Na esteira teórica de Politzer, Dalbiez realizou, nos anos 1940, a crítica da *doutrina* freudiana, mas enfatizou a importância do *método* inaugurado pela psicanálise, isto é, a interpretação. Com efeito, por esta oposição conceitual, Dalbiez propunha que a metapsicologia fosse definitivamente descartada em nome da interpretação, inovação teórica promovida efetivamente por aquela.[97]

De Politzer a Dalbiez, portanto, se consolidou uma importante tendência teórica no campo da filosofia francesa, na qual a psicanálise foi concebida como um *saber da interpretação* e se criticava o *mecanicismo* presente na metapsicologia. Foi neste contexto histórico (anos 1930 e 1940) que Lacan se constituiu efetivamente como autor, destacando a

---

95. Sartre, J.P. *L'être et le néant*. Paris, Gallimard, 1943; Althusser, L. "Freud et Lacan" (1964). In: Althusser, L. *Positions*. Paris, Sociales, 1976.

96. Politzer, G. *Critique des fondements de la psychologie* (1928). Paris, Presses Universitaires de France, 1968.

97. Dalbiez, R. *La méthode psychanalytique et la doctrine freudiene*. Volumes I e II. Paris, Desclée de Brouwer, 1936.

CARTOGRAFIAS DA FILOSOFIA

crítica do *cogito* realizada pela psicanálise, mas sustentando, ao mesmo tempo, a depuração da metapsicologia de seus modelos mecanicistas. Baseou-se fundamentalmente na fenomenologia, principalmente no discurso teórico de Hegel, mas também no de Husserl, para destacar a inovação teórica do conceito de inconsciente.[98] Nos anos 1950, Hyppolite aproximou a interpretação promovida pela psicanálise com a fenomenologia do espírito de Hegel, valorizando o descentramento da subjetividade promovido por aquela.[99]

Nos anos 1960, Ricoeur procurou inscrever a psicanálise no campo da filosofia contemporânea, enfatizando sua dimensão hermenêutica. Para isso, indicou que, desde o século XIX, iniciou-se um processo teórico de *suspeita* em relação à consciência como lugar de produção da verdade, sendo isso evidenciado por Nietzsche, Marx e Freud. Assim, seria necessário desde então destacar a produção dos enunciados de verdade pelos métodos hermenêuticos, advindos da *linguística*, da *psicanálise* e da *filosofia da religião*, para se restabelecer o ser da consciência pelos *caminhos indiretos* da interpretação. Tornar, pois, consciente o inconsciente continuava sendo ainda o imperativo da filosofia de Ricoeur, que acabou por inserir novamente Freud na tradição fenomenológica.[100]

Entretanto, o descentramento promovido pelo discurso freudiano não se restringiu apenas ao movimento do registro da consciência para o do inconsciente. Por isso mesmo, o projeto de restauração hermenêutica e fenomenológica promovido por Ricoeur é insuficiente para acompanhar inteiramente a desconstrução do *cogito* enunciado pelo pensamento freudiano. É o que se verá agora.

---

98. Lacan, J. "Au-delá du principe de ríalité." In: Lacan, J. *Écrits*. Paris, Seuil, 1966.
99. Hyppolite, J. *Figures de la pensée philosophique*. Paris, Presses Universitaires de France, 1971.
100. Ricoeur, P. *De l'interpretation. Essais sur Freud*. Paris, Seuil, 1965; Ricoeur, P. *Le conflit des interpretátions*. Paris, Seuil, 1966.

SER JUSTO COM A PSICANÁLISE

OUTRO

No ensaio "Para introduzir o narcisismo", publicado em 1914, Freud enunciou outro registro para o descentramento proposto pela psicanálise. O que estaria em questão seria o eu e não mais apenas a consciência, uma vez que, nesse contexto, a instância do eu passou a ser concebida também como sexualizada, não sendo mais direcionada apenas pela busca desinteressada da verdade das representações psíquicas. Portanto, o eu seria investido também pela libido e perderia, assim, qualquer transparência nas suas operações cognitivas, turvado sempre pelas suas exigências erógenas, de maneira a perder qualquer neutralidade na leitura do mundo.[101]

Além disso, o discurso freudiano formulou que o eu, como instância totalizante do psiquismo e do corpo, não seria *originário*, como fora colocado anteriormente, mas seria sempre *derivado* do investimento do *Outro*. Isso porque a condição primeira do infante seria a da fragmentação, promovida pelo *autoerotismo* e pela *perversidade polimorfa da sexualidade infantil*. Portanto, o Outro promoveria a unidade do eu e do corpo por meio de uma *imagem* que teria a potência de unificação destes registros. Seria assim constituído o *narcisismo primário*, que estaria no fundamento do eu. Caracterizando-se pela onipotência, o eu visaria a dominar a fragmentação originária.[102]

Nessa perspectiva, o eu seria uma condensação de investimentos erógenos, articulado sempre em torno de uma imagem caucionada pelo Outro, de forma que aquele oscilaria permanentemente entre o autoinvestimento e o investimento nos objetos, numa pontuação constante entre *libido do eu* e *libido do objeto*. Para Freud, não existiriam mais as pulsões de autoconservação sustentadas pelos interesses vitais, já que as pulsões do eu seriam sempre sexuais. O que estaria em pauta, portanto, seria *quanto* o sujeito deveria conceder para si e quanto poderia investir no Outro, numa modalidade de *balança energética* entre

---

101. Freud, S. "Pour introduire le narcisisme" (1914). In: Freud, S. *La vie sexuelle. Op. cit.*

102. *Ibidem.*

os registros do eu e dos objetos. Desta forma, a subjetividade estaria sempre polarizada entre o eu e o Outro, e o reconhecimento do eu seria difícil, pois a onipotência que fundaria a subjetividade estaria referida sempre ao Outro.

Em razão dessas questões, Freud enunciou que o eu onipotente teria que ser limitado na sua arrogância, para que o narcisismo pudesse se deslocar de sua condição de primário para a de secundário. Com isso, o eu que se enuncia inicialmente como o seu próprio *ideal* (*eu ideal*) teria que reconhecer um ideal que lhe transcendesse, para reconhecer a *alteridade* no Outro (*ideal do eu*), para poder se libertar finalmente da imagem alienada pela qual fora constituído. Para Freud, essa transformação implicaria na experiência da *castração*, condição de possibilidade do *complexo de Édipo* e do advento das identificações sexuadas, pelas quais as condições masculina e feminina seriam constituídas.[103]

Com essa outra modalidade de descentramento, o eu se constituiria sempre a partir do Outro, não estando mais na origem, já que seria forjado por derivação, entregue sempre pela incidência do Outro. Essa incidência seria originariamente *alienante*, no registro do eu ideal, mas se transformaria posteriormente no registro do ideal do eu, quando a *intersubjetividade* se constituísse, e ser reconhecido pelo Outro se tornasse um imperativo. De toda forma, o eu se inscreveria no campo do Outro, perdendo então qualquer veleidade de autonomia absoluta e de ser uma mônada fechada, oscilando para sempre entre os registros do *eu ideal* e do *ideal do eu*.[104]

Foi por este viés que Lacan introduziu Hegel na leitura da psicanálise, na medida em que concebeu a constituição alienante do eu a partir da captura do Outro, processo denominado de *estádio do espelho*, segundo os pressupostos da *dialética do senhor e do escravo*. Nesse contexto, a experiência psicanalítica visaria à ruptura da imagem alienante do eu, para que o sujeito pudesse finalmente se constituir. Daí adviria o reconhecimento do sujeito, no campo da transferência entre o analisante

---

103. *Ibidem.*
104. *Ibidem.*

SER JUSTO COM A PSICANÁLISE

e o analista, rompendo definitivamente com as alienações imaginárias originariamente presentes no eu.

Habermas também considerou que a originalidade teórica da psicanálise, em relação às ciências da natureza e às ciências da cultura, estaria centrada nessa teorização específica do *reconhecimento simbólico* e da produção da alteridade. Inscreveu assim a sua leitura da psicanálise no campo deste descentramento.[105]

Contudo, o registro da representação está sempre em pauta nesses dois descentramentos iniciais. Apenas com o conceito de *pulsão de morte*, isto é, do enunciado sobre a existência de uma pulsão sem representação, o descentramento promovido pela psicanálise passou a ter a pulsão como sua referência fundamental, colocando em questão o registro da representação.

TRÁGICO E DIFERENÇA

O conceito de *pulsão* se enunciou desde o início da construção do discurso freudiano, em 1905, nos *Três ensaios sobre a teoria da sexualidade*. Estava, contudo, referido ao registro psíquico do inconsciente como polo fundador. A pulsão seria, assim, fundamentalmente sexual, mas se contraporia à dita pulsão de autoconservação, que seria investida pelo interesse. No entanto, com o advento do conceito de narcisismo, todas as pulsões seriam sexuais, e esta oposição caiu definitivamente por terra. O conflito psíquico seria fundado estritamente no registro sexual, entre a libido do eu e a libido do objeto.

Porém, com o enunciado do conceito de pulsão de morte em *Além do princípio do prazer*, o discurso freudiano restabeleceu o conflito entre o registro sexual e o não sexual. O não sexual passou a indicar o oposto da autoconservação e da ordem vital, sendo apontado como algo da ordem da morte, que se oporia decididamente à pulsão de vida. Esta, por sua vez, indicava uma potência de *união* e de *reunião*, isto é, o *amor*

---

105. Habermas, J. *Conaissance et intêret*. Paris, Gallimard, 1974.

(*Eros*) no sentido platônico do termo, enquanto a pulsão de morte indicava a desunião, isto é, a *discórdia* (*Tanatos*). Foi nesse contexto que Freud se valeu da referência à filosofia de Empédocles para enunciar a presença da oposição mítica insuperável entre o amor e a discórdia no fundamento da subjetividade.[106]

É importante destacar como o conceito de pulsão de morte foi constituído desde 1915, no ensaio "As pulsões e seus destinos", no qual Freud formulou uma novidade teórica. Com efeito, a força pulsional, como "exigência de trabalho imposta ao psiquismo em função de sua inserção no corporal", passou a ser concebida como autônoma em relação ao registro da representação. Desta maneira, se o *circuito* pulsional implicava a articulação entre a *força* e os seus *representantes* (*afetivo* e *ideativo*), conjugados com os objetos de satisfação, mediada pelo prazer,[107] o que Freud indicava agora é que tal circuito teria que ser constituído sempre pelo Outro e pela mediação da pulsão de vida.

Portanto, a representação, como emergência dos registros da visibilidade e da especularidade, não seria mais um atributo intrínseco à pulsão e ao organismo, conforme enunciara Freud nos *Três ensaios sobre a teoria da sexualidade*, mas algo a ser constituído sempre pelo Outro, enquanto representante de *Eros*. Este constituiria a ordem da vida, a qual estaria insistentemente permeada pela irrupção impactante de *Tanatos*.

Assim, o descentramento também colocou em questão o atributo da representação. Esta seria atravessada agora pela morte, como potência insistente de discórdia, desarticulando a ordem da vida e exigindo sua reconstrução permanente. A representação, como especularização, seria uma produção de *Eros*, e a pulsão de morte (*Tanatos*)[108] visaria insistentemente a desconstruir as representações estabelecidas, exigindo novas ligações e a produção de outras representações psíquicas. Freud se valeu

---

106. Freud, S. "Au-delà du principe du plaisir" (1920). In: Freud, S. *Essais de psychanalyse. Op. cit.*

107. *Idem.* "Pulsions et destins des pulsions" (1915). In: Freud, S. *Métapsychologie. Op. cit.*

108. *Idem.* "Au-delà du principe du plaisir" (1920). In: Freud, S. *Essais de psychanalyse. Op. cit.*

SER JUSTO COM A PSICANÁLISE

assim de Schopenhauer para dizer que, anteriormente à hegemonia do princípio do prazer, o psiquismo se regularia originariamente pelo *princípio do Nirvana*, sendo necessária a incidência insistente de *Eros* para que o prazer se instituísse como princípio regulador da vida.[109]

Pode-se depreender disso que o último descentramento formulado por Freud se refere à pulsão, na qual a representação se acoplaria apenas num segundo tempo aos seus imperativos. Isso implica em conceber o psiquismo como movido por um confronto interminável de forças. Não é um acaso que, nesse contexto de seu pensamento, Freud tenha afirmado que tanto o funcionamento psíquico como a experiência psicanalítica poderiam ser formulados com a metáfora da *guerra*. Uma guerra permanente entre o amor e a discórdia insiste em ser instituída no psiquismo, de maneira que representar como esta guerra se processa não é mais uma possibilidade fácil, imediata ou tampouco decisiva para a subjetividade. Por isso, não se poderia mais saber com antecipação qual seria o desdobramento de tal embate. Foi justamente para falar dessa imprevisibilidade que Freud desenvolveu, num ensaio de 1937, denominado "Análise com fim e análise sem fim", uma leitura trágica da subjetividade.[110]

É claro que a psicanálise espera continuamente impor ao psiquismo o triunfo do dizer, nesta guerra sempre recomeçada entre *Tanatos* e *Eros*. Esta é a sua aposta ética para que o circuito pulsional se ordene eroticamente e o princípio do prazer possa sobrepujar o princípio do Nirvana. Contudo, nesta nova formulação o inconsciente como registro mental se constituiria apenas em derivação, com a ordenação do circuito pulsional, no qual o representar poderia fundar aquele registro como um dos destinos da força pulsional.

As ressonâncias filosóficas desse terceiro descentramento promovido foram diversas. Lacan aproximou a pulsão de morte do conceito de *vontade de destruição* de Schopenhauer, e também aproximou a *compulsão de repetição* — articulada desde Freud com a pulsão de morte — da

---

109. *Idem.* "Le problème economique du masochisme" (1924). In: Freud, S. *Névrose, psychose et perversion. Op. cit.*

110. *Idem.* "L'analyse avec fin et l'analyse sans fin" (1937). In: Freud, S. *Résultats, idées, problèmes (1920-1939). Op. cit.*

CARTOGRAFIAS DA FILOSOFIA

célebre leitura filosófica de Kierkegaard sobre a *repetição*.[111] Porém, não se restringiu a isso. A ênfase atribuída ao registro do *real*, em oposição aos registros do *imaginário* e do *simbólico*, que passou a dominar as últimas formulações teóricas de Lacan, indica claramente os limites do registro da representação no psiquismo. Lacan não acreditava mais no filosofema de Hegel de que o real é racional, justamente porque o simbólico não teria mais a potência insofismável de transformar inteiramente o real. Um *resto* — denominado de *objeto a* — seria sempre produzido, algo que nunca seria absorvível pelo registro simbólico.[112]

A leitura de Foucault sobre o advento da hermenêutica na modernidade, no lugar da semiologia da Idade Clássica, vai na mesma direção teórica do último descentramento formulado por Freud. A ideia de confronto de forças preside a sua aproximação teórica entre Marx, Nietzsche e Freud, pois seria esse confronto que regularia a insistência presente no deslizamento da linguagem. Com efeito, se Marx privilegiou a *luta de classes* e Nietzsche a *produção de verdade* como resultante de um confronto de forças, a pulsão de morte como discórdia estaria imanente no escoamento infinito da linguagem, que não teria mais uma origem absoluta para se imobilizar, na sua vacilante, mas infinita, possibilidade de dizer.[113]

Rosset realiza uma leitura de Freud nesta mesma direção. Aproximando Freud não apenas de Nietzsche e Marx, mas também de Schopenhauer na constituição da hermenêutica moderna, Rosset inscreve a psicanálise no campo da *filosofia trágica*. A pulsão de morte, como potência da discórdia, em oposição à pulsão de vida, seria o signo mais eloquente da inscrição do discurso freudiano no registro do trágico.[114]

Deleuze enfatizou o enunciado freudiano do conceito de pulsão de *morte no campo* de uma *filosofia da diferença*, que seria uma crítica ao

---

111. Lacan, J. *L'éthique en psychanalyse*. Le Séminaire, livre VII. Paris, Seuil, 1986.
112. *Idem. Les quatre concepts fondamentaux de la psychanalyse. Op. cit.*
113. Foucault, M. "Nietzsche, Freud, Marx". In: Foucault, M. *Dits et écrits*. Volume IV. *Op. cit.*
114. Rosset, C. *Schopenhauer, philosophe de l'absurde*. Paris, Presses Universitaires de France, 1967.

SER JUSTO COM A PSICANÁLISE

estruturalismo. Para se distinguir de Lacan, ele afirmou que seria preciso diferenciar os conceitos de *instinto de morte* e de *pulsão de morte*, para sublinhar como em Freud este novo conceito não teria mais qualquer fundamentação na ordem da linguagem, como ainda supunha Lacan. Ao enfatizar isso, Deleuze destaca, como Foucault e Rosset, a dimensão de confronto de forças que fundaria tal conceito. Por este viés se poderiam diferenciar os conceitos de *repetição do mesmo* e de *repetição diferencial*, no campo de uma filosofia da diferença.[115]

A radicalização da ideia de descentramento no percurso freudiano se desdobrou na relativização da categoria de representação; o confronto de forças regularia o psiquismo na guerra insistente entre o amor e a discórdia. A subjetividade passa a se delinear num *estilo trágico*. Com isso, a desconstrução do *cogito* cartesiano se realizou em três direções diferentes — da consciência ao inconsciente, do eu para o Outro e da representação à pulsão —, solapando os pressupostos teóricos da filosofia do sujeito. E assim o discurso freudiano passou a se inserir no campo da *filosofia trágica* e da *filosofia da diferença*, incluindo-se também como instrumento teórico nos campos da *arqueologia*, da *genealogia* e da *estética da existência*, formuladas pela filosofia de Foucault.

Com a formulação final sobre o descentramento, que se dirigia da representação para a pulsão, Freud foi progressivamente aproximado das filosofias de Nietzsche, Marx, Schopenhauer e Spinoza, distanciando-se das referências a Hegel, à fenomenologia, ao existencialismo e ao estruturalismo (como ainda ocorria quando a ênfase na leitura de seu pensamento se dava nos dois descentramentos iniciais). Portanto, com todos esses desdobramentos, podemos concluir que o discurso freudiano colocou novas questões para a filosofia, que esta veio a desenvolver a partir da incidência que sofreu da psicanálise. E também o discurso freudiano acabou por incorporar no seu corpo teórico alguns dos enunciados críticos formulados pela filosofia, não obstante as reticências e objeções de Freud face a esta.

---

115. Deleuze, G. *Différence et répétition*. Paris, Presses Universitaires de France, 1968; *Idem. Présentation de Sacher-Masoch*. Paris, Minuit, 1967.

2. A cena teórica da epistemologia

CIENTIFICIDADE

Neste ensaio pretendemos traçar algumas das linhas de desenvolvimento teórico que marcaram a relação polêmica da psicanálise com o discurso da ciência. Com este objetivo, demarcaremos inicialmente as fronteiras da problemática epistemológica colocada pelo discurso freudiano, mediante a formulação de suas questões cruciais. Estas evidenciam o *modelo de ciência* a que estava submetida a psicanálise no contexto histórico de sua constituição e o seu contraponto, isto é, o *modelo de cientificidade construído pela psicanálise* com os seus critérios conceituais específicos, possibilitados pela constituição do seu *objeto teórico*. Esta duplicidade e até mesmo a oposição de registros conceituais tiveram efeitos fundamentais no desdobramento histórico e epistemológico do saber psicanalítico, assim como na representação de sua cientificidade pela razão científica.

A pretensão de Freud em inscrever a psicanálise no universo da ciência esteve sempre presente ao longo do seu percurso teórico. Contudo, se considerarmos o modelo de ciência dominante no contexto histórico da constituição da psicanálise, fica evidente que o saber psicanalítico não se inseria efetivamente no discurso da ciência. Em contrapartida, o discurso freudiano construiu alguns critérios conceituais rigorosos para avaliar e legitimar a consistência interna do seu objeto teórico, critérios estes que remetiam a outro modelo epistemológico de cientificidade e que não era reconhecido como tal no contexto da constituição histórica da psicanálise.

SER JUSTO COM A PSICANÁLISE

Essa contradição teórica e histórica teve desdobramentos fundamentais no momento pós-freudiano da história da psicanálise, gerando polêmicas teóricas importantes no processo social de legitimação e de reconhecimento da psicanálise como saber. É preciso considerar ainda as diversas tradições culturais em que a psicanálise se inscreveu e se difundiu no Ocidente, pois a avaliação e a modalidade de cientificidade representada pelo saber psicanalítico também dependeram estritamente do universo cultural e social onde se inscreveu.

Entre os anos 1940 e 1950, a tradição anglo-saxônica discutiu a cientificidade da psicanálise norteada pela filosofia neopositivista e pelo discurso cientificista naturalista. A tradição francesa, em contrapartida, problematizou a questão da cientificidade pela mediação dos discursos filosóficos da fenomenologia, do existencialismo e da hermenêutica. Assim, na primeira tradição teórica, a cientificidade da psicanálise permaneceu sempre como uma questão polêmica, e o saber psicanalítico nunca teve um lugar seguro e garantido no campo da ciência. Entretanto, na outra tradição teórica, foi reconhecida a legitimidade da pretensão freudiana de cientificidade da psicanálise, desde que fosse considerada no registro estrito da experiência psicanalítica, e não no discurso da metapsicologia.

Nos anos 1960 e 1970, no entanto, o campo teórico desta problemática se transformou, pois a questão da cientificidade da psicanálise passou a ocupar um lugar *secundário* no novo contexto histórico. A questão da cientificidade não foi colocada devido a questões de ordem *ética* e *política*, que passaram a se inscrever como imperativos no primeiro plano dos debates em pauta. Essa conjuntura histórica emergente correspondeu ao deslocamento do lugar social da psicanálise nos Estados Unidos, já que, de saber fundamental de referência nos campos da psiquiatria e da psicologia, a psicanálise começou a ser substituída paulatinamente por outros saberes do psiquismo, como a psiquiatria biológica, a psicologia cognitiva e a psicologia neocomportamental. Em contrapartida, esse foi o momento crucial do desenvolvimento da psicanálise francesa e de sua expansão no cenário internacional, sob a liderança teórica incontestável de Lacan.[1]

---

1. Turkle, S. *Jacques Lacan. La Irrupción del Psicoanálisis en Francia*. Buenos Aires, Paidós, 1983.

A CENA TEÓRICA DA EPISTEMOLOGIA

Nessa conjuntura histórica, com a pretensão intelectual de se inscrever no *logos* da ciência, o saber psicanalítico como um discurso teórico se deslocou para outro lugar simbólico, onde pretendia ser reconhecido como uma ética. Evidentemente, não como uma ética qualquer e muito menos como uma moral, mas sugestivamente como uma *ética do desejo*. Na perspectiva desta ética, o sujeito do inconsciente se fundaria no desejo, de maneira que o sujeito em pauta seria fundamentalmente desejante.

Foi também neste contexto histórico que se representou o lugar crucial da psicanálise na história da loucura no Ocidente e a sua incidência na constituição das modernas figuras da subjetividade. De forma complementar, se representou a sua inserção nas modernas tecnologias do poder, de maneira a se perfilar um novo horizonte de leituras teóricas sobre a psicanálise.

FISICALISMO?

Desde os seus primórdios, a psicanálise foi radicalmente criticada pela sexologia, pela psiquiatria e pela psicologia, que colocavam em questão o rigor teórico de suas construções intelectuais. Sua cientificidade foi indagada por meio de uma série de perguntas lançadas frontalmente ao discurso freudiano. Com efeito, eram teoricamente sustentáveis os argumentos freudianos sobre a etiologia sexual das neuroses e sobre a existência do psiquismo inconsciente? As hipóteses freudianas poderiam ser verificadas experimentalmente e enunciadas em linguagem quantitativa e matemática, como se exigia então para a validação e o reconhecimento de qualquer formulação científica? O campo clínico da experiência psicanalítica e sua eficácia terapêutica na resolução dos sintomas das neuroses poderiam ser considerados como critérios seguros de positividade científica para a construção da psicanálise como um discurso científico?

Essas questões polêmicas perpassaram a relação do discurso freudiano com a racionalidade científica no final do século XIX e nas primeiras décadas do século XX. A psicanálise foi criticada sistematicamente, pois suas hipóteses teóricas não se estruturavam pela experimentação e pela verificação devidamente controladas, estando submetidas ao saber e às singularidades da prática psicoterápica. A experiência clínica era improvável nos seus efeitos terapêuticos, apesar dos bons resultados registrados pelo discurso freudiano na resolução das neuroses e da constituição paulatina de uma teoria dos impasses na psicoterapia. Além disso, as hipóteses psicanalíticas eram consideradas excessivamente abrangentes nas suas formulações teóricas e impossíveis de serem submetidas a um processo qualquer de mensuração e de quantificação.

Nessa perspectiva, de maneira inesperada, o discurso freudiano foi inserido inicialmente no *campo da estética*, e não no campo da ciência, pois, com a abrangência excessiva de seus enunciados teóricos e a sua *leitura qualitativa* dos fenômenos mentais, a psicanálise não teria qualquer consistência científica. Evidentemente, a metapsicologia freudiana enunciou a importância crucial da leitura quantitativa do psiquismo desde os seus primórdios[2] e se desdobrou posteriormente no desenvolvimento sistemático da *dimensão econômica* na metapsicologia.[3] Porém, a questão da intensidade das pulsões era um enunciado teórico amplo e não se desdobrava efetivamente na prática da mensuração. Considerava-se que a experiência clínica não constituía as condições necessárias para o controle rigoroso de seus efeitos terapêuticos e de seus procedimentos metodológicos. Apesar do esforço teórico do discurso freudiano desde os seus primórdios em discriminar conceitualmente a psicanálise e a sugestão,[4] e de enunciar ainda a positividade teórica do campo

---

2. Freud, S. "Esquisse d'une psychologie scientifique" (1895). Parte 1. In: Freud, S. *La Naissance de la Psychanalyse*. Paris, Presses Universitaires de France, 1973.

3. Sobre isso, vide Freud, S. "Pulsions et destins des pulsions" (1915). In: Freud, S. *Métapsychologie*. Paris, Gallimard, 1968; *Idem*. "L'inconscient". Capítulo 2. *Op. cit.*

4. Sobre isso, vide Freud, S. "De la psychothérapie" (1905). In: Freud, S. *La Technique Psychanalytique*. Paris, Presses Universitaires de France, 1972; *Idem*. "La Dynamique du Transfert". In: Freud, S. *La Technique Psychanalytique. Op. cit.*

A CENA TEÓRICA DA EPISTEMOLOGIA

da transferência até mesmo pela leitura sistemática de seus impasses terapêuticos,[5] o *espaço psicanalítico* não era representado efetivamente por seus críticos como um verdadeiro *espaço experimental*.

Assim, os enunciados teóricos do discurso freudiano poderiam ser representados como interessantes e bastante sugestivos para a imaginação ávida de novidades de seus leitores, mas certamente a sua cientificidade era fundamentalmente discutível. Por isso, o discurso freudiano era inscrito no registro da estética, e não no registro teórico da ciência, o que representava efetivamente uma forma de depreciação teórica da psicanálise no campo dos saberes.

Nessa perspectiva, é preciso evocar que em 1896 o sexologista Kralft-Ebing afirmou que o discurso freudiano sobre as neuroses era um "conto de fadas científico",[6] após ouvir a conferência inaugural em que Freud desenvolveu sistematicamente pela primeira vez a sua teoria da sedução sexual como condição fundamental das psiconeuroses.[7] Da mesma forma, Stern e Liepmann, num comentário crítico sobre *A interpretação dos sonhos*, recém-publicada, se referiam a esta obra como uma "produção artística".[8] Na mesma linha teórica de comentários, Havelock Ellis considerou a psicanálise um discurso estético, e não uma produção científica propriamente dita.[9]

Em contrapartida, Freud procurava responder incisivamente aos seus respeitados críticos de diferentes maneiras, enunciando sempre positivamente a cientificidade da psicanálise. Para isso, se baseou inicialmente nos pressupostos do *fisicalismo* e da *termodinâmica*, que se constituíam

---

5. *Idem.* "Fragment d'une Analyse d'Hystérie (Dora)" (1905). In: Freud, S. *Cinq Psychanalyses.* Paris, Presses Universitaires de France, 1975.
6. Sobre isso, vide os comentários de J. Strachey. In: Freud, S. "The aetiology of hysteria". In: *The Standard Edition of the Complete Psychological Works of Sigmund Freud.* Volume III. Londres, Hogarth Press, 1978.
7. Freud, S. "The Aetiology of Histeria" (1896). *Idem.*
8. Jones, E. *La Vie et l'Oeuvre de Sigmund Freud.* Volume I. Paris, Presses Universitaires de France, 1969, p. 396.
9. Freud, S. "Delusions and dreams in Jensen's Gradiva" (1907). In: *The Standard Edition of the Complete Psychological Works of Sigmund Freud.* Volume IX. *Op. cit.*

SER JUSTO COM A PSICANÁLISE

então como os *paradigmas*[10] da cientificidade no campo das ciências da natureza. Tendo iniciado o seu percurso científico na pesquisa básica e fundamental, nas áreas da anatomia e da fisiologia do sistema nervoso,[11] Freud dominava perfeitamente a linguagem e as hipóteses hegemônicas no campo das ciências da vida.[12] Podemos acompanhar a utilização dessa linguagem fisicalista ao longo do discurso freudiano; desde o "Projeto para uma psicologia científica", Freud evidenciava a *demanda* de se enunciar para a comunidade científica na linguagem do fisicalismo, para que a psicanálise pudesse ser reconhecida como uma ciência.[13] Dentre outras razões, Freud não quis publicar essa obra magistral da psicanálise, pois revelava os impasses radicais de inscrever de forma coerente as hipóteses psicanalíticas no discurso teórico do fisicalismo.

Entretanto, a mesma *intenção teórica* e a mesma opção retórica se recolocaram no capítulo metapsicológico de *A interpretação dos sonhos*,[14] o célebre Capítulo 7, se bem que de forma mais nuançada e transformada. Nos ensaios metapsicológicos de 1915,[15] o discurso freudiano desenvolveu os pontos de vista *tópico, dinâmico* e *econômico* da metapsicologia, apropriando-se da retórica fisicalista. Com esta retórica teórica que o discurso freudiano esperava caucionar o seu modelo originário do aparelho psíquico, a teoria da sexualidade e a sua leitura sobre a etiologia das psiconeuroses.

Essa apropriação da retórica fisicalista e essa exigência de cientificidade perpassaram o discurso freudiano como uma totalidade, estando ainda presentes nas obras mais tardias de Freud, apesar dos impasses eloquentes que este modelo de cientificidade colocava para a sustentação da racionalidade psicanalítica. Porém, é importante destacar que

---

10. Sobre esta categoria, vide Kuhn, T. *A estrutura das revoluções científicas*. São Paulo, Perspectiva, 1975.
11. Jones, E. *La Vie et l'Oeuvre de Sigmund Freud*. Volume I. *Op. cit.*
12. Assoun, P.L. *Introduction à l'Epistémologie Freudienne*. Paris, Payot, 1981.
13. Freud, S. "Esquisse d' une psychologie scientifique". In: Freud, S. *La naissance de la psychanalyse. Op. cit.*
14. *Idem. L'interprétation des rêves* (1900). Capítulo 7. Paris, Presses Universitaires de France, 1976.
15. Freud, S. *Métapsychologie. Op. cit.*

A CENA TEÓRICA DA EPISTEMOLOGIA

tais exigência e retórica não ocuparam exatamente a mesma posição no início e no desenvolvimento teórico posterior do percurso freudiano, pois ocorre uma evidente transformação estilística no discurso freudiano, reveladora das reordenações epistemológicas que se processavam então no saber psicanalítico. Estas transformações são fundamentais na leitura do discurso freudiano, pois introduziram uma heterogeneidade indicativa de rupturas cruciais no saber psicanalítico, que revelam fissuras fundamentais na aparente homogeneidade da retórica fisicalista.

Além disso, é preciso considerar outra distinção epistemológica fundamental para a leitura do discurso freudiano. Assim, destaquemos a diferença entre os *enunciados explícitos* e os *enunciados implícitos* do discurso freudiano, isto é, a maneira como o discurso freudiano se apresentava na retórica fisicalista e o que é possível de se enunciar através disso de outra modalidade de retórica teórica. Em verdade, os enunciados implícitos eram também explícitos, mas se inseriam em outras modalidades, distantes das formulações da metapsicologia. Desta maneira, os *escritos clínicos*, *técnicos* e *culturais* do discurso freudiano revelam uma retórica bastante diversa da retórica fisicalista, em que podemos apreender de maneira direta os signos indicadores de outra forma de racionalidade.

De todo modo, podemos considerar que o discurso freudiano se constitui como um *conjunto heterogêneo de enunciados* que podem ser reagrupados em diferentes subconjuntos de acordo com a sua retórica e as lógicas que lhe eram subjacentes. Assim, quanto mais próximos da metapsicologia, estes enunciados são marcados pela retórica fisicalista, e quanto mais nos distanciamos da metapsicologia, esta retórica se faz mais ausente e opaca. Existem os enunciados freudianos explícitos sobre a cientificidade fisicalista da psicanálise e os enunciados freudianos formulados em linguagem não fisicalista. Estes últimos revelam a constituição de outra retórica teórica formulada na psicanálise e outra modalidade de saber. Portanto, se considerarmos positivamente esse outro universo de enunciados, é possível empreender a leitura crítica do universo de enunciados apresentados na retórica fisicalista e retirar deles a evidência dos conceitos psicanalíticos em pauta.

SER JUSTO COM A PSICANÁLISE

HISTÓRIA, SENTIDO E LINGUAGEM

Podemos afirmar que o discurso freudiano formulou, desde os seus primórdios, de maneira incontestável, que as neuroses se inscreviam na *ordem do sentido* e na *ordem da história*, isto é, que os sintomas das neuroses revelavam uma significação eloquente que poderia ser descoberta pelos procedimentos metodológicos da psicanálise, e que este sentido se inscrevia no *tempo* da história do sujeito. A introdução dos registros da significação e da história na leitura dos sintomas marcou a ruptura teórica do discurso freudiano com a interpretação médica da loucura, pois descartou desde o início os registros somático e anatômico do lugar epistemológico de paradigmas que ocupavam no campo da psicopatologia.

Dessa maneira, a loucura se fundaria na história do sujeito, não sendo um efeito de perturbações produzidas no registro do corpo biológico. A produção da loucura se realizaria no psiquismo de maneira positiva; os seus mecanismos de estruturação e de reestruturação se inscreveriam no psíquico, não sendo necessário recorrer a uma ordem de causalidade inscrita no corpo anatômico e na desregulação fisiológica do organismo. Por isso, a loucura seria da ordem da significação, além de ser da ordem da história, pois a concepção do sentido dos sintomas se articularia intimamente com a ideia de história e de tempo da subjetividade. No discurso da psicopatologia os sintomas tinham um sentido eminentemente *negativo*, no discurso teórico da psicanálise, em contrapartida, os sintomas tinham sentido *positivo*, isto é, o sujeito pretendia dizer algo através da produção de seus sintomas.

Foi nesse sentido que o discurso freudiano pôde enunciar, desde seus primórdios, que "é de reminiscências sobretudo que sofre o histérico",[16] sublinhando que os sintomas e o sofrimento do sujeito se constituem no registro da *memória*. Ao destacar a dominância do registro da memória na produção das neuroses, o discurso freudiano articula a categoria de

---

16. Breuer, J.; Freud, S. "Les mécanismes psychiques des phénomenes hystériques: Communication préliminaire" (1893). In: Freud, S.; Breuer, J. *Études sur l'Hystérie*. Paris, Presses Universitaires de France, 1971.

A CENA TEÓRICA DA EPISTEMOLOGIA

sujeito com os registros da significação, do tempo e da história de maneira indissolúvel, apontando ser impossível a separação entre sujeito, sentido e historicidade.

Da mesma forma, em "A psicoterapia da histeria", ensaio escrito logo em seguida para delinear a lógica constitutiva da experiência psicanalítica, o discurso freudiano evidenciou a tessitura sutil da significação no campo do psiquismo e no registro da memória, no qual se articulariam intimamente as coordenadas do sentido e da temporalidade. Esta articulação se deu por metáforas bastante reveladoras da historicidade do sujeito: a *estratificação* das inscrições psíquicas e a ideia crucial de *arquivo*.[17] Existiriam diversas estratificações de significação no psiquismo e que se ordenariam em diferentes arquivos. Estes se superporiam e estabeleceriam entre si as mais diversas tangências, assim como as diversas modalidades de arranjos e de relações.

Essa leitura não se restringiu ao estudo da histeria, mas foi mais abrangente, pois pressupôs uma *concepção de sujeito* que se encontra em constituição no discurso freudiano. Assim, esta interpretação se realiza também nos campos das *fobias*, das *obsessões* e das *psicoses*, com a elaboração do conceito de *defesa* entre os anos 1894 e 1896.[18] Portanto, com a universalização do conceito de defesa na totalidade do campo da psíquico, o discurso freudiano esboçou a sua concepção de sujeito fundado nos registros da significação e da história.

Tal concepção de sujeito, fundada no sentido e na história, foi a condição de possibilidade para a construção do conceito de inconsciente. Através dele, pôde-se sustentar não apenas a significação completa e complexa dos sintomas neuróticos, como também se deslocou o registro psíquico, no qual a indagação do sentido se inscreveria e se realizaria. A pesquisa freudiana passou a centrar a busca da significação no registro da linguagem e não no registro da consciência, isto é, o sentido dos

---

17. Freud, S. "Psychothérapie de l'Hystérie" (1895). *Op. cit.*
18. Sobre isso, vide Freud, S. "Les psychonévroses de défense" (1894). In: Freud, S. *Névrose, psychose et perversion*. Paris, Presses Universitaires de France, 1973; Freud, S. "Nouvelles remarques sur les psychonévrose de défense" (1896). In: Freud, S. *Névrose, psychose et perversion. Op. cit.*

SER JUSTO COM A PSICANÁLISE

sintomas não estaria no campo da consciência, mas se inscreveria no psiquismo inconsciente e se revelaria pela fala. Portanto, a reminiscência remeteria de forma eloquente para outro registro do psiquismo, que estaria *além* da consciência, ora denominado de inconsciente.

Nessa perspectiva, o discurso freudiano sobre o psiquismo se chocava frontalmente com a representação de cientificidade então vigente na psicopatologia e na psicologia, baseada no fisicalismo. Além disso, como havia no discurso freudiano uma crítica à concepção consciencialista de sujeito por meio do conceito de inconsciente, o saber psicanalítico se chocava também contra a concepção de sujeito estabelecido em certa tradição filosófica. Em verdade, as duas questões se articulavam de forma íntima como séries teóricas da mesma problemática, já que o discurso freudiano sobre o sujeito fundado na linguagem e não no ser da consciência colocava uma questão fundamental para o discurso da ciência, então dominante, e para o discurso filosófico como seu correlato.

A concepção de sujeito fundado na consciência se constituiu na tradição ocidental com a filosofia de Descartes na aurora dos tempos modernos, quando se fundou também o discurso da ciência moderna no século XVII.[19] Assim, o sujeito da consciência com base no *cogito* cartesiano e a cientificidade com base no registro da *extensão* matematizável do mundo são as duas faces da mesma problemática. Estabeleceu-se com isso a separação absoluta entre o registro do sujeito (*res cogitans*) e o registro do mundo (*res extensa*), e dela se constituiu um critério de cientificidade baseado no modelo determinista da *causalidade mecânica*, em que a subjetividade se restringia ao *registro do pensamento*. A certeza da existência do sujeito se fundava no ato do pensamento, após o *desafio* sistemático de todas as certezas, ensinadas pela tradição, mediante o procedimento da *dúvida hiperbólica*. Portanto, as concepções de sujeito e de ciência desta tradição se estabeleceram pelo pressuposto da ruptura absoluta existente entre o *mundo do corpo* e o *mundo do espírito*, que

---

19. Sobre isso, vide Descartes, R. "Discours de la méthode pour conduire sa raison et chercher la vérité dans les sciences" (1633). In: Descartes, R. *Oeuvre et Lettres de Descartes*. Paris, Gallimard, 1949; Descartes, R. "Méditations métaphysiques. Objections et Réponses" (1641). *Op. cit.*

A CENA TEÓRICA DA EPISTEMOLOGIA

marcou de maneira indelével a tradição teórica do Ocidente nos séculos XVII e XVIII e também por um bom tempo no século XIX.

Por isso, no momento histórico em que o discurso freudiano formulou outra concepção de sujeito — fundado na linguagem e na história, chocando-se com a concepção de sujeito centrado na consciência —, colocou-se também em questão se ele estaria inscrito efetivamente no campo da ciência. Nesse contexto de predominância cientificista, defendia-se que a psicanálise poderia ser um discurso muito interessante e até mesmo sedutor nas suas hipóteses teóricas, mas seria um discurso de ordem estética, e não teria consistência de ordem científica.

Isso também se enunciou, de maneira crucial, na tradição teórica de então, porque o discurso freudiano colocou em questão o *dualismo cartesiano* entre os registros do corpo e do espírito. A problemática fundamental da pesquisa freudiana se dá a partir da pergunta: como é possível que o registro do corpo se articule imediatamente no registro do sujeito? Isto é, como o corpo se inscreve no sujeito e se transforma numa presença *carnal* marcada por intensidades?

No seu percurso teórico, o discurso freudiano desenvolveu e sistematizou esta questão por dois caminhos *simultâneos* e *complementares*, constituindo os conceitos de *pulsão*[20] e de *corpo erógeno*.[21] A pulsão foi definida como uma "exigência de trabalho" imposta ao psiquismo em função da articulação do registro psíquico no registro corporal. Esta "exigência" contínua exige um "trabalho" permanente de domínio da pressão (*Drang*) pulsional. O da força da pulsão passa necessariamente pelo Outro que, como lugar onde incide o impacto pulsional, é a condição concreta de possibilidade para o oferecimento de objetos de satisfação para a força da pulsão e da interpretação da exigência pulsional. Dessa maneira, a pulsão constrói o seu *circuito de satisfação* pela mediação do corpo do Outro, que como instância simbólica permite também a inscrição da força pulsional num sistema de *nomeação* e de

---

20. Sobre isso, vide "Pulsions et destins des pulsions" (1915). In: Freud, S. *Métapsychologie. Op. cit.*
21. Freud, S. *Trois essais sur la théorie de la sexualité*. Segundo ensaio. *Op. cit.*

interpretação. Nesse percurso a força pulsional se inscreve no universo simbólico por meio de seus "destinos", entre os quais o *recalque* e o *sujeito do inconsciente* seriam momentos cruciais.[22]

Nos desdobramentos desse mesmo percurso o corpo erógeno também se constituiria na história do sujeito, pela transformação da força pulsional no circuito pulsional, pela incidência do desejo do Outro na força da pulsão. Assim, o investimento do Outro, pelo oferecimento de objetos de satisfação e pelos cuidados realizados no corpo do demandante, transformaria a pulsão em pulsão sexual, possibilitando a constituição do corpo erógeno.[23] Este teria uma dimensão autoerótica[24] e outra narcísica,[25] a distinção se faz na dependência dos diferentes momentos cruciais do circuito da pulsão. De todo modo, pelo "trabalho" de transformação e de simbolização da força pulsional, no contexto do investimento do Outro, as pulsões se ordenariam em diversas organizações sexuais ao longo da história sexual do sujeito.

Essa complexa construção teórica do discurso freudiano só se tornou possível porque a psicanálise constituiu um *campo inédito de experiência psíquica* para a subjetividade, que produziu uma ruptura epistemológica com a psicologia clássica. Enquanto esta se restringia à pesquisa do campo da representação, centrada na consciência e com a utilização do método da introspecção, a psicologia clássica renovava o pressuposto do cartesianismo, pelo qual o psiquismo se reduzia à interioridade da consciência e do entendimento. Dessa forma, o sujeito se reduzia ao registro do eu e se delineava pelos processos intelectuais de *reflexão*, pelos quais o *entendimento* se destacava como ponto crucial da investigação e se enunciava literalmente pelo pressuposto do cogito cartesiano: *penso, logo sou.*

---

22. Sobre isso, vide Freud, S. "Pulsions et destins des pulsions". In: Freud, S. *Métapsychologie. Op. cit.*; *Idem*. "La refoulement" (1915) In: Freud, S. *Métapsychologie. Op. cit.*; *Idem*. "L'inconscient" (1915). In: Freud, S. *Métapsychologie. Op. cit.*

23. *Idem. Trois Essais sur la Théorie de la Sexualité*. Segundo ensaio. *Op. cit.*

24. *Ibidem.*

25. *Idem*. "Pour introduire le narcisisme" (1914). Capítulo 1. In: Freud, S. *La vie sexuelle*. Paris, Presses Universitaires de France, 1973.

A CENA TEÓRICA DA EPISTEMOLOGIA

Assim, o discurso freudiano deslocou o estudo do psiquismo do campo da representação no registro da consciência e passou a explorar a representação no registro do discurso. Entretanto, este discurso era considerado em estado prático, isto é, como um discurso enviado concretamente por um sujeito para outro sujeito. Com isso, se constituiu um campo eminentemente *intersubjetivo* fundado na *interlocução*, estruturando-se, assim, uma experiência psíquica centrada no diálogo.

Portanto, o discurso freudiano realizou um *duplo deslocamento metodológico* em sua ruptura epistemológica com a psicologia clássica, que teve efeitos teóricos e clínicos fundamentais, pela possibilidade entreaberta por outra forma de experiência psíquica:

1. Deslocamento da pesquisa da representação centrada na consciência para a investigação no registro da linguagem e do discurso;
2. A representação inserida na linguagem passou a considerar a linguagem em estado prático, inscrita no *circuito de trocas* com o Outro, ou seja, como interlocução e discurso, no campo dialógico com o Outro.

Para que esse duplo deslocamento metodológico fosse possível, Freud se baseou inicialmente na então recente tradição clínica que pretendia solucionar terapeuticamente o sofrimento psíquico das neuroses com as técnicas da hipnose e da sugestão, representadas por Charcot e Bernheim. Estas técnicas tinham em comum o sujeito colocado em *diálogo* com o Outro, de maneira que a subjetividade e a enfermidade eram inscritas no campo dialógico da investigação. Entretanto, Freud radicalizou essa experiência dialógica e pôde destacar a dimensão da interlocução nela presente, pois colocou o paciente numa posição mais ativa (face ao terapeuta no espaço clínico) do que a que ocupava nos contextos da hipnose e da sugestão. Além disso, o diálogo não se reduzia ao relato dos sintomas, mas se realizava também na comunicação das experiências que perpassavam a história da individualidade. Com efeito, a radicalização da dimensão de interlocução da hipnose e da sugestão e o descentramento do diálogo do plano dos sintomas constituíram as condições concretas de possibilidade para a construção do espaço psicanalítico. Portanto, a

SER JUSTO COM A PSICANÁLISE

transferência como marca da experiência analítica se formou por esta série de novas direções metodológicas da experiência clínica, centradas no diálogo estabelecido entre as figuras do analista e do analisante.

Nessa perspectiva, formulou-se no discurso freudiano a concepção de que o sujeito é necessariamente dialógico, isto é, uma modalidade de sujeito que se constitui apenas pelo e através do Outro. O que implica dizer que não existe qualquer possibilidade de representar o sujeito como uma *mônada fechada*, como uma interioridade absoluta, pois a *interioridade subjetiva* remete sempre para a *exterioridade* do Outro. Portanto, o conceito de sujeito do inconsciente só pode se constituir no quadro experimental em que se destacaram os registros da intersubjetividade e da alteridade. Fora disso, o sujeito é figurado como uma interioridade abstrata e pensante, como foi outrora defendido pela psicologia da consciência e das faculdades morais nos séculos XVII, XVIII e XIX.

Para chegar a tais concepções, o discurso freudiano preparou a sua ruptura epistemológica desde o estudo sobre as afasias, quando enunciou pela primeira vez que o psiquismo era antes de mais nada um *aparelho de linguagem*.[26] O conceito de aparelho de linguagem foi o antecessor imediato do conceito de *aparelho psíquico*, enunciado posteriormente no "Projeto para uma psicologia científica".[27] Nesse contexto o discurso freudiano foi crítico ao cartesianismo, pois deslocou a pesquisa do psiquismo da interioridade da consciência para o registro dialógico da linguagem. Portanto, é preciso reafirmar que se a psicanálise constituiu uma concepção original do sujeito fundado na história e na significação, isso foi o efeito epistemológico de um sujeito investigado nos campos do discurso e da interlocução, como um sujeito estritamente de ordem intersubjetiva.

Mais uma vez, defendemos que a descoberta freudiana constituiu um conjunto de inovações teóricas e conceituais que estabeleceram a ruptura epistemológica com a tradição dominante na psicologia desde o século XVII e que colocaram questões cruciais para a filosofia cons-

---

26. *Idem. On Aphasia* (1891). Nova York, International Universities Press, 1953.
27. *Idem.* "Esquisse d'une psychologie scientifique". Parte 1. In: Freud, S. *Naissance de la Psychanalyse. Op. cit.*

A CENA TEÓRICA DA EPISTEMOLOGIA

ciencialista então estabelecida. Porém, o discurso freudiano se enunciou frequentemente — sobretudo nas suas obras metapsicológicas — na linguagem fisicalista que era dominante no discurso científico das décadas iniciais do século XX. Foi esta oposição de enunciados teóricos no discurso freudiano, no qual se contrapõem a *gramática da significação* e a *retórica cientificista*, que dominou a discussão epistemológica da psicanálise no período pós-freudiano, nos anos 1940 e 1950.

REFUTAÇÃO DA CIENTIFICIDADE

Para esboçar devidamente esse debate epistemológico, sublinhando as modalidades de *apropriação* e de *reinterpretação* de que foi objeto o discurso freudiano, é preciso indicar de forma preliminar e sumária os espaços sociais e as tradições culturais em que se inscreveu o movimento psicanalítico no Ocidente. Isso porque essa cartografia da *difusão social da psicanálise* nos indica algumas das coordenadas fundamentais que nortearam o debate, fornecendo as razões pelas quais se destacaram certas indagações teóricas, por um lado, assim como a insistência em algumas questões às expensas de outras e a hegemonia conjuntural de certos modelos de cientificidade na história da psicanálise, pelo outro.

Expulsa da Áustria e da Alemanha com a ascensão do nazismo, a psicanálise se manteve na Europa em pequena escala, apenas na Inglaterra e na França. Sem dúvida, os Estados Unidos foram a terra prometida da psicanálise, onde se radicaram diversos analistas que fugiram do terror nazista. A psicanálise teve assim a sua primeira grande difusão social nesse país, após a sua constituição na Europa, desde a década de 1920.

As décadas de 1940 e 1950 corresponderam ao período da grande *expansão social da psicanálise* no território norte-americano. Nesse contexto, a psicanálise estadunidense deteve o domínio incontestável no cenário internacional e a consequente hegemonia política na Associação Internacional de Psicanálise, justamente porque os Estados Unidos eram o país com o maior número de instituições de transmissão da psicanálise e de analistas em todo o mundo. Entretanto, no início dos

SER JUSTO COM A PSICANÁLISE

anos 1960, esta difusão começou a encontrar obstáculos significativos no espaço social, indicando o declínio progressivo da psicanálise na cultura norte-americana.

A difusão da psicanálise nos Estados Unidos teve efeitos epistemológicos fundamentais, se considerarmos a sua incorporação pelos discursos da psiquiatria e da psicologia, de maneira a sublinharmos a perda indiscutível de sua autonomia teórica. Assim, foi incorporada pela psiquiatria e pela medicina, transformando-se numa prática psicoterápica centrada no ideal médico da cura e numa prática social de orientação preventiva. Dessa maneira, a psicanálise se inscreveu no grande projeto político e sanitário norte-americano de produção da *saúde mental*, que se desenvolveu principalmente nos anos 1950 e 1960. Com isso, a psicanálise perdeu o seu potencial de crítica da medicina e da psiquiatria, transformando-se numa especialidade médica.[28] Por outro lado, a psicanálise foi apropriada pela psicologia norte-americana, para que fosse transformada numa "verdadeira" ciência, de base fisicalista e quantitativa. Enfim, em qualquer destas incorporações teóricas, a psicanálise perdeu a sua especificidade teórica como saber, apagando as fronteiras epistemológicas de seu objeto teórico e de seu método de investigação.[29]

Nas décadas de 1940 e 1950 ocorreram os grandes debates sobre a cientificidade da psicanálise. A consideração de sua não cientificidade se constituiu principalmente, mas não apenas, na tradição norte-americana, pois o modelo de ciência em pauta era fundado na filosofia neopositivista. Assim, o discurso freudiano foi examinado apenas nas proposições do seu discurso metapsicológico, em que foi exigida a validação empírica de suas pretensas formulações fisicalistas e pretendeu-se a verificação experimental com critérios empíricos das suas proposições, por meio de pesquisas centradas no registro do comportamento e com o uso sistemático de mensuração. Portanto, a tradição filosófica neopositivista

---

28. Sobre isso, vide Birman, J. *Enfermidade e loucura:* Sobre a medicina das inter-relações. Rio de Janeiro, Campus, 1980; *Idem. Freud e a experiência psicanalítica.* Rio de Janeiro, Taurus-Timbre, 1989.

29. *Ibidem.*

A CENA TEÓRICA DA EPISTEMOLOGIA

exigia da psicanálise a realização de um modelo ideal de cientificidade, de que o discurso freudiano ficava certamente muito aquém. As proposições teóricas da psicanálise não eram empiricamente verificáveis segundo este modelo de cientificidade e, por isso, o discurso freudiano não era considerado legitimamente como inscrito no campo da ciência.

Também a leitura de Popper sobre a cientificidade não reconhecia que a psicanálise se inseria na ordem da ciência, porque não seria possível construir no discurso freudiano os argumentos para a sua *refutação*. Assim, ocorreria com a teoria psicanalítica — nos discursos de Freud e de Adler — o mesmo que com a teoria marxista: a impossibilidade de refutação. Isso porque estas teorias não circunscreveram de forma consistente os seus *limites epistemológicos de validade*, de forma que produziam sempre os mesmos argumentos para justificar os seus impasses teóricos e experimentais.[30] Em suma, para Popper, uma teoria que pode sempre explicar tudo e não define os seus limites epistêmicos de validade não poderia ser considerada uma teoria científica, de fato e de direito, na medida em que não seria passível efetivamente de refutação.

Nesse contexto, a denominada *psicologia do eu* se constituiu nos Estados Unidos como uma modalidade de pretenso discurso científico da psicanálise, mediante o qual se procurou incorporar as críticas provenientes da filosofia neopositivista. Assim, a psicanálise foi transformada numa região específica da psicologia geral, sendo esta representada como uma derivação do *saber biológico* e centrada na pesquisa dos *processos gerais de adaptação* do indivíduo às exigências do seu *meio ambiente*.[31] Esta foi a resposta teórica da psicanálise norte-americana às exigências de cientificidade que lhe foram lançadas pela filosofia neopositivista, que acabaram também por descaracterizar a especificidade teórica e a autonomia epistemológica do saber psicanalítico.

---

30. Popper, K. *Conjectures and Refutations*. Londres, Routledge and Kegan Paul, 1963.
31. Sobre isso, vide Hartmann, H. *Essays on Ego Psychology*. Nova York, International Universities Press, 1976; Hartmann, H.; Kris, E.; Lowenstein, R.M. *Papers on Psychoanalytic Psychology*. Nova York, International Universities Press, 1964.

SER JUSTO COM A PSICANÁLISE

CIÊNCIA E INTERPRETAÇÃO

Deslocando-nos agora da tradição norte-americana da psicanálise e dos discursos sobre a cientificidade que foram dominantes na tradição anglo-saxônica, podemos destacar um debate inteiramente diverso sobre o estatuto científico do saber psicanalítico. Apesar de sua inserção periférica no movimento analítico nos anos 1930 e 1940, a tradição francesa desenvolveu um discurso sobre a cientificidade da psicanálise que estabeleceu um corte radical com a tradição norte-americana baseada na filosofia neopositivista.

Na tradição francesa, a cientificidade da psicanálise foi enunciada positivamente, porém ela foi representada como um *saber da interpretação* e como uma *prática hermenêutica*. Ou seja, a metapsicologia nos seus enunciados fisicalistas e os enunciados do modelo naturalista presentes no discurso freudiano foram criticados e colocados em segundo plano, pois a racionalidade psicanalítica seria definida por sua dimensão interpretativa.

Nesse campo específico, esse caminho teórico de leitura da psicanálise foi o efeito de uma formulação mais abrangente sobre o discurso da ciência, que funcionou historicamente como uma crítica radical da concepção positivista de cientificidade. Esta formulação teórica abrangente foi enunciada por Dilthey, para a fundamentação das *ciências do espírito* em relação às *ciências da natureza* e pelo discurso filosófico da fenomenologia.

Assim, baseando-se nas proposições da filologia e da história, que desde o início do século XIX começaram a sistematizar os seus procedimentos de pesquisa, Dilthey pretendeu distinguir epistemologicamente as ciências da natureza (*Naturwissenchaft*) e as ciências do espírito (*Geisteswissenschaft*). Para isso, enunciou algumas proposições epistemológicas que marcaram de maneira indelével o debate sobre a ciência no final do século XIX, no qual era dominante o discurso positivista sobre a cientificidade, de forma que foram destacadas as seguintes diferenças cruciais entre os discursos científicos:

A CENA TEÓRICA DA EPISTEMOLOGIA

1. Enquanto as *ciências da natureza* procurariam estabelecer relações de *causalidade* entre os fenômenos, as *ciências do espírito* pretenderiam apreender relações de *significação* no campo do discurso;
2. As ciências da natureza se realizariam pelo procedimento metodológico da *explicação*, enquanto as ciências da cultura se empreenderiam pelo caminho metódico da *compreensão*;
3. As ciências da natureza seriam marcadas pelos ideais teóricos do *determinismo* e do *universalismo*, enquanto as ciências da cultura considerariam as ideias de *incerteza* e de *contexto*;
4. Com isso, o *lugar epistemológico do intérprete* seria fundamental no campo das ciências do espírito, pois as suas escolhas seriam decisivas para direcionar as interpretações no contexto de polissemia dos discursos. O que não ocorreria, evidentemente, com a suposta *neutralidade* do naturalista observando os fenômenos, no campo experimental das ciências da natureza.[32]

Dilthey criticou sistematicamente o ideal positivista de ciência, procurando realizar no campo das ciências do espírito a revolução copernicana empreendida por Kant no campo das ciências da natureza. Da mesma forma que Kant realizou a "crítica da razão pura", baseando-se na física de Newton,[33] Dilthey se propunha a realização da "crítica da razão histórica", para fundamentar o campo teórico das ciências humanas.

Weber retomou a via teórica e epistemológica indicada por Dilthey para fundamentar as ciências históricas pelo método da compreensão, constituindo o campo da *sociologia compreensiva*.[34] Assim, podemos destacar que Weber foi norteado, na sua leitura teórica do campo da cientificidade, pela crítica da concepção positivista e naturalista da ciência, que colocava o campo das ciências do espírito em permanente minoridade face às ciências naturais. Com isso, as ciências históricas não

---

32. Dilthey, J. *Introducción a las Ciencias del Espiritu.* Madri, Revista do Occidente, 1966.
33. Kant, I. *Critique de la raison pure* (1781). Paris, Presses Universitaires de France, 1971.
34. Sobre isso, vide Weber, M. *Essais sur la Théorie de la Science.* Paris, Plon, 1965.

SER JUSTO COM A PSICANÁLISE

poderiam jamais se deslocar do tempo da pré-história da ciência e se inscrever definitivamente no registro da cientificidade.

Finalmente, a filosofia fenomenológica realizou a crítica ao ideal de ciência do naturalismo positivista, de forma a destacar as dimensões históricas do sujeito e da ciência, indicando o lugar fundamental do intérprete na produção do discurso científico. Portanto, foi no campo teórico dessas diferentes tradições críticas que a psicanálise foi retomada na tradição francesa como um saber fundado na interpretação. Para isso, o modelo de cientificidade fisicalista foi criticado no discurso freudiano, para que se pudesse sublinhar o registro hermenêutico que se encontraria presente na psicanálise.

METAPSICOLOGIA E INTERPRETAÇÃO

Desde o final dos anos 1920 se estabeleceu progressivamente na tradição francesa uma oposição radical entre o modelo naturalista de cientificidade, presente em alguns dos enunciados freudianos, e o modelo da experiência psicanalítica, centrado na escuta, na interpretação e na transferência. Esses dois modelos seriam teoricamente incompatíveis, não existindo entre eles qualquer possibilidade de solução de compromisso. Então, a psicanálise como saber precisaria se depurar do seu modelo naturalista de cientificidade para se desenvolver nas suas potencialidades teóricas como saber da interpretação. Esta seria a exigência teórica fundamental a ser realizada por uma epistemologia da psicanálise.

Nessa perspectiva, a problemática teórica foi condensada da seguinte maneira nas suas linhas de força fundamentais. Enquanto as coordenadas interpretativa e intersubjetiva da experiência psicanalítica permitiram ao discurso freudiano retirar a psicologia das abstrações da filosofia clássica — pela constituição do sujeito propriamente dito fundado no discurso e na interlocução —, a metapsicologia freudiana se formulava numa representação fisicalista do psíquico, em que este

A CENA TEÓRICA DA EPISTEMOLOGIA

era representado como uma mônada, isolado de outros psiquismos. Portanto, opunham-se no discurso freudiano os registros interpretativo e fisicalista do psiquismo. Esta leitura marcou de maneira indelével o desenvolvimento teórico da psicanálise francesa até o final dos anos 1960, e a partir dessa oposição de modelos epistemológicos pôde-se reconhecer a fecundidade e a inovação do discurso freudiano na tradição da psicologia (modelo da interpretação), bem como criticar os seus impasses teóricos (modelo fisicalista).

Podemos reconhecer em Politzer a posição de inaugurador desta vertente teórica da leitura da psicanálise, mediante a publicação de sua *Crítica aos fundamentos da psicologia*, no final dos anos 1920.[35] Nesse contexto histórico, em que imperava a crítica radical da psicanálise na França[36] e o discurso freudiano tinha sido inicialmente incorporado pela tradição neuropsiquiátrica,[37] Politzer foi o primeiro autor a reconhecer a inovação teórica representada pelo discurso freudiano na história da psicologia, pela subversão que realizou dos pressupostos da psicologia clássica. Em sua pesquisa teórica sobre as condições de possibilidade para a constituição de uma "psicologia concreta" e que se opusesse sistematicamente à psicologia das faculdades baseada na introspecção, Politzer destacou a importância crucial representada pela *psicanálise*, pelo *behaviorismo* e pela *psicologia da forma*. Esses diferentes discursos teóricos representavam o encaminhamento que era considerado mais fecundo para a construção da "psicologia concreta", pois inseriam o psiquismo de maneira holista em contextos reais de ação.[38]

---

35. Politzer, G. *Critique des fondements de la Psychologie* (1928). Paris, Presses Universitaires de France, 1968.
36. Freud, S. "The resistances to psychoanalysis" (1925). In: *The Standard Edition of the Complete Psychological Works of Sigmund Freud*. Volume XIX. Londres, Hogarth Press, 1978.
37. Roudinesco, E. *Histoire de la Psychanalyse en France*. Volume II. Paris, Seuil, 1986.
38. Politzer, G. *Critique des Fondements de la Psychologie*. Introduction. *Op. cit.*

SER JUSTO COM A PSICANÁLISE

A psicanálise, entretanto, se destacava entre as tendências principais da psicologia contemporânea, pois, além de inserir o psiquismo num contexto de ação, ele foi representado pela figura crucial do *sujeito*. Assim, centrado na *linguagem* e no *diálogo*, o sujeito no discurso freudiano foi inscrito na relação com o Outro por meio do conceito de transferência. Dessa maneira, a psicanálise configurou o sujeito em "situações dramáticas", revelando o alcance fundamental da categoria de "drama" no campo da "psicologia concreta".[39] No contexto dramático da relação e do diálogo com o Outro, as questões do sujeito no discurso freudiano seriam reveladas. Em decorrência disso, Politzer destacou a importância crucial dos conceitos de *identificação* e de *complexo de Édipo* no discurso freudiano, pois, pela mediação destes, Freud enfatizava a dimensão do drama humano para a concepção do sujeito na psicanálise.

Contudo, apesar da evidente modernidade teórica nos registros dramático e dialógico, o discurso freudiano teria o maior obstáculo ao revestir a inovação teórica com a linguagem fisicalista da metapsicologia. Para Politzer o grande impasse epistemológico do discurso freudiano foi o de pretender apresentar a sua descoberta científica com a retórica e os valores da "psicologia clássica", comprometendo, assim, o desdobramento das possibilidades teóricas da psicanálise. Por essa razão, a pretensão da crítica epistemológica seria a de libertar e depurar a psicanálise do seu cientificismo fisicalista, para que ela pudesse se desenvolver como uma concepção dramática do sujeito.[40]

Essa mesma oposição teórica de modelos epistemológicos foi retomada por Dalbiez, num outro registro. A psicanálise revelaria a sua inovação teórica pela metodologia que forjou, em que a relação com o Outro por meio do diálogo estaria no primeiro plano, mas a sua "doutrina" seria falsa pelas hipóteses pulsionais e a linguagem científica pela qual se enunciou na metapsicologia. Portanto, numa perspectiva teórica

---

39. *Ibidem*, Capítulos 1-2.
40. *Ibidem*, Capítulos 3-5.

A CENA TEÓRICA DA EPISTEMOLOGIA

bastante próxima da leitura de Politzer, Dalbiez propunha a separação radical entre o "método" e a "doutrina", para preservar o "método" inovador de pesquisa da psicanálise e descartar inteiramente do entulho teórico presente na "doutrina" freudiana.[41]

Os primeiros ensaios de Lacan se inseriram na mesma tradição teórica, sublinhando enfaticamente a inovação teórica do discurso freudiano pela estrutura da experiência psicanalítica e realizando a crítica sistemática da metapsicologia freudiana. Nessa crítica formulada por Lacan, fica patente que a metapsicologia revela a retórica fisicalista no discurso freudiano a ser descartada, enquanto a descoberta freudiana estaria condensada na construção da experiência psicanalítica centrada na fala e na transferência.[42]

Na leitura teórica de Lacan, a experiência psicanalítica foi apresentada de maneira primorosa, pois os efeitos transferenciais da experiência na decomposição das identificações constitutivas do psiquismo foram enfatizados. Da mesma forma, a interpretação psicanalítica foi enunciada nos seus efeitos estruturantes sobre o sujeito, na elucidação dos enigmas e impasses presentes na sua história. Nesse contexto, fica patente que Lacan pretendeu demonstrar que o processo psicanalítico se regularia por uma lógica irrefutável e rigorosa, constituindo-se uma verdadeira experiência científica, apesar de não se enunciar pela retórica fisicalista.

Assim, a psicanálise seria um saber da interpretação que se constituiu no campo da experiência intersubjetiva, regulada pela transferência. Estas seriam as marcas epistemológicas de sua cientificidade. Para encaminhar a sua demonstração teórica, Lacan se sustentou na *filosofia fenomenológica* (Husserl e Hegel), na *psicologia da forma* e na

---

41. Dalbiez, R. *La Méthode Psychanalytique et la Doctrine Freudienne.* Volumes I e II. Paris, Desclée de Brouwer, 1936.

42. Sobre isso, vide Lacan, J. "Au-delà du principle de realité" (1936). In: Lacan, J. *Écrits. Op. cit.; Idem.* "Le stade du miroir comme formateur de la function du Je" (1949). In: Lacan, J. *Écrits. Op. cit.; Idem.* "L'agressivité en psychanalyse" (1948). In: Lacan, J. *Écrits. Op. cit.*

SER JUSTO COM A PSICANÁLISE

etologia, para realizar uma releitura de Freud[43] apoiada principalmente na *segunda tópica*[44] e na *segunda teoria das pulsões*, como Politzer realizara anteriormente.[45] Contudo, o registro energético da metapsicologia freudiana foi descartado por Lacan, que enfatizou o registro interpretativo da psicanálise, de forma a restringir a metapsicologia psicanalítica às dimensões tópica e dinâmica, desconsiderando a dimensão econômica.

Em 1953, Lacan transformou as suas referências teóricas na releitura do discurso freudiano, deslocando-se de uma teoria centrada na *categoria de imaginário* para uma teoria centrada na *categoria de simbólico*. Para isso, aprimorou-se na utilização dos saberes linguístico e antropológico, por meio dos discursos teóricos de Saussure[46] e de Lévi-Strauss.[47] A psicanálise continuou a ser fundada no campo da interpretação, destacando-se agora o conceito de significante e a categoria de história para representar o sujeito do inconsciente como uma estrutura.[48] O registro econômico da metapsicologia freudiana, por sua vez, continuou a ser descartado pela releitura de Lacan nos anos 1950, de maneira que o campo psicanalítico continuou a se fundar como saber da interpretação no campo simbólico, na ordem diacrítica dos significantes.

Contudo, nos anos 1960, Lacan encontrou limites teóricos nesta leitura da psicanálise, justamente porque a dimensão econômica da metapsicologia freudiana exigia outra modalidade de solução teórica. Foi só então que o conceito de pulsão (*Trieb*) passou a ser tematizado

---

43. Sobre isso, vide Lacan, J. *De la psychose paranoïaque dans ses rapport avec la personnalité suivi de Premiersé sur la paranoïa (1931, 1932, 1933)*. Paris, Seuil, 1975.
44. Freud, S. "Au-delà du principe de plaisir" (1920). In: Freud, S. *Essais de Psychanalyse*. Paris, Gallimard, 1981.
45. *Idem.* "Le moi et le ça". *Op. cit.*
46. Saussure, F. *Curso de Linguística Geral* (1916). São Paulo, Cultrix, 1974.
47. Lévi-Strauss, C. *Les structures elémentaires de la parenté* (1949). Paris, Mouton, 1969.
48. Lacan, J. "Fonction et champ de la parole et du langage en psychanalyse" (1953). In: Lacan, J. *Écrits. Op. cit.*

A CENA TEÓRICA DA EPISTEMOLOGIA

no discurso lacaniano,[49] apontando de maneira crucial os limites epistemológicos da psicanálise como saber da interpretação e os impasses de sua cientificidade. Nessa virada teórica de extrema importância, a psicanálise começou a ser pensada como uma prática clínica, inscrevendo-se no *discurso da ética*, e não no discurso da ciência, como ainda veremos adiante.

SUJEITO DO INCONSCIENTE

Foi nessa conjuntura histórica que a filosofia francesa começou a estabelecer um diálogo crítico e permanente com a psicanálise, considerando os desenvolvimentos teóricos anteriores. As décadas de 1940 e 1950 foram bastante férteis na produção de argumentos críticos lançados ao discurso freudiano, correspondendo no registro do discurso filosófico ao florescimento da psicanálise francesa com as inovações teóricas de Lacan.

Nesse contexto, ainda se colocava na cena teórica a problemática da cientificidade, na qual se contrapunham as retóricas do fisicalismo e da interpretação. Porém, a leitura da psicanálise como saber interpretativo recebeu uma inflexão decisiva, apesar de se inscrever ainda no mesmo registro, pois o que se colocava em pauta agora era o estatuto teórico do sujeito do inconsciente. Essa questão ocupava uma posição fundamental na pesquisa de Lacan desde os seus primórdios, como indicamos anteriormente, mas agora ela se transformara no eixo crucial do debate teórico sobre a consistência epistemológica da psicanálise. A leitura realizada por Lacan do discurso freudiano constituiu, evidentemente, o campo de interlocução privilegiado desse vigoroso debate intelectual da filosofia francesa com a psicanálise.

A polêmica teórica sobre o estatuto do inconsciente foi marcada pela incidência da fenomenologia e da filosofia existencial na filosofia fran-

---

49. Lacan, J. *Les Quatre Concepts Fondamentaux de la Psychanalyse*. Le séminaire, livre XI. Capítulos 10-15. Paris, Seuil, 1973.

SER JUSTO COM A PSICANÁLISE

cesa desde os anos 1930. Os discursos de Husserl, Hegel e Heidegger foram instrumentos de crítica à herança cartesiana, e com eles a filosofia se renovou na França, fazendo o seu acerto de contas com a sua poderosa tradição advinda de Descartes.[50] Por isso mesmo, o estatuto conceitual do inconsciente foi colocado em pauta, pois era o ser do sujeito fundado na consciência da filosofia de Descartes que estava no centro desse debate filosófico. O dualismo entre os registros do corpo e do espírito foi questionado radicalmente na sua pertinência, de maneira a se desenvolverem com muita riqueza teórica as problemáticas da linguagem e da intersubjetividade na reflexão sobre o sujeito.

Inscrevendo-se na tradição filosófica orientada inicialmente por Husserl e posteriormente por Heidegger, pela qual procurava fundar o sujeito na relação com o Outro em situações existenciais, Sartre considerava insustentável o conceito psicanalítico de inconsciente. Para ele, este se reduzia à posição antiética da "má-fé" do sujeito; uma figura da consciência que poderia se descartar de sua *responsabilidade existencial*, que se inscreveria na relação dialética do sujeito com outros sujeitos.[51]

Marcado pela herança filosófica de Husserl e procurando se deslocar dos impasses teóricos colocados pela filosofia da consciência, Merleau--Ponty, desde o início do seu percurso teórico, apontou a necessidade de problematizar a abertura originária da consciência para o mundo e para o Outro. Nesse contexto, o estudo da *percepção* ocupou um lugar central em sua pesquisa.[52] Porém, apesar de a categoria de consciência implicar a ideia de intenção da fenomenologia de Husserl (a consciência ser sempre consciência de algo que a transcende e estar inserida num corpo), ela é o campo da referência fundamental da fenomenologia de Merleau-Ponty. No momento inaugural deste discurso, o pensamento freudiano foi cri-

---

50. Birman, J. "A filosofia e o discurso freudiano. Hyppolite, leitor de Freud". In: Hyppolite, J. *Ensaios de Psicanálise e Filosofia*. Rio de Janeiro, Taurus-Timbre, 1989.
51. Sartre, J. P. *L'Être et le Néant*. Paris, Gallimard, 1943.
52. Merleau-Ponty, M. *Phénoménologie de la perception*. Paris, Gallimard, 1945.

A CENA TEÓRICA DA EPISTEMOLOGIA

ticado no seu fundamento,[53] sendo considerado um modelo mecanicista de psicologia e, por isso, a categoria de inconsciente não poderia ter lugar nesta concepção filosófica.

Entretanto, no desenvolvimento posterior de seu percurso teórico, Merleau-Ponty se aproximou do discurso freudiano, conferindo um lugar consistente para o conceito de inconsciente. Nele, o corpo passou a ser problematizado como "carne", e o registro do inconsciente passou a ser identificado ao "sentir" mesmo da coisa, pelo corpo do sujeito.[54] O que acarretou na transformação fundamental do *cogito* cartesiano no pensamento de Merleau-Ponty, que do "eu penso" de Descartes se transformou no "eu quero", nessa ontologia do corpo. Enfim, o inconsciente foi tematizado no registro do desejo, na apropriação sensível e erótica, pelo corpo, das coisas constitutivas do mundo.

No contexto de uma pesquisa abrangente sobre a hermenêutica no campo das ciências humanas, Ricoeur realizou a sua leitura sobre Freud, retomando a tradição iniciada por Politzer e Dalbiez. A pretensão de Ricoeur foi renovar a oposição estabelecida por Dilthey entre ciências da natureza e ciências da cultura, refazendo a leitura das ciências da cultura pelo caminho epistemológico de saberes hermenêuticos. Para isso, estabeleceu uma investigação no universo dos símbolos, delineado pelas diferentes ciências humanas, em que a construção da categoria de interpretação e a constituição da hermenêutica como saber filosófico foram suas questões primordiais.

Ao colocar questões cruciais para uma filosofia da interpretação, Ricoeur procurou demonstrar, na sua leitura sistemática de Freud, que as exigências cientificistas da energética, no discurso da metapsicologia, estavam subsumidas à retórica da interpretação. Dessa maneira, o discurso freudiano seria a construção de um saber da interpretação, de

---

53. *Idem. La Structure du Comportement.* Parte 3, Capítulo 3, Paris, Presses Universitaires de France, 1942.

54. Sobre isso, vide Merleau-Ponty, M. "Nature et logos: le corps humain" (1959-1960). In: Merleau-Ponty, M. *Résumés de cours* (Collège de France, 1932-1960). Paris, Gallimard, 1968; *Idem. Le visible et l'invisible.* Paris, Gallimard, 1964.

SER JUSTO COM A PSICANÁLISE

forma que a psicanálise se inscreveria, de fato e de direito, na tradição hermenêutica.[55]

A inserção de Hyppolite é bastante singular no campo desta tradição teórica, introduzindo uma questão polêmica que permanece ainda como um problema de grande atualidade. Hyppolite reconheceu a existência de dois modelos opostos de cientificidade no discurso freudiano: o modelo fisicalista do aparelho psíquico da metapsicologia — sua dimensão positivista — e o modelo interpretativo e intersubjetivo, que se revelaria nos enunciados da experiência psicanalítica. Porém, em vez de considerar esta duplicidade teórica como um impasse na cientificidade da psicanálise — em que o comentador deveria escolher entre "método" e "doutrina", "psicologia concreta" e "psicologia introspectiva", retórica fisicalista e retórica hermenêutica —, Hyppolite sublinhou positivamente a existência dessa duplicidade de registros, assinalando a indicação de uma problemática original enunciada pela obra freudiana. Em outras palavras, o discurso freudiano não seria nem a produção de uma ciência da natureza nem a elaboração de uma ciência da cultura, mas uma tentativa original de articulação entre os registros da natureza e do espírito, com a constituição teórica da psicanálise.[56] Porém, isso não significaria que o pensamento freudiano tenha solucionado teoricamente essa problemática que pretendeu articular, mas a inexistência de solução coerente não retira a indicação de que esta seria a problemática teórica colocada pelo saber psicanalítico.[57]

Evidentemente, existe um diálogo em surdina entre a leitura de Hyppolite do discurso freudiano e o desenvolvimento da obra de Lacan, e o lugar primordial desse encontro foi a fenomenologia de Hegel e o campo da intersubjetividade, no qual esta se fundava na "dialética do senhor e do escravo", assim como nas categorias de *reconhecimento* e de *alienação*. Entretanto, esse encontro se revela também nesta leitura de Hyppolite da problemática apontada pelo discurso freudiano, em que a indicação

---

55. Ricoeur, P. *De l'interprétation*. Essais sur Freud. Paris, Seuil, 1965.
56. *Ibidem.*
57. *Ibidem.*

A CENA TEÓRICA DA EPISTEMOLOGIA

de que neste se pretendeu a articulação entre a filosofia da natureza e a filosofia do espírito remeteria à demanda teórica de se pesquisar o conceito de pulsão.

Lacan teve que se voltar de maneira sistemática para a elaboração desse conceito freudiano quando procurou desenvolver a *categoria de real* na psicanálise e sair dos impasses colocados pelo registro do simbólico. Como logo veremos, também foi por este viés que Lacan passou a representar a psicanálise como uma prática inscrita no discurso da ética e não mais no discurso da ciência.

Além disso, Foucault recolocou na cena teórica o discurso da interpretação numa perspectiva hermenêutica na leitura do discurso psicanalítico, mas numa formulação teórica bastante diferente de Ricoeur. No ensaio de 1968 intitulado *Nietzsche, Marx e Freud*, Foucault afirmou que estes teóricos foram indiscutivelmente os criadores da *hermenêutica* moderna, em oposição à *semiologia* da Idade Clássica, pois, na primeira, as palavras seriam o reflexo e a imagem especular das coisas, e, na segunda, em contrapartida, o registro das palavras se autonomizaria do registro das coisas, de forma que, perdendo a origem, as palavras se voltam sobre si mesmas numa interpretação e linguagem infinitas, que caracterizaria a hermenêutica como prática moderna de interpretação.[58] Foucault retomou nesse ensaio a tese desenvolvida em *As palavras e as coisas*, de 1966, na qual concebeu a oposição existente entre a *episteme* da Idade Clássica e a da modernidade, estabelecendo naquela a categoria de *representação* e nessa a categoria de *história* e de *tempo*.[59]

O discurso teórico de Foucault se inscreveu igualmente no longo e amplo debate entre a filosofia francesa e a psicanálise para conceber esta como discurso interpretativo e não como discurso cientificista, que foi iniciado por Politzer no final dos anos 1920. Porém, além disso, Foucault também se inscreveu neste debate teórico pela constituição de outras problemáticas, como a veremos ainda neste ensaio.

---

58. Foucault, M. *Nietzsche, Marx et Freud*. In: *Dits et écrits*. Volume I. *Op. cit.*
59. *Idem. Les mots et les choses.* Paris, Gallimard, 1966.

SER JUSTO COM A PSICANÁLISE

OBJETO TEÓRICO

Antes de desenvolvermos esse desdobramento teórico da epistemologia da psicanálise, é preciso destacar ainda uma formulação importante sobre a cientificidade da psicanálise, enunciada na década de 1960 e que teve em Althusser seu maior representante teórico. Nessa formulação, a psicanálise se constituiria efetivamente como um discurso científico, porque produzira um *objeto teórico* articulado de maneira coerente por um *método de investigação* e por uma *técnica*.[60]

Esse discurso epistemológico sobre a psicanálise pressupõe um modelo rigoroso de cientificidade, em que se enuncia de maneira positiva as condições de uma *epistemologia regional* e se realiza a crítica sistemática da filosofia positivista da ciência. Além disso, pressupõe a existência de uma ruptura teórica entre o objeto do *discurso científico* e o objeto do *discurso do senso comum*, delineando a *historicidade* do discurso científico.

A epistemologia de Althusser se inscreve na tradição francesa da filosofia da ciência que se inicia na década de 1930 com Bachelard e que teve em Canguilhem um de seus mais eminentes continuadores. Enquanto Bachelard construiu uma imensa obra epistemológica centrada na análise dos discursos da química e da física modernas,[61] a pesquisa de Canguilhem se baseou no exame sistemático da biologia e da medicina.[62]

A epistemologia anunciada por G. Bachelard destacava o advento do discurso científico pela constituição de um objeto teórico, que

---

60. Althusser, L. "Freud e Lacan" (1964). In: Althusser, L. *Posições 2*. Rio de Janeiro, Graal, 1980, pp. 111-116.
61. Sobre isso, vide Bachelard, G. *O novo espírito científico* (1934). Rio de Janeiro, Tempo Brasileiro, 1968; Bachelard, G. *La formation de l'esprit scientifique* (1938). Paris, Vrin, 1975; Bachelard, G. *L'Engagement Rationaliste*. Paris, Presses Universitaires de France, 1972.
62. Sobre isso, vide Canguilhem, G. *Le Normal e le Pathologique* (1943). Paris, Presses Universitaires de France, 1966; *Idem. Études d'Histoire et de Philosophie des Sciences*. Paris, Vrin, 1968; *Idem. La formation du Concept de Reflexe aux XVIIe e XVIIIe siècles*. Paris, Presses Universitaires de France, 1955.

A CENA TEÓRICA DA EPISTEMOLOGIA

se produzia mediante a realização de um *corte epistemológico* com o universo do senso comum. O universo do senso comum se organizava como sendo de ordem pré-científica, empreendendo-se por meio de práticas técnicas e sociais, reguladas por valores ideológicos, de acordo com a linguagem marxista de Althusser. Dessa maneira, a constituição de qualquer discurso científico marcaria uma *descontinuidade* na história, pois, pela invenção de seu objeto teórico e seu correspondente no campo conceitual, seria inscrita uma nova forma de representação do mundo. Além disso, a descoberta científica implicaria na *reinvenção da linguagem*, no processo teórico de uma representação original do mundo.

Esse discurso epistemológico se realizou a partir de uma crítica radical da filosofia positivista da ciência (que teve uma incidência fundamental na França desde a sua formulação por A. Comte no século XIX), representando assim uma ruptura decisiva com esta. Para o positivismo, a verdade era uma *essência* substantiva, inscrita no mundo das coisas desde sempre, e o trabalho da ciência seria o *desvendamento progressivo* dessa verdade absoluta inscrita na ordem das coisas. Nesse contexto, não se diferenciava o *objeto natural* do *objeto científico*, que se superpunham em uma perspectiva científica norteada pela pesquisa de fatos como reveladores insofismáveis da verdade. Assim, o discurso científico não seria uma construção contra as representações ideológicas e uma invenção conceitual. Por isso, a filosofia positivista defendia a não historicidade interna do objeto da ciência, de maneira que a relação deste com a linguagem era da ordem da exterioridade.

Para a leitura do positivismo, não existia a história da ciência fundada na construção de novos conceitos e de novos objetos teóricos, isto é, daquilo que marcaria um novo tempo na história do saber, apenas uma história extrínseca ao discurso científico propriamente dito, centrada nas narrativas das descobertas, na biografia dos cientistas, na organização das sociedades científicas etc. Em contrapartida, a leitura de Bachelard construiu uma ideia original da história da ciência, eminentemente epistemológica, em que os impasses e os obstáculos teóricos

SER JUSTO COM A PSICANÁLISE

para a emergência do discurso científico se destacam no primeiro plano da construção histórica.[63]

Nessa perspectiva, essa tradição epistemológica possibilitou a concepção de diferentes discursos científicos, considerando a diversidade de seus objetos teóricos e de seus métodos específicos de indagação do real. Enuncia-se, assim, a existência de uma *epistemologia regional*.[64]

Dessa maneira, não seria possível a comparação teórica entre diversos discursos científicos, pois seria impossível a comparação de regimes epistemológicos diferentes. Portanto, não existiria rigorosamente o discurso da ciência como se formulava no positivismo, mas *discursos das ciências*, em que o *plural* destaca a diversidade e a diferença epistemológica no campo das ciências.

No contexto da concepção positivista, o discurso da ciência era enunciado no *singular*, havia um *modelo ideal* de cientificidade ao qual todos os discursos teóricos, com a pretensão de se inscrever no *logos* da ciência, deveriam se adequar de forma sistemática. Assim, a física foi considerada a ciência por excelência, a realização desse modelo ideal de cientificidade na qual deveriam se basear os demais discursos teóricos para se transformarem em discursos científicos propriamente ditos. O fisicalismo como ideal de cientificidade marcou de maneira indelével a concepção de Freud sobre o discurso da ciência, no qual ele procurou inscrever a psicanálise a qualquer custo.

Contudo, foi no campo desta tradição epistemológica que Althusser enunciou a cientificidade da psicanálise, pois não seria a adequação ao ideal do fisicalismo que definiria a inserção da psicanálise no campo da ciência, mas a psicanálise é que deveria definir seus critérios teóricos próprios, de acordo com as exigências epistemológicas de seu objeto: o inconsciente. A construção deste objeto teórico se inscreveria no campo da experiência psicanalítica, centrada na transferência e na interpretação, nas quais se articulariam as exigências insofismáveis do método.

---

63. Sobre isso, vide: Canguilhem, G. "L'objet de l'histoire des sciences". In: Canguilhem, G. *Études d'Histoire et de Philosophie des Sciences. Op. cit.*, pp. 9-23.

64. Fichant, M., Pécheux, M. *Sur l'Histoire des Sciences*. Paris, Maspero, 1969.

A CENA TEÓRICA DA EPISTEMOLOGIA

Além disso, Althusser critica as tentativas de apropriação indevida da psicanálise pelos discursos filosóficos, sublinhando sua originalidade exatamente naquilo que constituía o maior problema teórico para o reconhecimento desta pela filosofia. Assim, o inconsciente seria o objeto teórico da psicanálise, na qual teria realizado um *corte epistemológico* com a tradição da psicologia da consciência e com o discurso da filosofia consciencialista, possibilitando uma nova leitura do psiquismo e das enfermidades psíquicas.[65]

Portanto, Althusser enunciou a cientificidade da psicanálise pelo conceito de inconsciente, reafirmando, pela positividade deste, sua crítica incisiva à leitura da fenomenologia existencial sobre a psicanálise. Evidentemente, a leitura epistemológica da psicanálise de Althusser foi o contraponto no discurso filosófico do trabalho teórico realizado por Lacan, em que o inconsciente seria representado como uma estrutura constituída por um conjunto diacrítico de significantes e a psicanálise se realizaria clinicamente no campo da fala e da linguagem.[66]

Entretanto, no ensaio posterior intitulado "Lenin e a filosofia", Althusser promoveu uma observação mais abrangente e complexa do campo da epistemologia regional, pela qual sistematizou os diferentes campos do saber científico e ao mesmo tempo destacou para cada domínio dos saberes científicos um discurso de referência que imantaria a totalidade do domínio epistemológico em questão. Em outras palavras, existiriam diferentes *continentes do saber científico*, e em cada um deles as regras de cientificidade seriam comuns, mas se diferenciariam nos diversos continentes em pauta.

Existiriam três continentes do saber científico: o da *natureza*, o da *sociedade* e o do *inconsciente*, respectivamente. No continente da natureza, o discurso da física seria o discurso científico de referência que imantaria os demais discursos científicos da natureza, em contrapartida, o *materialismo histórico* seria o discurso paradigmático no continente

---

65. Althusser, L. "Freud e Lacan". In: Althusser, L. *Posições 2. Op. cit.*
66. Lacan, J. "Fonction et champ de la parole et du langage en psychanalyse" (1953). In: Lacan, J. *Écrits. Op. cit.*

SER JUSTO COM A PSICANÁLISE

da sociedade e a *psicanálise* seria o discurso científico paradigmático para o continente do inconsciente.

Portanto, com esta nova cartografia teórica para a epistemologia regional, Althusser conferiu outra posição estratégica para a psicanálise, uma vez que esta, como discurso teórico específico, passaria a imantar outros campos teóricos construídos em torno do continente do inconsciente.[67]

DESEJO E ÉTICA

A fundamentação epistemológica da psicanálise, realizada de maneira primorosa por Althusser, entretanto, não retirou o discurso psicanalítico do campo da interpretação e da intersubjetividade. Ao contrário, no desdobramento da leitura estrutural de Lacan sobre o simbólico, constituiu o campo da interpretação em psicanálise com maior rigor teórico e afastou de maneira radical qualquer tentativa de fundar a cientificidade da psicanálise segundo os cânones do fisicalismo.

Porém, com o desenvolvimento teórico e histórico da psicanálise como um saber fundado na interpretação, a questão da cientificidade da psicanálise foi sendo colocada em segundo plano. A introdução de categorias fenomenológicas e existenciais na releitura do discurso freudiano, por diferentes comentadores de Freud, teve, em contrapartida, o efeito de relativizar a importância dessa questão. O que não implicou na destituição do seu valor teórico e no seu reconhecimento pelas demais ciências humanas. Ao contrário, registramos como no contexto histórico desse debate rigoroso a psicanálise se transformou num polo permanente de questões cruciais para o discurso filosófico e este não permaneceu incólume às questões colocadas pela psicanálise.

Além disso, a pesquisa de Lacan encontrou obstáculos importantes e impasses significativos para realizar a leitura da psicanálise centrada no

---

67. Althusser, L. *Lênin e a filosofia*. Lisboa, Presença, 1970.

A CENA TEÓRICA DA EPISTEMOLOGIA

registro simbólico. A experiência clínica colocava questões intransponíveis para esta leitura da psicanálise, pois permaneciam pontos fundamentais na experiência do psiquismo que eram irredutíveis à interpretação psicanalítica nesse registro. E para interpretar esses efeitos psíquicos irredutíveis a esta interpretação, Lacan introduziu a categoria de *real* na psicanálise. Esses efeitos psíquicos indicavam a demanda de reconhecimento de que existia algo no psiquismo que não se transformava imediatamente em símbolo e que existiria sempre um *resíduo* no psiquismo que *não era assimilável* pelo sistema de simbolização. O reconhecimento dos *limites do registro do simbólico* em psicanálise e a necessidade de se reconhecer a dimensão econômica no psiquismo destacada pelo discurso freudiano não implicaria no retorno do discurso fisicalista e no imperativo do cientificismo.

Assim, Lacan realizou a leitura da *energética* em psicanálise e problematizou pela primeira vez o conceito de pulsão.[68] Nesse contexto, foram possíveis a elaboração de conceito de fantasma com maior rigor e a constituição do conceito de *objeto a* como *objeto causa do desejo*. Com isso, a experiência psicanalítica foi repensada nas suas coordenadas constitutivas e o lugar do analista foi representado de forma instigante.[69] A economia da satisfação pulsional e os seus impasses se colocaram no primeiro plano da experiência psicanalítica, de maneira que a prática da interpretação ficou subsumida nos destinos e nos obstáculos imanentes do circuito pulsional.

Nessa perspectiva, a psicanálise foi enunciada como um discurso inserido no campo da ética e não no campo da ciência, na medida em que indicaria os impasses para a inscrição da pulsão no campo da simbolização. Com efeito, no processo de transformação da pulsão, do registro da força para o registro do símbolo, há sempre um *resto*, um resíduo,

---

68. Lacan, J. *Les quatre concepts fondamentaux de la psychanalyse.* Le Séminaire, livre XI. *Op. cit.*
69. *Idem. L'envers de la Psychanalyse.* Le Séminaire, livre XVII. Paris, Seuil, 1991.

SER JUSTO COM A PSICANÁLISE

que como objeto causa do desejo seria a condição concreta de possibilidade para a reprodução do próprio circuito da pulsão.[70]

Assim, a psicanálise se enunciou como uma *ética do desejo*, não mais restrita ao campo do discurso da ciência. Ela seria uma experiência singular que funcionaria como a condição concreta de possibilidade para que o sujeito pudesse aceder ao desejo singular de sua história e, ao mesmo tempo, se encontrar com os impasses cruciais de suas exigências pulsionais conflitantes. Ou seja, com Lacan, a psicanálise desistiu e se recusou a se inscrever no *logos* da ciência, apesar do reconhecimento incontestável de suas contribuições teóricas para as demais ciências humanas e para a filosofia, e avançou como uma prática clínica fundada na ética do desejo e nos impasses das pulsões nos caminhos para a sua satisfação.

SABER, DESEJO E PODER

A problemática da cientificidade em psicanálise recebeu ainda uma crítica contundente no contexto da epistemologia e da filosofia francesas, por meio da constituição da *arqueologia do saber* e da *genealogia do poder* empreendidas no percurso teórico de Foucault desde o início dos anos 1960. A crítica de Foucault ao discurso da ciência e aos seus impasses teve efeitos importantes no campo psicanalítico, não apenas porque a questão da cientificidade se colocava então para aquele campo, mas também porque a psicanálise foi uma problemática crucial que perpassou a obra de Foucault como uma preocupação fundamental desde os seus primórdios.

Em contraposição à tradição epistemológica francesa na qual se formou e foi efetivamente marcado, Foucault criticou o discurso da epistemologia, deixando de empreender nas suas pesquisas um estudo dos conceitos e dos objetos teóricos das ciências. Por isso mesmo, seus estu-

---

70. *Idem. L'éthique de la Psychanalyse*. Le Séminaire, livre VIII. Paris, Seuil, 1986.

dos não se inserem mais no campo da história das ciências, no sentido cunhado pela tradição de Bachelard, de Canguilhem e de Althusser. Sua proposta teórica seria realizar uma *arqueologia do saber*, isto é, como a história do Ocidente construiu certos saberes que se inscreveram em práticas sociais de *normalização*.[71] Dessa maneira, existe uma crítica à *categoria de verdade*, tal como foi enunciada pela tradição da epistemologia francesa, pois a verdade dos enunciados teóricos não é decidida por critérios interiores ao campo específico da ciência, mas por *valores* que se fundam nas práticas de normalização do social. A leitura teórica de Foucault foi marcada pela interpretação política dos saberes, criticando incisivamente a pureza conceitual do discurso da ciência. A *politização da leitura* de Foucault se acentua ao longo de seu percurso teórico, deslocando-se paulatinamente da leitura primorosa das epistemes dos saberes[72] para a das estratégias de normalização implicadas nesses saberes. E esse deslocamento levou à passagem decisiva da arqueologia do saber para a *genealogia do poder*.[73]

Foi nessa perspectiva que Foucault empreendeu inicialmente a leitura da história da loucura no Ocidente, indicando que a superposição da concepção da loucura com o conceito de doença mental foi um acontecimento histórico recente e iniciado na aurora do século XIX. Essa leitura da loucura como doença mental implicou o não reconhecimento de qualquer verdade e da presença do sujeito na experiência da loucura.[74] Porém, essa tradição não se instituiu imediatamente na história do Ocidente, mas gradualmente desde a Idade Clássica. Assim, no Renascimento a loucura era representada como enunciadora do sujeito e da verdade nessa experiência, mas desde a Idade Clássica a loucura foi inscrita no registro da *Desrazão* e se formulou o solo histórico para a concepção psiquiátrica do século XIX,[75] da loucura como enfermidade mental.

---

71. Foucault, M. *L'archéologie du savoir.* Paris, Gallimard, 1969.
72. *Idem. Les mots et les choses.* Paris, Gallimard, 1966.
73. *Idem. Surveiller et punir.* Paris, Gallimard, 1976.
74. *Idem. Histoire de la folie à l'âge classique.* Paris, Gallimard, 1972.
75. *Ibidem.*

SER JUSTO COM A PSICANÁLISE

Foucault localizou essa ruptura social e essa transformação arqueológica na concepção da loucura no século XVII em dois registros diferentes:

1. No *registro político-social* foi constituído o Hospital Geral, para onde foi a totalidade do universo marginal da Desrazão. Ou seja, os loucos se inscreveram no universo da marginalização e foram ativamente excluídos do espaço social;
2. No *registro filosófico*, com a constituição da filosofia cartesiana e do *cogito* centrado no pensamento, o discurso da Razão (historicamente identificado com o discurso da ciência) foi contraposto à Desrazão (o discurso da loucura).

O efeito histórico disso foi a perda de qualquer poder de verdade da loucura, que passou a ser representada pela *inexistência do sujeito e de verdade*, assim como pela "ausência de obra".[76] Entretanto, a não verdade da loucura ocorreu em razão do poder absoluto de verdade da ciência, de maneira que a Razão se construiu na tradição do Ocidente pela tentativa de silenciar o universo da Desrazão.

Nessa arqueologia da loucura, a psicanálise figurou de maneira dupla e ambígua, pois foi enunciada como herdeira da tradição médico-psiquiátrica da loucura do século XIX, por um lado, e também como retomando a tradição da loucura do Renascimento, pelo outro. Com efeito, Foucault sublinhou a pretensão freudiana de reconhecer a *verdade da loucura*, pois esta seria a forma pela qual o sujeito poderia dizer a verdade de sua história e assumir a verdade do seu desejo. Enfim, Foucault retomou positivamente a psicanálise como um saber da interpretação, pois seria a restauração da loucura como poder de verdade pela interpretação que estaria no fundamento do discurso freudiano.

Entretanto, na passagem da arqueologia do saber para a genealogia do poder, a leitura de Foucault da psicanálise se transformou. O importante então seria a inserção da psicanálise numa série de tecnologias de

---

76. *Ibidem.*

A CENA TEÓRICA DA EPISTEMOLOGIA

produção da subjetividade e da sexualidade, que desde o século XVIII disciplinaram os corpos no Ocidente. A psicanálise seria uma das tecnologias desta estratégia de normalização, em que as verdades que ela pode enunciar sobre o sexual e o desejo se inscrevem também nesse dispositivo social de *normalização dos corpos*.[77]

Esse último discurso de Foucault sobre a psicanálise como um poder de normalização do sexual foi o contraponto histórico e temático do discurso de Lacan da psicanálise como uma ética do desejo. Para ambos, portanto, não é mais a problemática da cientificidade da psicanálise que está em pauta nos anos 1970, mas seriam as *problemáticas da ética, do poder e do desejo* as imposições para a psicanálise.

Entretanto, para Lacan, enunciar a psicanálise como uma ética do desejo implicaria em encontrar uma alternativa possível para a psicanálise como saber, na exterioridade do registro da ciência, mas, para Foucault, os seus enunciados sobre o poder normalizador da psicanálise implicariam em indicar a sua impossibilidade histórica e os seus impasses.

---

77. Foucault, M. *La volonté de savoir.* Histoire de la sexualité. Volume I. Paris, Gallimard, 1976.

3. A psicanálise na berlinda?

VARIAÇÕES E PRESENÇAS

Em *A vontade do saber* a psicanálise foi colocada na berlinda por Foucault.[1] No entanto, não foi a primeira vez ao longo de sua longa obra que isso aconteceu. Em meados dos anos 1970, o percurso crítico de Foucault em relação à psicanálise já tinha um acervo considerável, marcando a sua escrita desde os primórdios. Não resta qualquer dúvida de que a insistência e a persistência da *crítica* estiveram quase que permanentemente presentes no horizonte teórico de Foucault em relação à psicanálise.

Em *Doença mental e personalidade* este questionamento se esboçou já de início, delineando os eixos básicos da futura crítica do discurso psicanalítico.[2] Porém, enquanto obra de um iniciante, não se podia aquilatar ainda a extensão e a consistência da crítica apenas desenhada. Em *História da loucura*,[3] no entanto, era possível encontrar o alcance e a profundidade da crítica que fora enunciada. Reconhecida como de grande coturno e de muito fôlego teórico, a leitura de Foucault da psicanálise começou por constituir uma tradição nos primórdios dos anos 1960. Contudo, as coisas não ficaram por aí. Em *O nascimento da clínica* o inventário crítico prosseguiu, se bem que de maneira pontual

---

1. Foucault, M. *La volonté de savoir.* Histoire de la sexualité. Volume I. Paris, Gallimard, 1976.
2. *Idem. Maladie mentale et personalité.* Paris, Presses Universitaires de France, 1954.
3. *Idem. Histoire de la folie à l'âge classique. Op. cit.*

SER JUSTO COM A PSICANÁLISE

e circunscrita,[4] sem a abrangência presente na leitura anterior sobre a loucura. Em *A verdade e as formas jurídicas*,[5] e *Vigiar e punir*,[6] dos anos 1970, a empreitada desconstrutiva prosseguiu, quase sem nenhuma interrupção.

Portanto, se a interpretação da psicanálise esteve quase sempre no horizonte teórico de Foucault, em *A vontade de saber* a crítica assumiu uma radicalidade de outra natureza, colocando em pauta os pressupostos do discurso psicanalítico de maneira inédita. Não apenas as relações entre os registros da *lei* e do *desejo* foram colocadas em cena, mas também que o *dispositivo religioso da confissão* se inscreveria no fundamento da experiência psicanalítica.[7]

Ao lado de toda a crítica, houve certamente alguns poucos momentos de trégua, no entanto. É preciso que se reconheça isso devidamente, para que se possa bem apreender a crítica e o seu outro, que se constituem como as duas faces da mesma moeda, isto é, a leitura realizada por Foucault da psicanálise. Assim, em outra série de escritos esta foi positivamente considerada por aquele, que a aproximou então do seu projeto filosófico. Refiro-me inicialmente aos ensaios "Nietzsche, Freud, Marx"[8] e *O que é um autor?*,[9] ambos dos anos 1960. Sem me esquecer, é claro, de *As palavras e as coisas*,[10] no qual a psicanálise ocuparia um lugar de destaque na *episteme* da modernidade, ao lado da antropologia estrutural. Isso porque ambas teriam enunciado a categoria de inconsciente, marca descentrada do sujeito, para onde confluíam os discursos teóricos dos anos 1960.

---

4.   *Idem. Naissance de la clinique.* Paris, Presses Universitaires de France, 1963.
5.   *Idem.* "A verdade e as formas jurídicas". In: *Cadernos da PUC-Rio*, n.16, Rio de Janeiro, 1975.
6.   *Idem. Surveiller et punir.* Paris, Gallimard, 1975.
7.   *Idem. M. La volonté du savoir. Op. cit.*
8.   *Idem.* "Nietzsche, Freud, Marx". In: *Nietzsche.* Cahiers de Royaumont. Paris, Minuit, 1967.
9.   *Idem.* "Qu'est-ce qu'un auteur". In: *Litoral*, n. 9. *La discursivité.* Paris, Ères, 1983.
10. *Idem. Les mots et les choses.* Paris, Gallimard, 1966.

A PSICANÁLISE NA BERLINDA?

O que precisa ser devidamente interpretado aqui não é apenas a patente *variação* na leitura que Foucault empreendeu da psicanálise, que se apresenta nas *pulsações* de sua escrita, mas também a radicalização crítica que se impôs no final do seu percurso em *A vontade de saber*. No que tange ao tópico inicial, é preciso reconhecer devidamente a oscilação da leitura de Foucault, não obstante a *eloquente dominância da* sua interpelação sobre a elegia da psicanálise. Além disso, estas indagações não são absolutamente excludentes, já que através de ambas pode-se vislumbrar de que maneira a psicanálise poderia se inscrever ou se afastar do projeto filosófico de Foucault.

Proponho-me neste ensaio tecer alguns comentários iniciais sobre a leitura foucaultiana da psicanálise, procurando inscrevê-los nas linhas de força do projeto filosófico de Foucault.

TAGARELICE

Como já disse, em *A vontade de saber* a radicalidade da crítica à psicanálise se evidenciou pela assunção de outro estilo, pelo qual se transformou a natureza da interpelação que já existia. Isso porque os pressupostos da sexualidade estariam agora em questão. O ponto de destaque da psicanálise e que a fazia se representar de maneira subversiva foi colocado em pauta: a relação de fundação do sujeito no sexual, que se plasmaria pela regulação do desejo pela lei e pela figura do Édipo. Vale dizer, as hipóteses freudianas de que a modernidade teria se instaurado pela repressão da sexualidade e de que a pretensão da psicanálise seria a de procurar intervir nos impasses psíquicos disso decorrentes foram questionadas de diferentes maneiras. Com isso, não existiria mais a possibilidade de dizer que os registros da pulsão e da civilização seriam inconciliáveis. Nem tampouco que o inconsciente seria sexual, consequência da repressão da pulsão pela ordem da lei. Com tudo isso, a figura do Édipo não seria mais definitivamente o suporte da verdade para o sujeito.

Como se sabe, o discurso freudiano desenvolveu estes enunciados inicialmente em "Moral sexual 'civilizada' e a doença nervosa

SER JUSTO COM A PSICANÁLISE

moderna"[11] e posteriormente em *O mal-estar na civilização*.[12] E enfatizou principalmente nestas obras as impossibilidades que a modernidade criava para a subjetividade em decorrência da renúncia pulsional que impunha. Também procurou fundamentar tudo isso na sua teoria da sexualidade inaugural[13] e na sua metapsicologia.[14] Portanto, pela leitura de Freud, a modernidade se constituiu pelo recalque das pulsões sexuais, tendo este processo produzido um mal-estar crescente nas individualidades, que teria conduzido de maneira inexorável às "doenças nervosas dos tempos modernos".

A *teoria crítica* incorporou alguns aspectos desta leitura da psicanálise, enunciando as relações existentes entre modernidade e repressão,[15] e os inscreveu numa interpretação mais abrangente da modernidade, de forma a valorizar a dita *hipótese repressiva*. Por isso, para alguns teóricos desta tradição filosófica, a psicanálise seria um discurso fundamental para a interpretação da modernidade.

Contudo, a leitura de Foucault sobre a sexualidade moderna atinge ao mesmo tempo a psicanálise e a teoria crítica.[16] O que está em jogo é a hipótese repressiva, que estava já presente nas suas obras iniciais[17] e que foi definitivamente desarticulada de modo frontal em *Vigiar e punir*.[18] Deve-se destacar nesta desarticulação a passagem realizada por Foucault entre a arqueologia do saber[19] e a genealogia do poder.[20] Nesta inflexão da direção metodológica e do objeto teórico de sua pesquisa, Foucault inscreveu as práticas discursivas nos dispositivos de poder.

---

11. Freud, S. "Moral sexuelle 'civilisée' et la maladie nerveuse des temps modernes" (1908). In: Freud, S. *La vie sexuelle*. Paris, Presses Universitaires de France, 1973.
12. *Idem. Malaise dans la civilisation* (1929). Paris, Presses Universitaires de France, 1971.
13. *Idem. Trois essais sur la théorie sexuelle* (1905). Paris, Gallimard, 1968.
14. *Idem. Métapsychologie* (1915). Paris, Gallimard, 1968.
15. Rouanet, S.P. *Teoria crítica e psicanálise*. Rio de Janeiro, Tempo Brasileiro, 1983.
16. Foucault, M. *La volonté de savoir. Op. cit.*
17. *Idem. Histoire de la folie à l'âge classique. Op. cit.*
18. *Idem. Surveiller et punir. Op. cit.*
19. *Idem. Archéologie du savoir. Op. cit.*
20. *Idem. Surveiller et punir. Op. cit.*

A PSICANÁLISE NA BERLINDA?

Assim, sustentar a hipótese repressiva seria pensar ainda o poder em termos pré-modernos, como ocorria na Idade Clássica. Neste contexto, o *poder* estava centrado na soberania, ou seja, apenas a figura do rei adquiria visibilidade frente aos súditos, que permaneciam na invisibilidade.[21] Em contrapartida, o que caracterizaria a modernidade seria o *poder disciplinar* e a *micropolítica*, nos quais a *capilaridade* conferia *visibilidade* aos cidadãos.[22] A figura do *panóptico*, retirada da filosofia pragmática de Bentham, materializaria a vigilância enquanto fonte de visibilidade dos cidadãos.[23] Com isso, o poder se plasmava num permanente confronto de forças entre os corpos, regulado pelas disciplinas. Portanto, não existiria mais um suposto centro que promoveria a repressão em nome da lei, pela qual essa teria a efetividade de regular o desejo.[24] Pelo contrário, o que teria caracterizado o espaço social desde o final do século XVIII foi o *incitamento múltiplo, difuso* e *insistente* para que as pessoas falassem de *sexo*, numa tagarelice inédita até então.[25] O sexo se deslocou do registro da intimidade para se inscrever no espaço privado. Este, porém, era regulado agora pelas disciplinas de maneira sistemática. Da pedagogia à medicina, passando pela higiene física e moral dos corpos, a normalização dos indivíduos se realizou pelas disciplinas. As instituições familiar, escolar e médica incentivaram as individualidades a falarem do sexo sem parar, de forma ininterrupta. Com isso, o controle social sobre a sexualidade foi se realizando e constituiu-se o mito teórico de que o sujeito se fundaria na sexualidade, de maneira a encontrar nela a sua verdade.[26]

A sociedade vitoriana, portanto, promoveu paradoxalmente a tagarelice sexual, ao invés de silenciá-la, como se fazia até então. Construiu saberes e técnicas para tal realização, que se inscreveram em novas ins-

---

21. *Ibidem.*
22. *Ibidem.*
23. *Ibidem.*
24. *Ibidem.*
25. Foucault, M. *La volonté de savoir. Op. cit.*
26. *Ibidem.*

SER JUSTO COM A PSICANÁLISE

tituições voltadas para tal propósito, além de ter transformado radicalmente antigas instituições, como a família, para essa realização.

O que se delineia, então, é a crítica do discurso psicanalítico num de
seus eixos fundamentais. Quero me referir à figura do Édipo, seja como
complexo,[27] seja como *estrutura*,[28] que naquele discurso seria constitutivo de sujeito e de sua verdade. No que tange a isso, aliás, a desconstrução da figura do Édipo como símbolo da verdade no Ocidente já tinha
sido realizada por Foucault em *A verdade e as formas jurídicas*.[29]

Ainda nesse contexto o espaço psicanalítico foi transformado num
dispositivo propriamente dito, inscrito numa série que teria no dispositivo da confissão o seu momento inaugural.[30] Assim, dizer tudo que lhe
vem ao espírito, como se formula de forma imperativa para o analisando na regra fundamental da psicanálise,[31] teria inicialmente se esboçado
de maneira incisiva com a moral da confissão. Pela mediação dessa, os
prazeres foram transmutados em pecado, numa operação sancionada
pelo discurso do cristianismo. O corpo teria se transformado em carne,
de forma a marcar a ferro e fogo o desejo com a culpa.[32]

A transformação da experiência psicanalítica num *dispositivo* não era
nova, pois tinha sido já indicada por Foucault na *História da loucura*,
quando a inserção transferencial da loucura no espaço analítico foi esboçada nos termos de uma pedagogia especular.[33] Com isso, o conceito
de estádio de espelho formulado por Lacan[34] foi interpretado como um
mero artefato por derivação desta pedagogia, oriunda do dispositivo do
tratamento moral. Porém, a transformação da experiência psicanalítica

27. Freud, S. "La fin de complexe d'Oedipe". In: Freud, S. *La vie sexuelle. Op. cit.*
28. Lacan, J. "Fonction et champ de la parole et du langage en psychanalyse" (1953).
   In: Lacan, J. *Écrits*. Paris, Seuil, 1966.
29. Foucault, M. "A verdade e as formas jurídicas". *Op. cit.*
30. *Idem. La volonté de savoir. Op. cit.*
31. Freud, S. *Écrits techniques*. Paris, Presses Universitaires de France, 1972.
32. Foucault, M. *La volonté de savoir. Op. cit.*
33. *Idem. Histoire de la folie à l'âge classique. Op. cit.*
34. Lacan, J. "Le stade du miroir comme formateur de la fonction du Je" (1949). In:
   Lacan, J. *Écrits. Op. cit.*

A PSICANÁLISE NA BERLINDA?

num dispositivo disciplinar em muito se ampliou e se complexificou então, pela inserção desta numa série que teria na confissão religiosa o seu gesto fundador. As consequências disso para a psicanálise se tornaram mais incisivas, pois seus fundamentos foram colocados em questão. Portanto, a história moderna da sexualidade, com a incitação à tagarelice pelas disciplinas, teria sido o desdobramento histórico do dispositivo da confissão em outro contexto social, em que a preocupação do poder com a qualidade de vida da população teria se transformado numa questão política fundamental.[35] É o que se verá em seguida.

SEXUALIDADE, BIOPODER E BIO-HISTÓRIA

O que a modernidade constituiu foi não apenas outra concepção de *poder*, mas também outra concepção de *riqueza*, na qual plasmaria novas possibilidades de poder e engendraria outras condições de governabilidade. Com a modernidade, a riqueza das nações não estaria mais baseada apenas nos *recursos naturais*, mas principalmente na *qualidade de vida da população*. Portanto, produzir uma população saudável seria a condição para a constituição da riqueza de uma nação.[36]

Por isso, a modernidade forjou aquilo que Foucault denominou de *biopoder* e de *bio-história*,[37] pelas quais se produziria uma população qualificada. Seria por este viés que a *acumulação de capital* se realizaria, tendo no *capital humano* o seu ingrediente fundamental. Assim, a *medicalização do social* foi o eixo constitutivo da modernidade, pela qual a qualidade biológica da população foi engendrada. Assim, como medicina social e medicina clínica, o processo de medicalização se realizou, transformando a paisagem dos espaços urbano e rural com a finalidade estratégica voltada para a produção de outra composição populacional.

---

35. Foucault, M. *La volonté de savoir. Op. cit.*
36. *Ibidem.*
37. *Ibidem.*

SER JUSTO COM A PSICANÁLISE

O espaço social foi inteiramente cartografado pela oposição entre o *normal* e o *patológico*, reconstituído pelas normas da saúde e da doença. A normalização do social foi a marca da modernidade, que encontrou no campo da medicina o modelo antropológico para a construção das ciências humanas.[38] As diferentes práticas disciplinares encontraram aí o seu solo e o seu fundamento, que teve nas normas as suas condições concretas de possibilidade.

Pode-se depreender disso tudo a importância estratégica que a medicina sempre ocupou no pensamento de Foucault, desde os primórdios de sua obra, já que seria a partir dela que as práticas disciplinares se constituíram. A história da sexualidade na modernidade se fundaria nesta medicalização do social, nesta nova forma de concepção e de produção de riquezas, que se realizaria pelo biopoder e que seria a condição concreta de possibilidade para a constituição da bio-história.

Porém, isso ainda não é tudo, não no que concerne à psicanálise e à sexualidade. É preciso ainda indagar de que maneira a construção do biopoder e da bio-história, se inscreveu numa longa tradição moral do Ocidente, na qual o dispositivo da confissão estaria no ponto de sua inauguração histórica. Ou seja, é preciso ainda perguntar de que maneira os discursos da ética e da sexualidade se articulariam intimamente no pensamento de Foucault, de forma que o desejo pudesse se inscrever definitivamente entre as séries da culpa e da confissão no Ocidente.

CUIDADO E SABER DE SI

A leitura do ensaio tardio "Tecnologias de si"[39] nos possibilita desenredar alguns dos nós presentes na interpretação de Foucault sobre a modernidade, retirando algumas de suas opacidades. Pode-se caminhar, assim, na sua leitura do discurso ético, o que nos permite lançar outra

---

38. Foucault, M. *Naissance de la clinique. Op. cit.*
39. *Idem.* "Les techniques de soi-même" (1988). In: Foucault, M. *Dits et écrits.* Volume IV. Paris, Gallimard, 1994.

A PSICANÁLISE NA BERLINDA?

luz sobre a sua crítica da psicanálise. A problemática da sexualidade, inscrita entre os registros ético, político e científico, pode ser explicitada por outro viés e, com isso, pode ser mais bem precisada a posição crítica ocupada pela psicanálise no discurso filosófico de Foucault.

Como se sabe, este ensaio se debruça sobre uma última linha de pesquisa percorrida por Foucault, intitulada de *estética da existência*, que dominou o seu pensamento na *História da sexualidade*, principalmente nos volumes II e III, que trabalhavam respectivamente os mundos grego e romano.[40] As dimensões *ética, estética* e *política* da subjetividade foram colocadas em cena de maneira frontal, enunciando outra concepção de sujeito que interpela a que foi colocada pela psicanálise.

Antes de mais nada, enunciar a problemática de que existam tecnologias de si é formular ao mesmo tempo que a subjetividade não é algo da ordem do *originário*, mas da ordem da produção. A subjetividade seria o *produto* decorrente de *tecnologias*, sendo forjada assim de *fora para dentro*, numa perspectiva marcadamente antinaturalista e antipsicologista do sujeito. Este seria forjado por certos modelos éticos, inscritos na lógica da *polis*, de forma a serem historicamente construídos. Portanto, as diferentes formas de subjetividade, historicamente marcadas, estariam sempre referidas aos registros ético, estético e político.

A consequência mais importante disso é a crítica cerrada de uma ontologia do sujeito, pela qual este perde não apenas qualquer substancialidade, mas também qualquer consistência, se materializado como o efeito de tecnologias morais para a sua produção. É por isso que a problemática do sujeito se desloca para a problemática das suas *formas de subjetivação*,[41] na medida em que aquele não é da ordem da origem, mas efetivamente da produção.[42] Enuncia-se, assim, toda uma crítica da tradição da metafísica do sujeito, que acompanhou a obra de Foucault desde os seus primórdios, como ainda veremos adiante.

---

40. *Idem. L'usage des plaisirs.* Paris, Gallimard, 1984; *Idem. Le souci de soi.* Paris, Gallimard, 1984.
41. *Idem. La volonté de savoir. Op. cit.*
42. *Idem.* "La pensée du dehors". In: Foucault, M. *Dits et écrits.* Volume I. *Op. cit.*

SER JUSTO COM A PSICANÁLISE

De todo modo, Foucault retoma a categoria de *pensamento do fora* que forjou precocemente num comentário sobre a literatura de Blanchot nos anos 1960. Enunciar a existência de formas de subjetivação, em contraposição à categoria de sujeito, é assumir uma crítica a qualquer ontologia do sujeito que marcou profundamente a filosofia ocidental desde Descartes e conferir o devido destaque à categoria do pensamento do fora.

Considerando estes pressupostos teóricos, o ensaio de Foucault "Tecnologias do si" traz a sua tese central: a oposição entre duas modalidades de subjetivação, denominadas respectivamente de *cuidado de si* de *saber de si*. A primeira teria existido na Antiguidade de maneira marcante e a segunda teria se instituído na nossa tradição com o cristianismo.[43] Neste contexto, a ética fundada no cuidado teria sido substituída e desalojada da tradição do Ocidente pela ética do saber de si, que passou a pautar as formas de subjetivação.

Mesmo que o saber de si tenha surgido com a tradição socrática — com o imperativo de "conheça a si mesmo" —, tendo em Platão o seu maior ordenador no discurso filosófico, este imperativo ético não era dominante na Antiguidade. Nesta, a estética da existência e o imperativo do cuidado de si regulavam a relação da individualidade com o discurso do mestre. Constituía-se uma relação marcada pela horizontalidade, apesar da evidente diferença de posições entre as figuras do mestre e do discípulo, que seria fundante da *estética da existência*. Transformar a si mesmo num objeto de arte seria o imperativo maior do cuidado de si.

Porém, com o cristianismo, houve um deslocamento, refundando as bases do discurso ético no Ocidente. Nesta refundação a relação de discípulo com a figura do mestre se deslocou do eixo da *horizontalidade* para o da *verticalidade*. Assim, uma relação inscrita na imanência se transformou em outra, centrada agora na *transcendência*. A figura do mestre passou para o registro da invisibilidade, e a individualidade passou a se submeter à figura transcendente e invisível do mestre, su-

---

43. *Idem*. "Les techniques de soi-même" (1988). In: Foucault, M. *Dits et écrits*. Volume IV. Paris, Gallimard, 1994.

A PSICANÁLISE NA BERLINDA?

bordinada a este de maneira implacável e inescapável. A soberania do mestre seria a outra face de sua transcendência e invisibilidade frente ao indivíduo, derivações que seriam da relação entre ambos construída agora num eixo vertical.[44] Sendo assim, a *renúncia* se impunha no discurso ético, o divisor ético fundamental entre o cuidado e o saber de si.

Constituiu-se, assim, uma nova forma de subjetivação materializada pela *interioridade*, que se contraporia à existência de uma exterioridade. Portanto, a concepção do sujeito como interioridade seria a contrapartida do discurso do mestre refundado em bases teológicas, na qual este, como Deus, assumiria a posição da verticalidade, da invisibilidade e da transcendência.

Desse modo, o saber de si teria se enraizado no Ocidente como moral fundante da subjetividade. Além disso, seria também por este viés que o dispositivo da confissão teria se ordenado como estrutura constituinte do saber de si, pois a figura verticalizada do confessor poderia absolver o indivíduo de seus pecados e impurezas corpóreas, referido que aquele estava à transcendência de Deus.[45] Enfim, a renúncia seria o imperativo categórico enunciado pela ética do saber de si.

Suponho que Foucault enuncia então como a tradição Ocidental constituiu, com o cristianismo, as condições concretas de possibilidade da *filosofia do sujeito* e que esta seria o desdobramento da ética socrá-tico-platônica fundada no saber de si. O dispositivo da confissão seria a contrapartida religiosa da construção metafísica do sujeito e da ética do saber de si. Nesses termos, de Descartes a Hegel, pela mediação de Kant, a filosofia ocidental foi a teorização da interioridade constituída pelo saber de si, que afirma que o signo maior da ordem do pensamento é a reflexão. Assim, do "penso, logo sou" de Descartes,[46] passando pelo imperativo categórico de Kant[47] e chegando ao espírito absoluto

---

44. *Ibidem.*
45. *Ibidem.*
46. Descartes, R. "Méditations métaphysiques. Objections et réponses". In: Descartes, R. *Oeuvre et Lettres de Descartes.* Paris, Gallimard (Plêiade), 1949.
47. Kant, E. *La critique de la raison pratique.* Paris, Presses Universitaires de France, 1943.

SER JUSTO COM A PSICANÁLISE

de Hegel,[48] a filosofia do sujeito foi a teorização sistemática da ética fundada no saber de si.

A filosofia do sujeito é o Outro sempre visado no pensamento de Foucault, que da arqueologia do saber e da genealogia do poder conflui para a estética da existência no final de seu percurso. É sempre esta concepção que está no alvo de sua desconstrução filosófica, desde os primórdios de sua pesquisa. Num pensamento sempre fundado na atualidade, maneira de ler a indagação de Kant sobre o que é o Iluminismo,[49] Foucault construiu as suas pesquisas se centrando sobre problemáticas políticas cruciais no seu contexto histórico: a psiquiatria,[50] a medicina,[51] a prisão[52] e o sexo.[53] Ao lado disso, no entanto, indicava o que era inabordável e inapreensível pelas categorias da filosofia do sujeito: a loucura, a morte, o crime e a sexualidade.

Por este viés pode-se melhor aquilatar a crítica de Foucault da psicanálise e reconhecer devidamente as posições e lugares ocupados pelo discurso psicanalítico em sua estratégia crítica, assim como as variações de suas críticas. É o que se verá a seguir de forma sucinta.

SUJEITO E FORMAS DE SUBJETIVAÇÃO

O interesse de Foucault pela literatura no início de seu percurso teórico se deve à problemática teórica que indiquei anteriormente. Ele reconhecia naquela um laboratório de produção filosófica que se distanciava bastante e radicalmente da prática exegética da tradição metafísica, na qual esta se identificava com a história da filosofia e tinha na filoso-

---

48. Hegel, G.W.F. *Phénoménologie de l'esprit* (1807). Volumes I e III. Paris, Aubier, 1941.
49. Foucault, M. "Qu'est-ce que les Lumières?" (1984). In: Foucault, M. *Dits et écrits*. Volume IV. *Op. cit.*
50. *Idem. Histoire de la folie à l'âge classique. Op. cit.*
51. *Idem. Naissance de la clinique. Op. cit.*
52. *Idem. Surveiller et punir. Op. cit.*
53. *Idem. La volonté de savoir. Op. cit.*

A PSICANÁLISE NA BERLINDA?

fia do sujeito o seu referencial maior. Empreender a ruptura com esta tradição implicava em reconhecer outras modalidades de existência do pensamento que se afastassem e até mesmo se opusessem a estes cânones teóricos. Foi nestes termos que Hölderlin,[54] Raymond Russel,[55] Blanchot[56] e o novo romance francês[57] seduziram Foucault, porque indicavam outras possibilidades de pensar que materializavam em ato o seu projeto filosófico.

Da mesma forma, a categoria de pensamento do fora[58] foi destacada por Foucault como contrapartida das categorias de interioridade e de saber de si, evidenciando uma dimensão trágica da subjetividade que foi silenciada pela filosofia do sujeito. Nesta, a categoria de razão foi inscrita no registro da interioridade desde Descartes e referida ao verbo divino em oposição à exterioridade. Romper a relação de oposição tensa entre interioridade e exterioridade, na qual se funda a razão moderna em sintonia com o *logos* de Deus, seria se perder no inumano e na desrazão, registro por excelência da loucura no Ocidente desde o século XVII.

Não foi por acaso que a pesquisa inaugural de Foucault se realizou no campo da loucura, no qual procurou indicar como a instauração histórica da filosofia do sujeito com Descartes se realizou, tendo na loucura como desrazão o seu Outro.[59] É neste registro que as aproximações efêmeras e as críticas frequentes de Foucault à psicanálise podem ser compreendidas. Este é o espaço teórico legítimo deste confronto, no qual as críticas de Foucault à psicanálise podem ser ao mesmo tempo consistentes e densas. Sempre que Foucault vislumbrava na psicanálise a presença do pensamento do fora, ela poderia se inscrever no seu projeto filosófico e ser objeto efetivo de reconhecimento. Em

---

54. *Idem.* "Le 'non' du père" (1962). In: Foucault, M. *Dits et écrits.* Volume I. *Op. cit.*
55. *Idem.* M. *Raymond Russel.* Paris, Gallimard, 1963.
56. *Idem.* "La pensée du dehors" (1963). In: Foucault, M. *Dits et écrits.* Volume I. *Op. cit.*
57. *Idem.* "Distance, aspect, origine" (1963). *Idem.*
58. *Idem.* "La pensée du dehors". *Op. cit.*
59. *Idem. Histoire de la folie à l'âge classique. Op. cit.*

SER JUSTO COM A PSICANÁLISE

contrapartida, sempre que a psicanálise se aproximava das figuras da filosofia do sujeito, incorporando as categorias ou as problemáticas dessa, a ela será radicalmente repelida, se inscrevendo em outro campo, oponente de seu projeto filosófico. A filosofia do sujeito e o pensamento do fora seriam as fronteiras que decidiriam o território do confronto de Foucault com a psicanálise, sendo, pois, os divisores de água deste debate.

Assim, na *História da loucura*, a psicanálise foi inscrita por Foucault na tradição psiquiátrica como participante do processo que transformou a loucura em enfermidade mental. Isso porque psiquiatria e psicanálise inseriram a loucura na tradição crítica sobre esta, iniciada no século XVII, de maneira a concebê-la como forma de desrazão.[60] Como decorrência disso, a loucura deixou de ser uma possibilidade de o sujeito dizer a verdade, como teria se passado na *tradição trágica* na qual aquela podia ainda dizer algo sobre o ser e o mundo. Esta concepção ficou restrita aos loucos geniais que, por meio da *literatura*, da *dramaturgia*, da *poesia*, da *pintura* e da *filosofia*, continuaram a dizer algo. Este foi o caso de Hölderlin, Artaud, Strindberg, Bosch, Goya e Nietzsche,[61] que deram um destino criativo para a experiência da loucura em vez de sucumbirem na psiquiatrização da existência.

Nestes termos, Foucault aproximou o *dispositivo do tratamento moral* do *dispositivo da experiência psicanalítica*, porque em ambos existiria a presença da pedagogia da desrazão centrada na especularidade. Pela mediação desta pedagogia, a desrazão seria transformada em razão, processando-se a cura da doença mental. Com isso, Foucault funda a experiência da transferência no tratamento moral, estabelecendo uma relação arqueológica entre ambas. Freud é visado diretamente nesta crítica, uma vez que, para ele, existiria a correção das marcas psíquicas na transferência.[62] Além disso, Lacan também foi visado de maneira frontal, já que não é fortuita a referência à experiência da correção pelo

---

60. *Ibidem.*
61. *Ibidem.*
62. Freud, S. *Écrits techniques. Op. cit.*

A PSICANÁLISE NA BERLINDA?

espelho no tratamento moral e a presença do conceito lacaniano de estádio do espelho na psicanálise.[63] Portanto, Foucault estaria sugerindo que a dita estrutura constitutiva do eu humano, enunciada de maneira atemporal por Lacan, não passaria de uma derivação historicamente construída do dispositivo do tratamento moral que estaria no cerne do dispositivo psicanalítico.

A especularidade retorna como objeto da crítica da psicanálise na figura do panóptico de Bentham como estrutura fundamental do olhar, pelo qual se exercem a violência e o controle fundamental da subjetividade na modernidade. Assim, em *Vigiar e punir* a visibilidade produzida pelo panóptico seria novamente uma construção histórica de regulação subjetiva,[64] não tendo absolutamente a marca atemporal de ser constituinte do sujeito enquanto tal, como no estádio do espelho formulado por Lacan.

A concepção da lei como fundante do desejo, enunciada por Lacan para formular a estrutura edipiana, foi criticada por Foucault a partir do lugar que se atribuiria à soberania e à figura de Deus, porque estaria no fundamento do poder do rei.[65] Com isso, o espaço da interioridade se fundaria na transcendência da lei e do soberano, variantes do registro da razão.

No entanto, quando Foucault vislumbra que a tradição trágica sobre a loucura foi retomada pela psicanálise, esta se inscreve e se aproxima do seu projeto filosófico. Isso estaria em causa na pregnância assumida pelo conceito de inconsciente destacado na psicanálise[66] e na antropologia social com Lévi-Strauss,[67] pela valorização atribuída por Foucault ao lugar desse conceito na epistemologia moderna. Foucault destaca a dimensão do descentramento do psiquismo do eu e da consciência, indi-

---

63. Lacan, J. "Le stade du miroir comme formateur de la fonction e Je". In: Lacan, J. *Écrits. Op. cit.*
64. Foucault, M. *Surveiller et punir. Op. cit.*
65. *Idem. La volonté de savoir. Op. cit.*
66. Freud, S. "L'inconscient". In: Freud, S. *Métapsychologie* (1915). *Op. cit.*
67. Lévi-Srauss, C. *As estruturas elementares do parentesco* (1949). Petrópolis, Vozes, 1976.

SER JUSTO COM A PSICANÁLISE

cando a ruptura empreendida por Freud com a tradição da filosofia do sujeito. O autor também confere destaque à psicanálise pela invenção da hermenêutica, que remeteria ainda ao descentramento, no ensaio "Nietzsche, Freud, Marx".[68] Além disso, *O que é um autor?* enuncia alguns conceitos para a epistemologia da psicanálise, como o de *discursividade*, no qual a problemática do descentramento é também crucial.

Contudo, a presença de rastros e de signos para a restauração da filosofia do sujeito na psicanálise novamente conduz Foucault para uma crítica sistemática. Sempre a ética do saber de si é fustigada em nome de outra ética, centrada no cuidado de si e da estética da existência. No que concerne a isso, Foucault visa tanto a Freud quanto a Lacan. Porém, sua atenção é muito maior no que diz respeito a Lacan, justamente porque neste teria existido um trabalho sistemático para a incorporação das categorias do sujeito na psicanálise, como no enunciado da existência do *sujeito do inconsciente*.[69] Além disso, porque Lacan se vale de maneira avassaladora de referências fundamentais da filosofia do sujeito no seu trabalho teórico, como é o caso da pregnância de Hegel na sua pesquisa, que se evidencia na releitura do conceito freudiano de transferência pela dialética do senhor e do escravo[70] e na assunção positiva do conceito de alienação.[71]

Portanto, para retomar hoje o diálogo crítico entre o projeto filosófico de Foucault e a psicanálise, será necessário definir bem os seus termos e as suas problemáticas, que encontram nas tradições da filosofia do sujeito e da ética do saber de si os seus eixos privilegiados. Não estarão em questão apenas as categorias do sujeito, mas a de verdade, porque a leitura do descentramento do sujeito e o enunciado do conceito de inconsciente[72] se desdobram inevitavelmente na perda de qualquer consistência ontológica do sujeito. Com esta perda, não se poderia mais falar rigorosamente na existência deste, mas apenas de formas de

---

68. Foucault, M. "Nietzsche, Freud, Marx". In: Foucault, M. *Nietzsche. Op. cit.*
69. *Idem.* "Qu'est-ce qu'un auteur?". *Litoral*, n. 9. *Op. cit.*
70. Lacan, J. "L'agressivité en psychanalyse" (1949). In: Lacan, J. *Écrits. Op. cit.*
71. *Idem. Les quatre concepts fondamentaux de la psychanalyse.* Paris, Seuil, 1973.
72. Freud, S. "L'inconscient". In: Freud, S. *Métapsychologie. Op. cit.*

A PSICANÁLISE NA BERLINDA?

subjetivação[73] que, por sua vez, seriam reguladas por *jogos de verdade*,[74] inscritas em tecnologias de si e nos campos diversos da microfísica do poder. Por isso, as verdades se inscrevem num *campo arbitrário* de regras que as regulam enquanto *jogos*, que se produzem e se reproduzem em dispositivos que as agenciam em disciplinas. Enfim, seria a microfísica do poder que estabeleceria as linhas de força nos interstícios das quais se ordenam os jogos de verdades regulados pelo saber.

---

73. Foucault, M. *La volonté de savoir. Op. cit.*
74. *Idem*. "Les techniques de soi-même". In: Foucault, M. *Dits et écrits*. Volume IV. *Op. cit.*

4. Governabilidade, política e guerra

GUERRAS ATUAIS E DISPOSITIVOS DE SEGURANÇA

Com a dissolução da União Soviética, o fim da Guerra Fria e a queda do Muro de Berlim, durante certo tempo, pensou-se no Ocidente que um novo limiar civilizatório havia sido atingido. Nele, não existiriam mais guerras e o mercado se expandiria ao infinito, de forma que as trocas comerciais e financeiras seriam moduladores das relações entre as nações. Em 1990, com os Acordos de Washington, a nova ordem mundial estaria consolidada pela conjunção entre o neoliberalismo e os novos patamares do processo de mundialização. Vale dizer, o percurso político urdido por Thatcher, na Inglaterra, e Reagan, nos Estados Unidos, desde o final dos anos 1970, parecia ter encontrado o seu campo triunfante de chegada e outro alicerce para o seu relançamento em nível global.

Foi nesse contexto histórico que alguns teóricos na esteira de Hegel, como Fukuyama,[1] prognosticaram de maneira eloquente o advento do *fim da história*. O que implicava em enunciar que a expansão do mercado, em escala planetária, seria a marca insofismável dos novos tempos a ser gerida pelos Estados Unidos, em aliança íntima com as grandes potências. Contudo, em 1991 ocorreu a eclosão da primeira guerra contra o Iraque, em que Saddam Hussein foi derrotado por uma frente internacional liderada pelos Estados Unidos e pelas potências europeias, contudo, o regime foi poupado. Em 2001, a explosão das Torres Gêmeas, em Nova York, por Bin Laden, inaugurou a guerra do

---

1. Fukuyama, F. *O fim da história e o último homem*. Rio de Janeiro, Rocco, 1992.

SER JUSTO COM A PSICANÁLISE

paramilitarismo islâmico contra o Ocidente, havendo retaliação norte-
-americana contra o Afeganistão e o Iraque, respectivamente. Em nome
da busca por armas químicas e nucleares no Iraque, nunca comprova-
das, os Estados Unidos finalmente derrubaram o regime dirigido por
Saddam Husseim num banho de sangue calculado em mais de cem mil
mortos, majoritariamente civis. A intervenção norte-americana poten-
cializou o conflito anterior existente entre os xiitas e os sunitas no Iraque e em todo o Oriente Médio, que perdura ainda até hoje, e também
intensificou o antigo confronto entre israelenses e palestinos, atingindo
também as populações civis em larga escala, principalmente do lado pa-
lestino. Esse conjunto de remanejamentos políticos regionais, catalisado
pela ação militar das grandes potências, levou à Primavera Árabe, que
terminou de maneira trágica no Egito e em outros países do Oriente
Médio, tendo apenas na Tunísia um saldo político positivo, com a derrocada da ditadura. Ao lado disso, a derrubada e o assassinato de Kadafi
na Líbia transformou este país numa arena sangrenta, de forma que a
destruição do Estado líbio se deu pela intervenção militar do Ocidente,
que num festim canibal dividiu em seguida as fontes de petróleo do país
destroçado.

Foi no bojo destas reconfigurações regionais que eclodiu posteriormente a guerra da Síria, com o objetivo de derrubar Assad, que dura já
alguns anos. O Estado Islâmico e o seu projeto político de constituição
do Califado foi a resultante direta ou indireta da intervenção militar
ocidental no Oriente Médio, uma vez que a revanche sunita sobre os
xiitas se aglutinou em torno do Estado Islâmico, em contrapartida à
invasão do Iraque.

A resultante de tudo isso no Ocidente foram as fraturas produzidas nos princípios fundamentais da democracia e da soberania política,
realizadas em nome da *segurança*. Os cidadãos dos países ocidentais, a
começar pelos Estados Unidos, passaram a ser vigiados na sua existência
privada, e as manifestações coletivas foram também interditadas, sempre em nome da segurança e do imperativo de prevenir o *terrorismo*.
O dispositivo de segurança norte-americano também passou a vigiar os
países aliados, colocando a soberania nacional deles em questão. En-

fim, a manutenção da guerra contra o terrorismo no *front* militar se conjugou com os dispositivos securitários, o que colocou em questão o estatuto político da democracia e da República, em escala internacional.

Os devastadores ataques terroristas em Paris, em novembro de 2015, assim como o ataque ao jornal *Charlie Hebdo*, em janeiro de 2015, atualizaram tragicamente o lance de dados do confronto entre o Ocidente e o Oriente, no registro agora dos valores, pois o que estava em pauta naquele eram as práticas da luxúria, por um lado, e a ausência da censura, pelo outro.

Portanto, a guerra se generalizou, não se restringindo mais à Ásia, à África e ao Oriente Médio, se disseminando também na Europa e nos Estados Unidos, e também as populações civis são o alvo. Ao lado disso, os dispositivos de segurança se disseminaram ao infinito, não existindo quaisquer limites para a vigilância dos cidadãos no nosso horizonte atual.

Tudo isso indica, entretanto, que estamos muito distantes daquilo que se prognosticou com o fim da Guerra Fria e a queda do Muro de Berlim, de forma que a tese do fim da história se evidenciou como uma balela.[2] Desde então nos inserimos num novo limiar de *historicidade*, no qual as guerras são relançadas e moduladas pela imposição do *choque de civilizações*, como nos disse Huntington,[3] nos anos 1990.

Além disso, também se evidencia que estamos bastante afastados da tese formulada por Kant sobre a *paz perpétua*, que este acreditava ser a modernidade uma das resultantes do *Iluminismo*. Com efeito, o domínio irrestrito da *razão* e a disseminação correlata do *discurso da ciência* poderiam ser a condição de possibilidade para a paz perpétua, assim como para o fim das guerras entre as nações, pois tais indicadores apontariam a inscrição do homem na *maioridade da razão*.[4]

---

2. *Ibidem.*
3. Huntington, S.P. *O choque de civilizações e a recomposição da ordem mundial*. Rio de Janeiro, Objetiva, 1997.
4. Kant, E. "Vers la paix perpétuelle". In: Kant, E. *Vers la paix* perpétuelle. Que signifie s"orienter dans la pensée? *Qu"est-ce que les lumières?* Paris, Flammarion, 1991.

SER JUSTO COM A PSICANÁLISE

Sabe-se que Freud, diferentemente de Einstein,[5] não acreditava na paz perpétua no final do seu percurso teórico, embora tenha afirmado ser um pacifista como este no texto "Por que a guerra?", publicado em 1933, oriundo de uma troca de correspondência com Einstein promovida pela Sociedade das Nações sobre a questão da guerra.[6] Contudo, no início de seu percurso teórico, Freud acreditava na possibilidade da paz perpétua, mas modificou radicalmente a sua leitura sobre a guerra e suas intrincadas relações com a paz, após a eclosão da Primeira Guerra Mundial.

Por que Freud virou de ponta-cabeça a sua leitura sobre a guerra?

PAZ IMPOSSÍVEL

Na concepção de Freud, no seu pequeno ensaio sobre a guerra, as relações conflitivas estabelecidas entre os diferentes registros do *direito*, da *violência* e do *poder* modularam a história da humanidade e foram constitutivas da própria civilização, pois implicavam nos limites impostos à força e na ampliação correlata do domínio dos direitos.[7] Tal processo resultou na constituição de um espaço social norteado pela maioria que poderia se proteger do uso arbitrário da força promovido por alguém ou por uma minoria que quisesse a todos dominar.[8] Esta proteção supunha a presença de *laços sociais* estabelecidos entre os sujeitos, laços esses regulados por *identificações*.[9]

Contudo, a configuração do campo dos direitos não acarretaria no imperativo da força, não concordando Freud em relação a isso com

---

5. Einstein, A. "Why war?" (1932). In: Freud, S. *The Standard Edition of the Complete psychological works of Sigmund Freud*. Volume XXII. Londres, Hogarth Press, 1961. pp. 199-202.
6. Freud, S. "Pourquoi la guerre?" (1933). In. Freud. S. *Résultats, idées, problèmes*. Volume II. Paris, Presses Universitaires de France, 1985, pp. 203-215.
7. *Ibidem*, pp. 204-208.
8. *Ibidem*.
9. Benjamin, W. "Critique de la violence" (1921). In: Benjamin, W. *Oeuvres*. Volume I. Paris, Gallimard (Folio), 2000, pp. 209-243.

GOVERNABILIDADE, POLÍTICA E GUERRA

Benjamin, que no ensaio intitulado "Crítica da violência"[10] sustentava que o direito supunha o exercício da violência e da dominação.

Não obstante estas formulações genéricas de Freud, a *problemática*,[11] tecida pela declinação entre a força e a violência no *sujeito*, o constituiria e mesmo o fundaria, de forma que não seria passível de ser erradicada por ações preventivas, como sugeriu Einstein.[12] Constituído pela *conjunção* e a *disjunção* estabelecidas entre a *pulsão de vida* e a *pulsão de morte*,[13] o sujeito estaria marcado por esta polarização de maneira insistente. É claro que os registros pulsionais se conjugariam em múltiplas circunstâncias da existência,[14] de forma que a ação silenciosa e não regulada da pulsão de morte pela pulsão de vida[15] seria inquietante, o que implicaria num perigo real para o sujeito. Assim, o imperativo da *autoconservação* do sujeito demandaria a colaboração ativa da *agressividade*, sem a qual a autoconservação estaria na condição de risco.[16]

Foi, portanto, pela argumentação centrada no dualismo pulsional entre Eros e Tanatos que Freud contestou o imperativo preventivo de Einstein (que acreditava na possibilidade da paz perpétua) em relação à guerra. No que tange a isso, é preciso evocar como Freud interpelou Einstein de maneira decisiva: "Por que nos revoltamos tanto contra a guerra, você, eu e tantos outros, por que não a aceitamos como tal, entre as numerosas necessidades possíveis da vida? Ela parece, no entanto, conforme a natureza, biologicamente bem fundada, praticamente inevitável."[17] Diante da formulação de algo que seria inesperado para Einstein, Freud acrescenta de forma peremptória: "Não fique assustado pela minha interrogação."[18]

---

10. *Ibidem.*
11. Foucault, M. *Dits et écrits*. Volume IV. Paris, Gallimard, 1994; Deleuze, G., Guattari, F. *Mille Plateaux:* Capitalisme et schizophrenie 2 (1980). Capítulo 10. Paris, Minuit.
12. Einstein, A. "Why war?" *Op. cit.*, pp. 199-202.
13. Freud, S. "Pourquoi la guerre?". *Op. cit.*, pp. 203-215.
14. *Ibidem.*
15. *Ibidem.*
16. *Ibidem.*
17. *Ibidem*, p. 213.
18. *Ibidem*, p. 213.

SER JUSTO COM A PSICANÁLISE

Foi pela consideração teórica de seu último dualismo pulsional que Freud criticou a possibilidade de prevenção da guerra e o projeto da paz perpétua. Para que estas fossem possíveis, seria preciso que idealmente os homens submetessem as suas pulsões à "ditadura da razão".[19] Porém, o intento teria um *efeito paradoxal*, pois implicaria que tais homens não apenas seriam ideais, como também teriam que renunciar "aos seus laços afetivos mútuos",[20] o que estaria no limite do impossível para eles. Portanto, este projeto seria insustentável, pois implicaria numa "esperança utópica", como pontuou Freud de forma conclusiva e convincente.

Freud afirmou que a polarização pulsional seria constitutiva da vida, de forma que interditar a violência pela "ditadura da razão"[21] colocaria a vida em risco. Assim, a existência da pulsão de morte em estado livre e sem intrincação com a pulsão de vida seria complicada, pois isso resultaria na *destrutividade* humana.[22] Em "O eu e o isso", Freud apontou como tal desintrincação pulsional promoveria a transformação do *supereu* num caldo de cultura da pulsão de morte, evidenciando-se isso na severidade do supereu, presente de forma ostensiva na melancolia e na neurose obsessiva.[23]

A formulação desse novo dualismo pulsional no discurso freudiano ocorreu em 1920, com a publicação de "Além do princípio do prazer".[24] Porém, no ensaio de 1937, "Análise com fim e análise sem fim", Freud afirmou que uma parte significativa da comunidade psicanalítica não o acompanhou na formulação da existência da pulsão de morte.[25] Seria em decorrência da não aceitação da teoria da pulsão de morte que, no

---

19. *Ibidem.*
20. *Ibidem.*
21. *Ibidem.*
22. *Ibidem*, pp. 208-213.
23. Freud, S. "Le moi et le ça" (1923). In: Freud, S. *Essais de psychanalyse*. Paris, Payot, 1981, pp. 253-262.
24. Freud, S. "Au-delà du principe du plaisir" (1920) In: Freud, S. *Essais de psychanalyse. Op. cit.*, pp. 41-116.
25. Glover, E.; Fenichel, O.; Strachey, J.; Bergler, E.; Nunberg, H.; Bibring, E. "Symposium on the theory of the therapeutic results of psychoanalysis". In: *International Journal of Psycho-analysis*. Volume XVIII, Partes 2 e 3. Londres, 1937.

GOVERNABILIDADE, POLÍTICA E GUERRA

Congresso Internacional de Psicanálise realizado em 1936, em Marienbad (França), os psicanalistas se indagavam ainda sobre os critérios de cura na psicanálise, em vez de se perguntarem o que faria obstáculo à cura no aparelho psíquico, cuja resposta seria o trabalho silencioso da pulsão de morte.[26] Enfim, para Freud, o que promoveria a cura na psicanálise estava já delineado desde a constituição desta, a saber, os laços eróticos estabelecidos pelo analisante na transferência.[27]

No ensaio intitulado "O problema econômico do masoquismo", publicado em 1924, Freud não apenas enunciou que o novo dualismo pulsional seria originário no aparelho psíquico, como também formulou que a *expulsão* da pulsão de morte pela pulsão de vida seria ao mesmo tempo a condição da vida e o que constituiria a *pulsão de destruição*.[28] Ou seja, o estabelecimento da vida no psiquismo apenas seria possível pela promoção da pulsão da destruição, como o seu correlato, pelo *ato da expulsão*. Além disso, como a expulsão deixaria ainda um *resto* de pulsão de morte no psiquismo, seria este resto a condição de possibilidade para a constituição neste das diferentes modalidades de *masoquismo* (*erógeno, moral e feminino*), assim como da *consciência moral* (*supereu*).[29]

Em outras palavras, em nome do imperativo da autoconservação, a pulsão de vida expulsaria parte da pulsão de morte para o exterior do psiquismo como pulsão de destruição, delineando o paradoxo constitutivo do sujeito, entre a vida e a morte. Por isso, a guerra seria inevitável, pois se trataria de uma derivação da pulsão de destruição, de forma que o ideário da paz perpétua estaria no limite do impossível.

A nova teoria de Freud sobre o *mal-estar* se fundou igualmente na problematização que empreendeu do novo dualismo pulsional. O mal-estar seria decorrente da polaridade estabelecida entre as pulsões de vida e de morte, de forma que paradoxalmente a condição concreta

---

26. Freud, S. "Analyse avec fin et analyse sans fin" (1938). In: Freud, S. *Résultats, idées, problèmes*. Volume II. Paris, Presses Universitaires de France, 1985, pp. 263-264.
27. *Ibidem*, p. 236.
28. Freud, S. "Le problème économique du masochisme" (1924). In: Freud, S. *Névrose, psychose et perversion*. Paris, Presses Universitaires de France, 1973, pp. 287-297.
29. *Ibidem*.

SER JUSTO COM A PSICANÁLISE

de possibilidade da vida seria a expulsão da pulsão de morte pela pulsão de vida para fora do psiquismo, tendo como consequência a produção da pulsão de destruição, por um lado, e o resto de pulsão de morte — que permaneceria no aparelho psíquico — seria a fonte das diversas modalidades de masoquismo e da consciência moral, pelo outro.[30]

Ainda em decorrência disso, Freud, em "Análise com fim e análise sem fim", pôde enunciar que existiriam três *práticas sociais impossíveis: educar, governar* e *psicanalisar*, justamente porque não seria possível *disciplinar* as pulsões no sujeito. Esta formulação é coerente com o novo dualismo pulsional e a nova teorização do mal-estar, de forma que o projeto da paz perpétua seria então da ordem do impossível.[31]

Em conjunção estreita com tudo isso, Freud retomou Schopenhauer em 1921, no ensaio "Psicologia das massas e análise do eu", afirmando que os sujeitos são como porcos-espinhos, de forma que deveriam manter entre si certa distância, pois, se ficassem muito próximos, certamente se repeliriam, com agressividade.[32]

Foi ainda neste contexto teórico que Freud formulou a tese fundamental de que, na modernidade avançada, existiria o que denominou de *narcisismo das pequenas diferenças*, pelo qual não apenas os indivíduos, mas também os diversos segmentos sociais, as etnias e as classes sociais, estabeleceriam entre si *relações agonísticas* marcadas pela violência e que por isso mesmo se contraporiam de maneira agressiva. Ou seja, na modernidade avançada, nos registros individual e coletivo, existiria a impossibilidade dos sujeitos e das comunidades de suportarem a *diferença* do *outro*, sem se repelirem com violência. Portanto, a figura do Outro foi transformada na do *adversário* e na do *inimigo*, e, assim, a *diferença* se transformou em algo impossível. Contudo, foi pelo estatuto de igualdade e do reconhecimento correlato da diferença existente entre os indivíduos que a democracia, a sociedade civil e a sociedade po-

---

30. Freud, S. *Malaise dans la civilisation* (1930). Paris, Presses Universitaires de France, 1970.
31. *Idem.* "Analyse avec fin et analyse sans fin". *Op. cit.*, pp. 263-264.
32. *Idem.* "Psychologie des foules et analyse du moi" (1921). In: Freud, S. *Essais de psychanalyse.* Paris, Payot, 1981, pp. 117-214.

GOVERNABILIDADE, POLÍTICA E GUERRA

lítica foram estabelecidas com a emergência histórica da modernidade, com o advento da Revolução Francesa e do Iluminismo.

Tudo isso evidencia, no discurso freudiano tardio, como a prevenção da guerra e o seu correlato, o ideário kantiano da paz perpétua, se tornaram algo da ordem do impossível, em consequência do pressuposto teórico do novo dualismo pulsional, estabelecido naquele discurso desde o ensaio "Além do princípio do prazer".[33]

CULPA, PIEDADE E INTERDITO DE MATAR

Em contrapartida, é preciso destacar que anteriormente o discurso freudiano supunha a possibilidade de prevenção da guerra e o ideário da paz perpétua, pois o *interdito de matar* era considerado um enunciado *universal*. Contudo, a eclosão da Primeira Guerra Mundial levou Freud a questioná-lo de forma radical.

Assim, estas possibilidades teóricas foram sistematizadas e condensadas no discurso freudiano no ensaio intitulado *Totem e tabu*,[34] no qual foram descritos o *mito* constitutivo do *sujeito* e da *sociedade* num tempo *originário* da humanidade. Por este mito os filhos se rebelariam contra o pai originário, que pretendia ter a posse absoluta do gozo e das mulheres, matando qualquer filho que ousasse desafiá-lo, pois tinha uma força física superior à dos rivais. Contudo, fracos individualmente, os filhos decidiram associar as suas parcas forças contra o pai onipotente, tornando-se, em conjunto, mais fortes a ponto de matá-lo de forma impiedosa.[35]

A morte do pai originário produziu a culpa entre os filhos, conduzindo-os à constituição do *totem* como símbolo evocador da *filiação* ao pai assassinado, assim como a *ritualização* regular da morte dele não apenas como rememoração do assassinato originário, mas também para

---

33. *Idem.* "Au-delà du principe du plaisir" (1920). *Op. cit.*, p. 41-116.
34. *Idem. Totem et tabou* (1913). Paris, Payot, 1975.
35. *Ibidem*, Capítulo 4.

SER JUSTO COM A PSICANÁLISE

consolidar os laços sociais entre os irmãos.[36] Ao lado disso, foi estabelecido o imperativo de morte para qualquer um que pretendesse ocupar
a posição arbitrária do pai e quisesse restaurar a hierarquia. Constituiu-
-se, assim, o sujeito e a sociedade, pela mediação do imperativo da
igualdade dos sujeitos, pela interdição de matar e pela culpa em relação
ao *pai morto*.[37]

Pode-se depreender desta narrativa mítica de Freud a constituição
da sociedade moderna, caracterizada pela democracia e pelo ideário re-
publicano, pelos quais todos seriam iguais diante da lei e não existiria
qualquer *hierarquia ontológica* entre os indivíduos, pois estes estabeleceriam relações fraternas. Portanto, o assassinato do pai da horda primitiva delinearia a passagem da pré-modernidade para a modernidade
pela dissolução do *poder soberano*,[38] tal como ocorreu com a Revolução
Francesa.

Na leitura proposta por Freud se instituiu o interdito de matar em
correlação estrita com o reconhecimento simbólico da inexistência de
qualquer hierarquia de poder entre os indivíduos/cidadãos. Porém, o
desejo de matar presente inconscientemente no sujeito seria regulado
pela *culpa*, que seria um operador ético bem mais eficaz do que a força
física e a violência.

Parece-me que com este ensaio Freud estava orientado pelo pressuposto da paz perpétua, em decorrência do longo período de paz que se
instituiu na Europa após as guerras napoleônicas e o Acordo de Viena,
em 1815, promovido pelas potências europeias. O arbítrio do poder
imperial foi politicamente regulado na Europa e com isso o pressuposto
da paz perpétua parecia factível, até a eclosão inesperada e sangrenta da
Primeira Guerra Mundial.

No entanto, para fundamentar metapsicologicamente o interdito de
matar, em 1905, nos "Três ensaios sobre a teoria da sexualidade", o dis-

---

36. *Ibidem.*
37. *Ibidem.*
38. Foucault, M. *Surveiller et punir*. Paris, Gallimard, 1974.

GOVERNABILIDADE, POLÍTICA E GUERRA

curso freudiano delineou os destinos da *pulsão de domínio*.[39] De acordo com esses ensaios, o movimento originário do infante seria o de se apossar sofregamente do objeto de satisfação, mas tal posse implicaria em ferir o dito objeto, de forma que, no retorno da pulsão de domínio sobre o próprio sujeito, a culpa se produziria em consequência do dano promovido ao objeto.[40] Por isso o sujeito do inconsciente seria infalivelmente marcado pelo *masoquismo*, assim, o *sadismo* seria *originário* e o *masoquismo* seria *secundário*, em decorrência da culpa.[41]

Contudo, a formulação metapsicológica de Freud sobre a pulsão de domínio e a relação entre o sadismo (primário) e o masoquismo (secundário) mediada pela culpa é *similar* à formulação teórica de Rousseau, no ensaio intitulado "Discurso sobre a origem e os fundamentos da desigualdade entre os homens",[42] no qual afirma que a passagem do *estado da natureza* para a *ordem social* seria regulada pela *piedade*. Vale dizer, os indivíduos em confronto no estado de natureza abririam mão da violência e estabeleceriam o *pacto social* pela emergência da experiência da piedade, isto é, para suspender a dor e a morte dos opositores, a piedade seria o operador ético fundamental.[43] Existe, portanto, a similaridade teórica entre a metapsicologia freudiana inicial da violência, regulada pela culpa, e a antropologia filosófica e a filosofia política de Rousseau, que concebia a posição estratégica da piedade para pensar na passagem do estado da natureza para o pacto social.[44]

Os arquivos da história da filosofia evidenciam que a física de Newton foi a referência maior de Kant para pensar a constituição do discurso da ciência na *Crítica da razão pura*,[45] e a filosofia política de Rousseau foi

---

39. Freud, S. *Trois essais sur la théorie de la sexualité*. Primeiro ensaio. Paris, Gallimard, 1962.
40. *Ibidem*.
41. *Ibidem*.
42. Rousseau, J.J. *Discours sur l'origine et les fóndements de l'inégalité parmi les hommes*. Paris, Aubier Montaigne, 1971.
43. *Ibidem*.
44. Ernst-Cassirer. *Rousseau-Kant-Goethe*. Princeton, Princeton University Press, 1970.
45. Kant, E. *Critique de la raison pure* (1781). Paris, Presses Universitaires de France, 1971.

SER JUSTO COM A PSICANÁLISE

crucial para as reflexões de Kant sobre a filosofia da história e a filosofia política. E a antropologia filosófica e a filosofia política de Rousseau, no que tange a operação da piedade, foram fundamentais para Freud pensar nos destinos da pulsão de domínio, na passagem do sadismo originário para o masoquismo secundário, mediada pelo imperativo da culpa.

Além disso, é preciso ainda destacar que, na metapsicologia inicial do discurso freudiano, o sujeito como *animal de horda* seria superado pela emergência do sujeito como *animal de massa*, em decorrência da operação da culpa e do suposto universalismo do interdito de matar como o seu corolário. Contudo, em "Psicologia das massas e análise do eu", em consequência do novo dualismo pulsional estabelecido entre pulsão de vida e pulsão de morte, Freud formulou que o sujeito seria um animal de horda e não um animal de massa, pela presença nele do desejo de matar que não seria passível de adestramento.[46] O desdobramento disso, no ensaio sobre "O problema econômico do masoquismo", foi o enunciado de que o masoquismo seria agora primário e o sadismo secundário.[47]

Em decorrência da configuração desta problemática, em sua metapsicologia final, o discurso passou a ter uma leitura oposta à que tinha na metapsicologia inicial da questão do mal-estar. Em "A moral sexual 'civilizada' e a doença nervosa moderna",[48] de 1908, Freud supunha que o dito mal-estar na civilização seria não apenas de ordem sexual, mas também poderia ser "curado" e reconfigurado pela psicanálise, em decorrência do tríptico constituído pelo sadismo, pela culpa e pelo masoquismo, o que não seria mais o caso na metapsicologia final do discurso freudiano, segundo a qual o dito mal-estar seria incurável, pois uma vez que o mal-estar na civilização estaria fundado na economia da pulsão de morte e da pulsão de destruição, seria da ordem do impossível.[49]

---

46. Freud, S. "Psychologie des foules et analyse du moi" (1921). *Op. cit.*, pp. 117-214.
47. *Idem.* "Le problème économique du masochisme" (1924). *Op. cit.*, pp. 287-297.
48. *Idem.* "La morale sexuelle 'civilisée' et la maladie nerveuse des temps modernes" (1908). *Op. cit.*, pp. 28-43.
49. *Idem. Malaise dans la civilization. Op. cit.*

GUERRA E POLÍTICA

A passagem do primeiro paradigma metapsicológico para o segundo começou a se esboçar com o contexto da eclosão da Primeira Guerra Mundial. Neste, a guerra não se disseminou e atingiu as populações civis de forma sangrenta, como também pela utilização de armas de destruição de massa propiciada pelos discursos da ciência e da tecnologia. Em "Considerações atuais sobre a guerra e sobre a morte" (1915), Freud se mostrou perplexo com o cenário bélico, pois este seria inesperado após cem anos de paz na Europa, mas também porque o cruel banho de sangue era promovido pelas mais importantes potências europeias (França, Inglaterra e Alemanha), que eram a vanguarda da civilidade ocidental nos registros da ciência e da tecnologia.[50]

Em tal contexto, a tese de Freud sobre a universalidade do interdito de matar, sistematizada em *Totem e tabu*, perdeu consistência. O *interdito* de matar era promovido pelo *Estado* apenas em tempos de paz, mas nos tempos de guerra era o mesmo Estado quem promovia a *autorização de matar*, com a disseminação da crueldade evidenciada pela guerra em questão. A suposta *universalidade* do interdito de matar se mostrou, portanto, *relativa*, pois evidenciava variações significativas nos tempos de paz e nos tempos de guerra, de acordo com a decisão soberana do Estado.

Consequentemente, Freud criticou o *paradigma evolucionista* então vigente, que defendia que as nações europeias seriam superiores às sociedades primeiras, pois teriam maior coeficiente civilizatório, pelo maior desenvolvimento da razão, que se evidenciaria pelas produções artísticas, científica e técnica. Para Freud, as sociedades primeiras seriam paradoxalmente superiores às sociedades europeias avançadas, no registro ético, pois respeitavam os mortos e tinham regras na condução da guerra que estavam ausentes do cenário de crueldade evidenciado então nos campos de batalha.[51] Enfim, o paradigma evolucionista sobre as sociedades humanas deveria ser criticado e reconfigurado.

---

50. *Idem.* "Considérations actuelles sur la guerre et la mort" (1915). *Op. cit.*
51. *Ibidem.*

SER JUSTO COM A PSICANÁLISE

Em "Psicologia das massas e análise do eu", Freud deu um passo decisivo na nova leitura que empreendia da problemática da guerra a partir do novo dualismo pulsional. Assim, com o conceito de narcisismo das pequenas diferenças,[52] o discurso freudiano formulava a presença permanente da guerra na sociedade civil, mesmo em tempos de paz. Dessa forma, o discurso freudiano prefigurou no tempo da modernidade avançada o que viria acontecer posteriormente, de forma ainda mais radical, ao longo do século XX.

Foi neste contexto que Freud[53] passou a fazer referências ao Leviatã[54] de Hobbes, principalmente o aforismo "o homem é o lobo do homem", posicionando-se numa perspectiva fracamente crítica à filosofia política de Rousseau, no campo teórico da tradição do contratualismo. Porém, Freud não foi um autor fortemente ligado ao campo teórico da filosofia de Hobbes, pois não supunha ser possível erradicar a violência e a pulsão de destruição do sujeito pela ação do Estado, como Hobbes enunciava.[55] Para Freud, o homem seria um animal de horda e não um animal de massa, pois as pulsões não seriam erradicáveis e passíveis de adestramento,[56] assim como a governabilidade, o educar e o psicanalisar seriam da ordem de impossível.[57]

Assim, se a governabilidade estaria nas bordas do impossível, a guerra seria primordial e não a política, em consequência da expulsão da pulsão de morte pela pulsão de vida que conduziria à pulsão de destruição, como condição paradoxal do sujeito para a sustentação da vida.[58]

No contexto dessas formulações, o discurso freudiano criticou o enunciado fundamental da filosofia da guerra de Clausewitz, na obra *Da guerra*, segundo o qual a guerra seria a continuação da política em

52. *Idem.* "Psychologie des foules et analyse du moi" (1921). *Op. cit.*
53. *Idem. L'avenir d'une illusion* (1927). Paris, Presses Universitaires de France, 1973; Freud, S. *Malaise dans la civilisation. Op. cit.*
54. Hobbes, T. *Léviathan*: Traité de la matière, de la forme et du pouvoir de la république ecclésiastique et civile (1651). Parte 1. Paris, Sirey, 1972.
55. *Ibidem.*
56. Freud, S. "Psychologie des foules et analyse du moi". *Op. cit.*
57. *Idem.* "Analyse avec fin et analyse sans fin". *Op. cit.*, pp. 263-264.
58. Clausewitz, C.V. *Da guerra.* São Paulo, Martins Fontes, 1996.

outros termos, e que foi evocado por autores fundamentais, como Hegel, Marx e Lênin. Para Freud, contudo, a política seria a continuação da guerra em outros termos, numa inversão radical da formulação clássica de Clausewitz.

Nesta perspectiva, o discurso freudiano no final de seu percurso teórico empreendeu a problematização da guerra e das relações dela com a política. Mais tarde, Foucault também faria formulações bastante próximas da de Freud em seu curso intitulado "Em defesa da sociedade", criticando a proposição axial de Clausewitz.[59]

---

59. Foucault, M. *En défense de la société* (1976). Paris, Gallimard e Seuil, 1997.

5. Paradigmas em questão

ABERTURA

Neste ensaio pretendo realizar uma leitura sobre o conceito de *paradigma* em psicanálise, que tem sido objeto de múltiplas controvérsias ao longo de sua história. Tais controvérsias deram lugar a debates apaixonados e inquietantes, desde os tempos de Freud. Contudo, na solução destas polêmicas, prevaleceu a posição soberana assumida pela instituição psicanalítica, que excluía do campo da psicanálise os que sustentavam outro paradigma face ao que era dominante. Durante décadas essa *soberania* foi exercida apenas no campo da Associação Internacional de Psicanálise, em que se condensava inicialmente o movimento psicanalítico, mas posteriormente essa inflexão soberana passou a se realizar também no campo lacaniano, que passou a dividir com aquela a *hegemonia* do dito movimento. Em outras palavras, a *repetição*[1] da mesma inflexão soberana dominou os debates, pretendendo-se, assim, solucionar os conflitos pela *exclusão* dos opositores do paradigma dominante; como se pelo ato de exclusão do oponente do movimento psicanalítico a questão colocada pudesse ser resolvida, de maneira mágica e por um procedimento marcado pela *força*. A repetição teve a marca da *compulsão*, caracterizando-se como uma *compulsão à repetição*,[2] pois todos os signos destas se encontravam presentes, nos contextos históricos de rupturas, no movimento psicanalítico internacional.

---

1. Freud, S. "Au-delà du principe du plaisir". In: Freud, S. *Essais de psychanalyse*. Paris, Payot, 1981, pp. 7-81.
2. *Ibidem*.

SER JUSTO COM A PSICANÁLISE

O mesmo argumento estava sempre em pauta quando a inflexão soberana de exclusão era proclamada: o oponente teórico ao paradigma dominante era sempre considerado como representando um *desvio* da psicanálise. O confronto entre a *verdadeira* e a *falsa* psicanálise ficava em primeiro plano no debate, e esta última precisaria ser superada para a restauração do consenso e da harmonia teóricas no campo psicanalítico. Algo da ordem do *trauma*[3] se inscrevia de maneira indelével neste campo, tanto no desencadeamento do impasse quanto na sua suposta solução soberana, de forma a ser destacada a presença da repetição neste processo macabro.

A exclusão de Jung da Associação Internacional de Psicanálise, em 1912, foi o primeiro ato do processo de inflexão soberana, sob a justificativa de que na obra *Símbolos da transformação*[4] ele propunha outra leitura teórica da energia psíquica, oposta à de Freud[5]. No final dos anos 1920, Ferenczi e Rank tiveram o mesmo destino funesto. O primeiro, pelo questionamento da experiência traumática e do relançamento da teoria da sedução,[6] e o segundo, pela interpelação sobre a angústia de castração e a proposição da teoria do trauma do nascimento.[7] Nos anos 1950 e 1960, Lacan foi duplamente excluído da Associação Internacional de Psicanálise, pois a questão do tempo lógico das sessões, em oposição à do tempo cronológico, foi colocada em pauta.[8]

---

3. *Ibidem.*
4. Jung, C.G. *Symbols of transformations* (1911-1912). In: Jung, C.G. *The collected works of C.G. Jung.* Volume V. Londres, Routledge & Kegan Paul, 1974.
5. Freud, S. *Trois essais sur la théorie de la sexualité* (1905). Paris, Gallimard, 1962; *Idem. Histoire du mouvement psychanalytique* (1914). Paris, Gallimard, 1984.
6. Ferenczi, S. "Príncipe de relaxation et neocatharsis" (1929). In: Ferenczi, S. *Pschanalyse IV. Oeuvres Completes.* Volume IV. Paris, Payot, 1982.
7. Rank, O. *Le traumatisme de la naissance* (1924). Paris, Payot, 1976; Freud, S. *Inhibition, symptôme et angoisse* (1926). Paris, Presses Universitaires de France, 1973.
8. Lacan, J. "Le temps logique et l'assertion de certitude anticipée" (1945). In: Lacan, J. *Écrits.* Paris, Seuil, 1966; *Ibidem.* "Fonction et champ de la parole et du langage en psychanalyse" (1953). *Ibidem.* "Situation de la psychanalyse et formation du psychanalyste en 1956" (1956). *Ibidem.* "La psychanalyse et son enseignement" (1957).

PARADIGMAS EM QUESTÃO

Entretanto, se a exclusão de Lacan da Associação Internacional de Psicanálise promoveu a construção de uma organização internacional lacaniana, a inflexão soberana também se realizou nesta, numa repetição do mesmo procedimento. Contudo, as duas instituições psicanalíticas internacionais passaram a disputar, desde então, *quem* seria a *representante legítima* da verdadeira psicanálise e quem representaria o *desvio* desta na contemporaneidade.

Pode-se depreender disso que é a paixão o que domina o cenário e o curso assumido por tais acontecimentos na história da psicanálise. Porém, a presença da paixão não seria um mal em si mesmo, se não fosse o desdobramento da inflexão soberana. Com efeito, o debate de ideias é sempre marcado pela paixão, em qualquer campo do saber, mas a exclusão de um dos oponentes nestas circunstâncias cruciais evidencia a existência de outra *problemática* que deve ser colocada em destaque. O que estaria aqui em pauta?

PARADIGMA E DISCURSO DA CIÊNCIA

No que concerne a isso, o que sempre aconteceu na história da psicanálise foi completamente diferente do que ocorreu na história das ciências, desde que a ciência como discurso teórico se disseminou como prática fundamental da racionalidade no Ocidente com a emergência das grandes Revoluções científicas, no século XVII. Assim, com a institucionalidade assumida desde então, pelo discurso da ciência, foram constituídas instâncias cruciais de debates pela comunidade científica, que definiam qual teoria seria mais pertinente num determinado campo do saber, face às demais, em certo contexto histórico. Porém, esta escolha não implicava na exclusão das teorias rivais, que continuavam a existir lado a lado com a teoria então dominante, num clima intelectual caracterizado por relativa tolerância. É esta característica que deve ser destacada na diferença fundamental existente entre a *comunidade científica* e a *comunidade psicanalítica*, ao longo das respectivas histórias destas.

SER JUSTO COM A PSICANÁLISE

Assim, quando a teoria corpuscular da luz apresentada por Newton no campo da física foi considerada inicialmente verdadeira face à teoria ondulatória e dominou como paradigma aquele campo, isso não implicou na exclusão soberana da teoria oponente. Ambas conviveram lado a lado, num embate permanente, na comunidade científica. Contudo, a teoria ondulatória acabou por ser considerada verdadeira, no século XIX, desbancando a teoria corpuscular e transformou-se então num novo paradigma, na leitura teórica do campo da luz.[9]

Da mesma forma, a formulação da teoria da relatividade por Einstein, no início do século XX, desbancou a teoria forjada por Newton no século XVII, colocando em evidência os limites teóricos desta e a escala de grandeza para a sua veracidade. Se aquela enfatizava a *relatividade* dos registros do *espaço* e do *tempo*, esta considerava estes registros de maneira *absoluta*. Entreabriu-se assim um novo campo experimental na física e um novo paradigma surgiu.[10]

Porém, nesse processo teórico e histórico de construção, desconstrução e reconstrução dos paradigmas, não houve o estabelecimento de qualquer anátema, tampouco de exclusão soberana, de um paradigma face ao outro. O que dominava a polêmica era a formulação de critérios teóricos, a que se conjugavam protocolos experimentais evidenciados por sistemas de verificação. Ou seja, se os debates entre paradigmas eram permeados pela paixão de seus representantes, o que imperava no reconhecimento da veracidade de certo paradigma sobre os oponentes eram os critérios da racionalidade científica, num certo contexto histórico e social.

A partir do proposto por Kuhn, pode-se afirmar que a possibilidade de *solução de problemas* é o que domina teoricamente no campo da ciência.[11] A veracidade teórica de certo paradigma sobre os demais se

---

9. Kuhn, T. *The Structure of Scientific Revolution*. Chicago, The University of Chicago Press, 1970.
10. Einstein, A., Infeld, L. *A evolução da física*. Rio de Janeiro, Zahar, 1966; Bachelard, G. *La formation de l'esprit scientifique*. Paris, Vrin, 1975.
11. Kuhn, T. *The Structure of Scientific Revolution*. *Op. cit.*

PARADIGMAS EM QUESTÃO

deve à possibilidade do primeiro em solucionar os problemas colocados na cena do campo científico, o que não seria realizado pelos seus
oponentes, num contexto histórico e social. O paradigma instituído
como dominante passaria a ser considerado como o modelo de *ciência normal* para a comunidade científica.[12] Portanto, a *epistemologia*
implicaria na *sociologia das ciências*, que se desdobraria numa *história
das ciências.*

Entretanto, para a constituição do discurso das ciências e das comunidades científicas correlatas, foi necessária a construção da *autonomia*
do campo científico em relação às tradições religiosa e teológica. Isso
porque, anteriormente à constituição desta autonomia, com as Revoluções científicas do século XVII, o campo da ciência ficava atrelado às
decisões soberanas dos campos da religião e da teologia, que promo-
viam anátemas e excluíam os oponentes teóricos às verdades por eles
estabelecidas.[13] Estes eram considerados hereges e lançados impiedosa-
mente nas fogueiras da Inquisição.

A autonomia conquistada pelo campo da ciência foi a condição de
possibilidade para as Revoluções Científicas, pela constituição dos discursos da física e da astronomia, com Galileu,[14] Newton[15] e Copérnico.
Deslocamo-nos do registro qualitativo do *mais ou menos* — marca da
ciência antiga — para o registro quantitativo da *precisão matemática* —
marca da ciência moderna.[16] Além disso, deslocamo-nos do registro do
cosmos finito para o registro infinito do *universo.*[17]

Disso, percebemos que a presença do anátema e da exclusão soberana na comunidade psicanalítica a diferencia radicalmente daquilo que
ocorre na comunidade científica. Qual seria a razão desta diferença?

---

12. *Ibidem.*
13. Gaukroger, S. *The Emergence of a Scientific Culture.* Science and the Shaping of
    Modernity, 1210-1685. Oxford, Clarendan Press, 2006.
14. Koyré, A. *Études Galiléennes.* Paris, Hermann, 1966.
15. *Idem. Études Newtoniennes.* Paris, Gallimard, 1968.
16. *Idem. Du univers clos à l'univers infini.* Paris, Gallimard, 1972.
17. *Ibidem.*

SER JUSTO COM A PSICANÁLISE

REPETIÇÃO DO MESMO E REPETIÇÃO DA DIFERENÇA

É preciso reconhecer que o campo psicanalítico se constituiu pela presença da *transferência*, e a referência a esta é ainda decisiva na comunidade analítica. É pela mediação da transferência, numa *experiência iniciática*, que ocorre a *filiação* dos analistas com a comunidade e o *saber* psicanalíticos. Nada se passaria na exterioridade do comprimento de onda transferencial, que seria decisivo.

Assim, Lacan teorizou sobre a questão, destacando a necessidade de que fosse produzida uma *inflexão* crucial no processo pelo qual o futuro analista seria deslocado da condição inicial de analisante em direção à sua inscrição numa dada comunidade analítica. Em outras palavras, o futuro analista teria que se deslocar do registro do *trabalho de transferência*, para estabelecer com esta comunidade uma relação de *transferência de trabalho*.

Evidentemente, ao chegar a essa formulação teórica, Lacan reconheceu que a transferência seria inevitável na relação estabelecida dos analistas com a comunidade e o saber psicanalíticos, e isso precisaria ser reconhecido. Assim como também seria necessário reconhecer que, pela inflexão no registro da transferência (que se deslocaria do trabalho da transferência para o campo da transferência de trabalho), Lacan procurava enfatizar a existência de uma *descontinuidade* radical entre tais registros.

O que estaria em pauta nesta descontinuidade? O imperativo de que o futuro analista se engajasse com a produção do saber psicanalítico, por um lado. Mas esta produção deveria se impor para possibilitar outro destino para a transferência, de forma que esta não se cristalizasse na *identificação com a figura do analista*, por outro lado.

Porém, Lacan procurava uma saída para o *fim* e o *destino* da experiência analítica que não fosse a identificação com o analista, porque esta via estava disseminada na comunidade analítica, promovendo efeitos catastróficos. Com efeito, pela identificação do analisante com o analista, não apenas a relação com o registro do saber seria comprometida,

PARADIGMAS EM QUESTÃO

mas também o futuro analista seria reduzido à condição de ser um mero repetidor da figura do analista que o forjou. Vale dizer, existiria uma *continuidade* inquietante entre a *cena* da experiência analítica e a da comunidade analítica de pertencimento do futuro analista. Portanto, o futuro da psicanálise estaria comprometido tanto no registro do saber quanto no registro da filiação.

Seria por conta disso que a comunidade psicanalítica não funcionaria segundo as mesmas *regras* que a comunidade científica, uma vez que, pela identificação do futuro analista com a do analista formador, a cena da comunidade analítica ficaria marcada pela presença do *discurso do mestre* e do *discurso universitário*.[18] Dessa forma, a repetição se inscreveria no saber psicanalítico e a compulsão à repetição[19] caracterizaria a relação da comunidade analítica com o saber.

Dito de outra maneira, nestas circunstâncias, não existiria qualquer possibilidade para que a repetição do *mesmo* fosse transformada em repetição da *diferença*[20;21] para promover a inventividade do saber, fazendo este avançar em direção a outros quadrantes teóricos. Com isso, a repetição do mesmo se cristalizaria, funcionando como obstáculo teórico no campo da comunidade psicanalítica.

NARCISISMO DAS PEQUENAS DIFERENÇAS

Insistimos nisso porque este obstáculo conduziria a comunidade psicanalítica a adotar a exclusão soberana ao se defrontar com a proposição de outros paradigmas. Seria ainda por conta disso que qualquer paradigma opositor seria objeto de anátema para uma comunidade analí-

---

18. Lacan, J. *L'envers de la psychanalyse*. Le Séminaire, livre XVII. Paris, Seuil, 1991.
19. Freud, S. "Au-delà du principe du plaisir" (1920). In: Freud, S. *Essais de psychanalyse. Op. cit.*
20. Lacan, J. *Les quatre concepts fondamentaux de la psychanalyse*. Le Séminaire, livre XI. Paris, Seuil, 1973.
21. Deleuze, G. *Différence et repetition*. Paris, Presses Universitaires de France, 1968.

SER JUSTO COM A PSICANÁLISE

tica, sendo considerado da ordem do desvio e representante da falsa psicanálise.

Vale dizer, o campo imaginário que permeia a comunidade psicanalítica é similar ao que ocorria com a ciência, no Ocidente, antes de sua autonomia, quando estava submetida aos imperativos da religião e da teologia. Com efeito, qualquer oposição ao paradigma dominante em psicanálise sempre foi considerada "heresia" em relação à verdadeira psicanálise, e precisaria ser transformada num anátema e ser excluído pela comunidade analítica em questão.

Desta maneira, as teorias psicanalíticas perderiam as marcas de sua *incerteza* conceitual e de sua historicidade, e seriam transformadas num campo de verdades cristalizadas. Estas não seriam sujeitas às retificações, como ocorre no campo das ciências. Assim, a *teoria* se transformaria numa *doutrina*, com o poder que esta implica e a submissão subjetiva de todos aqueles que comungam das verdades dessa doutrina em questão. Enfim, transformada em doutrina, a teoria seria sacralizada e reduzida à condição de fetiche e, como objeto de veneração, seria inscrita na ordem religiosa e destinada à condição de objeto de uma hermenêutica infinita.

Estaria em pauta na comunidade analítica a disseminação do que Freud denominou de *narcisismo das pequenas diferenças*, em "Psicologia das massas e análise do eu" (1921).[22] Não resta dúvida de que este processo seria uma marca distintiva da modernidade no Ocidente, pois, se as *diferenças* passaram a ser reconhecidas, num mundo caracterizado pela emergência do *individualismo*, elas se tornaram objeto de violência, com a finalidade de seu apagamento.[23] A emergência de um traço de diferença constituiria algo da ordem da oposição, e isso seria problemático e inaceitável na modernidade. Em decorrência disso, a repetição do mesmo se contraporia à possibilidade de emergência da repetição da diferença na comunidade analítica, levando qualquer

---

22. Freud, S. "Psychologie de foules et analyse du moi" (1921). In: Freud, S. *Essais de psychanalyse. Op. cit.*

23. *Ibidem.*

PARADIGMAS EM QUESTÃO

diferença à condição de anátema e conduzindo à eliminação desta pela exclusão soberana.

É neste contexto metapsicológico forjador do narcisismo das pequenas diferenças que se inscreve a problemática do paradigma em psicanálise. Por isso, esta foi a condição de possibilidade para as controvérsias na história da psicanálise, em diversas tradições teóricas.

DIFERENTES PARADIGMAS

É preciso reconhecer, no entanto, que existem diversos paradigmas em psicanálise, formados em diferentes tempos da história desta, indicando rupturas e inflexões conceituais, de Freud a Winnicott, passando por Melanie Klein e Lacan, para evocar os paradigmas que se tornaram célebres. Porém, os menos célebres também devem ser evocados, como os que foram forjados por Jung e Ferenczi, assim como a psicologia do eu e a tradição culturalista norte-americana.

Não obstante a conjunção dos paradigmas com os nomes próprios, é preciso dizer que os referentes destes nomes próprios não constituíram tais paradigmas de maneira isolada, mas eram os coordenadores de *linhas de pesquisa* que a sustentaram com um conjunto de colaboradores. É muito difícil acreditar, com efeito, que tais paradigmas possam ter sido produzidos e reproduzidos historicamente sem a construção de uma comunidade analítica de referência, que funcionou como o seu *auditório* e como o seu *campo*.

Assim, seria pela sua inscrição numa comunidade analítica que o questionamento de um paradigma instituído foi sempre complicado. Porque a comunidade analítica de referência seria permeada por laços transferenciais. A impossibilidade de convívio com as diferenças, representadas pelos seus diversos paradigmas, contudo, é inquietante nesta comunidade. Assim, ocorreria um *paradoxo* na psicanálise, pois se a experiência psicanalítica pretende promover a produção e o reconhecimento da *singularidade* como diferença, a instituição analítica não suporta o convívio com esta, de maneira a excluí-la

SER JUSTO COM A PSICANÁLISE

quando se apresenta no horizonte institucional. Com efeito, a *ética* da psicanálise não seria coerente com a *moral* existente nas institui-ções analíticas.[24]

Porém, o argumento para empreender a exclusão soberana não é *legítimo*, pois não teria como justificar, com consistência teórica, o que representaria a verdadeira psicanálise e a falsa psicanálise. Por que não? Simplesmente porque os diferentes paradigmas seriam epistemologica-mente *incomparáveis*. Esta é a primeira tese que sustentarei neste en-saio, pela formulação de uma leitura *epistemológica* e *genealógica* sobre os paradigmas em psicanálise, destacando a diferença existente entre estes, mas também a sua legitimidade.

PARADIGMA E OBJETO TEÓRICO

Após realizar a crítica sistemática das psicoterapias norteadas pela hipnose e pela sugestão, para decantar os impasses encontrados nes-tas práticas clínicas,[25] Freud enunciou, em "História do movimento psicanalítico",[26] a existência de dois *critérios* para o reconhecimento da *experiência psicanalítica*: a *transferência* e a *resistência*. Porém, a leitura metapsicológica desta experiência poderia ser feita por diferentes cons-truções conceituais. Ou seja, os paradigmas formulados para delinear a experiência analítica poderiam ser diversos. Consequentemente, a escu-ta do analista e os signos que privilegia nesta estariam na dependência estrita do paradigma que privilegia, que delineará assim as inflexões e os destinos assumidos pelo sujeito na experiência analítica.

Assim, a escolha de um paradigma, na experiência analítica, é um *recorte* desta, enfatizando diferencialmente certos pontos em relação a

---

24. Birman, J. "A ética da psicanálise e a moral das instituições psicanalíticas". In: Birman, J. *Psicanálise, ciência e cultura*. Rio de Janeiro, Zahar, 1994.
25. Freud, S. "De la psychothérapie" (1905). In: Freud, S. *La technique psychanalyti-que*. Paris, Presses Universitaires de France, 1953.
26. *Idem. Histoire du mouvement psychanalytique. Op. cit.*

outros, empreendendo uma *seleção* de *signos*. Estes seriam considerados de maneira *desigual* e *heterogênea*, pelas *linhas de força* constitutivas do paradigma e que norteariam o dito recorte dos signos. Isso se deve à especificidade do paradigma, que coloca em pauta certos problemas a serem resolvidos, de acordo com a leitura de Kuhn. Ou, na proposta epistemológica formulada por Canguilhem, cada um dos paradigmas teria um *objeto teórico* específico, que seria articulado por um conjunto de *conceitos*.[27] Nesta perspectiva, o objeto da ciência não seria *natural* e nem inscrito no registro da *percepção*, mas seria *construído* a partir do campo de conceitos.

Portanto, os diferentes paradigmas no campo psicanalítico seriam incomparáveis, pois remeteriam a diferentes objetos teóricos e a diversos campos conceituais, que não seriam *equivalentes*. Por isso mesmo, não se poderia dizer que um dos paradigmas seria o verdadeiro e os demais falsos, de maneira a existir uma verdadeira psicanálise que se contraporia às falsas, como desvios que seriam daquela.

Apesar de teoricamente diferentes, as leituras de Kuhn e de Canguilhem convergem, pois implicam na crítica epistemológica da concepção positivista da ciência. No que concerne a Canguilhem, sua leitura da ciência se inscreve na tradição epistemológica francesa, entreaberta por Bachelard, que criticara a leitura positivista da ciência.[28] Foi nesta tradição epistemológica que se constituiu, por conta desta crítica ao positivismo, a *epistemologia regional*, segundo a qual não existiria um campo ideal de cientificidade, como enunciara o positivismo no que concerne à física, mas uma multiplicidade de campos com objetos teóricos diferentes.[29] Seria, portanto, no campo da epistemologia regional que a cientificidade da psicanálise poderia ser interrogada.

---

27. Canguilhem, G. "L'objet de l'histoire de la science". In: Canguilhem, G. *Études d'histoire et d'epistemologie des sciences*. Paris, Vrin, 1968.
28. Bachelard, G. *La formation de l'esprit scientifique. Op. cit.*
29. Fichant, M. "L'epistémologie em France". In: Châtelet, G. *Histoire de la philosophies*. Volume VIII, XXeme siècle. Paris, Hachette, 1973.

SER JUSTO COM A PSICANÁLISE

PSICANÁLISE, CIÊNCIA E CONTINENTE DO INCONSCIENTE

Para a epistemologia regional, a constituição de qualquer discurso científico implicaria na realização de um *corte epistemológico* que, pela constituição de um objeto teórico e de um correlato campo conceitual, demarcaria a passagem de um discurso *pré-científico* para o *discurso científico*.[30] Para empreender isso, contudo, seria necessário superar certos *obstáculos epistemológicos* que, como *preconceitos*, impediriam a constituição de um discurso científico.[31] Portanto, seria pela *ruptura epistemológica* com o campo pré-conceitual que o discurso científico seria então forjado.

Procurando aproximar a epistemologia regional do materialismo histórico, Althusser caracterizou o campo pré-conceitual como *ideologia*.[32] Nesta perspectiva, a constituição de um discurso científico implicaria na *crítica* e na *desconstrução* de uma região específica da ideologia, para a constituição de um objeto teórico e de seu campo conceitual.

Na perspectiva de constituir uma história das ciências, Canguilhem enunciava que seria necessário conjugar a leitura *internalista* com a *externalista* das ciências, para que se pudesse aquilatar os obstáculos epistemológicos e as linhas de força que norteariam a realização do corte epistemológico. A leitura internalista seria centrada na análise do campo conceitual e do objeto teórico de um discurso científico, e a leitura externalista enfatizaria as condições históricas e sociais, que funcionariam, seja como possibilidade, seja como impossibilidade, para que a ruptura epistemológica pudesse efetivamente acontecer.[33]

Foi pela retomada dessa leitura externalista que Althusser considerou que uma região da ideologia seria o obstáculo epistemológico a ser superado para que um discurso científico fosse forjado. Desta maneira,

---

30. *Ibidem.*
31. *Ibidem.*
32. Althusser, L. *Pour Marx*. Paris, Maspero, 1965; Althusser, L. *et al. Lire le Capital*. Paris, Maspero, 1965.
33. Canguilhem, G. "L'objet de l'Histoire de la science". In: Canguilhem, G. *Études d'histoire et d'epistemologie des sciences*. Paris, Vrin, 1968.

PARADIGMAS EM QUESTÃO

o discurso de *história* foi introduzido no campo da epistemologia regional, na perspectiva do materialismo histórico. Porém, a dimensão histórica da ciência já estava presente na tradição da epistemologia regional, tanto em Bachelard[34] quanto em Canguilhem.[35] Daí a ruptura teórica que eles realizaram com a tradição positivista (para a qual o objeto da ciência seria de ordem natural e não a resultante de uma construção inscrita nas trilhas da história). Seria ainda por conta disso que essa epistemologia seria conjugada com a história da ciência, não existindo, pois, um destes discursos teóricos sem a referência no outro.

Nesta perspectiva, Althusser pensou na psicanálise como uma ciência, de fato e de direito. Assim, em "Freud e Lacan", Althusser fundamentou a inscrição da psicanálise no discurso científico, pela conjunção naquela de um *objeto teórico* com uma *metodologia* e uma *técnica*, como em qualquer outra ciência.[36] Fundando-se nos conceitos de *inconsciente* e de *estrutura edipiana*, a psicanálise delinearia as condições para a constituição do sujeito no deslocamento do registro da *natureza* para o da *cultura*.[37] Contudo, como esta passagem seria traumática, o inconsciente seria forjado pelos restos traumáticos deste processo.[38]

Em "Lênin e a filosofia", Althusser aprofundou a sua reflexão epistemológica, sistematizando a existência de três diferentes *continentes* das ciências, num dos quais inscreveu o saber psicanalítico. Existiriam, assim, o continente da *natureza*, representado pela física, o continente da *história*, representado pelo materialismo histórico, e, finalmente, o continente do *inconsciente*, representado pela psicanálise.[39]

Assim, poderíamos inscrever os diferentes paradigmas forjados pela psicanálise no continente do inconsciente, não obstante o destaque conferido por Althusser na conjunção entre os discursos teóricos de Freud e de Lacan, para conceber a psicanálise como uma ciência. Com efeito, na

---

34. Bachelard, G. *La formation de l'esprit scientifique. Op. cit.*
35. Canguilhem, G. *Études d'histoire et de philosophie des sciences. Op. cit.*
36. Althusser, L. "Freud et Lacan". In: Althusser, L. *Positions*. Paris, Sociales, 1976.
37. *Ibidem.*
38. *Ibidem.*
39. Althusser, L. *Lenine et la philosophie*. Paris, Maspero, 1969.

SER JUSTO COM A PSICANÁLISE

tese da existência do continente do inconsciente, seria possível indicar a *similaridade* entre as diversas teorias psicanalíticas, apesar do *reconhecimento* de suas *diferenças* no que concerne aos seus objetos teóricos. Ou seja, existiriam *regras* comuns para a formação dos conceitos no campo psicanalítico, mesmo com as diferenças de objetos teóricos e os diversos paradigmas. Além disso, foi ainda na tradição da epistemologia francesa que se forjou a melhor crítica sobre a cientificidade da psicanálise.

FORMAÇÃO DISCURSIVA

Não obstante ter sido formado nesta tradição epistemológica, Foucault a criticou desde o início de seu percurso teórico, colocando em questão os conceitos de corte e de obstáculo epistemológicos, assim como o de descontinuidade entre os registros da ciência e da ideologia. Afastou-se, assim, da problemática da *ciência* e se deslocou para a problemática do *saber*, inscrevendo a sua leitura numa *história de longa duração*. Constituiu uma *arqueologia do saber* e uma *genealogia do poder*, para enunciar o filosofema fundado na relação entre *saber* e *poder*.

No registro do saber, que englobava um universo histórico na longa duração, existiria uma *episteme* que regulava a totalidade daquele num dado campo histórico, numa linha marcada pela continuidade. A ruptura e a descontinuidade, que existiriam no campo do saber, ocorreriam na passagem de dois campos históricos, na qual se constituiria uma nova episteme. Assim, do Renascimento à modernidade, passando pela Idade Clássica, foram evidenciadas três diferentes epistemes, que regulariam o campo dos saberes, sejam estes institucionais, populares ou eruditos.

Inicialmente Foucault procurou pensar na *arqueologia* do saber, centrando-se em diferentes problemáticas — a *loucura*,[40] a *clínica*,[41] a *lin-*

---

40. Foucault, M. *Histoire de la folie à l'âge classique* (1960). Paris, Gallimard, 1972.
41. *Idem. Naissance de la clinique*. Paris, Presses Universitaires de France, 1963.

PARADIGMAS EM QUESTÃO

guagem e o *discurso*[42] —, e posteriormente empreendeu a constituição da *genealogia* do poder, trabalhando as problemáticas da *punição*[43] e da *sexualidade*.[44] Procurou conjugar a arqueologia do saber e a genealogia do poder, indicando a conjunção entre o saber e o poder. Nesta perspectiva, Foucault debruçou-se sobre a psicanálise, inscrevendo-a em diversas *problemáticas*, promovendo diferentes inflexões nela. As relações entre poder e saber foram destacadas.

Assim, inicialmente a psicanálise foi inscrita na história da loucura e na história da psiquiatria. Com efeito, se a leitura *crítica* sobre a loucura foi triunfante em relação à leitura *trágica*, a tradição psiquiátrica se inscreveria na primeira, pela qual o registro da *razão* se oporia ao da *desrazão*. Com a transformação da loucura em doença mental, o louco perdeu definitivamente a condição de *sujeito*.[45] Contudo, foi na tradição psiquiátrica que a psicanálise se constituiu. Assim, mesmo problematizando a condição clássica do sujeito, pela invenção do conceito do inconsciente, existiria uma continuidade entre a experiência analítica e a prática asilar do tratamento moral. Desta forma, opondo-se à leitura epistemológica da psicanálise lacaniana, que dizia existir uma descontinuidade entre os discursos da psicanálise e da psiquiatria, Foucault sustentava a existência da continuidade, no registro originário da arqueologia.[46]

Em seguida, em *Nascimento da clínica*, Foucault formulou a continuidade arqueológica entre o discurso psicanalítico e o da clínica, pela mediação do dispositivo da *relação médico-paciente*.[47] Além disso, como o discurso da clínica concebeu a doença no registro da *anatomopatologia*, inscrevendo aquela na *tangência* entre a *vida* e a *morte*, o que assim se enunciava era a existência da *problemática* da *finitude*.[48] Por este viés

---

42. *Idem. Les mots et les choses.* Paris, Gallimard, 1966.
43. *Idem. Surveïller et punir.* Paris, Gallimard, 1974.
44. *Idem. La volonté de savoir.* Paris, Gallimard, 1976.
45. *Idem. Histoire de la folie à l'âge classique. Op. cit.*
46. *Ibidem.*
47. Foucault, M. *Naissance de la clinique. Op. cit.*
48. *Ibidem.*

SER JUSTO COM A PSICANÁLISE

o conceito de inconsciente foi enunciado, como marca do sujeito da finitude, polarizado entre a pulsão de vida e a pulsão de morte.[49] Enfim, existiria também a continuidade arqueológica entre psicanálise e medicina, não obstante a leitura descontinuísta realizada pela psicanálise lacaniana sobre isso, opondo a psicanálise e a medicina.

Em *As palavras e as coisas*, Foucault indicou que a psicanálise com Freud, em conjunto com a antropologia social com Lévi-Strauss, teria promovido o descentramento do sujeito do registro da consciência, pela formulação do inconsciente.[50] Em seguida, em "Nietzsche, Freud, Marx", Foucault enunciou que uma nova técnica de *interpretação* foi forjada no século XIX, nos campos da filosofia (Nietzsche), do materialismo histórico (Marx) e da psicanálise (Freud), constituindo a *hermenêutica*, em oposição à *semiologia*.[51] Porém, em *O que é um autor?*, publicado em 1969, Foucault sustentou que a psicanálise não seria uma ciência, mas uma forma de *discursividade*.[52] Esta formulação foi a resultante da sua leitura crítica da psicanálise, iniciada na *História da loucura*.

O que Foucault pretendia dizer com isso? Nada mais nada menos que, diferentemente dos discursos da ciência que se estabeleciam pela referência ao campo conceitual que enunciam e ao dispositivo experimental que constroem, nas formações discursivas estaria em pauta a articulação do discurso teórico com o nome do autor que o constituiu. Ou seja, assim como enunciar a lei da queda dos corpos e a lei da gravitação universal prescindiria das referências aos nomes de Galileu e de Newton, os conceitos da psicanálise e do materialismo histórico implicariam na referência a Freud e a Marx.[53] Portanto, no campo das formações discursivas existiria a operação conceitual de *retorno* ao momento

---

49. *Ibidem*.
50. Foucault, M. *Les mots et les choses. Op. cit.*
51. *Idem.* "Nietzsche, Freud, Marx". (1968). In: Foucault, M. *Dits et écrits.* Volume I. Paris, Gallimard, 1994.
52. Foucault, M. "Qu'est-ce qu'un auteur?" *Op. cit.*
53. *Ibidem*; Foucault, M. *L'archéologie du savoir*. Paris, Gallimard, 1969.

PARADIGMAS EM QUESTÃO

histórico inaugural de uma dada discursividade,[54] como teria ocorrido nos anos 1950 no retorno de Lacan a Freud e nos anos 1960 no retorno de Althusser a Marx. Além disso, nas formas de discursividade os conceitos seriam *autorais*, indicando a referência ao *sujeito* e ao *autor*, o que não ocorria no discurso da ciência.

Nesta perspectiva, podemos dizer que os diferentes paradigmas na psicanálise seriam formações discursivas e não discursos científicos. Por isso a referência aos autores — que constituiriam os paradigmas — estaria presente na circulação e na reprodução social destes, pois evidenciaria a conjunção entre os registros do sujeito e do paradigma.

O que se impõe agora, na teorização sobre os paradigmas na psicanálise, considerados como discursividade, é como pensar nas *condições concretas de possibilidade* para a produção das diferenças entre os paradigmas.

MAL-ESTAR

A consideração da historicidade como marca dos paradigmas em psicanálise é evidente, pois não se poderia pensar nas condições de possibilidade para a emergência daqueles fora da história da psicanálise. É indubitável que tais paradigmas foram inseridos num campo histórico inicial, mesmo que permaneçam posteriormente, indicando a *consistência* teórica ou a *inércia* promovida pela comunidade analítica, em que se inscrevem pela força de atração transferencial.

Além disso, alguns paradigmas podem ser *reatualizados* num tempo posterior de suas emergências históricas. Este foi o caso do célebre "retorno a Freud", promovido por Lacan nos anos 1950, para restaurar a fundamentação da experiência analítica face aos problemas presentes na Associação Internacional de Psicanálise.[55] Este também foi o caso

---

54. Foucault, M. "Qu'est-ce qu'un auteur?" *Op. cit.*
55. Lacan, J. "Fonction et champ de la parole et du langage en pscyhanalyse". In: Lacan, J. *Écrits. Op. cit.*; Lacan, J. "Situation de la psychanalyse en 1956". *Idem.*

SER JUSTO COM A PSICANÁLISE

da retomada de Ferenczi, nos anos 1970, quando o incremento dos *estados-limites* conduziu à valorização da teorização daquele sobre estas configurações clínicas.

Esta reatualização não é uma mera repetição do paradigma original, mas um *remanejamento* deste ditado pelas condições históricas e sociais do tempo então presente. Nestes termos, o retorno a Freud e a retomada de Ferenczi promovidos por Lacan implicaram no remanejamento destes, que foram reconfigurados por um processo de *repetição diferencial*. Enfim, a reatualização de um paradigma, num tempo histórico posterior, implicaria na *releitura* do paradigma original.

Porém, a segunda hipótese a ser sustentada neste ensaio é a de que a constituição histórica da psicanálise implicou na conjunção desta com a emergência do *mal-estar na modernidade*. Desde a publicação de "A moral sexual 'civilizada' e a doença nervosa moderna", em 1908, Freud estabeleceu os liames entre o mal-estar moderno e a psicanálise como contrapartida a ele.[56]

Assim, inserindo o discurso psicanalítico na história da *longa duração*[57] do Ocidente, configurando uma genealogia da moral[58] de fundamentação psicanalítica, Freud indicou nesse ensaio como a psicanálise se construiu para se contrapor ao lado sombrio da modernidade, evidenciando o *sofrimento* e a *dor* dos indivíduos nas suas formas de *subjetivação*,[59] em decorrência dos imperativos morais de tal contexto.

Retomando uma proposição enunciada nos *Três ensaios sobre a teoria da sexualidade*,[60] que opunha a forma pela qual a Antiguidade e a modernidade se confrontavam com o *erotismo*, Freud propôs que os antigos davam mais valor às *intensidades* eróticas do que aos *objetos* pelos

---

56. Freud, S. "La morale sexuelle 'civilisée' et les maladies nerveuses des temps modernes" (1908). In: Freud, S. *La vie sexuelle*. Paris, Presses Universitaires de France, 1969, pp. 28-46.
57. Braudel, F. "História e Ciências Sociais. A Longa Duração". In: Braudel, F. *Escritos sobre a História*. São Paulo, Perspectiva, 1978, p. 41-78.
58. Nietzsche, F. *Généalogie de la morale*. Paris, Gallimard, 1971.
59. Foucault, M. *La volonté du savoir*. Paris, Gallimard, 1976.
60. Freud, S. *Trois essais sur la théorie de la sexualité* (1905). Paris, Gallimard, 1962.

PARADIGMAS EM QUESTÃO

quais as intensidades seriam eticamente reguladas. Em contrapartida, os modernos valorizavam mais os objetos permitidos para a experiência erótica do que as intensidades,[61] de forma que o incremento das "doenças nervosas" na modernidade seria uma consequência deste processo de *moralização* da experiência erótica.[62] Ou seja, Freud destacou que a *normalização do erotismo* (para retomar um conceito de Foucault),[63] evidenciada pela valoração excessiva do objeto na experiência de satisfação, seria a condição de possibilidade para o incremento das "doenças nervosas" na modernidade. A psicanálise teria se constituído para criticar este processo, por um lado, e para oferecer alternativas psíquicas para isso, pela construção da experiência analítica, pelo outro.[64]

Assim, formular que a sexualidade seria *perverso-polimorfa* e *infantil*[65] e que o *objeto* seria o que existiria de mais variável no circuito da pulsão[66] foram as formas que Freud encontrou para criticar a *fixidez* e a *cristalização* do objeto na modernidade, com vistas a relançar o registro das intensidades. Portanto, para criticar o processo moderno de normalização e de moralização, no campo do erotismo, Freud retomou a leitura dos antigos sobre o erotismo.

Contudo, em *O mal-estar na civilização* (1930), Freud fez outra leitura sobre o mal-estar, na qual enfatizava os registros da *violência* e da *crueldade* nas formas de subjetivação na modernidade.[67] Seria a *pulsão de destruição*, como resultante da *desintricação* entre os registros da pulsão de vida e da pulsão de morte,[68] a responsável pelo incremento

---

61. *Ibidem.*
62. Freud, S. "La morale sexuelle 'civilisée' et les maladies nerveuses des temps modernes" (1908). In: Freud, S. *La vie sexuelle. Op. cit.*
63. Foucault, M. *La volonté du savoir. Op. cit.*
64. Freud, S. "La morale sexuelle 'civilisée' et les maladies nerveuses des temps modernes" (1908). In: Freud, S. *La vie sexuelle. Op. cit.*
65. Idem. *Trois essais sur la théorie de la sexualité* . Primeiro ensaio. *Op. cit.*
66. *Ibidem.*
67. Idem. *Malaise dans la civilization*. Paris, Presses Universitaires de France, 1971.
68. Idem. "Au-delà du principe du plaisir". In: Freud, S. *Essais de psychanalyse. Op. cit.,*

SER JUSTO COM A PSICANÁLISE

do *sadismo* e do *masoquismo*[69] nas formas modernas de subjetivação da dor e do sofrimento.

Em "Os complexos familiares na formação do indivíduo", de 1938, Lacan retomou a formulação de Freud, ao enfatizar que o mal-estar moderno e a constituição da psicanálise como seu contraponto seriam decorrência da *humilhação* da figura do pai na modernidade.[70]

Podemos sustentar, portanto, que a problemática do mal-estar seria não apenas constitutiva da psicanálise, como também que as formas assumidas pelo mal-estar apresentariam *variações* na *modernidade* e na *contemporaneidade*, e as formulações de Freud e de Lacan sobre o assunto, embora divergentes, já indicam isso. Assim, se a psicanálise se constituiu como contraponto ao mal-estar, pode-se enunciar agora uma terceira proposição sobre os paradigmas. As formas assumidas pelo mal--estar apresentariam variações histórico-sociais evidentes, no que concerne às formas de subjetivação, e os paradigmas na psicanálise seriam formulações diferentes para dar conta destas variações. Porém, para que os paradigmas fossem construídos, seria ainda necessário que as variações histórico-sociais do mal-estar, articuladas nas formas de subjetivação, fossem objeto de *modulações* no registro clínico.

HISTERIA E NORMALIZAÇÃO DO EROTISMO

A leitura dos diferentes paradigmas enunciados na psicanálise coloca em evidência o privilégio, concedido em cada um deles, a um campo clínico de referência. Esta formulação pressupõe outra, teoricamente anterior: a elaboração metapsicológica visaria a dar conta da experiência analítica. Esta forneceria a matéria-prima para as construções metapsicológicas, de maneira que não existiriam sem aquela.[71]

---

69. *Idem. Malaise dans la civilization. Op. cit.*
70. Lacan, J. *Les complexes familiaux dans la formation de l'individu:* Essai d'analyse d'une fonction en psychologie (1938). Paris, Navarin, 1984.
71. Birman, J. *Freud e a interpretação psicanalítica.* Rio de Janeiro, Relume Dumará, 1988.

PARADIGMAS EM QUESTÃO

Porém, se a experiência clínica evidencia de maneira insofismável os signos do mal-estar, para a teorização dele seria necessário enfatizar determinada modalidade de sofrimento e de dor. Por este viés, um modelo *clínico* seria privilegiado na metapsicologia. Contudo, a escolha do modelo clínico, que receberia uma posição paradigmática de destaque, não seria *arbitrária*, mas se imporia pela sua importância em certo contexto histórico e social, no qual se evidenciaria como sofrimento e dor nas subjetividades.

Desta maneira, o modelo clínico inicial escolhido por Freud, na sua primeira metapsicologia, foi o da *histeria*, pois ela ocupava a posição de destaque no mal-estar moderno, desde a segunda metade do século XIX. Foi sobre ela que se apoiaram os discursos psicopatológicos desde então, de Charcot a Benheim, de maneira que o discurso freudiano foi a resultante desta empreitada.[72]

Assim, foi pela leitura da histeria que o paradigma da *divisão* psíquica pôde ser formulado, em que o registro do *inconsciente* pôde ser contraposto ao do *pré-inconsciente/consciência*,[73] em conjunção com a existência da *conflitualidade* psíquica fundada no *dualismo pulsional* estabelecido pela oposição entre os registros da *pulsão sexual* e da *autoconservação*.[74] Portanto, a *sexualidade* estaria assim em pauta e culminou com a leitura do mal-estar moderno, na regulação daquela pela moral sexual,[75] que evidenciaria a normalização do erotismo. Enfim, o modelo da histeria, concebido pelas linhas de forças destacadas,[76] foi transposto, em seguida, para o campo vasto das *psiconeuroses de defesa*,[77] no qual se incluíam as neuroses e as psicoses.

---

72. Freud, S., Breuer, J. *Études sur l'hystérie. Op. cit.*
73. *Idem. L'interprétation des rêves* (1900). Capítulo 7. *Op. cit.*
74. *Idem. Trois essais sur la théorie de la sexualité* . Segundo ensaio. *Op. cit.*
75. *Idem.* S. "La morale sexuelle 'civilisée' et la maladie nerveuse des temps modernes". In: Freud, S. *La vie sexuelle. Op. cit.*
76. Freud, S.; Breuer, J. *Études sur l'hystérie. Op. cit.*
77. Freud, S. "Les psychonévroses de defense" (1894). In: Freud, S. *Névrose, psychose et perversion*. Paris, Presses Universitaires de France, 1973, pp. 1-14; *Idem.* "Nouvelles remarques sur les psychonévroses de defense" (1896). *Op. cit.*, pp. 61-91.

SER JUSTO COM A PSICANÁLISE

Assim, pode-se sustentar que o modelo da histeria foi a base inequívoca para a constituição de paradigma inicial do discurso freudiano, uma vez que a histeria foi alçada à condição de privilégio para a leitura do mal-estar na modernidade. Em outras palavras, pela mediação da histeria as formas de subjetivação,[78] promovidas pela modernidade, poderiam ser assim colocadas em evidência.

MELANCOLIA, TRAUMA E VIOLÊNCIA

O paradigma freudiano inicial, contudo, foi colocado em questão com o incremento da *violência* e da *crueldade* no cenário social dos anos 1910. A explosão da Primeira Guerra Mundial indicou uma inflexão nas formas de subjetivação, de maneira que as problemáticas da *perda*[79] e do *trauma*[80] foram colocadas no primeiro plano desse paradigma.

Surpreendido com o alto nível de violência e de crueldade perpetrados com a eclosão da guerra, que não poupava as populações civis, Freud teve que constatar que a *interdição de matar* era válida apenas em condições sociais de paz e que a *autorização para matar* era o imperativo em condições de *guerra*,[81] pois, se o Estado interditava a violência e a morte nos tempos de paz, incentivava a crueldade nos tempos de guerra. Com isso, a constituição da ordem social na modernidade (empreendida em *Totem e tabu*),[82] fundada na desconstrução da condição de *exceção* da figura do pai da horda primitiva e da disseminação da igualdade dos cidadãos como seu correlato, caiu assim por terra.

---

78. Foucault, M. *La volonté du savoir. Op. cit.*
79. Freud, S. "Deuil et melancolie" (1915). In: Freud, S. Métapsychologie. Paris, Gallimard, 1968.
80. *Idem.* "Au-delà du principe du plaisir" (1920). In: Freud, S. *Essais de psychanalyse. Op. cit.*
81. *Idem.* "Considérations actuelles sur la guerre et la mort" (1915). In: Freud, S. *Essais de psychanalyse. Op. cit.*
82. *Idem. Totem et tabou* (1913). *Op. cit.*

PARADIGMAS EM QUESTÃO

Nesse contexto, a França, a Alemanha e a Inglaterra — vanguardas do processo civilizatório na modernidade pelos seus altos níveis de desenvolvimento científico, tecnológico e econômico — evidenciavam nas práticas bélicas a fragilidade dos dispositivos da *razão* para se contraporem à *barbárie*.[83] Do ponto de vista ético, a modernidade seria então mais próxima da barbárie do que as culturas primeiras, que seriam assim bem mais civilizadas, pois respeitariam o interdito de matar e a figura do morto.[84] Em decorrência disso, Freud empreendeu a crítica do *modelo evolucionista*, dominante no Ocidente desde o século XIX, indicando que a barbárie se inscrevia no mundo da civilidade ocidental e não no das sociedades primeiras.[85]

Em seguida, no ensaio "Psicologia das massas e análise do eu", publicado em 1921, o discurso freudiano inscreveu no interior do Estado-nação nos tempos de paz o que já delineara nas relações entre aqueles nos tempos de guerra.[86] Com efeito, a violência e a crueldade se disseminariam também no interior dos Estados-nação, pela existência do *narcisismo das pequenas diferenças*, nas escalas individual e coletiva.[87] Vale dizer, a moral presente nos tempos de guerra promoveria as mesmas relações sociais violentas nos tempos de paz, no interior dos Estados-nação,[88] pela impossibilidade dos cidadãos de respeitarem as *diferenças* entre os sujeitos.

Em decorrência disso, a tese enunciada em *Totem e tabu* foi desconstruída pelo discurso freudiano em "Psicologia das massas e análise do eu", quando Freud enunciou que o homem seria um *animal de horda* e não um *animal de massa*, pois buscaria se instituir como exceção.[89] O desdobramento desta tese ocorreu em 1938, em "Análise com fim e aná-

---

83. *Idem.* "Considérations actuelles sur la guerre et la mort" (1915). In: Freud, S. *Essais de psychanalyse. Op. cit.*
84. *Ibidem.*
85. *Ibidem.*
86. *Idem.* "Psychologie des foules et analyse du moi" (1921). In: Freud, S. *Essais de psychanalyse. Op. cit.*
87. *Ibidem.*
88. *Ibidem.*
89. *Ibidem.*

SER JUSTO COM A PSICANÁLISE

lise sem fim", quando Freud enunciou que existiram três práticas sociais *impossíveis*: *educar, governar* e *analisar*, pois as pulsões não seriam jamais *disciplinadas* e, por isso, a condição de horda se inscreveria no sujeito.[90]

A construção do novo paradigma se apoiou nestas linhas de força. Por conta disso, Freud enunciou o conceito de *pulsão de destruição* na teorização de outro dualismo pulsional, estabelecido entre a pulsão de vida e a pulsão de morte.[91] Foi ainda neste contexto que o *masoquismo* — como modalidade primária de subjetivação — passou a se opor ao *sadismo*,[92] em outras bases, opostas ao que fora estabelecido no paradigma freudiano inicial.[93]

Assim, a experiência da *perda* foi colocada no centro do novo paradigma,[94] indicando a importância assumida pelo modelo da *melancolia*.[95] Ao lado disso, o modelo do *trauma* passou a ser igualmente privilegiado na sua conjunção com o registro da perda,[96] colocando em evidência a importância da *compulsão à repetição*[97] no novo horizonte do mal-estar na modernidade. Este passou a ser interpretado pela mediação dos modelos da melancolia e do trauma, que passaram a se disseminar como signos do mal-estar na modernidade.

AS PSICOSES EM QUESTÃO

Os paradigmas formulados por Melanie Klein e Lacan seguiram as linhas de força do segundo paradigma freudiano, pois privilegiaram a dis-

---

90. Freud, S. "Analyse avec fin et analyse sans fin" (1938). In: Freud, S. *Résultats, idées, problèmes*. Paris, Presses Universitaires de France, 1986.
91. *Idem.* "Au-delà du príncipe du plaisir". In: Freud, S. *Essais de psychanalyse. Op. cit.*
92. *Idem.* "Le problème économique du masochisme" (1920). In: Freud, S. *Névrose, psychose et perversion. Op. cit.*
93. *Idem. Trois essais sur la théorie de la sexualité. Op. cit.*
94. *Idem.* "Deuil et melancolie". In: Freud, S. *Métapsychologie. Op. cit.*
95. *Ibidem.*
96. *Ibidem.*
97. *Idem.* "Au-delà du príncipe du plaisir". In: Freud, S. *Essais de psychanalyse. Op. cit.*

PARADIGMAS EM QUESTÃO

seminação da violência e da crueldade entre os sujeitos na modernidade avançada. O cenário social e histórico em pauta era o dos efeitos devastadores da Segunda Guerra Mundial, precedidos pelo violento confronto político nos anos 1930, na Europa, que resultaram no holocausto dos judeus e na bomba atômica em Hiroshima e Nagasaki, que selou o processo de mortificação resultante da guerra.

Assim, tanto M. Klein quanto Lacan trilharam as linhas de força da segunda tópica[98] e da segunda teoria das pulsões do discurso freudiano,[99] enfatizando os efeitos da pulsão de destruição, do masoquismo e do sadismo, assim como a divisão tópica nos registros originários do psiquismo. Melanie Klein destacou a importância das posições *esquizoparanoide* e *depressiva*[100] como formas de subjetivação, e Lacan, por sua vez, formulou a importância assumida pelo *estádio do espelho* como forma fundamental de subjetivação.[101] Para ambos, no entanto, a problemática da pulsão de morte estaria no centro de suas reconstruções paradigmáticas da teoria psicanalítica.

Porém, no registro do modelo clínico, Melanie Klein e Lacan se apoiaram em registros diferentes. M. Klein se apoiou sobre a psicose *maníaco-depressiva* e a *esquizofrenia* na leitura do mal-estar na *modernidade avançada*, e Lacan, em contrapartida, se apoiou no modelo da *paranoia*, e sobre tais modelos diferenciados construíram os seus paradigmas. Em decorrência disso, para ambos a experiência analítica foi concebida por novas coordenadas, pelas quais, diferentemente de Freud, seriam norteados pela *transferência negativa*, em oposição à transferência positiva.

Baseando-se na paranoia e na importância do estádio do espelho, Lacan constituiu ainda os fundamentos de uma *criminologia*

---

98. *Idem.* "Le moi et le ça". In: Freud, S. *Essais de psychanalyse. Op. cit.*
99. *Idem.* "Au-delà du principe du plaisir". In: Freud, S. *Essais de psychanalyse. Op. cit.*
100. Klein, M. "Oedipus complexe in the Light of Early Anxieties" (1949). In: Klein, M. *Love, Guilt and Reparation.* Londres, Hogarth Press, 1975.
101. Lacan, J. "Le stade du miroir comme formateur de la fonction du Je" (1949). In: Lacan, J. *Écrits. Op. cit.*

SER JUSTO COM A PSICANÁLISE

psicanalítica,[102] para dar conta da disseminação da violência e da crueldade na modernidade avançada. Seriam estas os signos do mal-estar e que seriam elucidados pelas linhas de força da paranoia, como forma de subjetivação.

Portanto, M. Klein e Lacan reconfiguraram o paradigma existente — pela atribuição das psicoses esquizofrênica, maníaco-depressiva e paranoide — como modelos clínicos de leitura do mal-estar na modernidade avançada. Enfim, foram as diferentes psicoses que foram assim colocadas em cena na leitura do mal-estar e na constituição dos novos paradigmas.

ESTADOS-LIMITES E FUNÇÃO MATERNA

Winnicott, contudo, colocou a existência de outro modelo clínico, baseado nos *estados-limites*,[103] para a leitura do mal-estar na contemporaneidade. O que estava em pauta nesta reconstrução paradigmática era a importância da figura da *mãe suficientemente boa*, assim como do *objeto transicional*, na constituição psíquica.[104] Mas é preciso enfatizar que a construção deste novo paradigma é inseparável das novas condições do mal-estar na contemporaneidade, em que a *função materna* foi virada de ponta-cabeça pela condição conquistada pelas mulheres no espaço social, desde os anos 1950. Com efeito, pelo movimento feminista as mulheres adquiriram outra posição no Ocidente, passando a reivindicar condições existenciais além da *maternidade* para si. Apoiando-se nas novas tecnologias anticoncepcionais, que separaram os registros da *reprodução* e do *desejo*, o feminismo possibilitou uma real autonomia social para as mulheres, transformando as condições da *maternagem* na contemporaneidade.[105]

---

102. Lacan, J., Cénac, M. "Introduction théorique sur les functions de la psychanalyse en criminology" (1950). In: Lacan, J. *Écrits. Op. cit.*
103. Pontalis, J.B. *Perdre de vue.* Paris, Gallimard, 1988; Winnicott, D.W. *O brincar e a realidade.* Rio de Janeiro, Imago, 1975.
104. *Ibidem.*
105. Birman, J. "Laços e desenlaces na contemporaneidade". In: *Jornal de Psicanálise.* Volume XL, n. 72. São Paulo, Instituto de Psicanálise – SBPSP, 2007, pp. 47-73.

PARADIGMAS EM QUESTÃO

A disseminação do *narcisismo negativo* e dos *estados-limites* como o seu correlato foi a matéria-prima para a construção do novo paradigma.[106] Por conta disso, a leitura clínica empreendida por Ferenczi foi retomada nos anos 1970, pois Ferenczi empreendera a leitura dos processos de *desnarcisação* e das novas modalidades de divisão psíquica,[107] que foram retomados. Contudo, foram as novas condições do mal-estar na contemporaneidade, polarizadas entre a desnarcisação infantil e as formas de exercício da função materna, que orientaram a construção do novo paradigma, realizado por Winnicott.

MAL-ESTAR E BIOPOLÍTICA

Isso, porém, ainda não é tudo. Até agora sustentei as teses de que se os paradigmas em psicanálise seriam incomparáveis e que esta incomparabilidade se articularia com a problemática do mal-estar na modernidade e na contemporaneidade, por um lado, este seria colocado em evidência pelo privilégio concedido a certos modelos clínicos, que fizeram a leitura do mal-estar, pelo outro. Além disso, se estes diversos paradigmas remeteriam a objetos teóricos diferentes, eles se constituiriam como discursividades[108] e não como ciências, não obstante participarem de um mesmo continente do saber.[109] No entanto, se o mal-estar se inscreve histórica e socialmente na modernidade e na contemporaneidade, é preciso empreender outra inflexão teórica, para que se consubstancie a materialidade que se evidenciaria sob as formas diversas do mal-estar.

Assim, é preciso que articulemos agora as diferentes leituras do mal--estar no campo da *biopolítica*,[110] tal como enunciado por Foucault. Se

---

106. *Ibidem*.
107. Birman, J. "A reconstrução do discurso psicanalítico. Ferenczi e Lacan". In: *Tempo Psicanalítico*. Volume XLI, n. 2. Rio de Janeiro, SPID, 2009, pp. 329-343.
108. Foucault, M. "Qu'est-ce qu'auteur". In: Foucault, M. *Dits et écrits*. Volume I. *Op. cit.*
109. Althusser, L. *Lenine et la philosophie. Op. cit.*
110. Foucault, M. *Naissance de la biopolitique*. Paris, Gallimard/Seuil, 2004.

a *disciplina* e o processo de *normalização* tinham como alvo a construção da *anatomopolítica* dos corpos,[111] a biopolítica, em contrapartida, se constituiu tendo em vista a programação da *espécie*.[112] Por conta disso, o campo da *sexualidade* foi crucial para a biopolítica, pois foi por aquela que o futuro da espécie foi meticulosamente planejado a partir do presente.

Como se sabe, a questão da sexualidade foi crucial na constituição do discurso psicanalítico e se evidenciou pelas diferentes leituras sobre as pulsões. Inicialmente Freud estabeleceu a oposição entre o registro da pulsão sexual e a de autoconservação[113] e depois estabeleceu a oposição entre o registro da pulsão de vida e o da pulsão de morte.[114] Nesta última oposição, o registro da pulsão sexual foi inscrito no da pulsão de vida.[115] No intervalo entre tais oposições, o discurso freudiano concebeu o registro da pulsão de autoconservação como pulsão do eu,[116] de maneira a opor a sexualidade e o eu.

Essas oposições pulsionais fundamentaram a divisão estrutural e a conflitualidade psíquicas, e também remeteram à oposição entre os *interesses* do indivíduo (eu) e os da espécie.[117] Para Freud, a conflitualidade entre os *interesses eróticos do sujeito* e os da *reprodução da espécie* era o que estava em pauta. Portanto, entre os imperativos do gozo e os da reprodução da espécie, as oposições entre as pulsões evidenciariam a conflitualidade psíquica que marcaria o sujeito.

Assim, fragmentada entre os registros do indivíduo e da espécie, a sexualidade se inscrevia no campo da biopolítica, de fato e de direito. Além disso, pela mediação que empreendia entre os registros da *natureza* e da *sociedade*, o campo das pulsões era o alvo dos projetos bio-

---

111. *Idem. Surveiller et punir. Op. cit.*
112. *Idem. Il faut défender la société.* Paris, Gallimard e Seuil, 1997.
113. Freud, S. *Trois essais sur la théorie de la sexualité.* Segundo ensaio. *Op. cit.*
114. *Idem.* "Au-delà du principe du plaisir". In: Freud, S. *Essais de psychanalyse. Op. cit.*
115. *Ibidem.*
116. Freud, S. "Le trouble psychogène de la vision dans la conception psychanalytique" (1910). In: Freud, S. *Névrose, psychose et perversion. Op. cit.*
117. *Idem.* "Au-delà du principe du plaisir". In: Freud, S. *Essais de psychanalyse. Op. cit.*

PARADIGMAS EM QUESTÃO

políticos. Por isso mesmo, a problemática do mal-estar se inscrevia no campo da biopolítica, pois aquele evidenciava a conflitualidade entre os interesses do sujeito e os da espécie.

No que concerne a isso, os discursos teóricos de M. Klein e de Lacan se aproximaram dos paradigmas enunciados por Freud, pois a base pulsional do psiquismo foi mantida, não obstante as diferentes leituras sobre as pulsões. No entanto, a leitura pulsional foi colocada como secundária por Winnicott, que se preocupou com a constituição originária da *continuidade do ser* do infante, em conjunção com a função materna.

Esta divisão entre os paradigmas remeteria, contudo, para tempos diferentes na *história da biopolítica* no Ocidente, pois os dois paradigmas formulados por Freud remeteriam à *modernidade*, os de Melanie Klein e de Lacan à *modernidade avançada*, e o de Winnicott à *contemporaneidade*. É esta tese que enfim quero demonstrar, para sustentar a conjunção das problemáticas do mal-estar e da biopolítica.

TRANSFORMAÇÕES NOS CAMPOS DO MAL-ESTAR E DA BIOPOLÍTICA

A emergência histórica da biopolítica implicou na transformação da *população* em objeto do poder.[118] Para isso, no entanto, uma transformação anterior se realizou, no que concerne à *riqueza*.[119] Com efeito, esta passou a ser concebida na modernidade pela *qualidade de vida* da população do Estado-nação, e não mais pela extensão territorial deste e pelas riquezas nesta existente.[120]

Quais seriam os indicadores da qualidade de vida? Antes de mais nada, a *saúde*. Assim, quanto mais saudável fosse a população, maior seria a riqueza do Estado-nação.[121] Em seguida, a *educação*, pois uma população bem-educada seria um signo infalível de riqueza.[122] Enfim,

---

118. Foucault, M. *Securité, territoire, population.* Paris, Gallimard e Seuil, 2004.
119. *Idem. La volonté de savoir. Op. cit.*
120. *Ibidem.*
121. *Ibidem.*
122. *Ibidem.*

SER JUSTO COM A PSICANÁLISE

as condições de saúde e de educação foram destacadas na avaliação da qualidade de vida, desde o final do século XVIII, no Ocidente.

A Organização das Nações Unidas, desde o final dos anos 1940, transformou estes indicadores e os sistematizou no que denominou de *Índice do Desenvolvimento Humano* (IDM), para comparar os desenvolvimentos dos diversos Estados-nação e nortear suas políticas sociais. Foi por esses indicadores da qualidade de vida da população que se empreendeu o imenso projeto de *medicalização*,[123] por um lado, e o de *educação obrigatória*,[124] pelo outro. A medicina foi o primeiro modelo de normalização no Ocidente, constituindo os dispositivos disciplinares, que foram disseminados, em seguida, para outros territórios sociais na modernidade.[125] Pela constituição dos registros do *normal*, do *anormal* e do *patológico*, o discurso da medicina, como *clínica* e como *medicina social*, foi o modelo antropológico e epstemológico para a constituição das ciências humanas.[126]

Porém, se a qualidade de vida da população definia a riqueza dos Estados-nação, seria necessário investir na *infância* para a produção futura desta riqueza. A infância passou a ser o alvo de investimentos sociais a partir de então, na medida em que condensava o *capital econômico* e *simbólico* da nação. Não foi por acaso que a problemática da *infância* foi crucial na nossa tradição desde o século XIX e que a problemática do *infantil* foi fundamental na leitura do psiquismo pela psicanálise.

Na leitura psicanalítica, contudo, o registro do infantil não remete ao da infância, e isto evidencia a tensão entre os registros do mal-estar na civilização e o da biopolítica. Se este visaria à normalização, aquela mostraria, em contrapartida, as resistências dos sujeitos a este processo. De todo modo, o campo do mal-estar se configuraria pelas linhas de força estabelecidas pelos imperativos da biopolítica.

---

123. *Ibidem.*
124. *Ibidem.*
125. Foucault, M. *Naissance de la clinique. Op. cit.*
126. *Ibidem.*

PARADIGMAS EM QUESTÃO

Assim, a *família nuclear* moderna e o privilégio conferido à infância foram os dispositivos para a realização dos processos de normalização e da biopolítica. Por isso, a figura da *mulher* foi cristalizada na figura da *maternidade*, para possibilitar a existência da família e do corpo infantil. E foi como mãe que a mulher passou a realizar a *mediação* entre a ordem da *família*, da *medicina* e da *escola*.

Porém, se a infância foi *superinvestida* pelos *cuidados maternos*, constituindo a *sexualidade perverso-polimorfa*[127] e a *sexualidade infantil*,[128] de forma que a criança foi alçada à condição de soberania e de *majestade*,[129] a figura da mulher evidenciava o mal-estar na sua constituição psíquica. Em "A moral sexual 'civilizada' e a doença nervosa moderna",[130] Freud afirmou que a mulher pagou um preço maior do que o homem na constituição da modernidade. Assim, Freud delineou o mal-estar na mulher na modernidade pela disseminação da *histeria*, ou seja, pelo erotismo e pela recusa à diferença sexual, as mulheres resistiriam à redução delas ao espartilho da condição materna.[131] Porém, a disseminação da *melancolia* feminina seria o signo da derrota das mulheres neste embate. Assim, pela histeria e pela melancolia, o que estava em pauta era o *masoquismo*, como forma privilegiada de subjetivação feminina.

A *inveja* do pênis, descrita por Freud como signo da subjetividade da mulher, se inscreve neste contexto biopolítico. E a inveja como marca psíquica dos bebês, face à figura da mãe onipotente, se inscreve neste mesmo contexto biopolítico, na descrição de M. Klein. Além disso, a inveja dos homens face às mulheres, pela potência da maternidade, foi a tentativa de reversão feminina em relação à inveja do pênis e também forjada no mesmo contexto biopolítico. E, finalmente, a disputa entre

---

127. Freud, S. *Trois essays sur la thèorie de la sexualité*. Primeiro ensaio. *Op. cit.*
128. *Ibidem.*
129. Freud, S. "Pour introduire le narcisisme" (1914). In: Freud, S. *La vie sexuelle. Op. cit.*
130. *Idem.* "La morale sexuelle civilisée et la maladie nervose des temps modernes". *Op. cit.*
131. Birman, J. "Laços e desenlaces na contemporaneidade". In: Birman, J. *Jornal de Psicanálise.* Volume XL, n. 72, *Op. cit.*

SER JUSTO COM A PSICANÁLISE

as mulheres, para estabelecer quem seria mais onipotente, tal como delineada por Lacan "no caso das irmãs Papin"[132] e no caso Aimée,[133] se inscreve no mesmo contexto biopolítico.

Se a inveja se deslocou do campo das mulheres em relação aos homens, para se estabelecer também no interior do campo das mulheres e no dos bebês em relação à figura da mãe, isso evidencia uma transformação de seu campo entre a modernidade e a modernidade avançada. No entanto, o destaque conferido à inveja indica que foi a questão do *poder* o que se colocou em pauta, na economia subjetiva do sujeito, num campo social marcado pela desigualdade estabelecida entre os *gêneros* e entre os *indivíduos*.

Na contemporaneidade, a questão será a saída das mulheres da sua condição materna, buscando outras posições no espaço social. E isso também indica que a criança não tem na contemporaneidade a mesma posição — de capital simbólico e capital econômico, na riqueza das nações — como na modernidade e na modernidade avançada. É esta a transformação biopolítica discursiva que ocorre ativamente na contemporaneidade.

JOGOS DE VERDADE E DISCURSIVIDADE

Para completar esta incursão nas diferenças entre os paradigmas, é necessário realizar ainda uma última inflexão interpretativa. Assim, se a psicanálise é uma formação discursiva e não um discurso científico, é preciso dizer que a experiência psicanalítica é a invenção pelo sujeito de uma *prática de si* que se constituiu na modernidade, mas que se manteve na modernidade avançada e na contemporaneidade. Daí porque as práticas de subjetivação se inscrevem na experiência analítica de forma fundamental. Nesta perspectiva, as diferentes práticas psicanalíticas seriam formas de *cuidado de si*, realizadas desde a modernidade, para o sujeito

---

132. Lacan, J. "Motifs du crime paranoïaque: le crime des soeurs Papin" (1933). In: Lacan, J. *De la psychose paranoïque dans sus rapports avec la personalité suivi de Premiers écrits sur la paranoïa*. Paris, Seuil, 1975.
133. *Ibidem*.

PARADIGMAS EM QUESTÃO

lidar com o mal-estar produzido pelos imperativos da normalização e da biopolítica.

Enquanto *técnicas de si*,[134] os diferentes paradigmas produzidos na psicanálise, em diversos contextos biopolíticos, foram as condições de possibilidade para a construção de diferentes *jogos de verdade*, tal como enunciou Foucault para a construção do sujeito,[135] que remete à formulação de Wittgenstein sobre os *jogos de linguagem*, em "Investigações filosóficas".[136] Portanto, os diferentes jogos de verdade na experiência analítica remeteriam aos diferentes paradigmas como formas de discursividade, indicando a diferença entre as práticas clínicas na psicanálise. E se variações históricas no campo do mal-estar remetem às variações no registro da biopolítica, ambas convergem para a constituição diferencial de múltiplas técnicas de si que, como jogos de verdade e formas de subjetivações, se materializariam na experiência psicanalítica. Seria por isso, enfim, que os diferentes paradigmas teóricos, produzidos ao longo da história da psicanálise, seriam também incomparáveis.

---

134. Foucault, M. "Les techniques de soi" (1988). In: Foucault, M. *Dits et écrits*. Volume IV. *Op. cit.*
135. *Ibidem.*
136. Wittgenstein, L. "Investigations philosophiques". In: Wittgenstein, L. *Tractatus logico-philosophicus suivi de Investigations philosophiques*. Paris, Gallimard, 1961.

PARTE 2   # Remanejamentos
(Lacan)

6. Da filosofia à antifilosofia
(Sobre o percurso teórico de Lacan)

PREÂMBULO

A totalidade do percurso teórico de Lacan no campo da psicanálise se realizou pelo diálogo permanente que constituiu com o campo da filosofia, seja para se valer desta para fundamentar inicialmente a especificidade teórica da psicanálise, seja para refutar posteriormente a *filosofia* pela perspectiva teórica da psicanálise e enunciar essa finalmente como uma modalidade eloquente de *antifilosofia*. Nesta interlocução ininterrupta com o discurso filosófico, o discurso psicanalítico de Lacan se diferenciou do discurso freudiano de forma patente quando este criticava o discurso filosófico, como vimos no ensaio inicial deste livro sobre a relação de Freud com a filosofia. Além disso, é preciso ainda destacar que Lacan dialogou com os maiores representantes da filosofia francesa, por um lado, e da filosofia internacional, pelo outro, de forma patente e latente.

Neste ensaio, pretendo esboçar o percurso teórico de Lacan na sua interlocução permanente com a filosofia, de maneira sumária e esquemática, delineando devidamente as suas diferentes linhas de força e de fuga.

DIALÉTICA, ALIENAÇÃO E RECONHECIMENTO

Para puxar o fio da meada do percurso teórico de Lacan de forma rigorosa, é preciso evocar que inicialmente ele inscreveu o discurso psicanalítico no discurso da *fenomenologia* de Husserl, no momento em que

SER JUSTO COM A PSICANÁLISE

enunciou o conceito de *inconsciente* na perspectiva da *intencionalidade*, no ensaio "Além do princípio de realidade", de 1936.[1] Nele, o conceito de inconsciente, delineado por Freud desde *A interpretação dos sonhos*,[2] no qual o registro do *desejo* se articularia decisivamente com o de *sentido*, foi concebido por Lacan como intencionalidade.

Além disso, vale dizer que nesse ensaio[3] e em outros publicados nos anos 1940, Lacan foi efetivamente impactado pelo discurso filosófico de Politzer, na crítica sistemática que este realizou da psicologia clássica para delinear positivamente o campo da *psicologia concreta*.[4] Se esta se centrara na categoria dramatúrgica do *drama*,[5] a experiência psicanalítica se centraria para Lacan no campo da transferência, no qual a *realidade humana* se condensaria nas suas coordenadas fundamentais.[6] Assim, é possível dizer que o conceito de realidade humana foi a versão teórica que Lacan enunciou para o conceito de drama, formulado anteriormente por Politzer.

Em seguida, é preciso destacar, com toda a ênfase possível, que foi o discurso filosófico de Hegel que passou a regular o percurso teórico de Lacan, em decorrência da participação deste num importante seminário organizado por Kojève na École Pratique des Hautes Études[7] sobre *A fenomenologia do espírito*.[8] Desse seminário participaram figuras eminentes da filosofia francesa de então, como Sartre, Merleau-Ponty, Hyppolite e Bataille. Nos anos 1940, Lacan constituiu então o conceito de *imaginário* em psicanálise principalmente a partir do efeito teórico da leitura original de Kojève sobre Hegel. Portanto, as diferentes estru-

---

1. Lacan, J. "Au-delà du príncipe de realité" (1936). In: Lacan, J. *Écrits*, Paris, Seuil, 1966.
2. Freud, S. *L'interprétation des rêves* (1900). Paris, Presses Universitaires de France, 1976.
3. Lacan, J. "Au-delà du principe de realité". In: Lacan, J. *Écrits. Op. cit.*
4. Politzer, E. *Critique des f.ondements du la psychologie* (1927). Paris, Presses Universitaires de France, 1968.
5. Lacan, J. "Au-delà du príncipe de realité". In: Lacan, J. *Écrits. Op. cit.*
6. *Ibidem.*
7. Kojève, A. *Introduction à la lecture de Hegel*. Paris, Gallimard, 1947.
8. Hegel, G.W.F. *Phénoménologie de l'esprit* (1807). Paris, Aubier, 1946.

DA FILOSOFIA À ANTIFILOSOFIA

turas constitutivas da consciência, nos registros temporal e histórico, foram retomadas por Lacan para conceber o discurso psicanalítico, nos registros teórico, clínico e ético.

Neste contexto, o que estava em pauta para Lacan eram as categorias de *dialética*, de *alienação* e de *reconhecimento*, por meio das quais procurava problematizar o conceito de *imago* no psiquismo.[9] Este conceito foi enunciado inicialmente por Jung e retomado em seguida por Freud na teoria psicanalítica.

Assim, inscrevendo-se inicialmente no discurso psicanalítico pela segunda tópica de Freud,[10] Lacan circunscreveu o registro do eu pela dialética opositiva estabelecida entre a alienação e o reconhecimento ao Outro, de forma que o *trauma*[11] estaria no centro de sua preocupação teórica e clínica. Dessa forma, tudo aquilo que não fosse reconhecido pelo *Outro* na experiência pretérita do sujeito seria sempre de ordem traumática no psiquismo. E a experiência da transferência seria a cena decisiva, tanto para a repetição do trauma quanto para a *superação* deste, pela dialética do reconhecimento realizada pelo analista, posicionado no lugar do Outro.

Da mesma forma que a leitura de Kojève da filosofia de Hegel estava centrada no Capítulo 4 da *Fenomenologia do espírito*, problematizando a dialética do senhor e do escravo,[12] Lacan procurou realizar a leitura da relação transferencial estabelecida entre as figuras do analista e do analisante segundo as linhas de força dessa dialética. Dessa forma, o dispositivo psicanalítico teria a finalidade primordial de reproduzir inicialmente e promover posteriormente a superação da relação do senhor e do escravo, para que o sujeito pudesse ser reconhecido e assumir plenamente o exercício da sua liberdade.

---

9. Lacan, J. "Au-delà du principe de realité". In: Lacan, J. *Écrits. Op. cit.*; Lacan, J. *Les complexes familiaux dans la formation de l'individu*: Essai d'anal.yse d'une fonction en psychologie (1938). Paris, Navarin, 1984.

10. Freud, S. "Le moi et le ça". In: Freud, S. *Essais de psychanalyse. Op. cit.*

11. *Idem*. "Au-delà du principe du plaisir" (1920). In: Freud, S. *Essais de psychanalyse. Op. cit.*

12. Hegel, G.W.F. *Phénoménologie de l'esprit*. Capítulo 4, *Op. cit.*

SER JUSTO COM A PSICANÁLISE

Contudo, nas trilhas da dialética do senhor e do escravo, Lacan conferiu à *paranoia* a posição axial de modelo clínico para conceber a constituição do sujeito e da experiência psicanalítica como o seu correlato, como formulara em 1932, em sua tese de Doutorado em Psiquiatria, com a narrativa clínica do caso Aimée.[13] Com efeito, Freud privilegiou inicialmente o modelo clínico da histeria[14] e em seguida o da melancolia,[15] para conceber tanto a constituição do sujeito quanto a da experiência analítica nas suas linhas de força. Posteriormente, Melanie Klein destacou a importância das psicoses esquizofrênica e maníaco-depressiva como modelos clínicos para tais questões, mas Lacan destacou a posição fundamental ocupada pela paranoia na construção psíquica do eu.

Foi ainda neste contexto teórico que Lacan enunciou de forma crucial o conceito de *estádio do espelho*,[16] pelo qual a relação do infante com a imagem especular e o olhar da figura da mãe seriam constitutivos do registro psíquico do *eu*. Essa relação seria estruturante para o infante pela oposição à deiscência originária do corpo, mas ao mesmo tempo marcado fundamentalmente pela alienação, pois seria o *Outro* quem reconheceria o ser do infante em questão. Além disso, seria ainda em decorrência dos efeitos da dita especularidade que a *agressividade* não seria algo da ordem do comportamento, pois implicaria sempre no registro do *sujeito*, pela qual se buscaria se diferenciar da captura alienante promovida pelo olhar do outro.[17] Finalmente, para se descolar definitivamente da alienação e da captura especular, o sujeito (*Je*) deveria se

---

13. Lacan, J. *De la psychose paranoïaque dans ses rapports avec la personalité suivi de Premiers écrits sur la paranoia*. Paris, Seuil, 1975.
14. Freud, S., Breuer, J. *Études sur l'hystérie* (1895). Paris, Presses Universitaires de France, 1971.
15. *Idem*. "Deuil et melancolie" (1915). In: Freud, S. *Métapsychologie. Op. cit.*; *Idem*. "Le moi e le ça". In: Freud, S. *Essais de psychanalyse. Op. cit.*
16. Lacan, J. "Le stade du miroir comme formateur de la funcion du Je" (1949). In: Lacan, J. *Écrits. Op. cit.*
17. *Idem*. "L'agressivité en psychanalyse" (1948). In: Lacan, J. *Écrits. Op. cit.*

DA FILOSOFIA À ANTIFILOSOFIA

enunciar de forma eloquente, diferenciando-se do registro psíquico do eu (*moi*), para que pudesse ser finalmente reconhecido, na sua liberdade e posição desejante.[18]

No que concerne a isso, é preciso sublinhar ainda que Lacan começou então a articular a relação do sujeito com o campo da *linguagem*, pois seria por este viés que o sujeito teria a possibilidade de não ficar colado aos registros da imagem e do imaginário. E dessa maneira o sujeito seria deslocado da relação de ordem dual para a relação configurada como triangular, desfazendo-se do campo da alienação para se inscrever no campo do reconhecimento.[19]

LINGUAGEM E ESTRUTURALISMO

Para conferir consistência teórica ao campo da linguagem em psicanálise, Lacan promoveu um deslocamento significativo do registro do imaginário, delineando, em contrapartida, o registro do *simbólico*. Para isso, foi de suma importância o impacto da obra antropológica de Lévi-Strauss *As estruturas elementares do parentesco*,[20] assim como o da obra linguística de Saussure *Curso de linguística geral*.[21]

Também é preciso destacar que essa viragem teórica implicou naquilo que Lacan então denominou de *retorno a Freud*, pois foi apenas neste contexto teórico que Lacan se inscreveu especificamente no discurso freudiano, como nos disse Zafiropoulos na obra intitulada *Lacan e Lévi-Strauss ou o retorno a Freud*.[22] Lacan começou a se inscrever no campo daquele discurso em 1951, ao empreender o comentário de "O homem

---

18. *Ibidem*.
19. Lacan, J. "Propos sur la causalité psychique" (1946). In: Lacan, J. *Écrits. Op. cit.*
20. Lévi-Strauss, C. *Les formes élémentaires de la parenté*. Paris, Moutin, 1949.
21. Saussure, F. *Cours de linguistique générale*. Paris, Gallimard, 1964.
22. Zafiropoulos, M. *Lacan et Lévi-Strauss*. Paris, Presses Universitaires de France, 2003.

SER JUSTO COM A PSICANÁLISE

dos ratos",[23] de Freud, em *O mito individual do neurótico*.[24] Contudo, esta viragem se consolidou de forma sistemática em 1953, inicialmente com o ensaio "O simbólico, o imaginário e o real"[25] e em seguida com o "Discurso de Roma", que foi publicado finalmente nos *Escritos* sob o título de "Função e campo da fala e da linguagem em psicanálise".[26]

Com este retorno a Freud, Lacan privilegiou a primeira tópica do discurso freudiano, na qual a ênfase teórica foi concedida ao registro do inconsciente, em oposição ao registro do pré-consciente/consciência, uma vez que esses registros psíquicos seriam contrapostos pela operação do *recalque*.[27] Foi em decorrência disso, portanto, que Lacan passou a destacar a importância crucial do conceito do *desejo* como constitutiva do inconsciente, e a destacar as diferentes *formações do inconsciente*:[28] o *sintoma*,[29] o *sonho*,[30] o *lapso*[31] o *ato falho*[32] e o *chiste*,[33] que foram recenseadas por Freud nos primórdios do discurso psicanalítico, nas perspectivas metapsicológica e clínica, ao mesmo tempo.

Porém, esta viragem decisiva do registro do imaginário para o do simbólico, pela mediação dos discursos da antropologia social de Lévi-Strauss e da linguística de Saussure, se fundou na segunda filosofia de Heidegger, desenvolvida desde a *Carta sobre o humanismo*. Nela, Hei-

---

23. Freud, S. "Remarques sur un cas de névrose obsessionnelle (L'homme aux rats)" (1909). In: *Cinq psychanalyses*. Paris, Presses Universitaires de France, 1954.
24. Lacan, J. *Le mythe individuel du nevrose* (1951). Paris, Seuil, 2007.
25. *Idem*. "Le symbolique, l'imaginaire et le réel" (1953). In: Lacan, J. *Des noms du pére*. Paris, Seuil, 2005.
26. *Idem*. "Fonction et champ de la parole et du langage en psychanalyse". In: Lacan, J. *Écrits. Op. cit.*
27. Freud, S. *L'interprétation des rêves*. (1900). Paris, Presses Universitaires de France, 1976.
28. Lacan, J. *Les formations de l'inconsciente*. Le Séminaire, livre V. Paris, Seuil, 1978
29. Freud, S., Breuer, J. *Etudes sur l'hystérie. Op. cit.*
30. Freud, S. *L'interprétation des rêves*. (1900). Paris, Presses Universitaires de France, 1976.
31. *Idem. Psychopathologie de la vie quotidienne* (1901). Paris, Payot, 1973.
32. *Ibidem*.
33. *Idem. Le mot d'espirit et sa relation à l'inconscient*. Paris, Gallimard, 1986.

DA FILOSOFIA À ANTIFILOSOFIA

degger enunciou a tese de que a linguagem seria o pastor do ser,[34] e o privilégio concedido por Lacan ao simbólico se inscreveria fundamentalmente no campo deste filosofema. Contudo, Lacan o trabalhou na perspectiva do *estruturalismo*, no qual a oposição entre a *sincronia* e a *diacronia* era fundamental. Se o registro da sincronia se fundava na relação diferencial estabelecida entre os significantes, a diacronia, em contrapartida, estaria sempre referida à sincronia. Neste contexto da sincronia o *sujeito do inconsciente* foi concebido como uma relação de representação tecida entre dois significantes e sem consubstanciar qualquer referência ontológica efetiva.

Assim, o inconsciente foi delineado pelo *descentramento* em relação ao eu, de forma que o sujeito do inconsciente (*Je*), seria constituído como uma *linguagem*, por um lado, e como *transindividual*, não se identificando com o registro psíquico do eu, pelo outro.[35]

Da mesma forma que Heidegger criticava a tradição ontológica da metafísica ocidental, iniciada com Platão e Aristóteles, e propunha um retorno ao discurso pré-socrático para indagar sobre o *ser* e o *ente* com o seu discurso filosófico, Lacan aproximava o discurso freudiano da filosofia *pré-socrática*.[36] Por isso mesmo, para Lacan, o inconsciente revelaria a *verdade* em estado nascente, nos seus balbucios e murmúrios, que se encorparia nas suas articulações significantes.

Apesar de sua problematização do discurso psicanalítico a partir da filosofia de Heidegger, Lacan mantinha ainda a sua interlocução com Hegel. Isso se fazia patente no diálogo que estabelecera com Hyppolite,[37] no que tange à categoria da *denegação* em psicanálise, que teve como referência a filosofia de Hegel.[38] Além disso, no enunciado

---

34. Heidegger, M. *Carta sobre o humanismo*. Rio de Janeiro, Tempo Brasileiro, 1974.
35. Lacan, J. "Fonction et champ de la parole et du langage en psychanalyse" (1953). In: Lacan, J. *Écrits. Op. cit.*
36. Lacan, J. "Du sujet en fin en question". In: Lacan, J. *Écrits. Op. cit.*
37. Hyppolite, J. "Genèse et structure de la phénoménologie de l'esprit". Paris, Aubier, 1946.
38. Lacan, J. *Écrits techniques de Freud* (1953). Le Séminaire, livre I. Paris, Seuil, 1975.

SER JUSTO COM A PSICANÁLISE

do conceito de desejo como *falta*, a referência teórica a Hegel também estava presente, pela importância crucial conferida à operação da *negatividade*, e assim como com a aproximação do discurso psicanalítico com o discurso da *dialética*. Com efeito, no diálogo estabelecido com Daniel Lagache em "Intervenção sobre a transferência",[39] ensaio no qual se debruça sobre o caso Dora, de Freud,[40] Lacan enunciou os momentos cruciais da experiência psicanalítica na perspectiva da dialética hegeliana da negatividade.

ESCRITA E ARQUIVO

Lacan privilegiou o registro da *fala* no campo da linguagem, mas foi criticado por Derrida, que apontou a posição paradigmática da *escrita* no campo daquela. Além disso, esta escrita não seria de ordem *fonética*, de forma que seria uma versão historicamente tardia da fala.[41] Por isso mesmo, Derrida criticou não apenas Lacan, como também Lévi-Strauss, na concepção da linguagem como um campo diferencial de significantes, preferindo delinear a escrita pelo conceito *de signo*, no qual se operaria a produção da *diferença*[42] e o processo do *diferir*. Portanto, pela leitura não fonética da escrita e na ênfase desta em relação à fala, Derrida criticava o filosofema da *presença*, que marcou de maneira indelével a tradição filosófica do Ocidente, desde Platão e Aristóteles, norteando a história da metafísica até Hegel e Husserl.[43]

Em decorrência disso, Derrida enunciou de forma teoricamente original o conceito de inconsciente como escrita, no ensaio intitulado "Freud e a cena da escritura", em oposição à leitura de Lacan centrada

---

39. Derrida, J. *De la grammatologie*. Paris, Seuil, 1967.
40. Lacan, J. "Intervention sur le transfert" (1951). In: Lacan, J. *Écrits. Op. cit.*
41. Derrida, J. *De la grammatologie. Op. cit.*.
42. *Ibidem.*
43. *Ibidem.*

DA FILOSOFIA À ANTIFILOSOFIA

no registro da fala.[44] Assim, em seu percurso para indicar a transformação de um *pensamento do traço* em outro voltado para a escrita, Derrida concebeu o aparelho psíquico descrito por Freud como uma *máquina de escrever*.[45]

Em *Mal de arquivo*: Uma impressão freudiana (1995), Derrida retomou o conceito de escrita (inconsciente) para criticar o conceito positivista de história, na medida em que o inconsciente produziria outro *arquivo*, não redutível à concepção do *documento*, tal como se fundaria o discurso da história.[46] Além disso, o que está ainda em pauta nesse livro é a articulação do arquivo ao campo do *poder*, pois, para Derrida, a construção efetiva do arquivo implicaria sempre na articulação deste com a instância do poder.

Por isso, no ensaio *Cartão-postal*,[47] Derrida fez ainda uma crítica sistemática ao texto de Lacan sobre "A carta roubada",[48] no qual este empreendeu a leitura do famoso conto de Poe com o mesmo título, para sustentar que a carta chegaria sempre ao seu destino, norteada pela transferência fundada na cadeia de significantes. Para Derrida, em contrapartida, não existiria a figura do *carteiro da verdade*, se a linguagem for considerada pela lógica do signo e não do significante, pelo qual a questão do poder regularia inequivocamente o destino de todas as cartas e mensagens.

SABER, PODER E SUBJETIVAÇÃO

A tese de Derrida sobre o arquivo, na qual a leitura positivista da história foi questionada, evoca a formulação anterior de Foucault de crí-

---

44. Derrida, J. "Freud et la scène de l'écriture". In: Derrida, J. *L'écriture et la différence*. Paris, Seuil, 1967.
45. *Ibidem.*
46. *Idem. Mal d'archive.* Paris, Galilée, 1995.
47. *Idem. Cartão-postal:* De Sócrates a Freud e além. Rio de Janeiro, Civilização Brasileira, 2005.
48. Lacan, J. "Séminaire sur 'la lettre volée'". In: Lacan, J. *Écrits. Op. cit.*

SER JUSTO COM A PSICANÁLISE

tica sobre o discurso da história, segundo a qual o documento seria um "monumento", enunciada no livro *A arqueologia do saber*,[49] em 1969. Por este viés, Foucault criticou a concepção positivista da história tendo como base a leitura genealógica de Nietzsche, pela qual os enunciados da verdade sempre pressuporiam a instância do poder.[50]

Contudo, desde os primórdios de seu percurso teórico, Foucault criticou o discurso psicanalítico e principalmente o discurso teórico de Lacan, inicialmente na *arqueologia do saber* e posteriormente na *genealogia do poder*. Em *História da loucura*, Foucault inscreveu a psicanálise na *tradição crítica* sobre a loucura e na história da psiquiatria, que se oporia à *tradição trágica* sobre a loucura,[51] mas em *Nascimento da clínica*, a psicanálise foi incluída no discurso de anatomoclínica pela inscrição do campo da transferência na problemática moderna da finitude e da relação médico-paciente.[52] Estas teses se opunham decisivamente ao que era então sustentado na tradição lacaniana, que supunha a exterioridade e a autonomia do discurso psicanalítico, seja em relação à medicina, seja em relação à psiquiatria, pela inscrição da psicanálise na epistemologia regional empreendida por Althusser, em "Freud e Lacan", do conceito de corte epistemológico.[53] Além disso, ainda em *História da loucura*, Foucault inscreveu a cura psicanalítica no dispositivo do tratamento moral da psiquiatria asilar, remetendo ambas, de forma inesperada, à experiência especular formulada pelo discurso teórico de Lacan.[54]

Contudo, em *As palavras e as coisas*, publicado em 1966, Foucault enfatizou na sua arqueologia das ciências humanas a importância crucial do conceito de inconsciente, na psicanálise com Freud e na antropologia estrutural de Lévi-Strauss, para enfatizar a tese do descentramento do sujeito

---

49. Foucault, M. *L'archéologie du savoir*. Paris, Gallimard, 1969.
50. *Ibidem*.
51. *Idem. Histoire de la folie à l'âge classique. Op. cit.*
52. *Idem. Naissance de la clinique*. Paris, Presses Universitaires de France, 1963.
53. Althusser, L. "Freud et Lacan" (1964). In: Althusser, L. *Positions*. Paris, Sociales, 1976.
54. Foucault, M. *Histoire de la folie à l'âge classique*. Parte 3, *op. cit.*

DA FILOSOFIA À ANTIFILOSOFIA

em relação ao eu e a crítica da tradição da filosofia do sujeito iniciada com a filosofia de Descartes.[55] Além disso, em "Nietzsche, Freud e Marx", de 1968, Foucault inscreveu o discurso psicanalítico na *hermenêutica* moderna em oposição à *semiologia* clássica,[56] mas no ensaio de 1969 intitulado "O que é um autor?" sustentou que a psicanálise não era uma *ciência*, mas uma *formação discursiva*.[57] Em seguida, na aula inaugural ao Collège de France (publicada sob o título *A ordem do discurso*), Foucault problematizou a categoria do discurso.[58] Esta categoria foi retomada por Lacan logo em seguida, nos seminários *De um Outro ao outro* (1968-1969)[59] e *O avesso da psicanálise* (1969-1970),[60] evidenciando a incidência do discurso teórico de Foucault no seu discurso psicanalítico, para enfatizar a existência neste de um discurso *sem* palavras e destacar importância do objeto *a* como objeto causa do desejo, que nortearia a cadeia de significantes. Como já foi fartamente documentado, Lacan assistiu à conferência de Foucault na Sociedade Francesa de Filosofia, sobre "O que é um autor?", e afirmou que o retorno a Freud que realizara se fundava na leitura então empreendida por Foucault sobre a psicanálise como formação discursiva.[61] Lacan também apontou posteriormente a importância de *História da loucura*, nos anos 1960, em oposição à crítica que esta obra recebeu da comunidade psiquiátrica francesa, que a considerou como obra "psiquiatricida".

Além disso, em *A vontade de saber*, Foucault criticou não apenas a tese da *repressão* no campo da sexualidade, que colocava a psicanálise como libertária por estabelecer uma suspensão da repressão, pois existiria desde o século XVIII uma tagarelice sobre o sexo e a produção

---

55. *Idem. Les mots et les choses.* Paris, Gallimard, 1966.
56. *Idem.* "Nietzsche, Freud, Marx" (1967). In: Foucault, M. *Dits et écrits.* Volume I. Paris, Gallimard, 1994.
57. *Idem.* "Qu'est-ce qu'un'auteur?". *Op. cit.*
58. *Idem. L'ordre du discours.* Paris, Gallimard, 1971.
59. Lacan, J. *D'um autre à l'autre* (1968-1969). Le Séminaire, livre XVI. Paris, Seuil, 2006.
60. *Idem. L'envers de la psychanalyse* (1969-1970). Le Séminaire, livre XVII. Paris, Seuil, 1991.
61. Foucault, M. "Qu'est-ce qu'un'auteur?". In: Foucault, M., *Dits et écrits.* Volume I. *Op. cit.*

SER JUSTO COM A PSICANÁLISE

do sujeito centrado no campo da sexualidade. E também indicou, pela constituição do *dispositivo* da sexualidade, como a psicanálise se inscrevia no campo da *ciência sexual* (sexologia), singularidade do Ocidente, face a outras formas culturais e sociais que enfatizariam a tradição da *arte erótica*.[62] Contudo, criticou ainda a leitura do poder e da autoridade atribuída ao *complexo de Édipo* (Freud) e a *estrutura edípica* (Lacan), que concebiam o poder no registro pré-moderno da *soberania* e não no registro moderno do *poder disciplinar* e do *biopoder*.[63]

Foucault propôs ainda outra leitura do sujeito como *modalidade de subjetivação*,[64] em oposição à tradição da filosofia na qual o sujeito passou a ser concebido na *tangência* entre os registros do saber e do poder. Em decorrência disso, a *estética da existência* e a *estilística da existência* dominavam o tempo final de seu percurso filosófico, e Foucault passou a enfatizar a importância da experiência do *cuidado de si* e não do *saber de si* (no Ocidente desde a Antiguidade até o tempo helenístico)[65] para conceber as formas de subjetivação na exterioridade de qualquer ontologia do sujeito, mesmo que essa seja de ordem psicanalítica.

CONHECIMENTO E DESEJO

Ao romper definitivamente com a tradição hegeliana da filosofia que marcou parte significativa de seu percurso teórico, pela desconstrução da tese de que o real seria racional, Lacan inaugurou a problematização do *real* em psicanálise, na qual o conceito de objeto *a*, como objeto causa do desejo, passou a ser concebido como crucial na sua leitura do discurso psicanalítico. Esta leitura começou a ser sistematizada no seminário sobre *A angústia*,[66] embora os rastros desta transformação teórica

---

62. *Idem. La volonté du savoir*. Paris, Gallimard, 1976.
63. *Ibidem.*
64. *Ibidem.*
65. Foucault, M. *Les usages des plaisirs*. Paris, Gallimard, 1984; *Idem. Le souci du soi*. Paris, Gallimard, 1984.
66. Lacan, J. *L'angoisse* (1962-1963). Le Séminaire, livre X. Paris, Seuil, 2004.

DA FILOSOFIA À ANTIFILOSOFIA

já estivessem esboçados nos seminários anteriores, a saber *A ética da psicanálise*[67] e *A transferência*.[68]

Contudo, o que existe de fundamental aqui é que Lacan criticou de forma incisiva a *estética transcendental* de Kant, formulada na *Crítica da razão pura*,[69] para opor a dimensão ética do desejo à questão do *conhecimento* presente na tradição da filosofia desde os tempos de Platão e Aristóteles. Portanto, pela ênfase colocada no objeto *a*, a dita estética transcendental foi desconstruída pelo discurso psicanalítico, em nome da hegemonia do registro do real face aos registros do simbólico e do imaginário, não obstante o enunciado do conceito de *nó borromeano* que costurava os três registros em questão.

Lacan realizou, assim, um deslocamento crucial no seu percurso teórico, desconectando-se da tradição teórica da filosofia para a da antifilosofia, na qual inscreveu, enfim, o discurso psicanalítico,[70] aproximando-se de forma inesperada da leitura freudiana do discurso filosófico, para conceber a especificidade teórica e ética do discurso psicanalítico.

---

67. *Idem. L'éthique de la psychanalyse* (1959-1960). Le Séminaire, livre VII. Paris, Seuil, 1986.
68. *Idem. Le transfert* (1960-1961). Le Séminaire, livre VII. Paris, Seuil, 2001.
69. Kant, E. *Critique de la raison pure* (1781). Paris, Presses Universitaires de France, 1970.
70. Badiou, A. *Lacan et l'anti-philosophie*. Paris, Seuil, 2012.

7. Os filósofos apenas interpretaram o mundo de diversas maneiras, mas o que importa é transformá-lo* (Sobre Lacan e Marx, comentários preliminares)

---

* Conferência realizada no Centre Culturel International de Cerisy, no Colóquio "Marx, Lacan: l'acte revolutionaire et l'acte psychanalytique", em 14 de agosto 2011, em Cerisy-la-Salle.

AUSÊNCIA ELOQUENTE

No colóquio intitulado Lacan com os filósofos, organizado pelo Collège International de Philosophie de maneira solene e que foi publicado posteriormente como livro,[1] em 1991, pela editora Albin Michel, não havia qualquer parte dedicada específica e exclusivamente a Marx. É preciso reconhecer que este não era então considerado um interlocutor importante no discurso teórico de Lacan, não obstante os múltiplos comentários e referências feitas por este ao filósofo alemão.

Em contrapartida, neste colóquio, os destaques nominais a filósofos se fizeram a propósito de Kant,[2] de Platão,[3] de Hegel[4] e de Heidegger.[5] Além disso, certas problemáticas foram colocadas devidamente em relevo, nas bordas entre a filosofia e a psicanálise, como as da ética,[6] do discurso[7] e da ciência,[8] ao lado de toda uma parte dedicada ao Real, ao Simbólico e ao Imaginário.[9] Finalmente, a contempora-

---

1. Avtonomova, N.; Badiou, A.; Baudry, F. et al. Lacan avec les philosophes. Paris, Albin Michel, 1991.
2. Ibidem, pp. 67-132.
3. Ibidem, pp. 133-170.
4. Ibidem, pp. 293-332.
5. Ibidem, pp. 189-236.
6. Ibidem, pp. 19-66.
7. Ibidem, pp. 236-292.
8. Ibidem, pp. 333-372.
9. Ibidem, pp. 171-188.

SER JUSTO COM A PSICANÁLISE

neidade foi também colocada em pauta. Nela, os efeitos do discurso teórico de Lacan sobre a filosofia e a atualidade filosófica de Lacan foram postos em evidência, numa seção intitulada "Depuis Lacan".[10]

É preciso evocar que Marx não foi o único filósofo a ser colocado no limbo, isto é, na posição eloquente desse silêncio relativo a que me referi, no dito colóquio. Certamente, outros o foram também, não obstante a importância notória e crucial destes no percurso teórico de Lacan. Com efeito, este foi o caso de Descartes e de Aristóteles, que também não foram objeto de seções separadas, mas que se inscreveram efetivamente no campo temático de outras partes do evento e do livro, de maneira secundária. Porém, é preciso dizer que a referência a Marx no dito colóquio não esteve completa e absolutamente ausente, apesar de não ter sido este colocado em destaque. Assim, a referência a Marx aparece em alguns textos, como no de Macherey, no qual este comenta a leitura de Hegel feita por Kojève e em que a filosofia de Marx teria sido uma mediação fundamental,[11] ao lado da filosofia de Heidegger.

Podemos nos indagar sobre as razões desta ausência eloquente, contudo, na apresentação do livro *Lacan com os filósofos* não existe qualquer menção a isso.[12] Não existe também qualquer justificativa para a escolha da listagem dos filósofos e dos temas escolhidos para a realização do colóquio.[13] Pode-se supor assim que, na hierarquia dos filósofos que incidiram sobre o percurso teórico de Lacan, Marx não tinha sido então considerado como um autor fundamental, como os demais que foram escolhidos. Daí a sua ausência eloquente, não obstante a sua presença periférica.

Porém, pode-se supor ainda que, como a presença mais densa de Marx na obra de Lacan se realizou no final do percurso teórico deste, no tempo da realização do colóquio a reflexão sobre isso fosse ainda

---

10. *Ibidem*, pp. 373-420.
11. Macherey, P. "Lacan avec Kojève, philosophie et psychanalyse". *Op. cit.*, pp. 315-321.
12. *Ibidem*, pp. 8-9.
13. *Ibidem*.

OS FILÓSOFOS APENAS INTERPRETARAM O MUNDO DE DIVERSAS MANEIRAS...

escassa e pouco sistemática. Daí a justificativa teórica para a ausência marcante da filosofia de Marx no dito colóquio e as escolhas que foram então realizadas.

No entanto, é possível imaginar ainda que a derrota do socialismo real e o fim da União Soviética, assim como a derrubada do Muro de Berlim, ocorridos recentemente na época da realização do colóquio, tenham contribuído para colocar no limbo a referência à filosofia de Marx no percurso teórico de Lacan. Contudo, é preciso evocar que foi justamente por isso que, nesse contexto, Derrida publicou em 1993 um livro importante sobre esta questão, intitulado justamente *Espectros de Marx*.[14]

É possível que não possamos jamais responder a isso de forma conclusiva, pois as incertezas estarão sempre presentes e as dúvidas relançadas. De todo modo, a realização deste colóquio de Cerisy sobre Lacan e Marx visa a preencher a lacuna deixada pelo colóquio de 1991, de forma a conferir à interlocução com Marx a devida importância no percurso teórico de Lacan.

No que concerne a isso, é preciso sublinhar aqui que este novo colóquio ocorre no contexto histórico da séria crise do capitalismo neoliberal, iniciada em 2008 e que continua a produzir os seus efeitos desastrosos no âmbito internacional. Ao lado disso, é preciso destacar também que foi ainda no contexto histórico da expansão da mundialização neoliberal que a posição teórica hegemônica da psicanálise no campo *psi* foi colocada em questão, pela emergência dos paradigmas teóricos das *neurociências* e do *cognitivismo*. Além disso, ainda neste espaço social que a *performance* e o *imperativo de gozar*, custe o que custar, foram colocados no primeiro plano da cena psíquica das subjetividades, no mundo contemporâneo. Em decorrência disso tudo, a interlocução teórica entre Lacan e Marx é bastante pertinente na atualidade, de maneira a tornar legítima a indagação sobre as relações existentes entre o ato psicanalítico e o ato revolucionário.

---

14. Derrida, J. *Spectres de Marx*. Paris, Galilée, 1993.

SER JUSTO COM A PSICANÁLISE

PRESENÇA FLAGRANTE

Assim, no que concerne a isso, é preciso afirmar devidamente que Marx foi uma referência teórica importante no percurso teórico de Lacan, tendo sobre este uma incidência que não pode ser negligenciada. O que não quer dizer que esta incidência tenha sido fundamental, como foi a de outros filósofos. O que não implica em dizer tampouco que Lacan tenha sido marxista, que seja bem entendido. Nem muito menos comunista, é claro. A obra de Roudinesco sobre Lacan intitulada *Jacques Lacan*: Esboço de uma vida, história de um sistema de pensamento[15] é conclusiva sobre isso. Portanto, afirmar algo sobre o marxismo e o comunismo de Lacan seria uma grande bobagem. É bom que se diga logo isso, para começo de conversa.

Em contrapartida, é preciso reconhecer que Lacan trabalhou certas questões da filosofia de Marx ao longo de seu percurso teórico, principalmente no final. Pode-se enumerar assim, sem a intenção de ser exaustivo: o *valor do uso* e o *valor da troca* nas relações com o *gozo*,[16] o *capitalismo*,[17] a *alienação*[18] e o *fetiche*.[19] Foi em decorrência disso que aquele forjou o conceito de *discurso do capitalista*[20] e inscreveu ainda a filosofia de Marx no registro genealógico da *invenção do sintoma*,[21] que foi posteriormente explorado sistematicamente por Freud, com a constituição da psicanálise.

Porém, como disse anteriormente, estas problematizações que Lacan fez sobre Marx se inscreveram principalmente no final do percurso teórico daquele. O que estava em pauta era *O capital*,[22] de Marx, por

---

15. Roudinesco, E. *Jacques Lacan*. Esquisse d'une vie, histoire d'um système de pensée. Paris, Fayard, 1993.
16. Lacan, J. *Autres écrits*. Paris, Seuil, 2001, p. 234.
17. *Idem*. *La logique du fantasme*. Paris, mimeografado, 1967-1968.
18. *Ibidem*.
19. *Ibidem*.
20. Lacan, J. *Ou pire*. (*Le savoir du psychanalyste*). Paris, mimeografado, 1971-1972.
21. *Idem*. *RSI*. Paris, mimeografado, 1974-1975.
22. Marx, K. *Le Capital* (1867). In: Marx, K. *Oeuvres*. Volume I. Economie I. Paris, Gallimard, 1963.

OS FILÓSOFOS APENAS INTERPRETARAM O MUNDO DE DIVERSAS MANEIRAS...

um lado, e a teorização de Lacan sobre o *real*, o *gozo* e o *objeto a* pelo outro. Esta incursão teórica do Lacan acabou por incidir sobre a teoria dos discursos, com a formulação do discurso de capitalista, como quinto discurso. Além disso, nessa incursão Lacan realizou uma incisiva crítica a Marx, pela qual este não teria se desprendido do discurso do mestre, em decorrência da presença avassaladora do discurso universitário na governabilidade da União Soviética, marcada que esta seria pela burocracia.[23]

Podemos e devemos nos indagar se as preocupações de Lacan centradas em O *capital*, no seu percurso teórico final, não foram o efeito de sua interlocução com Althusser, que se estabeleceu na primeira metade dos anos 1960.[24] Assim, mesmo se concordarmos com Roudinesco que Lacan não se interessava efetivamente nem pelo pensamento de Althusser, tampouco pelo seu projeto de refundar o marxismo, e que o seu interesse era apenas o de ter acesso aos alunos da École Normale Supérieur, a quem Althusser tinha apresentado o discurso teórico de Lacan,[25] não resta qualquer dúvida de que o debate sobre O *capital* estava de fato em pauta naquele contexto intelectual. Seria difícil acreditar que Lacan não se inscreveu efetivamente, a seu modo, no campo deste debate teórico para posicionar o discurso psicanalítico que forjara face a isso.

Como se sabe, Althusser foi o teórico que procurou problematizar a oposição existente entre o jovem Marx e o Marx da maturidade, isto é, entre o discurso historicista de Marx marcado ainda pela tradição da filosofia hegeliana e que se contrapunha ao Marx posterior que forjou o discurso científico centrado em O *capital*,[26] que teria se libertado finalmente da filosofia de Hegel. Era este discurso teórico de Marx, centrado em O *capital*, que interessava a Lacan no final de seu percurso teórico, justamente porque Lacan estava voltado para a

---

23. Lacan, J. *L'envers de la psychanalyse*. Paris, Seuil,
24. Roudinesco, E. *Jacques Lacan*. Parte 7, Capítulo 1. *Op. cit.*
25. *Ibidem*, p. 392.
26. Althusser, L. *Pour Marx*. Paris, Maspero, 1965; Althusser, L., Balibar, E. *Lire le Capital*. Paris, Maspero, 1967.

SER JUSTO COM A PSICANÁLISE

problematização do registro do real e para a inscrição da psicanálise no campo do *materialismo*.

Além disso, não se pode esquecer que Althusser foi o teórico marxista que procurou promover a aproximação entre Marx e a psicanálise, pela conjunção de Freud com Lacan. Com efeito, 15 anos após a condenação da psicanálise pelo Partido Comunista Francês como uma "ideologia reacionária", num artigo célebre publicado pela revista *La Nouvelle Critique* em 1949,[27] Althusser publicou na mesma revista o seu ensaio "Freud e Lacan", em 1964,[28] de maneira a realizar a recuperação efetiva da psicanálise para a tradição marxista. Mas não nos enganemos sobre isso. Não se pode supor ingenuamente que Lacan tenha simplesmente subscrito as teses do último Marx, ficando então na sombra e a reboque da leitura de Althusser sobre este. Ao contrário, Lacan criticou o marxismo de múltiplas maneiras e em diversos contextos, como já destaquei. Com efeito, Lacan seguia o seu caminho teórico próprio e no campo de sua pesquisa cruzou com o pensamento do último Marx e com a tradição comunista, com quem teve efetivamente que se defrontar.

Vale a pena evocar, no que concerne a isso, a passagem célebre do ensaio "A ciência e a verdade" na qual Lacan cita e critica a formulação de Lênin sobre a "onipotência da verdade" presente no marxismo. Com efeito, se Lênin dizia que "a teoria de Marx seria onipotente porque verdadeira", Lacan contrapunha incisivamente a isso enunciando que "uma ciência econômica inspirada no *Capital* não conduz necessariamente a usar isso como poder de revolução e a história parece exigir outros auxílios além de uma dialética predicativa".[29] Portanto, considerando que este fragmento de texto é incisivo, a posição teórica de Lacan face ao marxismo é bastante clara e eloquente.

Da mesma forma, no artigo intitulado "Resposta aos estudantes de filosofia sobre o objeto da psicanálise", de 1968, Lacan colocou em dúvida

---

27. *Idem*. "La psychanalyse, idéologie réactionnnaire". In: *La nouvelle critique*, n. 7, Paris, 1949, pp. 52-73.
28. Althusser, L. "Freud et Lacan". In: Althusser, L. *Écrits sur la psychanalyse*. Paris, Stock/Zmec, 1993.
29. Lacan, J. "La science et la verité". In: Lacan, J. *Écrits*. Paris, Seuil, 1966, p. 869.

OS FILÓSOFOS APENAS INTERPRETARAM O MUNDO DE DIVERSAS MANEIRAS...

uma tese central de Marx, qual seja, a possibilidade de "superação pelo sujeito do seu trabalho alienado".[30] Isso porque formular esta tese implicaria em supor que seria possível superar "a alienação do discurso".[31]

Portanto, se estou supondo aqui que o diálogo teórico com Althusser foi o campo fértil que possibilitou o interesse tardio de Lacan em se voltar para a interlocução com o último Marx, privilegiado por aquele, Lacan certamente empreendeu este caminho pelas linhas de força presentes no seu discurso teórico, centrando-se no registro do real e na questão do gozo, pelas quais incorporou questões e criticou o discurso teórico de Marx ao mesmo tempo. Contudo, se as duas referências que realizei logo antes são eloquentes em si mesmas para indicar a direção teórica assumida por Lacan na sua leitura de Marx, elas o são mais ainda porque foram formuladas no contexto institucional da École Normale Supérieur, que contava com a presença de Althusser e de seus discípulos como seus auditores.

A indagação que se coloca agora é se o discurso teórico de Marx, condensado em *O capital*, foi a única referência deste no percurso teórico de Lacan. É o que se verá no que se segue.

A PROBLEMÁTICA DA VERDADE

Assim, é preciso constatar e reconhecer que existem ainda outras referências a Marx realizadas por Lacan ao longo de sua obra. Devemos ao trabalho de pesquisa de Pierre Bruno o recenseamento prévio sobre as referências a Marx no percurso teórico de Lacan.

Em *Lacan, passeur de Marx*: L'invention du symptôme "[32] livro publicado em 2010, Bruno recenseou exaustivamente as diferentes passagens em que Lacan cita Marx. Foram sete vezes nos *Escritos*, 12 vezes nos *Outros escritos*, 16 vezes em *O seminário* e cinco vezes na "Radiofonia". Porém, é preciso dizer ainda, sempre segundo Bruno, que se

---

30. *Idem.* "Réponse à des étudiants en philosophie sur l'objet de la psychanalyse". In: Lacan, J. *Autres Écrits*. Paris, Seuil, p. 208.

31. *Ibidem.*

32. Bruno, P. *Lacan, passeur de Marx:* L'invention du symptôme. Paris, Érès, 2010.

SER JUSTO COM A PSICANÁLISE

as referências são numericamente pequenas, elas não seriam absolutamente alusivas. Com efeito, em geral, o nome de Marx estaria sempre relacionado a desenvolvimentos teóricos decisivos no discurso teórico de Lacan.

O que fica evidente neste recenseamento prévio empreendido por Bruno, antes de mais nada, é que as referências a Marx se adensam significativamente após a publicação dos *Escritos*, em 1966. Isto evidencia como a interlocução teórica com Althusser foi decisiva para este diálogo realizado com Marx, mesmo que na sua leitura deste Lacan se mantenha inscrito no campo de suas preocupações teóricas e não no campo discursivo de Althusser. Porém, as referências à filosofia de Marx estariam presentes no discurso teórico de Lacan, de maneira significativa, no início do seu percurso teórico. Assim, apesar das poucas alusões presentes, as referências seriam não apenas efetivas, mas também decisivas. No entanto, as preocupações de Lacan aqui seriam de outra ordem, bastante diferentes das que se encontram na interlocução posterior dele com a filosofia de Marx. O que estaria em pauta seria a "questão da verdade", por um lado, e a da "filosofia da história", pelo outro.[33]

Assim, no ensaio intitulado "Considerações sobre a causalidade psíquica", datado de 1946, Marx foi alinhado ao lado de Sócrates, Descartes e Freud, no que concerne à "paixão da verdade".[34] Portanto, neste pequeno fragmento, Freud e Marx foram igualmente inscritos na tradição da história da filosofia, no momento histórico de sua fundação na Grécia clássica com Sócrates e na inflexão crucial da modernidade filosófica com Descartes, na qual estaria em pauta o estatuto da verdade.

No entanto, na abertura da Parte 4 dos *Escritos*, num texto introdutório intitulado "Do sujeito enfim em questão", a questão da verdade

---

33. *Ibidem.*
34. Lacan, J. "Propos sur la causalité psychique" (1946). In: Lacan, J. *Écrits*. Op. cit, p. 193.

foi enunciada no registro da tradição materialista. Com efeito, Lacan aqui colocou incisivamente em destaque a famosa ruptura teórica de Marx com Hegel, a sua célebre inversão materialista contra o idealismo filosófico, que teria sido realizada ainda em nome da questão da verdade.[35] Portanto, a questão concreta da verdade não se inscreveria mais na tradição da adequação do registro da representação com o registro das coisas, pois se inscreveria decisivamente agora num "retorno" materialista da problemática da verdade.

Além disso, em "Função e campo da fala e da linguagem em psicanálise", de 1953, a filosofia de Marx foi alinhada ao lado das de Bossuet, Toynbee e Comte, por ter descoberto um "sentido da história".[36] Desta maneira, a questão do sentido implicaria na questão da verdade e vice-versa, constituindo efetivamente o campo da filosofia da história.

Pode-se formular assim que Lacan estabeleceu um diálogo inicial com a filosofia de Marx voltado especificamente para a problemática da verdade e que apenas posteriormente no seu percurso teórico esta interlocução se voltou para as questões do real, do gozo e do capitalismo. Vale dizer, o que estava em pauta no percurso inicial de Lacan era a filosofia do jovem Marx, centrado na questão da verdade e do sentido da história, e que apenas posteriormente se interessou pelas questões colocadas pelo O capital.

No entanto, a filosofia do jovem Marx marcou a ferro e fogo a geração intelectual francesa a qual Lacan pertencia, desde os anos 1930, pela incidência crucial do discurso teórico de Kojève na leitura de Hegel.[37] É para este tempo inicial do discurso teórico de Lacan que pretendo me voltar agora, para colaborar assim com a leitura da incidência da filosofia de Marx no discurso teórico de Lacan. Desta maneira, pode-se

---

35. *Idem.* "Du sujet en fin en question". *Op. cit.*, p. 234.
36. *Idem.* Fonction et champ de la parole et du langage en psychanalyse" (1953). *Idem*, p. 260.
37. Kojève, A. *Introduction à la lecture de Hegel.* Paris, Gallimard, 1947; Roudinesco, E. *Jacques Lacan.* Parte 3, *op. cit.*

SER JUSTO COM A PSICANÁLISE

preencher o vazio teórico deixado pelo colóquio Lacan com os filósofos, por um lado, e delinear as proximidades existentes entre o ato psicanalítico e o ato revolucionário, pelo outro.

A TRADIÇÃO ALEMÃ

O título escolhido para este ensaio se inscreve decisivamente neste projeto teórico de leitura. Assim, ao escolher como título deste trabalho "Os filósofos apenas interpretaram o mundo, mas o que importa é transformá-lo", retomamos intencionalmente uma passagem crucial do jovem Marx, que corresponde à décima primeira das "Teses sobre Feuerbach",[38] de 1845. Nas teses Marx criticava Feuerbach por empreender uma leitura *abstrata* do homem e por não se voltar efetivamente para uma leitura *concreta* da condição deste. Para empreender esta leitura concreta do homem, Marx destacou não apenas a dimensão da *prática*, mas também colocou em evidência a divisão das relações sociais estabelecidas entre os homens, numa perspectiva marcadamente histórica.[39] Seria por conta disso, portanto, que o registro do ato se articularia intimamente na leitura do homem concreto, pela mediação da *práxis* inscrita na temporalidade da história. Enfim, Marx realizou neste pequeno texto a crítica incisiva do *naturalismo* de Feuerbach, de forma a se deslocar decisivamente de uma leitura contemplativa do processo de conhecimento, pelo destaque que foi então dado à *práxis* no campo efetivo das relações sociais.

Entretanto, é preciso dizer ainda que ao forjar este texto Marx estaria já no processo teórico de realizar a crítica sistemática da filosofia de Hegel. No percurso teórico de Marx, com efeito, as "Teses sobre Feuerbach" estão situadas entre dois grandes ensaios, a saber, "Crítica da filosofia política de Hegel",[40] de 1843, e "A ideologia alemã", de

---

38. Marx, K. "Thèses sur Feuerbach". In: Marx, K. *De l'abolition de l'État à la constitution de la société humaine*. Marx, K. *Oeuvres*. Philosophie (Pleiade). Volume III. Paris, Gallimard, 1982, p. 1033.

39. *Ibidem*, pp. 1029-1033.

40. *Idem*. "Critique de la philosophie politique de Hegel" (1843). In: Marx, K. *Oeuvres*. *Op. cit.*, pp. 865-1018.

OS FILÓSOFOS APENAS INTERPRETARAM O MUNDO DE DIVERSAS MANEIRAS...

1845-1846.[41] Em "A ideologia alemã", Marx retomou a crítica à filosofia de Feuerbach na introdução, antes de realizar em seguida, de forma contundente, a leitura da ideologia em geral e da ideologia alemã em particular. Portanto, o que estaria em pauta para Marx, neste contexto histórico, seria não apenas a crítica da filosofia de Feuerbach, mas também a da tradição hegeliana da filosofia alemã, que estaria condensada nos enunciados da ideologia alemã. Assim, Marx pretendia empreender a crítica sistemática da dialética hegeliana, colocando a dialética sobre os seus próprios pés e para retirar o pensamento do registro da contemplação, com vistas a constituir o materialismo histórico. Enfim, a constituição deste seria a maior resultante teórica da crítica do naturalismo de Feuerbach e da dialética idealista de Hegel, visando à construção de uma efetiva dialética materialista.

Assim, estamos aqui decisivamente lançados no campo teórico da filosofia do jovem Marx que como uma sombra iminente estaria presente na nova recepção francesa da filosofia de Hegel, que teve em Kojève um de seus grandes mestres, talvez o maior, ao lado de Jean Hyppolite e de Jean Wahl. Qual seria a marca distintiva e diferencial desta nova recepção de Hegel na França?

Se considerarmos sobre isso a formulação de Hyppolite, segundo a qual a filosofia de Hegel estaria condensada em a "A ciência da lógica"[42] foi a sua representação dominante desde a segunda metade do século XIX na Alemanha e na Europa — de forma que a filosofia de Hegel foi considerada *panlogista* —,[43] o que se perfilou decisivamente nos anos 1930 foi a emergência decisiva de uma filosofia hegeliana *pantrágica.*[44] Ou seja, o que ficou em pauta foi a leitura da filosofia de Hegel cen-

---

41. *Idem.* "L'idéologie allemande (Conception materiale e Critique du monde) (1845-1846)". In: Marx, K. *Oeuvres. Op. cit.,* pp. 1039-1327.
42. Hegel, G.W.F. *Science de la logique.* Volumes I e II. Paris, Aubier Montaigne, 1981.
43. Hyppolite, J. "La Phénoménologie de Hegel et la pensée française contemporaine". In: Hyppolite, J. *Figures de la pensée philosophique.* Volume I. Paris, Presses Universitaires de France, 1971.
44. *Ibidem.*

SER JUSTO COM A PSICANÁLISE

trada no registro do *trágico*, pela qual os conceitos de *negatividade*, de *contradição* e de *alienação*, inscritos no registro da dialética, marcariam agora o dilaceramento do sujeito. Dividido entre a *certeza* e a *verdade*, o *sujeito* deveria percorrer o caminho tortuoso em direção ao *espírito absoluto*, pelo qual se harmonizaria finalmente da sua divisão pela emergência do conceito. Por conta disso, a *Fenomenologia do espírito*[45] passou a ser considerada, neste contexto histórico, como a grande obra de referência de Hegel, em oposição a *A ciência da lógica*, marcando então a leitura pantrágica face à leitura panlógica anterior na leitura da filosofia hegeliana.

Além disso, é preciso evocar que foi ainda esta outra interpretação da filosofia de Hegel que passou a se contrapor à que foi instituída pela tradição espiritualista e eclética francesa, que foi formalizada por Victor Cousin, nos anos 1830. Nesta leitura, não existia mais qualquer traço para o dilaceramento do sujeito, de forma que as categorias de negatividade, de contradição e de alienação desapareceram do campo da filosofia hegeliana, uma vez que então o sujeito foi caracterizado pela harmonia e a unidade.[46]

Portanto, no novo contexto da recepção filosófica de Hegel dois alvos foram diretamente atingidos e remanejados. O Hegel panlogista e o Hegel *eclético*, forjado por Cousin, foram desmantelados ao mesmo tempo, em outro relançamento da filosofia de Hegel. Com isso, o dilaceramento e a divisão do sujeito foram articulados à dialética e à emergência incisiva da problemática da história, num contexto social, político e econômico complexo, no qual os acordes prometeicos da Revolução Russa se contrapunham decisivamente à assunção do nacional-socialismo, numa ordem internacional completamente dilacerada pela crise econômica de 1929. A Segunda Grande Guerra já anunciava a sua triunfante e mortífera chegada a um campo político marcado por intensos embates ideológicos.

---

45. Hegel, G.W.F. *Phénoménologie de l'esprit*. Volumes I e II. Paris, Aubier, 1941.
46. Roudinesco, E. *Jacques Lacan*. Parte 3, Capítulo 3, *op. cit.*

OS FILÓSOFOS APENAS INTERPRETARAM O MUNDO DE DIVERSAS MANEIRAS...

A organização institucional do Collège de Sociologie assumiu a vanguarda teórica neste conflito ideológico no combate ostensivo ao fascismo e ao nazismo em franca ascensão.[47] Como se sabe, Lacan fez parte das suas atividades e dos seus debates.

Entretanto, a sombra teórica da filosofia do jovem Marx estava presente na nova figuração teórica da filosofia de Hegel, na leitura de Kojève. Daí porque a *dialética do senhor e do escravo*, a famosa tese do *reconhecimento do sujeito* que se apresenta no Capítulo 4 de "Fenomenologia do espírito", ocupou uma posição estratégica na leitura que Kojève realizou de Hegel.[48] Porém, na leitura empreendida por Hyppolite, da *Fenomenologia do espírito*, a dialética do senhor e do escravo ocupou igualmente uma posição estratégica.[49] Com efeito, no campo delineado por esta nova leitura, o conflito do sujeito entre a possibilidade imediata da morte e o desmantelamento imediato da figura do senhor pelo trabalho do escravo ocupou uma posição estratégica, de forma que a problemática que foi colocada por Hegel foi meticulosamente articulada com a da filosofia do jovem Marx e com a filosofia de Heidegger.

Assim, se a dialética do senhor e do escravo prefigurou e constituiu o campo para o trabalho teórico posterior de Marx, regulado pelo conceito de *luta de classes* e a emergência efetiva do discurso do materialismo histórico, desde o *Manifesto comunista*,[50] no qual a problemática do trabalho ocupava uma posição fundamental, o filosofema do *ser para a morte* enunciado por Heidegger, em *O ser e o tempo*,[51] marcava igualmente a leitura que Kojève então realizava da filosofia de Hegel. Enfim, foi esta estranha conjunção teórica que foi colocada em cena, de maneira inesperada.

---

47. Hollier, D. *Le Collège de Sociologie*. Paris, Gallimard, 1979.
48. Kojève, A. *Introduction a la lecture de Hegel. Op. cit.*
49. Hyppolite, J. *Genèse et structure de la phénoménologie de l'esprit de Hegel*. Paris, Aubier, 1946.
50. Marx, K. "Le Manifeste Communiste" (1948). In: Marx, K. *Oeuvres* (Pleiade). *Op. cit.*
51. Heidegger, M. *L'être et le temps* (1927). Paris, Gallimard, 1964.

SER JUSTO COM A PSICANÁLISE

Num ensaio intitulado "Lacan com Kojève, filosofia e psicanálise",[52] apresentado no colóquio Lacan com os filósofos,[53] Pierre Macherey estabeleceu devidamente esta articulação teórica, no seu comentário à intervenção de Borch-Jacobsen intitulada "Os álibis do sujeito".[54] Assim, de maneira ao mesmo tempo precisa e provocante, Macherey afirmou:

> O que faz a originalidade, pode-se mesmo dizer a estranheza, do empreendimento de Kojève, é esta improvável síntese que ele tentou efetuar entre Heidegger e um certo Marx, na margem de um comentário de Hegel cujo procedimento era essencialmente lúdico. Estava aí toda a astúcia do procedimento de Kojève: ele teve êxito em vender, sob o nome de Hegel, a criança que Marx poderia ter feito à Heidegger."[55]

Assim, a leitura de Hegel realizada por Kojève seria marcada pela articulação surpreendente entre a filosofia do jovem Marx e a filosofia de Heidegger. Foi esta articulação que incidiu sobre Lacan nos primórdios do seu percurso na psicanálise, marcando a sua primeira leitura de Freud, nos anos 1930 e 1940. É esta proposição que gostaria de enfatizar aqui, que não teve, no entanto, qualquer efeito em inscrever Lacan seja na tradição comunista como já disse anteriormente, seja na tradição freudo-marxista[56] propriamente dita. O que estava em questão para Lacan, na possível incidência que a filosofia de Marx teve sobre ele nos seus primórdios teóricos, era a problemática da verdade na sua relação com a da materialidade.

---

52. Macherey, P. "Lacan avec Kojève, philosophie et psychanalyse". In: Avtonomova, N. *et al. Op. cit.*
53. *Ibidem.*
54. Borch-Jacobsen, M. "Les álibis du sujet (Lacan, Kojève *et al.*)". In: Avtonomova, N. *et al. Op. cit.*
55. Macherey, P. "Lacan avec Kojève, philosophie et psychanalyse". In: Avtonomova, N. *et al. Op. cit.*, p. 319.
56. Roudinesco, E. *Histoire de la psychanalyse en France.* Volume II. Parte 1, Capítulo 2 e Parte 2, Capítulo 2. Paris, Seuil, 1986.

OS FILÓSOFOS APENAS INTERPRETARAM O MUNDO DE DIVERSAS MANEIRAS...

Foi ainda neste mesmo contexto histórico que a fenomenologia de Husserl e a filosofia de Heidegger começaram a se disseminar decisivamente na tradição filosófica francesa, incidindo ambas igualmente no percurso teórico inicial de Lacan.[57] Pode-se depreender certamente os efeitos destes autores nos textos iniciais de Lacan, mesmo que eles não sejam diretamente citados, mas estão presentes nas entrelinhas da nova leitura empreendida por Lacan da psicanálise, de maneira eloquente.

No que concerne a isso, a relação estabelecida entre os registros do *sujeito* e do *sentido*, assim como a inserção da *intencionalidade* no registro do inconsciente, empreendidos por Lacan desde "Além do princípio da realidade",[58] devem ser devidamente evocadas. Além disso, as referências específicas de Lacan à fenomenologia devem ser aqui colocadas em destaque, pois se referem efetivamente às filosofias de Husserl e de Heidegger.

Nesta perspectiva, pode-se dizer que Lacan se inscreveu positivamente no campo da relação da filosofia com a tradição alemã, assim como fizera anteriormente com o da psiquiatria, ao incorporar as contribuições decisivas de Kretschmer sobre reações psicopatológicas e as de *Psicopatologia geral*, de Jaspers, na sua tese de doutorado, centrada na leitura do caso Aimée.[59] Vale dizer, face a alguns de seus contemporâneos, no campo da psiquiatria e da psicanálise, que sustentavam a latinidade francesa contra a tradição alemã, Lacan optou por tomar a direção teórica germânica.[60] Porém, quais seriam os efeitos da filosofia do jovem Marx nos primórdios do percurso teórico de Lacan?

---

57. Roudinesco, E. *Jacques Lacan. Op. cit.*
58. Lacan, J. "Au-delà du principe de realité" (1936). In: Lacan, J. *Écrits. Op. cit.*
59. Lacan, J. *De la psychose paranoïaque dans ses rapports avec la personalité* (1932). Paris, Seuil, 1975.
60. Roudinesco, E. *Jacques Lacan*. Parte 2, *op. cit.*

SER JUSTO COM A PSICANÁLISE

A ADAPTAÇÃO EM QUESTÃO

A inscrição teórica de Lacan na psicanálise se deu através dos registros da segunda tópica e da segunda teoria das pulsões, formuladas por Freud em "Le moi et le ça"[61] e em "Au-delà du principe du plaisir",[62] respectivamente. E a teoria de Freud sobre o narcisismo (1914), em "Pour introduire le narcissisme",[63] onde ele apresenta uma leitura sistemática do registro psíquico do ego, marcou crucialmente a interpretação inicial de Lacan sobre Freud, assim como a chamada segunda tópica freudiana. Desde a defesa de sua tese de doutorado em psiquiatria[64] (1932), estas eram as principais referências teóricas do seu discurso: a problematização dos registros do ego e do narcisismo estava no centro de seu interesse teórico.

Mas aqui é preciso ressaltar que a ruptura teórica com a leitura *adaptativa* do psiquismo e da prática psicanalítica já estava em curso. Essa leitura impregnava claramente a tradição psicanalítica anglo-saxônica, e também estava presente na tradição psicanalítica francesa. O debate teórico que ocorreu depois na British Psychoanalytic Association entre M. Klein e A. Freud revelou a existência de uma crítica extremamente rica da leitura adaptativa em psicanálise,[65] que Lacan já defendia desde os anos 1930 do século XX. Foi então em relação a essa posição teórica introduzida no campo da instituição psicanalítica que o discurso teórico de Lacan se constituiu positivamente, por mostrar que outra leitura da segunda tópica freudiana era possível.

Lembremos aqui que o título do ensaio "Au-delà du príncipe de réalité",[66] publicado em 1936, já condensa simbolicamente a incur-

---

61. Freud, S. "Le moi et le ça". In: Freud, S. *Essais de psychanalyse*. Paris, Payot, 1981.
62. *Idem.* "Au-delà du principe du plaisir". In: Freud, S. *Essais de psychanalyse. Op. cit.*
63. *Idem.* "Pour introduire le narcissisme" (1914). In : Freud, S. *La vie sexuelle*. Paris, Presses Universitaires de France, 1973.
64. Lacan, J. *De la psychose paranoïaque dans ses rapports avec la personnalité. Op. cit.*
65. Roudinesco, E. *Jacques Lacan. Op. Cit.*
66. Lacan, J. "Au-delà du principe de réalité" (1936). In: Lacan, J. *Écrits. Op. cit.*

OS FILÓSOFOS APENAS INTERPRETARAM O MUNDO DE DIVERSAS MANEIRAS...

são crítica de Lacan no seio destas ideias teóricas e destes pressupostos adaptativos da experiência psicanalítica. Logo, a instância psíquica do ego não deve ser considerada um guia infalível das relações desorganizadas do sujeito com a realidade, na medida em que o registro do ego é fundamentalmente marcado pelo narcisismo e retira deste toda sua suposta transparência cognitiva. O título do ensaio já é bastante eloquente a este respeito.

Ou seja, ao se opor a essa leitura dominante no campo psicanalítico, Lacan realça fortemente não só o traço narcísico do ego, mas também a dimensão da identificação que o constitui. Consequentemente, é assim que ele introduz a *divisão psíquica* que compõe o sujeito. E introduz a existência de um traço de *desconhecimento* característico do campo do ego.

Ora, para fundar teoricamente tal empreendimento, ele precisava supor as bases *inconscientes* do psiquismo e definir o lugar do *Outro* na constituição do ego – que constitui o fundamento do processo de identificação ao Outro. Ou seja, de acordo com essa leitura, o registro do *desejo* pode ser elevado à condição de guia da experiência do sujeito, na relação que este estabelece com o outro.

CRÍTICA DA PSICOLOGIA

Neste ponto, é preciso sublinhar que Lacan começa a introduzir as bases do seu projeto teórico fazendo uma crítica sistemática aos pressupostos da psicologia clássica. Esta era centrada sobre a descrição das faculdades psíquicas de um lado, e sobre a introspecção, do outro. De fato, esse foi o ponto de partida formulado por Lacan em "Au-delà du principe de réalité".[67]

Ao fazer isso, Lacan tinha a intenção de criticar a tradição empirista da psicologia, já delineada na filosofia de Locke, que concebia o sujeito como sendo o resultado de diversas sensações, no contexto teórico tra-

---

67. *Ibidem*, pp. 73-76.

SER JUSTO COM A PSICANÁLISE

çado então pelo atomismo. O registro da *imagem* era assim transformado em mera sombra do registro da sensação, e em fonte permanente da experiência psíquica da *ilusão*. Consequentemente, era a *teoria associacionista* do espírito que ocupava a cena teórica da psicologia.[68] O espírito era transformado em um "pólipo de imagens", e a leitura da imagem era empobrecida pela leitura intelectualista.[69] Tratava-se certamente de uma interpretação mecanicista e metafísica do espírito.[70]

É interessante lembrar aqui que Lacan criticava o pretenso materialismo defendido pela psicologia mecanicista,[71] em prol de outra modalidade de materialismo. Para isso, ele precisava realçar a positividade do espírito.[72] Queria estabelecer a construção teórica da psicologia sobre as bases de outro materialismo, segundo o qual a intencionalidade do sujeito era efetivamente reconhecida.

Foi assim que o registro da imagem foi concretizado, em sua íntima articulação com aquele da intencionalidade. O espírito é originalmente dotado de uma *atividade* que se opõe à *passividade* à qual o restringia a leitura associacionista.[73] Mas esta intencionalidade se organiza através de formas, isto é, de *conjuntos*, o que afasta a construção do conceito de espírito do registro do atomismo.[74] Neste contexto, Lacan certamente se baseou sobre a crítica da psicologia associacionista feita pela psicologia da *Gestalt*, para elaborar sua articulação definitiva com o conceito fenomenológico de intencionalidade.

Logo, é a partir da leitura do psiquismo concebido como sendo essencialmente atravessado pela atividade e pela intencionalidade, em um campo delineado pela *forma*, que Lacan inscreve o elo primário original estabelecido entre o sujeito e o Outro enquanto constitutivo do psiquismo. Assim, não existe nenhuma possibilidade de considerar o sujeito

68. *Ibidem*, pp. 88-89.
69. *Ibidem*, p. 78.
70. *Ibidem*.
71. *Ibidem*.
72. *Ibidem*.
73. *Ibidem*, pp. 87-90.
74. *Ibidem*, pp. 74-78.

OS FILÓSOFOS APENAS INTERPRETARAM O MUNDO DE DIVERSAS MANEIRAS...

sem o outro: na leitura teórica que ele propõe para fundar uma psicologia ao mesmo tempo materialista e concreta, a interpretação *solipsista* do sujeito é criticada pelo fato de sua leitura deste último ser marcada pela *intersubjetividade*.

Foi por esse motivo que Lacan pôde enunciar, em sua feroz crítica do naturalismo cientista da psicologia associacionista predominante na época, que a "natureza" do homem é sua relação com o homem.[75] Ele insere o sujeito ao mesmo tempo nos registros da *alteridade* e da *história*. Assim, as linhas de força para a leitura de outro materialismo no campo da psicologia são esboçadas. É uma leitura que não é nem mecanicista nem cientista, mas que é fundada sobre a alteridade e o elo social, e que inscreve o sujeito no campo da história.

É neste campo teórico então que se insere o discurso freudiano, de fato e de direito, e que encontra nestes pressupostos seu verdadeiro solo epistemológico.

IDENTIFICAÇÃO, INFORMAÇÃO E LINGUAGEM

É no campo delineado por esses pressupostos teóricos que Lacan inscreve o conceito psicanalítico de *identificação*, introduzido por Freud na psicanálise em "Pour introduire le narcissisme",[76] remanejado em "Deuil et mélancolie"[77] e sistematizado em "Le moi et le ça".[78] De fato, a identificação é caracterizada pelo fato de ser a forma constitutiva do sujeito em sua relação ao outro, onde ele se precipita e se condensa ao mesmo tempo no registro da intencionalidade, atravessada pelo desejo.

Logo, Lacan concebe o psiquismo como sendo fundado sobre o registro da identificação. É pela posição estratégica atribuída ao campo das identificações, na leitura do espírito, que Lacan concretiza o registro

---

75. *Ibidem*, p. 88.
76. Freud, S. "Pour introduire le narcissisme". In: Freud, S. *La vie sexuelle. Op.cit.*
77. *Idem.* "Deuil et mélancolie". In: Freud, S. *Métapsychologie.* Paris, Gallimard, 1968.
78. *Idem.* "Le moi et le ça". In: Freud, S. *Essais de psychanalyse. Op. cit.*

SER JUSTO COM A PSICANÁLISE

da imagem – na articulação entre o sujeito e o Outro, sempre marcada pelo desejo. Ele atribui à imagem uma *função de informação* dentro do psiquismo, para registrar as relações ativas estabelecidas pelo sujeito com o Outro.[79] Mas a condição cognitiva do psiquismo é regulada pelo imperativo do desejo, de maneira que a informação é sempre permeada pelos movimentos desejantes do sujeito.

Ora, se a psicologia clássica foi elaborada orientada pelo imperativo da verdade, a partir da ficção da sensação pura,[80] é necessário dizer que nenhuma ciência pode querer ter como finalidade a constituição da verdade.[81] E se esse imperativo marcou a psicologia clássica, foi porque ela pretendia constituir o fundamento de verdade dos discursos da ciência oriundos da revolução científica do século XVII.[82] Canguilhem retomou essa ideia inovadora em um ensaio de 1966 intitulado "Qu'est-ce que la psychologie?"[83] Opondo-se a essa finalidade de fundar a verdade sobre a psicologia clássica, Lacan afirma que cabe à psicologia (e a qualquer outra ciência) submeter-se ao imperativo do *real*, que caracteriza as relações dos homens entre si e com as coisas através da experiência da incerteza.[84]

Porém ao atribuir ao registro da imagem enquanto identificação uma posição estratégica para a leitura do psiquismo, Lacan faz a crítica da metapsicologia freudiana, centrada sobre o conceito de *instinto*.[85] Pois este não apenas reduz o psiquismo ao registro da natureza biológica e o priva de sua especificidade intencional, ele também conduz a leitura do psiquismo para o materialismo mecanicista visado pela crítica da psicologia clássica[86]. Logo, em nome do imperativo de constituir uma psicologia ao mesmo tempo concreta e materialista, é necessário ins-

---

79. J. Lacan, "Au-delà du principe de réalité". In: Lacan, J. *Écrits, Op. cit.*
80. *Ibidem*, p. 76.
81. *Ibidem*, p. 73.
82. *Ibidem.*
83. Canguilhem, G.. "Qu'est-ce que la psychologie?" (1966). In: Canguilhem, G. *Études d'histoire et de philosophie des sciences*, Paris, Vrin, 1968.
84. Lacan, J. "Au-delà du príncipe de réalité". In : Lacan, J. *Écrits. Op.cit.*, p. 74.
85. *Ibidem*, pp. 91-93.
86. *Ibidem.*

OS FILÓSOFOS APENAS INTERPRETARAM O MUNDO DE DIVERSAS MANEIRAS...

crever o registro do instinto no do desejo, que determina o campo das identificações.

Como consequência disto, em um ensaio de 1938 escrito para a *Encyclopédie française de la vie familiale* e intitulado "Les complexes familiaux dans la formation de l'individu", Lacan propõe essencialmente que o conceito de instinto seja inserido em uma totalidade mais ampla chamada *complexo*, um conceito elaborado por Freud. Isso porque no campo do complexo estão presentes o instinto, o outro, o objeto e a identificação.

Ao mesmo tempo, ao esboçar uma estrutura intersubjetiva, essa estrutura se inscreve na temporalidade histórica que constitui o sujeito. O sujeito é então formado entre os complexos do *desmame*, da *intrusão* e do *Édipo*, em diversos momentos de sua história de *infans*, que o moldam em sua relação com o Outro.[87]

Se o discurso freudiano foi bastante criticado devido à posição estratégica conferida ao conceito de instinto na metapsicologia, Lacan realçou positivamente o que chamou de "revolução do método freudiano".[88] Esta última estaria centrada sobre o *campo da palavra e da linguagem*. É através da leitura sistemática do campo da palavra e da linguagem, quando da inscrição do sujeito na experiência psicanalítica, que é possível realizar a leitura do campo das identificações constitutivas do sujeito. Assim, a subversão teórica efetuada nos campos da psicopatologia e da psicologia pela psicanálise é condensada, para romper as rígidas fronteiras estabelecidas entre estes saberes.

RECONHECIMENTO E REAL

Lacan não hesitou em afirmar que a psicanálise precisava ser construída de acordo com as tradições médica e psiquiátrica – apesar das marcas

---

87. Lacan, J. *Les complexes familiaux dans la formation de l'individu* (1938). Paris, Navarin, 1984.
88. *Ibidem*, p. 81.

SER JUSTO COM A PSICANÁLISE

evidentes da psicologia associacionista presentes nesta última –, e não de acordo com a tradição da psicologia. Segundo as primeiras, o sujeito é imediatamente reconhecido através de sua dor e de suas queixas em sua condição concreta, e não está em uma condição artificial de laboratório.[89] Ou seja, se o sujeito está inserido no campo efetivo dos cuidados, a "realidade humana" é imediatamente reconhecida, de maneira concreta.

Por este motivo, citando a autobiografia de Freud,[90] Lacan relaciona o pedido de assistência no campo psicanalítico com o "cuidado de curar".[91] Ele liga assim a prática da cura à "transformação do sujeito", e introduz um significante primordial que já estava presente na filosofia do jovem Marx, nas "Thèses sur Feuerbach". É o que lhe permite afirmar categoricamente: "Freud deu esse passo fecundo, sem dúvida porque, como mostra sua autobiografia, ele foi determinado por seu cuidado de curar, isto é, por uma atividade onde, contra aqueles que se comprazem em rebaixá-la ao plano secundário de uma 'arte', é preciso reconhecer a própria inteligência da realidade humana, na medida em que ela se aplica em transformá-la."[92]

Assim, a prática da cura está intimamente ligada à transformação do sujeito que sofre. A condição concreta da realidade humana o impõe necessariamente como imperativo incontornável. Ora, já que essa realidade humana é a de um sujeito falante, é através do discurso que seus impasses são enunciados, na relação concreta estabelecida pelo analisando com a figura do analista.

Mas para entender isso, é preciso dizer que a experiência analítica é regulada por duas leis, a saber: a da *não-omissão* e a da *não-sistematização*. Foi por intermédio desses dois conceitos que Lacan interpretou a *lei da livre associação* formulada por Freud, justamente para criticar o conceito de associação livre que está em seu enunciado, ainda inserido no campo da psicologia associacionista.

---

89. *Ibidem,* p. 80.
90. Freud, S. *Sigmund Freud présenté par lui-même* (1925). Paris, Gallimard, 1984.
91. Lacan, J. "Au-delà du principe de réalité". In: Lacan, J. *Écrits. Op. cit.,* p. 80.
92. *Ibidem.*

Neste contexto, o analisando tem que falar sem nenhuma restrição, e nenhuma sistematização. Mas o analista foi transformado em *interlocutor* do analisante, fazendo com que a prática do discurso atravesse a experiência analítica.

A esse respeito, é preciso afirmar categoricamente que "a linguagem, antes de significar alguma coisa, significa *para alguém*",[93] segundo a lógica estrita da interlocução. De fato, independentemente da questão teórica a propósito da possibilidade hierárquica existente entre os registros do *pensamento* e da *linguagem*, a fim de estabelecer a prioridade ôntica de um registro sobre o outro e de formular a questão de quem é o *signo* de quem[94], Lacan sustenta a verdadeira prioridade da *interlocução:* a palavra significa, antes de tudo, alguma coisa para alguém.

O analista pode então deduzir a intenção latente que está presente no discurso do analisando em seu estado inicial. Mas este último não se dá conta do que efetivamente diz, isto é, ele não percebe a intenção que o orienta em seu discurso. Na verdade, mesmo que a intenção seja evidente e se inscreva na ordem da expressão, o sujeito não a compreende como fazendo parte do que está vivendo. É o que Lacan chama de forma do *simbolismo* no discurso.[95] E mesmo se o que está em causa no registro da palavra for de fato concebido, isso é negado pelo sujeito. É o que Lacan chama de *denegação* no registro da palavra.[96] Ou seja, Lacan soube resumir admiravelmente essa dupla marca presente no discurso do analisando, afirmando que "a intenção se verifica na experiência, inconsciente enquanto é expressa, consciente enquanto é reprimida".[97]

Porém, o fato de considerar a figura do analista como sendo efetivamente um interlocutor tem uma consequência fundamental: a descoberta da experiência da *transferência* da figura do analisante para a do analista. Existe então uma relação de reciprocidade e de implicação entre os registros da transferência e da interlocução. E é neste contexto

---

93. *Ibidem*, p. 82.
94. *Ibidem*, p. 83.
95. *Ibidem*.
96. *Ibidem*.
97. *Ibidem*.

SER JUSTO COM A PSICANÁLISE

que o registro do Imaginário do analisante pode ser mostrado, como resultado da não reação do analista enquanto auditor do seu discurso. Sendo assim, as identificações constituídas ao longo da historia do analisando são introduzidas dramaticamente na experiência analítica, e os *impasses* reais produzidos na sua história são revelados. Logo, a transformação que a experiência analítica produz está ligada à nova metabolização promovida por essas identificações que, atualizadas sobre a cena da transferência, podem assim ter outra inflexão e outro destino.[98]

Em seu ensaio intitulado "L'agressivité en psychanalyse", de 1948, Lacan nos dá uma maior precisão conceitual em relação a isso tudo. Ele diz que o que é atualizado no registro da transferência é o resultado das marcas traumáticas da história pregressa do sujeito. Mas é preciso observar que o que é da ordem do traumático é tudo o que não foi reconhecido no sujeito, pelo outro, em sua história. Logo, a experiência analítica faz com que o sujeito possa viver uma verdadeira *experiência de reconhecimento*, e ao mesmo tempo ultrapassar suas marcas traumáticas.[99]

Assim, a experiência analítica constitui a condição de possibilidade da efetiva transformação do sujeito, através do reconhecimento de que ela pode realizar nele aquilo que não foi reconhecido até então em sua história e que, consequentemente, permanece como uma marca de ordem traumática. Além do que, é preciso destacar também que o *trauma*, para Lacan, é o que conforma a ordem do Real neste contexto histórico. Este Real deve então ser reconhecido para ser simbolizado, em uma circularidade conceitual estabelecida entre os registros do *reconhecimento* e da *simbolização*. É esta inflexão que, neste momento do seu percurso teórico, Lacan entende como sendo a verdadeira transformação provocada pela experiência analítica.

Mas para executar esta transformação do sujeito que se tornou possível através da experiência analítica, o analista intervém de duas maneiras. O primeiro registro de sua intervenção é de ordem intelectual e

---

98. *Ibidem*, pp. 85-88.
99. Lacan, J. "L'agressivité en psychanalyse". In: *Écrits. Op. cit.*

OS FILÓSOFOS APENAS INTERPRETARAM O MUNDO DE DIVERSAS MANEIRAS...

ocorre por intermédio da *interpretação*. O segundo é de ordem afetiva, e se realiza por meio da *transferência*.[100] Mas o tempo necessário para a efetivação destas intervenções é uma questão de *técnica*. Isto supõe as reações do analisante,[101] que devem ser rigorosamente consideradas pelo analista. Para tanto, ele deve se deixar guiar pelo *tato*, quanto ao ritmo e à frequência de suas intervenções.[102] Lacan retoma aqui um conceito na época recém-enunciado por Ferenczi em um ensaio intitulado "L'élasticité de la technique psychanalytique".[103]

Vemos aqui como Lacan formulou a possibilidade de remanejamento das identificações e do imaginário do sujeito na experiência analítica, através do conceito de trauma. Entretanto, o trauma é o que revela o registro do *Real*, indicando tudo que não foi reconhecido pelo Outro ao longo da história do sujeito. Ou seja, é preciso reconhecer as marcas traumáticas do Real para que suas inflexões e sua simbolização se concretizem, a fim de relançar e de remanejar o imaginário do indivíduo e assim favorecer sua verdadeira transformação.

Então, é este Real simbolizado e ao mesmo tempo não reconhecido, que aproxima Lacan, em seu percurso teórico inicial, do jovem Marx. Ainda que o conceito de Real seja uma categoria teórica de Hegel, ela remete também ao jovem Marx pela dimensão de *guerra* que Lacan atribui ao Real logo em seguida.

POLITZER, WALLON E LACAN

A este respeito, é preciso acrescentar ainda que pelo fato de ser independente da concisão conceitual relativa ao registro do Real em pauta, a filosofia do jovem Marx também está presente no percurso teórico de Lacan por vias indiretas. A orientação teórica da leitura que Lacan faz

---

100. *Ibidem*, p. 85.
101. *Ibidem*.
102. *Ibidem*.
103. Ferenczi, S. "L'élasticité de la technique psychanalytique" (1927-1928). In: Ferenczi, S. *Psychanalyse 4. Oeuvres Complètes*. Paris, Payot, 1982.

SER JUSTO COM A PSICANÁLISE

então da psicanálise se inscreve em uma série de pressupostos apresentados em 1927 por Politzer em uma obra essencial intitulada *Critique des fondements de la psychologie*.[104]

Sabemos que este livro de Politzer sobre a psicanálise deveria ter sido o primeiro de uma série de três volumes, nos quais o autor planejava indicar os fundamentos epistemológicos para a constituição do campo da psicologia concreta, fazendo uma crítica sistemática do discurso da psicologia clássica. Ora, os dois outros livros, sobre o *behaviorismo* e o *gestaltismo*, nunca foram escritos.

Para começar, precisamos dizer aqui que, assim como fez Lacan em seguida, Politzer efetua a crítica da metapsicologia freudiana do ponto de vista em que esta teria sido um obstáculo teórico no discurso de Freud para a constituição da psicologia concreta, pelo fato de empregar modelos teóricos e esquemas explicativos pertencentes à psicologia clássica.[105] Em compensação, Politzer admira de fato na obra teórica de Freud a importância atribuída por este a certos tipos de experiências onde o *drama* humano ocupa o primeiro plano da cena psíquica.[106]

É por isto que o campo das identificações descrito por Freud é fundamental para Politzer, pelo fato de ser dirigido para a constituição de uma psicologia concreta, na qual o drama humano é reconhecido e condensado, e de ultrapassar os impasses do discurso teórico da psicologia clássica. Politzer também valoriza positivamente o complexo de Édipo, pois o drama humano está modelado aí em suas múltiplas identificações.[107]

Sabemos que Politzer era um filósofo marxista, um militante comunista, e que era influenciado pela filosofia do jovem Marx. O pensamento teórico inovador de Politzer, na crítica que elaborou sobre a psicologia clássica, bem como a finalidade para a qual ele constituiu uma psicologia concreta, marcaram o percurso teórico de Lacan desde sua

---

104. Politizer, G. *Critique des fondements de la psychologie* (1927). Paris, Presses Universitaires de France, 1978.
105. *Ibidem*.
106. *Ibidem*.
107. *Ibidem*.

tese de doutorado em medicina.[108] Mesmo que Lacan não tenha citado Politzer diretamente e que não encontremos nenhuma referência a este último na bibliografia de seus textos da época, o significante "psicologia concreta" aparece várias vezes em seus escritos, e em diferentes contextos teóricos.

De fato, no ensaio "Au-delà du príncipe de réalité", que comentei acima, o termo "psicologia concreta" é enunciado várias vezes. E no ensaio sobre "Os complexos familiares na formação do indivíduo", encontramos repetidas vezes este significante, inclusive no subtítulo da primeira parte – "O complexo como fator concreto da psicologia familiar" – onde o complexo é a base que permite conceber a "psicologia concreta".[109]

Logo, o "drama humano" que Politzer destacou enquanto campo para a constituição da "psicologia concreta" é o equivalente ao que o Lacan daquela época chamava de "realidade humana". Ou seja, o ponto de convergência entre eles é o concreto da identificação em Freud, que ambos sublinharam positivamente.

Paralelamente, o significante "psicologia concreta" remete ainda a outro autor do campo da psicologia, que também influenciou o percurso teórico inicial de Lacan. Estou pensando aqui em Henri Wallon que, em 1934, com a publicação de *Les origines du caractère chez l'enfant*[110] realçou a relação constante da criança com sua imagem no espelho como sendo um momento crucial da sua constituição psíquica. É a partir desta descrição realizada por Wallon que Lacan enuncia o conceito de estágio do espelho,[111] em 1936. Mas, independentemente disto, o significante "psicologia concreta" também consta dos escritos teóricos de Wallon.

---

108. Lacan, J. *De la psychose paranoïaque dans ses rapports avec la personnalité. Op.cit.*
109. *Idem. Les complexes familiaux dans la formation de l'individu. Op. cit.*
110. Wallon, H. *Les origines du caractère chez l'enfant.* Paris, Bolvin et Cie, 1934, pp. 190-207.
111. Lacan, J. "Le stade du miroir comme formateur de la fonction du Je telle qu'elle nous est révélée dans l'expérience psychanalytique" (1949). In: Lacan, J. *Écrits. Op. cit.,* pp. 93-100.

SER JUSTO COM A PSICANÁLISE

É necessário observar aqui que Wallon era marxista e comunista, de maneira que a referência ao jovem Marx também fazia parte da sua crítica da psicologia clássica, e de seu projeto teórico de constituir outro discurso teórico para a psicologia.

GUERRA E REAL

A versão original do conceito de estágio do espelho foi apresentada no Congresso Internacional de Psicanálise de Marienbad, em 1936.[112] Foi no ano em que foi publicado o ensaio de Lacan intitulado "Au-delà du principe de réalité". Entretanto, a versão final que conhecemos provém da intervenção feita em 1949, no contexto do XVI Congresso Internacional de Psicanálise realizado em Zurique naquele ano.[113]

É necessário reforçar aqui que a constituição original do registro do ego, que seria marcado pelo *desconhecimento* e pela *alienação*, está estreitamente ligada à *prematuridade biológica* do organismo humano e a seu desdobramento imediato, a saber, a *deiscência* constitutiva da condição humana. Assim, a identificação originária à imagem especular, que se conjuga ao consentimento materno na confirmação desta, provoca a alienação do ego ao olhar do outro e caracteriza também a dimensão espacial que marca para sempre a dita realidade humana. É daí que vem a marca paranoica que orienta o conhecimento humano.[114]

Porém, é esta identificação primeira que faz com que a criança possa se opor à deiscência que a caracteriza desde o início. É o que explica o *júbilo* que a invade, através da dominação imaginária que isso lhe proporciona e que é ao mesmo tempo a condição de possibilidade de sua estruturação psíquica. De fato, o advento do registro da visibilidade do ego supõe, como requisito preliminar, a condição para a criança de ser

---

112. Roudinesco, E. *Jacques Lacan. Op. cit.*
113. Lacan, J. "Le stade du miroir comme formateur de la fonction du Je telle qu'elle nous est révélée dans l'expérience psychanalytique" (1949). In: Lacan, J. *Écrits. Op. cit.*
114. *Ibidem.*

OS FILÓSOFOS APENAS INTERPRETARAM O MUNDO DE DIVERSAS MANEIRAS...

vista pelo outro. O que faz com que esta identificação primária seja a matriz de todas aquelas que acontecem ao longo da vida do sujeito.[115]

No entanto, esta *unidade* primordial que foi constituída, e que ao mesmo tempo articula o corpo ao espírito, é marcada pela *fragilidade* e pela *vulnerabilidade* do ego. Na leitura das experiências infantis do transitivismo efetuada por Lacan, expostas por Bühler, ele formula rigorosamente a emergência efetiva da agressividade humana, num contexto mais intersubjetivo. Pois, já que a instância psíquica do ego não pode se diferenciar da figura do Outro, o movimento de agressividade por parte do sujeito torna-se necessária para que ele possa mostrar sua diferença em relação ao Outro.[116]

É por este viés que Lacan pôde descrever com todo rigor o surgimento das imagens do *corpo fragmentado*, que são os desdobramentos e os efeitos assustadores da imagem do Outro sobre o ego.[117] Paralelamente, em sua nova descrição fenomenológica da experiência analítica, efetuada no ensaio de 1948, Lacan pôde provar que são estas imagens do corpo fragmentado que emergem de maneira crucial na experiência analítica como signos do trauma, isto é, de tudo aquilo que, da experiência pregressa do sujeito, não pôde ser efetivamente reconhecido pelo Outro. Consequentemente, é aqui que se encontra a matéria prima para a elaboração do registro do Real, do que não pôde ser simbolizado pelo sujeito por não ter sido reconhecido pelo Outro.

A dimensão originária de *guerra* que caracteriza a relação intersubjetiva está inscrita aí: é a marca irremovível do registro do Real traçado por Lacan.[118]A dialética do senhor e do escravo, tal como descrita por Hegel, se inscreve aqui de fato e de direito, revelando o horror que é para o sujeito ser relançado à sua deiscência primária, onde ele se fragmenta ao perder sua unidade. É por este motivo que ele estabelece uma

---

115. *Ibidem.*
116. *Ibidem.*
117. *Ibidem.*
118. Lacan, J. "L'agressivité en psychanalyse". In: Lacan, J. *Écrits. Op. cit.*

SER JUSTO COM A PSICANÁLISE

relação de agressividade permanente com o outro ameaçador, em uma cena caracterizada pela lógica da guerra.[119]

É por isso que Lacan afirma que a abertura da experiência analítica é sempre marcada pela *transferência negativa*,[120] como Melanie Klein também havia dito, em oposição a Freud, para o qual a realização da análise devia ser orientada pela transferência positiva.[121]

Mas o fato de Lacan ter enunciado isto se deve à oposição existente entre os registros do ego e do Outro no contexto intersubjetivo, onde a ameaça de uma volta do ego à deiscência original está sempre em questão, paralelamente, é claro, ao fato que o sujeito deva pedir algo ao Outro, o que só reitera o ponto precedente.[122]

Lacan precisa opor o registro do sujeito (*eu*) ao registro do *ego* neste contexto teórico para poder formular a condição de possibilidade que permitisse ultrapassar a guerra mortal estabelecida entre os registros do ego e do Outro. Paralelamente, ele também afirma que a leitura freudiana do sujeito se opõe àquela instituída pela filosofia de Descartes. Mas o sujeito continua em pauta, na medida em que é ele que remete ao registro simbólico da linguagem. É a única mediação possível para que algo verdadeiramente da ordem da *troca* e do *reconhecimento* simbólico possa se constituir entre diferentes indivíduos.

É por isso que logo a seguir Lacan se desloca para a *problematização* do registro do *Simbólico,* no intuito de escapar às impossibilidades e aos impasses introduzidos pelo registro do Imaginário e a esta guerra que se supõe infinita.[123] Consequentemente, a *política*, enquanto registro correlativo do elo social inscrito no campo da linguagem, abre outra possibilidade em relação aos impasses introduzidos pela experiência de guerra inserida na vulnerabilidade ontológica da estrutura do ser.

---

119. *Ibidem.*
120. *Ibidem.*
121. Freud, S. "La dynamique du transfert" (1912). In: Freud, S. em *La technique psychanalytique.* Paris, Presses Universitaires de France, 1972.
122. Lacan, J. "L'agressivité en psychanalyse". In: Lacan, J. *Écrits. Op. cit.*
123. *Idem.* "Fonction et champ de la parole et du langage en psychanalyse". In: Lacan, J. *Écrits. Op. cit.*

OS FILÓSOFOS APENAS INTERPRETARAM O MUNDO DE DIVERSAS MANEIRAS...

EGO E IDEOLOGIA

Logo, as marcas de tudo o que não foi simbolizado por não ter sido reconhecido pelo outro ao longo da história do sujeito permanecem inscritas no registro do Real, revelando assim a fragilidade ontológica da realidade humana. É por este viés também que podemos entender que a relação intersubjetiva é marcada para sempre pelo confronto entre o ego e o Outro, em uma cena mortal realmente dominada pela lógica da guerra. Assim, mesmo que a política seja a condição de possibilidade da construção da *mediação* entre os sujeitos, delineada pela linguagem e pelo discurso, a vulnerabilidade ontológica está sempre presente, como traço indelével da realidade humana.

É claro que Lacan nunca *nomeou* esta guerra de "luta de classes", como fez a filosofia do jovem Marx. Ora, o ego enquanto instância psíquica marcada pelo desconhecimento, caracterizado pela denegação como signo evidente de *negatividade*, em sua relação constitutiva de *inversão* do Real onde se esconde a vulnerabilidade ontológica do ser, pode ser comparado ao conceito de *ideologia* formulado pelo jovem Marx, onde o Real presente nas relações sociais está sempre encoberto pelas formações ideológicas. De fato, no *registro psíquico* do ego e no *registro social* da ideologia, a inversão do Real provocada pelo efeito da imagem especular, que impede o reconhecimento do Real traumático e do Real conflitante das relações sociais, estaria sempre presente.

É esta problemática da verdade que determina o sujeito no percurso teórico inicial de Lacan. Mas esta leitura da verdade passa pela posição estratégica concedida ao registro do Real, em uma relação impregnada pelo desconhecimento e pela denegação. Consequentemente, a sinalização teórica do materialismo já está inserida aí, desde o início do percurso teórico de Lacan, ainda que posteriormente ele tenha problematizado o registro do Real de maneira diferente. Ou seja, podemos afirmar, na conjunção entre o percurso teórico inicial de Lacan e a filosofia do jovem Marx, que o ego enquanto instância psíquica de desconhecimento é a condição de possibilidade concreta do sujeito para a construção das ideologias.

SER JUSTO COM A PSICANÁLISE

Assim, a transformação provocada pela experiência psicanalítica tem por finalidade mostrar a dimensão de desconhecimento que pertence ao registro do ego, para que o registro do Real possa aparecer no campo psíquico e que o registro do traumático possa ser simbolizado e reconhecido de fato. Finalmente, assim, o sujeito (*eu*) pode se afirmar positivamente perante o ego, enunciando-se em sua *verdade* e sua *singularidade*.

PARTE 3   Recepção filosófica

8. Psicanálise e filosofia contemporânea (Hyppolite, leitor de Freud e de Lacan)

RELEITURA DE HEGEL

Jean Hyppolite nasceu na comuna francesa de Jonzac, em 1907, e faleceu muito jovem, em 1968. Realizou um longo percurso intelectual no campo da filosofia francesa, percorrendo rigorosamente todas as suas etapas, desde a posição de professor para o curso secundário na província, até os postos mais avançados do magistério. Assim, ensinou na Universidade de Strasbourg (1945-1948) e na Sorbonne (1949-1954). Em seguida, foi diretor da École Normal Supérieure, onde ficou até 1963, quando então assumiu a posição de professor do Collège de France, onde permaneceu até a sua morte.[1] Foi então sucedido por Michel Foucault, que foi seu discípulo, nesta posição emblemática do magistério e da pesquisa intelectual francesa, com a constituição da disciplina de História dos Sistemas de Pensamento. Na sua aula inaugural no Collège de France, realizada em 1969 e intitulada "A ordem do discurso", Foucault enunciou não apenas os pressupostos teóricos e as principais problemáticas a serem desenvolvidas na sua pesquisa no Collège de France que convergiriam para a questão do discurso, como também rendeu homenagens eloquentes a seu mestre em filosofia, inscrevendo as problemáticas teóricas deste em sua nova linha de pesquisa.[2]

---

1. Ferrater Mora, J. *Dicionário de Filosofia*. Volume II. Madri, Alianza Editorial, 1982, p. 1585.
2. Foucault, M. *L'ordre du discours*. Paris, Gallimard, 1971.

SER JUSTO COM A PSICANÁLISE

A obra que nos legou é admirável em diferentes dimensões. Ela se caracteriza não apenas por sua multiplicidade — Hyppolite demonstra um domínio gigantesco do idealismo alemão e da filosofia moderna —,[3] como também pela originalidade teórica que define a sua leitura de Hegel. Como especialista em Hegel, traduziu para o francês a *Fenomenologia do espírito*[4] e nos ofereceu como tese um comentário magistral desta obra,[5] que ocupou desde então o lugar privilegiado de uma das fontes fundamentais para a formação de intelectuais interessados na filosofia desse autor. Enfim, a modernidade filosófica e seus impasses foram as problemáticas fundamentais deste percurso teórico.

Foi em consequência disso que Hyppolite se interessou tanto pela psicanálise e pelas demais ciências humanas, na medida em que estes saberes interessavam ao campo do discurso filosófico na modernidade. No que concerne à psicanálise, seus interesses se centraram nos discursos teóricos de Freud e de Lacan, que colocaram questões pertinentes para o discurso filosófico na modernidade, como veremos ao longo deste ensaio.

Entretanto, o que caracteriza a interpretação de Hyppolite na retomada de pensamento de Hegel é o lugar fundamental atribuído ao discurso hegeliano na filosofia moderna. Hegel não é considerado um filósofo importante do século XIX, dentre vários outros, que dada a sua relevância exige dos comentadores da história da filosofia a realização da exegese do seu discurso. Pelo contrário, na leitura seminal de Hyppolite a filosofia hegeliana seria a matriz constitutiva da filosofia moderna. Assim, as grandes tendências do pensamento moderno teriam encontrado as suas origens nas problemáticas constituídas por Hegel e, por isso mesmo, estabeleceriam um diálogo permanente com o discurso hegeliano, seja este realizado da maneira direta ou indireta.

---

3. Hyppolite, J. *Figures de la pensée philosophique*. Volumes I e II. Paris, Presses Universitaires de France, 1971.
4. Hegel, E.W.F. *Phénoménologie de l'Esprit*. Volumes I e II. Paris, Montaipe, 1941.
5. Hyppolite, J. *Genèse et structure de la phénoménologie de l'Esprit de Hegel*. Paris, Montaipe, 1946.

PSICANÁLISE E FILOSOFIA CONTEMPORÂNEA

Entretanto, no que tange à tradição filosófica francesa, a problematização do discurso hegeliano assumiria uma feição particular e deveria ter um efeito decisivo, além da característica a que nos referimos. Para Hyppolite, os pressupostos da filosofia hegeliana permitiriam introduzir a dimensão histórica na leitura dos problemas filosóficos, perspectiva essa de abordagem que estaria ausente na história da filosofia na França, de Descartes a Bergson.[6]

Autor fundamental na retomada histórica dos estudos hegelianos na França, ao lado de J. Wahl[7] e A. Kojève,[8] Hyppolite foi também a mediação essencial para o estabelecimento de um diálogo fecundo entre a filosofia e a psicanálise. Esta articulação foi possibilitada, por um lado, pelo discurso filosófico de Hegel e, por outro, pelo "retorno a Freud" promovido pela investigação de Lacan desde os anos 1950.

Evidentemente, este encontro teórico entre Hyppolite e Lacan não foi fortuito, pois apesar de enunciarem discursos diferentes e se inserirem em campos diversos do saber, ambos se fundamentaram na filosofia de Hegel. Por isso, este encontro se inscreve na história da filosofia francesa, que desde os anos 1930 retomou o pensamento de Hegel e construiu as bases teóricas para uma nova interpretação do seu discurso.[9]

Neste contexto, empreendeu-se a releitura da filosofia de Hegel por J. Wahl, A. Kojève e J. Hyppolite, na qual foi atribuído destaque especial aos textos iniciais de Hegel e principalmente à *Fenomenologia*

---

6. Hyppolite, J. *Introduction à la Philosophie de l'histoire de Hegel* (1948). Paris, Seuil, 1983.

7. Sobre isso, vide Hyppolite, J. "Hegel et Kierkegaard dans la pensée française contemporaine" (1955). In: Hyppolite, J. *Figures de la pensée philosophique*. Volume I. *Op. cit.*, p. 197; Hyppolite, J. "La 'Phénoménologie' de Hegel et la pensée française contemporaine". In: Hyppolite, J. *Figures de la pensée philosophique*. Volume I. *Op. cit.*, pp. 233-234.

8. Kojève, A. *Introduction à la lecture de Hegel*. Paris, Gallimard, 1947.

9. Sobre isso, vide Hyppolite, J. "La Phénoménologie de Hegel et la pensée française contemporaine". In: Hyppolite, J. *Figures de la pensée philosophique*. Volume I. *Op. cit.*, pp. 231-241; Koyré, "Rapport sur l'état des études hégeliennes en France" (1930). In: Koyré, A. *Etudes d'histoire de la pensée philosophique*. Paris, Gallimard, 1971, pp. 225-251.

SER JUSTO COM A PSICANÁLISE

do espírito.[10] Nesta obra, a *dialética do senhor e do escravo*[11] ocupou certamente uma posição fundamental e estratégica para a elucidação do pensamento hegeliano e para a exegese da totalidade do seu discurso filosófico. Assim, mediante o destaque atribuído à dialética do senhor e do escravo nesta interpretação de Hegel, sublinha-se no discurso filosófico deste a dimensão trágica que marcaria a constituição do sujeito e diferentemente da leitura de outros comentadores anteriores do seu pensamento, na qual se enfatizava em Hegel a construção de um sistema filosófico, que teria realizado na sua lógica o ápice de sua reflexão teórica. Enfim, como enunciou Hyppolite, um deslocamento significativo aconteceu na cena filosófica, pelo qual a figura do Hegel *panlógico* foi substituída pela figura do Hegel *pantrágico*.

DIALÉTICA HEGELIANA E O "RETORNO A FREUD"

Foi nesse caminho metodológico e no campo dessa problemática filosófica que Lacan se introduziu na pesquisa psicanalítica. Com efeito, foi a leitura de Hegel, mediada pela interpretação de Kojève,[12] uma das condições de possibilidade para que Lacan empreendesse a releitura renovadora de Freud. Assim, desde os anos 1940, os escritos teóricos de Lacan revelam as marcas das formulações de Hegel, principalmente nos ensaios sobre o estádio de espelho,[13] a causalidade psíquica[14] e a agressividade em psicanálise.[15] Mesmo com a introdução posterior do referencial teórico da linguística de Saussure, possibilitado pela antropologia

---

10. *Ibidem*.
11. Hegel. G.W.B. *La Phenoménologie de l'Esprit*. Volume I. *Op. cit.*, pp. 145-154.
12. Roudinesco. E. *Histoire de la psychanalyse en France*. Volume II. Parte 1, Capítulo 4, Paris, Seuil, 1986. *Idem*. *História da Psicanálise na França*, Volume II. Rio de Janeiro, Jorge Zahar Editor, 1988.
13. Lacan, J. "Le stade du miroir comme formateur de la fonction du Je telle qu'elle nous est révelée dans l'experience psychanalytique" (1949). In: Lacan, J. *Écrits. Op. cit.*
14. *Idem*. "Propos sur la causalité psychique" (1946). In: Lacan, J. *Écrits. Op. cit.*
15. *Idem*. "L'agressivité en psychanalyse" (1948). In: Lacan, J. *Écrits. Op. cit.*

PSICANÁLISE E FILOSOFIA CONTEMPORÂNEA

estrutural pela mediação de Lévi-Strauss,[16] a referência hegeliana ainda norteou o horizonte teórico de Lacan por muito tempo e orientou a sua releitura do discurso freudiano. Evidentemente, algumas problemáticas delineadas pela filosofia de Heidegger também nortearam a pesquisa psicanalítica de Lacan deste período, mas a incidência da filosofia de Hegel produziu marcas indeléveis no seu discurso.

Entretanto, desde o seminário sobre a angústia, a perspectiva lacaniana delineada a partir da filosofia de Hegel começou a revelar alguns impasses teóricos importantes, que exigiram que Lacan repensasse a totalidade do seu percurso. A problemática do *real* no discurso teórico de Lacan começou a se constituir progressivamente e a indicar um novo espaço teórico para a investigação psicanalítica. Foi a delimitação do campo de simbolização possível no sujeito e na psicanálise que impôs um limite à abordagem de Lacan, até então norteada pela filosofia de Hegel. Entretanto, esses impasses teóricos não implicaram na recusa dos instrumentos conceituais entreabertos por essa filosofia, mas significaram a sua retomada em outro plano de maior complexidade, no qual se impuseram alguns limites que a psicanálise passou a colocar para a dialética hegeliana.

Neste contexto, o "retorno a Freud" realizado por Lacan foi empreendido também pela mediação da *Fenomenologia do espírito*, na qual Lacan destacou também a relevância da dialética do senhor e do escravo.

Fundando-se nesta leitura do discurso de Hegel, Lacan construiu um conjunto de conceitos originais no campo teórico da psicanálise, assim, formulando o conceito de *estádio do espelho*, ao estabelecer as suas diferenças fundamentais com o que Wallon descrevera com muita argúcia na psicologia da criança.[17] Da mesma forma, Lacan retirou radicalmente as consequências que esta perspectiva teórica entreabria para a retomada crítica da problemática do *narcisismo* no discurso freudiano.

---

16. Lévi-Strauss, C. "Introdução à obra de Marcel Mauss". In: Mauss, M. *Sociologia e Antropologia*. Volume II, São Paulo. Edusp, 1974; Lévi-Strauss, C. *Les structures élémentares de la parenté* (1949). Paris, Mouton, 1967.

17. Wallon, H. *Les origines du caractère chez l'enfant* (1934). Paris, Press Universitaires de France, 1973.

SER JUSTO COM A PSICANÁLISE

Finalmente, definiu não apenas a relevância, mas também a incidência destes conceitos no campo da *experiência psicanalítica*, possibilitando uma nova leitura da lógica que sustentaria o ato psicanalítico, concebida em termos especificamente dialéticos.

Nesta releitura de Freud, mediada pela dialética do senhor e do escravo, a experiência analítica se apresenta remodelada em alguns de seus traços fundamentais. Estes traços são múltiplos, mas se unificam num sistema lógico coerente que revela a minuciosa articulação interna forjada por Lacan a partir das categorias filosóficas de Hegel. Não pretendemos tematizar a totalidade destes traços neste contexto, mas somente nos referir a alguns deles considerando o momento inicial da pesquisa teórica de Lacan.

Fundando-se no conceito de estádio do espelho, caracterizado como uma estrutura do sujeito e não apenas como um momento do desenvolvimento psicogenético da criança, Lacan pôde promover ainda a releitura da *agressividade* em psicanálise. Nesta perspectiva, a agressividade se apresentaria no confronto narcísico delineado entre subjetividades, sendo assim uma experiência intersubjetiva. Isto implica afirmar que a agressividade não é um resíduo eliminável na estrutura do sujeito, que seria produzida pela "frustração" de uma "necessidade" instintiva que conduziria o sujeito necessariamente à regressão e consequentemente à agressão. Portanto, a agressividade seria uma dimensão fundamental na estrutura do sujeito, na medida em que este se constitui mediante a sua *alienação* ao Outro. Enfim, a agressividade se apresenta necessariamente no processo analítico, pois neste contexto o sujeito é confrontado com a posição alienante que o constitui enquanto sujeito e diante do desejo de *reconhecimento* pelo Outro.[18]

Por isso, o fenômeno clínico que Freud denominava de *transferência negativa* se apresentaria desde o início de qualquer experiência de análise. Assim, a *transferência negativa* não seria um fenômeno secundário, atípico e portanto eliminável deste processo, como um resíduo. Isso porque o confronto narcísico da figura do analisante com a figura do

---

18. Lacan, J. "L'agressivité en psychanalyse". In: Lacan, J. *Écrits. Op. cit.*

PSICANÁLISE E FILOSOFIA CONTEMPORÂNEA

analista produziria naquele uma ferida narcísica decisiva, pois coloca em questão a sua autossuficiência narcísica e sua demanda de reconhecimento pela figura do analista.[19] Segundo Lacan, a demanda do sujeito de uma análise promoveria sua *humilhação* e se traduziria pela transferência negativa na abertura da experiência analítica. Em decorrência desta remodelação do campo da experiência psicanalítica, Lacan empreendeu a crítica da concepção biológica do conceito de pulsão de morte, fundamental da teoria psicanalítica, retirando-o do registro estritamente biológico e inserindo-o decisivamente na dialética da intersubjetividade.[20]

Neste contexto, o conceito de *real* foi introduzido inicialmente por Lacan em psicanálise, mas pressupondo uma crítica anterior ao conceito freudiano de princípio de realidade. Assim, Lacan formulou a existência de um campo psíquico inserido "além do princípio de realidade"[21] como um paradigma teórico que seria análogo ao "além do princípio do prazer" enunciado por Freud.[22] Fundado nesta crítica, Lacan pôde retomar o conceito de real na psicanálise tendo como referência o discurso hegeliano, isto é, num contexto teórico que define inicialmente a oposição entre o real e o racional, para afirmar em seguida que é da contradição entre o real e o racional que o real é transformável e inserido no registro do simbólico.[23] Evidentemente, o que Lacan formulou posteriormente como o registro do *real* revela uma grande distância com a problemática teórica desse momento, pois *a posteriori* o registro do *real* revela o que é *impossível de simbolização* para o sujeito.[24]

---

19. *Ibidem*, p. 107.
20. *Ibidem*, pp. 101-106.
21. Lacan, L. "Au-delà du principe de realité" (1936). In: Lacan, J. *Écrits. Op. cit.*
22. Freud, S. "Au-delà du principe de plaisir" (1920). In: Freud, S. *Essais de psychanaiyse*. Paris, Gallimard, 1981.
23. Lacan, J. "Fonction et champ de la parole et du langage en psychanalyse" (1953). Parte 3. In: Lacan. J. *Écrits. Op. cit.*
24. *Idem. Encore*. Le Séminaire, livre XX. Paris, Seuil, 1975. [*Mais, ainda,* O Seminário, livro XX. Rio de Janeiro, Jorge Zahar Editor, 1985.]

FILOSOFIA FRANCESA E PSICANÁLISE

Foi neste contexto histórico, caracterizado pela grande renovação teórica da psicanálise francesa na qual o discurso filosófico de Hegel ocupou uma posição fundamental, que Hyppolite estabeleceu o diálogo inicial entre a filosofia e a psicanálise. Até então, a psicanálise era uma forma de saber que não era devidamente considerada na tradição francesa, não apenas no campo da *psiquiatria*, como também no campo da *cultura em geral*. A incorporação da psicanálise pela medicina, pela psiquiatria e pela cultura francesa foi bastante lenta, sendo o movimento surrealista a exceção mais destacada nessa conjuntura histórica.[25]

Não é um acaso que Lacan tenha sido ao mesmo tempo influenciado pelo Surrealismo — tendo publicado alguns artigos em revistas deste movimento — e se tornado a figura fundamental na renovação da psicanálise francesa. Nesta perspectiva, foi a personagem histórica que realizou a mediação entre a novidade teórica representada pelo discurso freudiano e a psiquiatria francesa, representada pela figura emblemática de seu colega e amigo Henri Ey.[26]

Entretanto, para isso seria necessária a superação de alguns obstáculos fundamentais no contexto da cultura francesa deste período, para que a psicanálise pudesse ser incorporada e legitimada como uma modalidade de saber.[27] Neste momento, vamos sublinhar apenas a existência de dois destes obstáculos que interessam à explicitação do nosso problema, não pretendendo dizer com isso que tenham sido os únicos.

Primeiro, o valor que a sociedade francesa atribuía à sua tradição cultural e à diferença face a outras tradições nas primeiras décadas do século XX. A implicação disso em relação à psicanálise foi decisiva na sua incorporação pela cultura francesa, pois Freud realizou uma descoberta fundamental no campo do saber, que teve uma influência imensa

---

25. Roudinesco, E. *Histoire de la psychanalyse en France*. Volume II. Parte 1, Capítulo 1, *op. cit.*

26. *Ibidem.*

27. Sobre isso, vide Smirnof, V. "De Vienna à Paris". *Nouvelle Revue de Psychanalyse*. Paris, Gallimard, n. 20, 1979.

PSICANÁLISE E FILOSOFIA CONTEMPORÂNEA

ao longo do século XX, trabalhando a partir dos impasses colocados pelas investigações neuropatológicas e hipnóticas de Charcot no campo da histeria. Com isso, a França se viu privada de uma descoberta decisiva no campo do saber contemporâneo e teve no discurso de Pierre Janet, um dos herdeiros privilegiados de Charcot, um obstáculo teórico importante para a difusão social da psicanálise na França.[28]

Evidentemente, esta questão define apenas uma dimensão que ordena a oposição ao discurso freudiano pela psiquiatria francesa, principalmente se considerarmos a rivalidade então existente entre os franceses e os países de língua alemã, desde a guerra franco-prussiana no século XIX. Por isso mesmo, para ser incorporada por esta tradição cultural, a psicanálise teria que se apresentar como uma "psicanálise à francesa", segundo a interpretação reveladora e concisa formulada por Smirnof, de forma que, com o discurso teórico de Lacan, a França enunciou um discurso psicanalítico com as marcas específicas de sua tradição cultural, enunciando-se assim a *exceção francesa* no campo psicanalítico internacional.[29]

Porém, esta não foi a única oposição importante para a incorporação do discurso freudiano na França e talvez não represente o obstáculo que tenha sido decisivo, pois a tradição cartesiana da filosofia francesa, definida pelo paradigma do consciencialismo, foi outro obstáculo fundamental neste processo. Para Freud, aliás, a filosofia da consciência sempre representou o maior obstáculo teórico existente para a compreensão da psicanálise e a sua consequente incorporação como uma forma legítima de saber.

Com efeito, Freud não dizia ironicamente que era preciso superar o "sintoma" da consciência se quisermos reconhecer o inconsciente como algo que nos enuncia o discurso psicanalítico?[30] Nesta perspectiva, o ensaio freudiano "As resistências à psicanálise" foi escrito originalmente

---

28. Sobre isso, vide Prévost, C. M. *Janet, Freud et la Psychologie Clinique*. Paris, Payot, 1973.

29. Smirnof, V. "De Viena à Paris". *Nouvelle Revue de Psychanalyse. Op. cit.*

30 Freud, S. "L'inconscient" (1915). In: Freud, S. *Métapsychologie*. Paris, Gallimard, 1968.

SER JUSTO COM A PSICANÁLISE

em francês para ser publicado numa revista francesa. Neste texto, Freud definiu de forma reveladora duas modalidades maiores de "resistência" à psicanálise: a medicina e a filosofia da consciência.[31] Evidentemente, isso não é um acaso, tendo este ensaio destinatários precisos na conjuntura intelectual e psiquiátrica da França. Por isso, seria necessária uma reformulação nos fundamentos da filosofia da consciência para que o discurso psicanalítico pudesse ser incorporado no contexto cultural da França. Assim, a introdução da filosofia de Hegel, da filosofia de Husserl e da filosofia existencial de Heidegger foi a condição de possibilidade desta transformação teórica, pois inseriram a problemática da consciência no contexto da relação entre diferentes consciências, de forma que a problemática do sujeito passou a ser interpretada no campo da *intersubjetividade*. Com isso, a constituição da consciência passaria necessariamente pela *história* que funda o ser da consciência na relação com outras consciências. Enfim, a consciência fundada na história seria marcada fundamentalmente pela *temporalidade*.

Nessa transformação histórica da problemática da consciência, no contexto intelectual francês, diversos autores ocuparam uma posição fundamental. Dentre esses se encontram os maiores teóricos da filosofia francesa daquele período, como Sartre, Merleau-Ponty, Hyppolite, Bataille etc. Para quase todos estes autores a psicanálise representava, em alguma medida, uma indagação para a reflexão filosófica. Esta indagação podia ser teoricamente solucionada, apresentar impasses complicados ou ser definitivamente descartada pelo discurso filosófico, pouco importava, mas a problemática do inconsciente colocada pela psicanálise não podia mais ser desconhecida como fora até esse momento ou, então, ser recusada pura e simplesmente. Esta mudança teórica indicava a reformulação histórica que se processou no contexto da filosofia francesa de então.

Não vamos realizar aqui o inventário das diferentes respostas que foram formuladas nesse momento pela filosofia francesa para a proble-

---

31. *Idem.* "The resistances of psychoanalysis" (1925). In: *The Standard Edition of the complete psychological works of Sigmund Freud.* Volume XIX. Londres, Hogarth Press, 1978.

PSICANÁLISE E FILOSOFIA CONTEMPORÂNEA

mática do inconsciente, porque dessa maneira fugiríamos ao objetivo deste ensaio. O leitor encontrará as referências a esses autores em outros ensaios deste livro. Pretendemos esboçar aqui somente alguns dos tópicos da leitura instigante que Hyppolite realizou do discurso freudiano, destacando assim a originalidade de sua interpretação.

Além disso, é preciso considerar que posteriormente a esse momento histórico, a filosofia francesa dialogou com a psicanálise e retomou as questões colocadas por esta em outro plano teórico, deslocando as problemáticas que estavam em pauta nesse período histórico.[32] Porém, nesse momento o diálogo estabelecido por Hyppolite com a psicanálise teve um alcance fundamental, pois não apenas constituiu o campo teórico desse diálogo, como também mapeou problemáticas importantes que ainda permanecem atuais.

LEITURA FILOSÓFICA DE FREUD

Como já foi dito, o diálogo de Hyppolite com a psicanálise se realizou de forma preliminar através da leitura do discurso teórico de Lacan, sendo pela mediação do discurso deste que se possibilitou uma leitura filosófica de Freud. Em contrapartida, a leitura de Hyppolite sobre alguns conceitos freudianos teve uma incidência importante no pensamento de Lacan. Este diálogo de Hyppolite com Lacan se realizou tanto em nível formal — podemos indicar isso pelas inúmeras vezes que Hyppolite se refere a Lacan nos seus ensaios sobre a psicanálise —, como também por sua participação direta nos seminários iniciais de Lacan. Assim, o clássico comentário de Hyppolite sobre o conceito de denegação[33] em Freud se realizou no Seminário I de Lacan, *Os escritos técnicos*

---

32. Sobre isso, vide Foucault, M. *Histoire de la folie à l'âge classique*. Paris, Gallimard, 1972; Deleuze, G. e Guattari, F. *L'anti-Oedipe:* Capitalisme et schizophrénie 1. Paris, Minuit, 1972; Ricoeur, P. *De l'interpretation. Essais sur Freud*. Paris, Seuil, 1965; Foucault, M. *La volonté du savoir*. Paris, Gallimard, 1976.

33. Hyppolite, J. "Commentaire parlé sur la 'Verneinung' de Freud" (1955). In: Hyppolite. J. *Figures de la pensée philosophique*. Volume I. *Op. cit.*

SER JUSTO COM A PSICANÁLISE

de Freud,[34] sendo devidamente introduzido por uma intervenção importante do autor,[35] a que se seguiu um segundo comentário[36] deste após a apresentação de Hyppolite. A grande importância conferida por Lacan a este diálogo pode ser facilmente verificada, pela inclusão destes textos nos seus *Escritos*.

A filosofia de Hegel funcionou como a mediação fundamental desse diálogo. Entretanto, a fenomenologia de Husserl, a filosofia existencial de Heidegger e a filosofia de Sartre também ocuparam um lugar importante nesse diálogo com a psicanálise, mas se situavam numa posição secundária.

Assim, podemos acompanhar o esforço teórico de Hyppolite para articular as proximidades e as diferenças existentes entre o *projeto intelectual da psicanálise* e o *projeto da analítica existencial*. A referência ao campo intelectual francês se encontra aqui presente, pois se o pensamento de Heidegger ocupa o lugar de paradigma da filosofia existencial, o debate com o discurso teórico de Sartre se realizou de modo direto e indireto, na medida em que este empreendeu críticas importantes ao discurso psicanalítico nesse contexto histórico.[37] Da mesma forma, Hyppolite estabeleceu alguns contrapontos entre os discursos teóricos de Freud e de Bergson, indicando assim as diferenças existentes entre seus projetos teóricos.[38]

Outra referência francesa importante retomada criticamente por Hyppolite foi a distinção teórica estabelecida por Dalbiez entre método e doutrina em psicanálise. Porém, onde Dalbiez enfatizava a riqueza do

---

34. Lacan, J. *Écrits techniques de Freud*. Le Séminaire, livre I. Paris, Seuil, 1975.
35. *Idem*. "Introduction au commentaire de Jean Hyppolite sur la 'Verneinung' de Freud". In: Lacan, J. *Écrits. Op. cit*. p. 369-380.
36. *Idem*. "Reponse au commentaire de Jean Hyppolite sur la 'Verneinung' de Freud". In: *Ibidem*, pp. 381-399.
37. Hyppolite, J. "Philosophie et psychanalyse" (1955). In: Hyppolite, J. *Figures de la pensée philosophique*. Volume I. *Op. cit.*; Hyppolite, J. (1959). "L'existence humaine et la psychanalyse". In: Hyppolite, J. *Figures de la pensée philosophique*. Volume I. *Op. cit.*
38. *Ibidem*, pp. 398-399.

PSICANÁLISE E FILOSOFIA CONTEMPORÂNEA

método freudiano e destituía de valor a teoria psicanalítica, Hyppolite procurou, em contrapartida, retirar radicalmente algumas das consequências filosóficas colocadas pelo método freudiano, mas ao mesmo tempo respeitando as exigências filosóficas colocadas pela doutrina. Assim, se o método freudiano pressupõe uma *filosofia do espírito* na medida em que é fundado na interpretação num contexto intersubjetivo, a doutrina freudiana delineado pela representação de forças e de energias no psiquismo atualizaria uma problemática pertencente à *filosofia da natureza*. Portanto, isso evidencia para Hyppolite que o discurso psicanalítico de Freud pretendeu articular diferentes modalidades do discurso filosófico, sem escolher de forma preliminar entre estas diversas perspectivas teóricas.[39]

Para esta leitura filosófica de Freud, seria preciso considerar rigorosa e minuciosamente tanto os seus textos teóricos quanto os clínicos, para proceder a um trabalho consistente de exegese como se realiza com qualquer discurso filosófico, quando se pretende estabelecer os princípios para a sua interpretação. Este é o primado metodológico que orienta Hyppolite, procurando retirar do exame interno dos textos freudianos os seus pressupostos e as suas consequências filosóficas, para não impor ao discurso de Freud um esquema teórico preestabelecido.

Para isso, entretanto, é preciso reconhecer antes de tudo a grandeza do empreendimento teórico realizado por Freud, pois este perseguiu incansavelmente uma problemática do início ao fim de sua pesquisa psicanalítica, sem temer colocar em questão as suas diferentes formalizações, diante das indagações e das contradições conceituais que se apresentavam frequentemente: "Nada é mais atraente que a leitura das obras de Freud. Tem-se o sentimento de uma descoberta perpétua, de um trabalho em profundidade que não cessa jamais de colocar em questão seus próprios resultados para abrir novas perspectivas."[40]

---

39. *Ibidem*, pp. 409-410.
40. *Ibidem*, pp. 373-374.

SER JUSTO COM A PSICANÁLISE

Em seguida, é preciso destacar metodologicamente que a problemática da psicanálise se insere rigorosamente no contexto da filosofia contemporânea, isto é, que a *matéria-prima* com que trabalha a psicanálise é análoga e similar à matéria-prima que é processada pela *fenomenologia* e pela *filosofia existencial*. Por isso mesmo, é preciso enunciar que são internas as relações da psicanálise com as grandes tendências do pensamento contemporâneo, pois a psicanálise se revela também de maneira inequívoca como uma filosofia da existência e do destino humanos:

> Eu partia da convicção de que a filosofia contemporânea era inseparável da psicanálise, que a fenomenologia existencial e a analítica existencial se inspiram nela, e da convicção de que a psicanálise era também uma filosofia da existência e do destino humano. Essa convicção se ancorou em mim pela leitura atenta das obras de Freud e pela meditação sobre as obras dos filósofos atuais. Dito de outra maneira, eu encontrava um clima comum, problemas comuns.[41]

Hyppolite reconhece que Freud não é somente um médico que descobriu uma nova modalidade de terapêutica para as neuroses, nem tampouco apenas um neurologista criativo e um psicólogo talentoso, mas "um filósofo de primeira grandeza ou, antes, um destes homens de gênio (tão raros) que desvelam, descobrem uma via nova."[42]

Porém, se a problemática delineada pelo discurso freudiano nas narrativas clínicas se insere no campo da filosofia, é preciso sublinhar ainda que a descoberta de Freud se apresenta como um "método concreto e fecundo que é mais a descoberta de uma problemática do que um sistema acabado".[43] Ou seja, se o método freudiano não é um sistema fechado e se a "linguagem positivista" de Freud é certamente "decepcionante. (...) Para apreciar a significação filosófica da obra freudiana *é necessário*

---

41. *Ibidem*, p. 406.
42. *Ibidem*, p. 407.
43. *Ibidem*, p. 374.

PSICANÁLISE E FILOSOFIA CONTEMPORÂNEA

não temer ir além de certas fórmulas do Mestre, e explicitar um sentido que ele não formulou nitidamente. Assim se manifestará o caráter altamente filosófico desta exploração e desta obra."[44]

Consideremos, então, a dualidade de modelos que ordenam e permeiam o discurso freudiano, da qual podemos depreender a contraposição entre representações da natureza e da significação no psiquismo, isto é, entre a *ordem da causalidade* e a *ordem do sentido*. Assim, é preciso considerar a existência da "linguagem positivista" de que Freud se serve permanentemente nos seus textos, mas que é "inadequada para o seu próprio caminho",[45] pois o que a psicanálise busca permanentemente é destacar a "relação entre sintomas, sonhos, acontecimentos da vida psíquica e sentidos ocultos que são a fonte dos acontecimentos".[46]

Qual a razão dessa inadequação? Ela se coloca porque o discurso teórico de Freud utiliza de maneira regular um modelo "positivista", de características energéticas, para a representação do psíquico, que se contrapõe ao exame minucioso no plano da significação, que ele realiza adequadamente na interpretação dos sintomas e das outras formações do inconsciente. Assim, existiria no discurso freudiano um contraste e mesmo uma contradição flagrante entre o "materialismo da energia" e a "análise intencional".[47] Porém, apesar de se manter sempre metodologicamente no registro estrito da significação, ele "jamais abandonará completamente esta representação energética".[48]

Neste contexto, Hyppolite estabelece um princípio metodológico importante para a leitura do discurso de qualquer autor, pois não impõe ao texto de Freud um modelo *a priori*, mas considera a existência da dualidade de registros nos seus textos como o índice de uma questão importante, que indica o campo de uma problemática delineada pelo discurso freudiano:

---

44. *Ibidem*, pp. 374-375.
45. *Ibidem*, p. 380.
46. *Ibidem*.
47. *Ibidem*, p. 409.
48. *Ibidem*, p. 408.

SER JUSTO COM A PSICANÁLISE

É necessário evitar, talvez, trair Freud, escolhendo uma interpretação contra a outra, pois ele pretendeu uma espécie de síntese à qual não pôde chegar, e existe uma originalidade nesta combinação, na recusa de separar uma filosofia da natureza e uma filosofia do espírito. Em Freud, vai-se sempre de uma imagem naturalista a uma compreensão, e vice-versa.[49]

Assim, ao destacar a oposição existente entre método e doutrina psicanalíticos na sua leitura de Dalbiez, Hyppolite sublinhava a tentativa teórica de Freud em articular uma filosofia da natureza e uma filosofia do espírito. Evidentemente, esta pretensão teórica não foi realizada por Freud, mas revelou a problemática que esse constituiu e indicou para superar o dualismo entre os registros do corpo e do espírito. O conceito de pulsão (*Trieb*) — que condensa a oposição entre força e representação —,[50] que ocupa o centro da teorização freudiana, indica que foi por esse caminho teórico que Freud desenvolveu a sua pesquisa e encontrou diferentes impasses que o conduziram finalmente à transformação de sua representação do psiquismo.

Porém, é no campo da interpretação do sentido da experiência do sujeito que se revela a riqueza do método psicanalítico. Hyppolite destaca como Freud constituiu um método fecundo para a hermenêutica do sujeito, que ultrapassa bastante o horizonte de um cientificismo estreito em que se pretendeu inserir o projeto freudiano. Foi por esse caminho metodológico que Hyppolite valorizou as minuciosas interpretações forjadas por Freud, baseadas na experiência intersubjetiva da clínica psicanalítica, para explicitar a constituição do sujeito. Assim, as descrições clínicas legadas por Freud foram retomadas por Hyppolite como indicadores seguros de uma aventura intelectual importante que Freud se permitiu percorrer e que foram seguramente a condição de possibilidade para uma reflexão original sobre o sujeito no pensamento contemporâ-

---

49. *Ibidem*, pp. 409-410.
50. Freud, S. "Pulsions et destins des pulsions" (1915). In: Freud, S. *Métapsychologie*. *Op. cit.*

PSICANÁLISE E FILOSOFIA CONTEMPORÂNEA

neo. Neste contexto, o livro *A interpretação dos sonhos* foi considerado o monumento mais fulgurante da pesquisa freudiana e destacado como a sua obra-prima, pois nele a interpretação do sentido que ordena a experiência do sujeito foi articulada de maneira mais sistemática.

Assim, se foi por esse viés metodológico que o discurso freudiano colocou a problemática da constituição do sujeito pela interpretação do sentido da sua história e do seu desejo, Hyppolite retirou daí as consequências teóricas. Estas consequências não foram sempre explicitadas pelo discurso freudiano, mas foram indicadas, e isto que permitiu que Hyppolite assinalasse que elas se inserem em posições precisas no campo da filosofia contemporânea.

Nesse momento, Hyppolite pretendeu estabelecer as possíveis articulações internas entre os discursos teóricos de Freud e de Hegel, em que procurou apreender algumas das analogias entre as suas respectivas problemáticas teóricas. Para isso, destacou as condições de possibilidade para a constituição do sujeito na *Fenomenologia do Espírito* de Hegel e as contrapôs às condições em que o sujeito se constitui no discurso freudiano. Num dos passos decisivos desta leitura, Hyppolite destacou no texto de Hegel a passagem trágica da *consciência natural* para a *autoconsciência*, mediante uma série de figuras da consciência. É nesta transformação trágica que se destacou a constituição da dialética do senhor e do escravo.

Porém, para a realização desta leitura é necessário definir *a priori* a modalidade de relação existente entre os discursos teóricos de Hegel e de Freud, para delinear o caminho possível de interpretação que destaque devidamente a problemática comum que se estabelece entre os discursos destes autores. Esta relação não pode ser definida em termos de influência histórica, pois Hegel, evidentemente, não poderia ter lido Freud, e é possível pensar que Freud nunca leu Hegel pelas mesmas razões que se recusava a ler Nietzsche, isto é, "apesar das satisfações que poderia extrair disso, para não se arriscar a se deixar influenciar na originalidade de suas próprias descobertas".[51]

---

51. Hyppolite, J. "Phénoménologie de Hegel et psychanalyse" (1957). In: *Figures de la pensée philosophique*. Volume I. *Op. cit.*, p. 213.

SER JUSTO COM A PSICANÁLISE

Portanto, se esta relação não se funda na influência histórica da problemática de Hegel sobre a de Freud, é preciso invertê-la. Nesta perspectiva, a escolha metodológica de Hyppolite foi marcada pela audácia, porque empreendeu a leitura de Hegel através do discurso freudiano, numa visão retrospectiva. Com isso, Hyppolite se propõe traçar as analogias existentes entre as problemáticas destes diferentes discursos:

> Por outro lado, o bom senso parece nos proibir de falar de uma influência retrospectiva, uma espécie de influência ascendendo o curso do tempo, de Freud sobre Hegel. Entretanto, é esta espécie de absurdo que eu queria justificar primeiro, pois ele comporta algo de verdadeiro que é a retrospecção (...).[52]

Assim, a experiência trágica de constituição do sujeito na *Fenomenologia do espírito* é interpretada pelas categorias da experiência psicanalítica, na qual se destaca a tragédia do Édipo, tal como esta foi descrita por Freud em *A interpretação dos sonhos*. Com efeito, se estabelece uma analogia entre as problemáticas do sujeito na psicanálise e na filosofia de Hegel:

> É num espírito que não é tão diferente daquele da psicanálise freudiana nestes textos que nós ensaiaremos encarar, por uma interpretação propriamente retrospectiva, a fenomenologia de Hegel. Reler assim a *Fenomenologia* consistiria em encarar a totalidade desta obra tão difícil e sinuosa como a verdadeira tragédia de Édipo da totalidade do espírito humano, talvez com a diferença de que, no desvelamento final, o que Hegel denomina "saber absoluto" permanece ambíguo e enigmático.[53]

Nesta perspectiva, a categoria de intersubjetividade ocupa uma posição estratégica na leitura realizada por Hyppolite, sem a qual não seria possível interpretar o percurso do sujeito no ato psicanalítico e na "fe-

---

52. *Ibidem*, p. 213.
53. *Ibidem*, p. 214.

nomenologia do espírito". Assim, não apenas a presença é necessária, mas também a antecipação, lógica e histórica, de um sujeito para que outro sujeito possa efetivamente se constituir. Ou seja, a passagem da consciência natural para a consciência de si somente seria possível pela mediação de outra consciência que polariza o processo trágico e permite à primeira consciência a experiência de uma série de figuras que foram descritas devidamente por Hegel na sua obra fenomenológica com grande riqueza e envergadura.

Da mesma forma, o ato psicanalítico é inserido neste contexto trágico, no qual a figura do analista ocupa um lugar estratégico que é a condição de possibilidade que permite o acesso decisivo da figura do analisante à posição de sujeito. Portanto, as figuras trágicas mediante as quais o sujeito se representa e se apresenta ao longo do processo analítico são análogas às figuras descritas por Hegel no percurso da consciência na *Fenomenologia do espírito*. Com isso, a dimensão *metafísica* da psicanálise se esboça para Hyppolite com traços bem delineados e até mesmo conclusivos.

Hyppolite sublinha o que existe de mais fundamental no discurso freudiano, a descoberta da experiência psicanalítica centrada na transferência, uma "inquietação filosófica fundamental de Freud, que se dissimula atrás de uma técnica terapêutica".[54] Por isso, é preciso repensar o que significa a problemática da "cura" pela psicanálise e indagar se esta é de fato uma modalidade de "terapêutica", pois na perspectiva freudiana a problemática da "cura" assume uma dimensão metafísica, pois implica no acesso do sujeito à *verdade* de sua *história* e de seu *desejo*.[55] Enfim, a problemática da "cura" pela psicanálise desemboca na problemática da verdade, que é a questão filosófica por excelência. E a dimensão metafísica da psicanálise se evidenciaria na leitura desta realizada por Hyppolite, de forma elegante e magistral.

---

54. *Idem*. "Philosophie et psychanalyse". *Op. cit.*, p. 409.
55. *Ibidem*, p. 408.

9. A imaginação, a fantasia e o sublime em psicanálise
(Uma leitura de *Eros e civilização*, de Herbert Marcuse)

UTOPIA E DESEJO

A obra de Marcuse *Eros e civilização: Uma filosofia do pensamento de Freud* embalou as mentes e os corações de toda uma época, incidindo sobre públicos de diferentes idades, a começar pela febril juventude, quando foi lançada nos Estados Unidos, em meados dos anos 1950. Difundiu-se então para a Europa e para a América Latina, onde obteve enorme sucesso, tanto entre os especialistas quanto no público. Isso porque Marcuse soube apreender os humores, as intensidades e as correntes de opinião vigentes no seu tempo, colocando em movimento os anseios apaixonados de liberdade, voltados para outra maneira de conceber a política nas suas relações com o sujeito e o desejo. Nessa obra, propôs uma nova articulação entre teoria social e psicanálise, para delinear então outra leitura sobre a subjetividade.

Nesse momento, não se tratava de opor Marx a Freud. Nem tampouco Freud a Marx. O que então se impunha, no imaginário teórico e social dos anos 1950, era a conjugação de Marx e Freud, para que, como os dois gigantes que eram no pensamento na modernidade, pudessem alavancar os desejos de transformação radical da sociedade ocidental, na época do capitalismo avançado. E tudo isso estava condensado na tessitura íntima da obra de Marcuse e que definia o horizonte de suas pretensões teórica, ética e política.

Oriundo de uma série de conferências proferidas na Washington School of Psychiatry em 1950 e 1951, *Eros e civilização* foi original-

SER JUSTO COM A PSICANÁLISE

mente publicado como livro em língua inglesa, em 1955.[1] Em 1966 a obra recebia uma nova edição na qual se incluía o que o autor chamou de "prefácio político".[2] Nos anos 1970, houve uma edição brasileira, realizada pela Zahar Editores, do Rio de Janeiro, tendo como base a última edição norte-americana.[3] A tradução brasileira teve várias edições num espaço bastante curto de tempo, o que revela o enorme interesse provocado pela obra, num país de tão poucos leitores. No Brasil, estávamos na conjuntura ideológica caracterizada pelos efeitos políticos e culturais muito bem delineados do ano mágico de 1968, que marcou indubitavelmente a memória do século XX, pelos movimentos sociais dirigidos inicialmente pelos jovens e pelas rupturas feitas na mentalidade e nas práticas sociais do Ocidente.

Tratava-se de uma época revolucionária, que invadiu o mundo de então, e cujas marcas produziram sublevações por toda a parte. A *utopia* dominava os espíritos e os corpos dos intelectuais e das massas, e havia inúmeros militantes afoitos por escolha e vocação, infundindo um *desejo de subversão*, como costuma acontecer nas conjunturas revolucionárias reguladas pelos valores utópicos. Todos acreditavam que o mundo podia ser transformado de cima a baixo e de ponta-cabeça; balançado em todos os seus alicerces. Era possível sentir este desejo em todas as partes, nos menores gestos e murmúrios, nos discursos articulados e nos comentários formulados nas esquinas à meia-voz; não havia dúvida de que ele estava sempre lá — presença retumbante —, instigando-nos à ação decisiva.

O ano de 1968 se transformou numa referência crucial de nossa tradição, tanto política quanto teórica, porque marcou uma ruptura fundamental com as formas de pensar e de agir que nos caracterizavam até então. Pode-se afirmar que o *desejo* invadiu o campo da política e as práticas sociais de maneira inédita. Se ele sempre esteve à flor da pele

---

1. Marcuse, H. *Eros and Civilization*. A philosophical inquiry into Freud. Boston, Beacon Press, 1955.
2. *Ibidem.*
3. Marcuse, H. *Eros e civilização*: Uma interpretação filosófica do pensamento de Freud. Rio de Janeiro, Jorge Zahar Editores, 1972.

A IMAGINAÇÃO, A FANTASIA E O SUBLIME EM PSICANÁLISE

nas conjunturas revolucionárias da modernidade, nos anos de então a *revolução* implicava em transformar a existência como um todo, numa escala extremamente vasta, que não se restringia aos meros rearranjos das forças políticas em confronto na cena social. Esta era a grande novidade, a originalidade, a boa nova da conjuntura revolucionária dos anos 1960. Daí o *estilo poético* que marcou os gestos políticos de então, permanentemente presente para os seus participantes.

Cantado em prosa e verso, tanto na Europa quanto nos Estados Unidos, como o ano das revoltas estudantis e das rebeliões juvenis, seus efeitos chegaram a nós com grandes manifestações de contestação política à ditadura militar, que culminaram na lendária Passeata dos Cem Mil. Tudo isso produziu uma descontinuidade radical com as formas pelas quais pensávamos o mundo até então, reformulando todos os nossos referenciais políticos, éticos, teóricos e estéticos. Nesta abrangência das reformulações, a marca da utopia do projeto existencial estava em pauta. Dentre as múltiplas inovações advindas, deve-se destacar, entre outras, a presença marcante do pensamento de Freud e do discurso psicanalítico como referentes cruciais para se pensar a atualidade do campo ideológico e dos confrontos políticos. Evocar o discurso freudiano, nesse contexto, como instrumento teórico para se pensar nos agenciamentos de forças no campo social, implicava em reconhecer o lugar estratégico representado pelo desejo e pela subjetividade na produção e na reprodução das relações políticas.

Não foi a primeira vez que se formulou a conjugação da teoria crítica social e da psicanálise para pensar o campo político no Ocidente, é claro. Bem antes disso uma plêiade de bons autores e de obras valiosas inauguraram estas sendas de pesquisa. Deve-se evocar aqui o percurso da *teoria crítica*, realizado pela escola de Frankfurt, da qual Marcuse fazia parte. Além disso, destacava-se nos primórdios deste filão a obra pioneira de Reich, *Psicologia de massas do fascismo*.[4] As ciências sociais e as esquerdas, no entanto, sempre se mostravam bastante reticentes na incorporação do discurso psicanalítico nas suas leituras sobre a política. Nesse contex-

---

4.   Reich, W. *La psychologie de masse du fascisme*. Paris, Payot, 1972.

SER JUSTO COM A PSICANÁLISE

to, contudo, um limiar importante foi ultrapassado, pois a psicanálise passou a ser um referencial importante no campo discursivo, seja na sua articulação com as ciências sociais, seja de maneira independente.

ÁGUIA?

Na tradição norte-americana, a presença do discurso freudiano não era uma novidade em 1968, porque esse discurso já era uma presença importante nos registros acadêmico e político desde os anos 1950. Na França, o pensamento de Lacan também já produzia o mesmo efeito cultural, pelo menos desde o início dos anos 1950. No Brasil, contudo, a referência freudiana ainda era uma grande novidade, porque o velho Freud ainda era malvisto pela tradição das esquerdas, que representavam o pensamento psicanalítico como uma modalidade de ideologia pequeno-burguesa, que podia afastar as massas e os intelectuais do reto caminho da revolução. Portanto, para inscrever a psicanálise no campo social, foi necessário superar uma massa bastante compacta de preconceitos enraizados.

Nesse particular, os anos 1970 fizeram para nós toda a diferença. A psicanálise foi também inscrita no nosso ideário cultural e político, se transformando num campo de referência obrigatório para se repensar não apenas a psicopatologia, a saúde mental e a pedagogia, como também a política, a ética e as práticas sociais. Nesse contexto iniciou o que se convencionou chamar de *boom* da psicanálise no Brasil, que perdurou até o início dos anos 1990. Constituiu-se o que alguns autores dos anos 1980 denominaram "cultura psicanalítica" em nosso país. Nesse conjunto de referenciais inscreve-se a citada obra de Marcuse, tanto no que concerne à tradição norte-americana quanto à brasileira. Isso é absolutamente necessário para que se possa bem aquilatar a densidade e a consistência da leitura que aquele empreendeu de Freud, assim como os efeitos de *Eros e civilização* nas nossas paragens tropicais. Estes referenciais constituem o *a priori* concreto da obra, a sua matéria-prima, sem os quais aquela não poderia ser concebida e existir enquanto tal.

A IMAGINAÇÃO, A FANTASIA E O SUBLIME EM PSICANÁLISE

Isso não quer dizer, no entanto, que *Eros e civilização* seja uma obra ultrapassada no tempo e datada, isto é, que já teve os seus efeitos, cultural e político, no contexto de sua emergência histórica e que não pode nos dizer mais nada. Não é disso que se trata, como veremos adiante. Existem teses sustentadas por Marcuse nesse livro que são de uma estridente atualidade, que convivem ao lado de outras que são discutíveis. Além disso, há certas formulações na obra que apenas agora podem ser devidamente valoradas no seu alcance e receber o seu peso, porque demandavam de seus leitores outra modalidade de domínio do pensamento psicanalítico, que era inexistente entre nós no início dos anos 1970.

Tudo isso revela que estamos diante de um autor não apenas respeitável, mas também de um pensador de grande coturno. Deve-se entender isso pela metáfora da *águia*, muito utilizada pelo último Nietzsche, pela qual este indicava não apenas uma ave capaz de grandes voos, mas também de grandes mergulhos no ar, possibilitando-lhe assim apreender os horizontes ampliados e os pequenos detalhes nas suas incursões aéreas. Como tal é Marcuse enquanto pensador e alguém capaz de ver longe e se arriscar pelos grandes horizontes da paisagem, mas que não perde jamais a preocupação pelos pequenos fragmentos que são elucidadores do conjunto. Por isso mesmo pode ser um grande utopista e se manter à altura para representar a utopia do seu tempo. Devemos ter isso sempre em mente para que não haja surpresa ou espanto e se possa realizar uma leitura crítica e criativa da obra de Marcuse, para que não se caia em obsessões doutrinárias absolutamente secundárias ou em surdez política irrelevante.

TRABALHO E PRAZER

Para um leitor que faz a releitura de Marcuse quarenta anos após a sua edição original, a *linguagem política* que norteia as suas preocupações filosóficas castiças chama imediatamente a atenção. Para Marcuse, não existe a possibilidade de pensar nas problemáticas eminentemente filosóficas sem que perpassá-las com as suas preocupações de ordem polí-

SER JUSTO COM A PSICANÁLISE

tica. É possível reencontrar as mesmas características nas suas demais obras de cunho filosófico, como no texto em que examina as questões da autoridade, da família e da liberdade, iniciando a sua leitura com Lutero e a emergência da tradição protestante e a finalizando com Pareto, Sorel e Carl Schmitt.[5] A sua preocupação maior se centra nos caminhos e descaminhos da concepção burguesa de liberdade e de autoridade que redundaram na Restauração e no Nazismo.

É claro que Marcuse se inscreve na grande tradição da escola de Frankfurt, na qual se procurou articular de maneira original Marx e Freud, naquilo que foi lavrado com o título de pensamento freudo--marxista. Ao lado de Marcuse, outros autores também se notabilizaram nesse percurso teórico, de diferentes maneiras, como Adorno, Horkheimer e Habermas, para citar apenas alguns dentre eles,[6] no campo da filosofia. Na tradição psicanalítica destacaram-se ainda outros teóricos na mesma direção de trabalho, como O. Fenichel, G. Roheim e E. Fromm, que foram denominados como sendo a "esquerda freudiana".

A força da linguagem política de Marcuse salta aos olhos do leitor, pois aquele procura inserir a psicanálise no projeto político de repensar nos novos destinos sociais delineados nos anos 1950. Isso porque Freud trabalha uma problemática que interessa largamente à tradição filosófica, desde as suas origens gregas: as relações entre *logos* e *Eros*. Além disso, o discurso freudiano era fundamental para Marcuse, porque permitia pensar a *razão instrumental* e a *racionalidade cientificista* da modernidade de outra maneira. Com Freud seria possível pontuar a tradição logocêntrica do Ocidente, para que se pudesse pensar de outra maneira nas relações entre *trabalho* e *prazer*. Daí a importância política do discurso freudiano para a filosofia.

Assim, a linguagem política está lá o tempo todo. Em particular, as marcas dos movimentos sociais contestatários estão presentes do início

---

5. Marcuse, H. "Estudo sobre a autoridade e a família". In: Marcuse, H. *Ideias sobre uma teoria crítica da sociedade*. Rio de Janeiro, Zahar Editores, 1981, pp. 56-159.

6. Sobre isso, vide Wiggershaus, R. *L'École de Francfort*. Paris, Presses Universitaires de France, 1993; Rouanet, S. P. *Teoria crítica e psicanálise*. Rio de Janeiro, Tempo Brasileiro, 1983.

A IMAGINAÇÃO, A FANTASIA E O SUBLIME EM PSICANÁLISE

ao fim da obra, sejam aqueles discursos teóricos de norte-americanos ou não, já que o cosmopolitismo e o internacionalismo caracterizam Marcuse. No "prefácio político" da edição de 1966, as relações entre os países do primeiro e do terceiro mundo marcam as suas preocupações de maneira estrutural, no contexto definido pela Guerra Fria, pelo confronto cubano e pela guerra do Vietnã. Esta reflexão globalizada define o sabor do livro. No que concerne especificamente à realidade norte-americana, a questão da pobreza e os destinos da população negra ocupam os seus comentários iniciais.

Não se deve, contudo, considerar tais coisas de um ponto de vista anedótico e conjuntural, nem como adornos perfeitamente dispensáveis para uma leitura crítica de Freud. Pelo contrário, estas referências evocam a problemática central da obra: as novas possibilidades entreabertas para o prazer e o lazer das individualidades num mundo em que o *trabalho* pudesse se tornar secundário em função da nova etapa do *modo de produção capitalista*. Encontra-se aqui o cerne da problemática de Marcuse em *Eros e civilização*, isto é, a sua preocupação ao mesmo tempo teórica e política. Foi por este viés que Marcuse se dirigiu para uma leitura de Freud, repito, para repensar nas relações de *logos* e de Eros. Tudo isso para propor que o prazer intenso seria algo passível de se incorporar nas subjetividades, sem que, em contrapartida, fosse colocado em questão o que Freud denominava civilização.

Vale dizer, se existe de fato uma relação de antinomia entre *pulsão* e *civilização* no discurso freudiano, é preciso se perguntar até que ponto isso se sustenta no registro do direito. Assim, ao se atribuir um espaço mais ampliado para os registros da pulsão e do prazer das individualidades, aumentando o tempo livre para o gozo, o registro da civilização seria colocado em risco? Isso porque o tempo para prazer e o gozo seriam retirados das exigências do trabalho, alicerce da civilização. É essa a grande preocupação teórica de Marcuse em *Eros e civilização*, a razão pela qual empreende a sua releitura de Freud. A obra busca responder precisamente a isso, nas suas várias hipóteses de trabalho desenvolvidas e nos novos conceitos que foram por ele forjados.

SER JUSTO COM A PSICANÁLISE

INTERPRETAÇÃO FILOSÓFICA

Eros e civilização é nem mais nem menos do que uma *leitura filosófica do pensamento de Freud*, como o autor indica literalmente desde o subtítulo do livro. Não se pode esquecer isso em nenhum momento. Não é como psicanalista que Marcuse empreende a sua leitura de Freud, mas como filósofo. Isso quer dizer que Marcuse considera que Freud construiu uma modalidade de pensamento suficientemente bem articulada para que merecesse uma leitura filosófica. Portanto, Freud não foi considerado por aquele *apenas* como sendo o inventor de uma modalidade particular de clínica ou como alguém que repense inteiramente os campos da psicopatologia e da saúde mental a partir do conceito de aparelho psíquico. Se isso tudo é afirmado e assumido como uma obviedade e reconhecido em meados dos anos 1950, não é para isso que se volta a pesquisa de Marcuse. O que a esse interessa, enfim, é a leitura original que Freud realizou da subjetividade e o seu lugar na tradição filosófica.

Para nós, que atentamos para esta problemática depois dos anos 1950, tudo isso pode soar como algo velho e ultrapassado, já que desde os anos 1960 tivemos acesso a grandes autores que se voltaram para uma leitura consistente da psicanálise do ponto de vista estritamente filosófico. Pode-se recensear aqui pelo menos alguns nomes que se destacavam nessa empreitada e que fazem parte de nossas referências teóricas: Hyppolite,[7] Althusser,[8] Ricoeur,[9] Habermas,[10] Foucault,[11] Deleuze[12]

---

7. Hyppolite, J. *Figures de la pensée philosophique*. Volume II. Paris, Presses Universitaires de France, 1972, pp. 373-422.

8. Althusser, L. "Freud e Lacan" (1964). In: *Posições 2*. Rio de Janeiro, Graal, 1980; *Idem*. *Psychanalyse et sciences humanes*. Paris, Le Libre de Poche, 1996.

9. Ricoeur, P. *De l'interprétation*. Paris, Seuil, 1965.

10. Habermas, J. *Connaissance et intérêt*. Paris, Gallimard, 1976.

11. Foucault, M. *Histoire de la folie à l'âge classique*. Paris, Gallimard, 1972; *Idem. La volonté de savoir*. Paris, Gallimard, 1976.

12. Deleuze, G., Guattari, F. *L'anti-oedipe*. Paris, Minuit, 1973; Deleuze, G. *Critique et clinique*. Paris, Minuit, 1993.

A IMAGINAÇÃO, A FANTASIA E O SUBLIME EM PSICANÁLISE

e Derrida.[13] Se os ensaios de Hyppolite são dos anos 1950, como o de Marcuse, os demais são posteriores a isso e quase todos são tributários dos efeitos do pensamento de Lacan na cultura filosófica francesa, com a exceção de Habermas, que se inscreve na tradição filosófica alemã da Escola de Frankfurt.

Contudo, é preciso sublinhar devidamente a *precocidade* da preocupação teórica de Marcuse, já que numa obra de fôlego questiona desde os anos 1950 todo o percurso teórico de Freud, com os instrumentos conceituais da filosofia. Um novo campo de estudo e de investigação se iniciou com *Eros e civilização*, que é menos conhecida do que deveria pelas gerações mais recentes, apesar de seus indiscutíveis efeitos indiretos sobre o imaginário destas. Porém, para além desses efeitos, é uma obra que deve ser lida ultrapassando a camada de preconceitos ainda existentes sobre a articulação proposta pelo freudo-marxismo. Marcuse mostra nesta obra seminal um domínio indiscutível do pensamento de Freud, na qual chega a pormenores na sua leitura e revela um longo trabalho de pesquisa. Além disso, mostra um domínio da produção psicanalítica sobre o seu tema de pesquisa, percorrendo autores contemporâneos e posteriores a Freud com a mesma desenvoltura. Finalmente, como já indicou Laplanche[14] numa leitura crítica de *Eros e civilização*, Marcuse é portador de uma cultura filosófica sólida, para além de qualquer superficialidade.

Deve-se destacar ainda que Marcuse tinha um bom domínio da literatura psicanalítica dos anos 1950, percorrendo-a com bastante facilidade. Isso lhe possibilitou realizar uma das melhores críticas sistemáticas da dita *versão culturalista da psicanálise*, que estava então no seu apogeu nos Estados Unidos. Assim, pela leitura crítica de Fromm, K. Horney e Sullivan, Marcuse indica com segurança os *descaminhos teóricos* do cul-

---

13. Derrida, J. *La carte postale*. De Socrates à Freud et au-delà. Paris, Flammarion, 1980. Derrida, J. "Freud et la scène de l'écriture". In: Derrida, J. *L'écriture et la différence*. Paris, Seuil, 1967.
14. Laplanche, J. "Notes sur Marcuse et la Psychanalyse". In: *La NEF*. Paris, n. 36, 1969.

SER JUSTO COM A PSICANÁLISE

turalismo norte-americano.[15] Tudo isso se torna mais surpreendente ao percebermos que não se deixa seduzir pela leitura culturalista ao conjugar a psicanálise com a teoria social. Contudo, se isso não ocorreu de fato, revela-se fartamente por este outro viés o seu conhecimento profundo da psicanálise e dos postulados freudianos do saber psicanalítico.

Assim, Marcuse nos propõe uma leitura filosófica da psicanálise, na qual esta, como uma formulação teórica sobre a subjetividade, coloca em pauta a relação do sujeito com o prazer e os impasses entre *logos* e Eros. Tal direção de pesquisa poderia permitir uma nova reflexão sobre as relações da subjetividade e da civilização, num contexto histórico em que as *transformações do processo do trabalho* poderiam conduzir a outras modalidades de prazer para as subjetividades, sem que a civilização fosse destruída.

IMAGINAÇÃO E EROS

Por causa desse encaminhamento, o campo da *imaginação* recebe uma ênfase particular na argumentação de Marcuse, ocupando um lugar fundamental na economia teórica da sua obra. Toda a construção crítica de Marcuse converge para conferir à imaginação uma posição estratégica na subjetividade, na qual aquele inscreveu a ancoragem de Eros. Por este viés, a fantasia, no sentido freudiano do termo, pode revelar o seu poder e as suas virtudes na subjetividade. Essa questão se anuncia claramente no capítulo intitulado "Interlúdio filosófico"[16] e é retomada posteriormente nos capítulos "Fantasia e utopia",[17] "A dimensão estética"[18] e "A transformação da sexualidade em Eros".[19]

---

15. Marcuse, H. *Eros e civilização*: Uma interpretação filosófica do pensamento de Freud. Epílogo. *Op. cit.*
16. *Ibidem*, Capítulo 5.
17. *Ibidem*, Capítulo 7.
18. *Ibidem*, Capítulo 9.
19. *Ibidem*, Capítulo 10.

A IMAGINAÇÃO, A FANTASIA E O SUBLIME EM PSICANÁLISE

Com isso, Marcuse realizou a crítica da tradição filosófica centrada no *logos* platônico e fundadora da *razão*, que marcou a história da filosofia até Hegel no século XIX, para formular que a construção da razão conceitual no Ocidente se fez contra o *Eros*. Desta maneira, a razão transcendente se caracterizou pela *lógica da dominação*, na qual *Eros* foi efetivamente recalcado e excluído dos campos do pensamento e das práticas sociais. Contudo, é preciso recordar que a tradição filosófica iniciada com Schopenhauer e desdobrada posteriormente por Nietzsche se contrapõe à leitura platônica da razão. Por isso, centrou-se na categoria da *vontade*, procurando assim retirar a hegemonia absoluta da razão na subjetividade.

Pode-se afirmar que foi nesta tradição que se inscreveu o pensamento de Freud, ao introduzir Eros no fundamento de sua leitura sobre a subjetividade. Nesse lugar privilegiado oferecido para Eros, contudo, Freud destacou a posição da *fantasia* na economia subjetiva. A fantasia, enquanto registro irredutível ao registro da razão, revela outra dimensão de *verdade* para o sujeito e entreabre outra possibilidade de interpretação para a questão da *liberdade*. Dessa maneira, seria possível encontrar um terreno seguro para se contrapor à lógica da dominação da razão. Para isso, seria necessário ainda conjugar a leitura filosófica com a mítica, para costurar a interpretação proposta de maneira intrincada.

Assim, seria preciso realizar a crítica da tradição mítica centrada na figura de *Prometeu*, para reafirmar outra, fundada nas figuras de *Orfeu* e de *Narciso*. Estas últimas teriam sido recalcadas na tradição do Ocidente, no mesmo processo que realçou a figura de Prometeu. Com efeito, enquanto desafiador do Olimpo e do mundo dos deuses, Prometeu representaria a figura do homem empreendedor, centrando-se para tal no trabalho da razão e na racionalidade do trabalho.[20] Com Prometeu, o Ocidente teria construído a figura do *eu* como subjetividade agressiva, inscrevendo-se num plano de transcendência ao mundo das coisas.[21]

Para Marcuse, portanto, a concepção de civilização construída pelo Ocidente se centrou na categoria de *logos* contra a de Eros, que teve

---

20. *Ibidem*, Capítulo 8.
21. *Ibidem*, Capítulo 5.

SER JUSTO COM A PSICANÁLISE

como sua contrapartida mítica a exaltação da figura de Prometeu contra as de Orfeu e de Narciso. Portanto, para trazer novamente Eros à baila é preciso também fazer a crítica do imperialismo do *logos*, com os seus desdobramentos míticos, isto é, sublinhando as figuras de Orfeu e de Narciso. Tudo isso implica na crítica de um modelo civilizatório centrado apenas no trabalho produtivo e nos seus correlatos: os discursos da ciência e da tecnologia. A lógica deste modelo, denominada propriamente por Marcuse de lógica da dominação e da subjetividade agressiva, excluiu o registro da *estética* da existência social. Nestes termos, uma ética que considerasse devidamente a dimensão estética da subjetividade seria a contrapartida, na história do pensamento ocidental, de outra que atribuiu a hegemonia ao *logos*. Tudo isso, em ambas as vertentes em confronto, implica numa política diferenciada, já que pela valorização da dimensão estética no sujeito se instituiria um contraponto à ética da dominação de *logos*.

Nessa perspectiva, a estética seria o vetor subjetivo para a restauração de Eros, de Orfeu e de Narciso. Um programa político e um projeto existencial para a construção de uma *civilização não repressiva* é então esboçado. E o modelo repressivo de civilização, regulado pelo trabalho sem prazer e pela razão instrumental, é criticado nos seus alicerces.

É uma visão utópica do mundo a que nos sugere Marcuse? Talvez seja. Contudo, para ele, a utopia é uma dimensão constitutiva do mundo, aquilo que nos permite repensar a inovação e uma existência melhor nas frestas de um mundo instituído pela dominação e pela violência.

É preciso aproximar aqui Marcuse de W. Benjamin, que nas suas proposições sobre a filosofia da história imaginou uma história dos *dominados* face a história dos *dominadores* e dos *vencedores*.[22] Para que a constituição desta outra história fosse viável, no entanto, seria necessário que os dominados pudessem existir no *futuro anterior*, isto é, antecipando no *aqui* e no *agora* a possibilidade de um outro mundo possível

---

22. Benjamin, W. "Sobre o conceito de história". In: Benjamin, W. *Magia e técnica, arte e política*. Obras Escolhidas. Volume 1. São Paulo, Brasiliense, 1986.

A IMAGINAÇÃO, A FANTASIA E O SUBLIME EM PSICANÁLISE

no futuro, mas inexistente no presente.[23] Enfim, o futuro anterior de Benjamin ocupa o mesmo lugar estratégico que a categoria de utopia no pensamento de Marcuse. Para ambos, é o desejo que está em pauta para que se constitua outro mundo possível. O desejo é ao mesmo tempo o motor e a matéria-prima deste empreendimento grandioso. E a categoria do futuro anterior de Benjamim e a utopia de Marcuse se fundariam no desejo, o norte para forjar no registro onírico aquilo que poderia ser, mas que ainda não é, forçando e esboçando assim um espaço para o possível no seu não lugar patente ainda no presente.

ESTÉTICA E RAZÃO INSTRUMENTAL

Nessa perspectiva, Marcuse se propõe a retomar o veio estético da subjetividade, antes desvalorizado. Como se sabe, enquanto *cópia* distorcida no mundo do sensível, a arte foi desvalorizada face ao mundo da razão, na medida em que não poderia ter acesso ao registro das verdades eternas do mundo do inteligível. Esta concepção platônica marcou a tradição do Ocidente por muitos séculos, constituindo uma hierarquia e uma oposição valorativa entre os registros da ciência e da arte, que implicou num obstáculo teórico para a construção da estética como campo autônomo de conhecimento.[24] Essa construção se realizou no século XVIII com Baumgarten, que enfatizou a existência de um nível de conhecimento no registro estético, mas que era considerado um nível inferior ao do registro cognitivo. Foi se baseando em Baumgarten que Kant construiu inicialmente a sua estética transcendental na *Crítica da razão pura*[25] e se voltou para a sua problematização de uma maneira

---

23. *Ibidem.*
24. Panofsky, E. *Idea*. Paris, Gallimard, 1983; Jimener, M. *Qu'est-ce que l'esthétique?* Paris, Gallimard, 1997; Schaeffer, J. M. *L'art de l'âge moderne*. Paris, Gallimard, 1992.
25. Kant, E. *Critique de la raison pure* (1781). Paris, Presses Universitaires de France, 1971.

SER JUSTO COM A PSICANÁLISE

mais ampla na *Crítica do juízo*.[26] Nesta, Kant destacou fartamente o lugar estratégico da imaginação para pensar no juízo reflexivo, que estaria no fundamento da experiência estética. Com este solo epistêmico renovado, Kant pôde reler as contribuições anteriores de Burke sobre a estética,[27] diferenciando as categorias do *belo* e do *sublime* propostas por aquele.

Na leitura sobre Kant, Marcuse procura se distanciar de uma interpretação conceitual de Kant que atrele este apenas à lógica da ciência. Para tal, Marcuse se apoia literalmente na leitura que Heidegger realizou de Kant e da *Crítica da razão pura*,[28] na qual destacou firmemente a posição da imaginação na ontologia kantiana, procurando afastá-la de uma simples apropriação cognitiva e cientificista.[29]

Contudo, para empreender todo este percurso valorativo da estética em oposição ao registro do entendimento, retomando a leitura de Heidegger sobre a imaginação em Kant, Marcuse se apoiou ainda sobre a crítica da razão científica e tecnológica que já se fazia presente no pensamento filosófico nos anos 1950. As críticas de Horkheimer[30] e de Adorno[31] foram na mesma direção teórica de Marcuse, na qual o entendimento e a razão instrumental foram o alvo deste trabalho crítico. Encontra-se aqui a articulação de uma mesma problemática teórica desenvolvida pelos diferentes autores da escola de Frankfurt, não obstante as suas especificidades e as suas diferenças teóricas de percurso.

Nessa perspectiva, o lado obscuro da racionalidade científica pôde ser enfatizado e não apenas a nobreza de suas virtudes. Com a experiência do nazismo, pôde-se dar o devido peso para a utilização da ciência para fins destrutivos. A fumaça e o cheiro nauseabundo adocicado dos

---

26. *Idem. Critique de la faculté de juger.* Paris, Gallimard, 1985.
27. Burke, E. *Recherche philosophique sur l'origine des nos idées du sublime et du beau* (1757). Paris, Vrim, 1990.
28. Heidegger, M. *Kant et le problème de la metaphysique.* Paris, Gallimard, 1953.
29. Marcuse, M. *Eros e civilização.* Capítulo 9, *op. cit.*
30. Horkheimer, M. *Les débuts de la philosophie bourgeoise de l'historie.* Paris, Payot, 1980.
31. Horkheimer, M.; Adorno, T. W. *Dialectique de la raison.* Paris, Gallimard, 1974.

A IMAGINAÇÃO, A FANTASIA E O SUBLIME EM PSICANÁLISE

fornos crematórios dos campos de extermínio nazista deixaram marcas indeléveis no final dos anos 1940. Da mesma forma, as experiências biológicas para a eliminação dos incapazes e para o culto da raça ariana falaram mais alto que os belos discursos sobre a racionalidade científica. Tudo isso evidenciou que seria necessário desconfiar da ciência e não apenas louvá-la em nome do *Bem*, pois ela seria capaz do pior do *Mal*. Justamente esse modelo de ciência e de razão foi o correlato de certa concepção do trabalho, de base nitidamente repressiva, na qual a dimensão hedonista de Eros foi excluída das relações sociais.

Por isso mesmo, neste contexto, Adorno e Horkheimer puderam construir a sua crítica do Iluminismo e da razão, que cultuaram o entendimento e a ciência com a exclusão do prazer e da sedução. Assim, releram a *Odisseia* de Homero como o cataclisma da racionalidade ocidental, já que quando Ulisses não cedeu à sedução de Circe, impondo o domínio da razão contra o prazer dos sentidos, um limiar de dominação do entendimento contra Eros foi estabelecido na nossa tradição.[32]

Para repensar outras modalidades de fazer e de trabalhar, Marcuse encontrou o modelo de Schiller, no caudal dos efeitos teóricos possibilitados pela revolução estética de Kant.[33] Com efeito, para Schiller, o juízo reflexivo centrado no campo da imaginação permitiria pensar em novas modalidades de trabalho e de racionalidade, nas quais as dimensões lúdica e criativa estariam certamente presentes.[34] Para Marcuse, Schiller já teria delineado, no contexto do idealismo alemão e do romantismo, outro modelo de civilização. Pelo viés do trabalho e da racionalidade como *jogo* e como prazer, o Eros estaria sendo reintroduzido no estilo civilizado de ser.

Parece-nos que, por esta trilha interpretativa, Marcuse se aproxima bastante, quase se identificando, da leitura freudiana do jogo e da fantasia, já que para Freud o jogo infantil seria o modelo da fantasia do adulto. O jogo se constrói enquanto tal pela imaginação, de maneira a se

---

32. *Ibidem.*
33. Schiller, F. *A educação estética do homem.* São Paulo, Iluminuras, 1990.
34. Marcuse, H. *Eros e civilização.* Capítulo 9, *op. cit.*

SER JUSTO COM A PSICANÁLISE

articular posteriormente no registro da fantasia. Por isso mesmo, o jogo e a fantasia seriam a matéria-prima não apenas dos sonhos noturnos e dos devaneios diurnos, mas também da criação poética.[35]

Evidentemente, esta outra maneira de se conceber a civilização é impregnada do valor da utopia, porque implicaria na inscrição positiva do imaginário nas regularidades técnica e cognitiva das práticas sociais. Assim, a utopia caracteriza as expectativas de Marcuse sobre as novas formas de sociabilidade na sociedade capitalista avançada. Por isso acredita em outra modalidade de trabalho permeado por Eros. Contudo, a articulação cerrada que propõe entre a ideia messiânica da utopia e o trabalho psíquico da fantasia é a novidade no pensamento de Marcuse. Com efeito, ele encontrou na concepção freudiana da fantasia o fundamento não apenas do desejo, mas também da utopia. Pela mediação da fantasia a utopia seria uma possibilidade sempre presente na subjetividade, pela qual Eros poderia sempre forjar outro mundo que não se regule apenas pela razão instrumental. Para que tudo isso fosse pensável, seria preciso conceber Eros no sentido do último Freud, isto é, como um princípio regulador do psiquismo que implicasse na sexualidade, mas que fosse mais amplo do que esta.[36] Pela mediação de Eros a fantasia e a imaginação possibilitariam o *eterno retorno* daquilo que foi reprimido pela razão instrumental e pela lógica da dominação.

ALÉM DO PRINCÍPIO DE REALIDADE

Pode-se entrever, por todo este percurso teórico, que no campo dos conceitos psicanalíticos a grande questão de Marcuse foi repensar a ideia de *sublimação* e em torno do fundamento deste conceito toda a investigação de Marcuse se condensa. Como pensar assim no conceito freudiano de sublimação, sem que esse se coagule e congele nas amarras da razão

---

35. Freud, S. "Le créateur littéraire et la fantasie" (1908). In: Freud, S. *L'inquiétant étrangeté et autres essais*. Paris, Gallimard, 1985.
36. Marcuse, H. *Eros e civilização*. Capítulo 10, *op. cit.*

A IMAGINAÇÃO, A FANTASIA E O SUBLIME EM PSICANÁLISE

repressiva e da lógica da dominação? Este é o grande desafio teórico de Marcuse. Aqui podemos destacar, ao mesmo tempo, o fôlego teórico de Marcuse e alguns de seus limites na leitura de Freud. Agora proporei a delimitação destes dois aspectos da interpretação de Marcuse. Além disso, pontuarei alguns tópicos de sua leitura de Freud que necessitam hoje de uma maior precisão histórica.

Antes de mais nada, é preciso reconhecer que Marcuse tem toda a razão no seu questionamento da versão freudiana do *princípio de realidade*. Isso porque Freud deu a este uma interpretação universalista e até mesmo naturalista, que exigiria um reexame e uma crítica. Na leitura de Marcuse caberia suspender a universalização naturalista que Freud imprimiu ao princípio de realidade, já que esta interpretação estaria permeada pela oposição cerrada entre *logos* e Eros. Em nome de *Ananke*, a deusa da necessidade, Freud não avaliou devidamente que aquilo que denominara de princípio de realidade estava fundado no projeto prometeico da razão instrumental.

Dessa maneira, compreendo perfeitamente a crítica de Marcuse de que o princípio de realidade de Freud seria, na verdade, um *princípio do desempenho*. Tal princípio estaria baseado naquilo que Marcuse denominou de *mais-repressão*,[37] isto é, o desempenho implicaria num excesso de repressão e na quase extinção de Eros, numa dominação de Eros por *logos*, regulada pela deusa da necessidade. Isso implicou numa leitura sobre a sublimação em Freud na qual esta foi definida pela noção de *dessexualização* da pulsão. Nesta medida, existia a mudança de alvo daquela na sublimação, mas com a manutenção correlata do seu objeto de investimento. Enfim, o objeto da pulsão sexual passaria da condição de erotizado para a de deserotizado, pela operação psíquica da sublimação.[38]

Essa leitura de Freud sobre a sublimação foi justamente concebida para dar conta da construção da civilização, pois esta seria inconciliável com a

---

37. *Ibidem*. Parte 1.
38. Freud, S. "La moral sexuelle 'civilisée' et la maladie nerveuse des temps modernes". In: Freud, S. *La vie sexuelle*. Paris, Presses Universitaires de France, 1973.

SER JUSTO COM A PSICANÁLISE

sexualidade perverso-polimorfa. Portanto, a inserção da subjetividade no mundo civilizado deveria implicar na dessexualização da pulsionalidade perverso-polimorfa, sendo o resultado final deste processo denominado propriamente de *sublimação*.[39] Contudo, nessa leitura da sublimação estaria implicado o recalque da pulsão sexual, isto é, a dessexualização de perversidade polimorfa em nome da civilização.[40] Além disso, a sexualidade ficaria restrita à genitalidade e à reprodução, estando a serviço da construção da família e do casamento monogâmico.[41] Finalmente, Freud pôde concluir que as "doenças nervosas" dos "tempos modernos" seriam produzidas justamente por esta restrição do campo sexual.

É precisamente nesse ponto que Marcuse critica o conceito de sublimação em Freud e os destinos funestos que ele delineia para a sexualidade e o prazer, na medida em que pela mediação daquela estaria patente o processo de mais-repressão, possibilitado pelo princípio do desempenho e não pelo da realidade. É o que se concebe, enfim, como a realidade que se encontra em questão para Marcuse, em última instância. Com efeito, Marcuse indaga, perplexo, que realidade seria essa na qual o sujeito se esvazia de suas potencialidades erógenas, em nome da *performance* produtiva, em nome da necessidade.

Toda a argumentação de Marcuse se encaminha para questionar a sublimação assim conceitualmente desenhada, propondo algo que se oriente em outra direção para a sexualidade, na qual esta não seja dessexualizada e regulada pelo princípio do desempenho. Isso porque a deusa necessidade não justificaria mais, na atualidade dos anos 1950, uma subjetividade avaliada apenas pela demanda do desempenho. Com isso, o autor propõe outra interpretação do princípio de realidade, pela qual a dessexualização não opere de forma tal que impeça a presença de Eros junto a *logos*, pela mediação de Orfeu e de Narciso. Vale dizer, outra forma de conceber o funcionamento da razão, pela qual a dimensão libidinal da fantasia estivesse presente de maneira tal que o trabalho pudesse ser realizado em conjunção com o gozo lúdico.

---

39. *Ibidem.*
40. *Ibidem.*
41. *Ibidem.*

A IMAGINAÇÃO, A FANTASIA E O SUBLIME EM PSICANÁLISE

Marcuse sustenta esta outra possibilidade do pensamento freudiano com base em argumentos retirados do próprio discurso teórico de Freud. O que quer dizer que Marcuse encontra nesse discurso outras possibilidades conceituais para relançar outro conceito de sublimação. E assim propõe a ultrapassagem do princípio de realidade, identificado que seria com o critério do desempenho, enunciando-o literalmente no título da segunda parte do seu ensaio: *além* do princípio de realidade. No entanto, Marcuse não encontra, em Freud, outro conceito de sublimação, como mostra ao longo de seu livro, mas destaca que seria possível repensá-lo com os conceitos teóricos de Freud. Entre a *letra* e o *espírito* do discurso freudiano, Marcuse aposta enfaticamente no segundo para se contrapor à primeira. O que implica em dizer que Marcuse se assume freudiano enquanto teórico, mesmo que isso se desdobre numa crítica à literalidade do texto de Freud. Contudo, é justamente isso que precisa ser devidamente avaliado no discurso freudiano de maneira crítica, para que se possa definir devidamente o alcance da leitura de Marcuse e as suas coordenadas teóricas.

SUBLIMAR E EROTIZAR

Antes de tudo, é preciso considerar que Marcuse trabalhou criticamente com o conceito de sublimação — que implicava em deserotização da pulsão sexual — que se implantou em larga escala na tradição psicanalítica pós-freudiana, não sendo um simples resíduo teórico dos anos 1940 e 1950. No entanto, este conceito foi formulado por Freud em 1908, na sua primeira leitura de relevo sobre a problemática da civilização. Como já referido, num ensaio intitulado "A moral sexual 'civilizada' e a doença nervosa moderna", foi enunciado o tal conceito de sublimação. Nesta leitura, era indicada a relação de antinomia entre os registros da pulsão e da civilização, pela qual a primeira seria sacrificada em nome da civilização e da razão. Tudo isso se fazia pela necessidade de manutenção da espécie e da comunidade humanas, em nome de Ananke. O que quer dizer que para Freud o projeto civilizatório implicava no recalque das

SER JUSTO COM A PSICANÁLISE

pulsões sexuais e a demanda de domínio da natureza implicava no trabalho árduo dos homens e no sacrifício do gozo. Com isso, não existiria de fato e de direito qualquer diferença entre os processos psíquicos do recalque e da sublimação, já que nesta o recalque estaria presente como mecanismo psíquico fundamental.

Contudo, ainda nesse mesmo ensaio, Freud já indica as contradições colocadas pelo processo sublimatório, tal como ele a conceituava. Essas contradições se inscrevem no campo deste questionamento, já que avalia o conceito de sublimação nos registros da *ciência* e da *arte*, destacando que ele estaria mais de acordo com o campo da ciência e seria bastante problemático quando se considerasse o trabalho artístico. No campo estético estaria implicado o erotismo, já que não existiria qualquer possibilidade de se pensar na criação artística sem erotismo.

Além do mais, Freud já indicava desde então esta contradição teórica de outra maneira. Esta outra via, no entanto, revelava aquela de forma ainda mais crucial. Se pelo conceito de sublimação a psicanálise procurava dar conta dos processos de simbolização e de construção da civilização, haveria contrassenso no projeto civilizatório, já que, para que houvesse simbolização na subjetividade, seria necessária a presença do erotismo e não a sua repressão. Com isso, se esvaziaria a matéria-prima da produção simbólica que seria justamente o erotismo. A resultante disso seria a produção de subjetividades marcadas pelo empobrecimento erótico e simbólico, que caracterizavam a modernidade. Com efeito, podia-se perfeitamente constatar como no mundo moderno as subjetividades seriam perpassadas pela fragilidade erótica e a sua contrapartida necessária, isto é, o esvaziamento da produção simbólica.[42] Por isso os "tempos modernos" seriam o palco para a multiplicação e a diversidade das "doenças nervosas", causadas justamente pelo recalque excessivo da sexualidade nas subjetividades.

Vale dizer, este conceito de sublimação em Freud não conseguia dar conta justamente daquilo que se pretendia com ele, a produção de sím-

---

42. *Ibidem.*

A IMAGINAÇÃO, A FANTASIA E O SUBLIME EM PSICANÁLISE

bolos pela subjetividade para que se fundamentasse o dito projeto civilizatório. Parece-me que esta leitura é absolutamente correta, faço lembrar, na medida em que foi este *insight* precoce de Freud que o conduziu à formulação posterior da existência do *mal-estar na civilização*.[43]

O que estaria em questão aqui seria o modelo de civilização em pauta, construído pela ênfase à razão e ao trabalho de domínio da natureza, em oposição à urgência das demandas eróticas das subjetividades. Foi isso que Freud descreveu como sublimação, no interior deste modelo civilizatório. No entanto, a problemática em causa resiste inteira, porque existem outras modalidades de simbolização nas subjetividades, nas quais o erotismo não é recalcado e esvaziado. Nessa perspectiva, desde então Freud procurou repensar o conceito de sublimação, sem que esse implicasse no recalque da sexualidade, para superar as contradições colocadas. Para isso, a sublimação não se oporia mais ao registro da sexualidade como uma totalidade. Esta inversão de perspectiva teórica e de direção de pesquisa, impostas ao discurso freudiano pelos impasses verificados, não foi bem apreendida pela tradição psicanalítica pós-freudiana. É isso que precisa ser bem explicitado agora, para fundar a interpretação que proponho sobre a sublimação em psicanálise.

SUBLIME EROS?

É preciso considerar o ensaio metapsicológico "As pulsões e seus destinos", de 1915, porque nele Freud indica que o recalque e a sublimação seriam dois *destinos* diferentes das pulsões,[44] não podendo ser identificados. Em outras palavras, aqueles foram devidamente contrapostos, não sendo então o recalque o *modus operandi* da sublimação. Contudo, Freud apenas indica isso neste ensaio, não demonstrando as particularidades metapsicológicas desta diferença e oposição. Conforme nos indicaram

---

43. Freud, S. *Malaise dans la civilisation* (1930). Paris, Presses Universitaires de France, 1972.
44. *Idem.* "Pulsions et destins des pulsions" (1915). In: Freud, S. *Métapsychologie.* Paris, Gallimard, 1963.

SER JUSTO COM A PSICANÁLISE

os historiadores da psicanálise, Freud teria escrito um ensaio sobre a sublimação para a *Metapsicologia*, mas ele teria sido perdido.[45] A diferença entre recalque e sublimação, no entanto, foi indicada no ensaio inaugural da obra em questão, o que mostra o avanço teórico de Freud em relação a ensaio de 1908. É preciso buscar as indicações desse trabalho aqui e ali, no discurso freudiano, já que estas se encontram dispersas e fragmentadas no corpo da obra, e pela costura destes fragmentos dispersos é possível demonstrar a construção de outro conceito de sublimação em Freud, no qual esta não implique na dessexualização pulsional.

No ensaio "Leonardo da Vinci e uma lembrança de sua infância", de 1910, Freud já se embrenhava nesta direção de trabalho. Para isso esboça a ideia de que o que caracterizaria a sublimação seria a *passagem direta* da sexualidade perverso-polimorfa para a criação de um novo objeto de investimento, fazendo um desvio e um curto-circuito da operação do recalque. Seria, pois, a perversão polimorfa — forma originária do sexual — a matéria-prima para a realização do ato de criação, que seria aquela que se plasmaria num objeto de criação.[46]

Pode-se depreender facilmente que não existiria qualquer oposição entre sublimação e erotismo nesta guinada teórica de Freud. Pelo contrário, seria a própria sexualidade perverso polimorfa que forneceria os elementos para o ato sublimatório, sem a qual este não poderia existir. Além disso, existiria na sublimação a constituição de outro objeto da pulsão, não se mantendo, pois, a imobilidade do objeto de investimento, como na versão inicial de Freud do conceito.

Esse avanço teórico realizado no estudo sobre Leonardo da Vinci é tão mais significativo porque Freud se debruçou sobre um personagem histórico que foi ao mesmo tempo um artista e um cientista, permitindo a pesquisa sobre a sublimação nos registros diferentes da arte e da ciência. Além disso, Leonardo da Vinci abandonou a atividade artística em nome da científica, tendo com isso estruturado uma neurose obsessiva.

---

45. Jones, E. *La vie et l'oeuvre de Sigmund Freud*. Volume II. Paris, Presses Universitaires de France, 1972, pp. 197-199.
46. Freud, S. *Un souvenir d'enfance de Léonard de Vinci*. Paris, Gallimard, 1927.

A IMAGINAÇÃO, A FANTASIA E O SUBLIME EM PSICANÁLISE

Em "Leonardo da Vinci e uma lembrança de sua infância", Freud passou a privilegiar o *discurso estético* para pensar a sublimação, opondo-se ao caminho que tomou no ensaio de 1908, em que privilegiou o *projeto da ciência*. O campo da arte seria então para o discurso freudiano aquele que permitiria melhor demonstrar a existência do conceito de sublimação, no qual esta não se oporia ao erotismo. Em contrapartida, no campo da ciência a sublimação implicaria na dessexualização pulsional e nos impasses já indicados.[47]

O segundo conceito de sublimação foi enunciado de maneira canônica em 1933, nas *Novas conferências introdutórias sobre a psicanálise*, em que Freud resume os passos anteriores, indicando a mudança de objeto da pulsão, mas com a manutenção do investimento sexual daquela.[48] Uma nova questão se impõe aqui de maneira inevitável. Por que este enorme intervalo entre a instituição do novo conceito em 1910 e o seu enunciado literal apenas em 1933? Isso se deveu à transformação da teoria das pulsões no discurso freudiano, porque o enunciado da segunda teoria das pulsões seria necessário para que o novo conceito de sublimação fosse bem fundamentado. Seria preciso que a sexualidade fosse inscrita no registro de Eros para que não existisse mais a oposição entre erotismo e sublimação, já que nesta dupla modalidade da existência de Eros ele estaria se contrapondo aos efeitos mortíferos da pulsão de morte. Vale dizer, pela mediação do erotismo e da sublimação, o trabalho de Eros como ligação poderia se contrapor ao trabalho *disjuntivo* e *expulsivo* da pulsão de morte.[49]

Nessa medida, a operação conceitual de Marcuse se realizou na mesma direção da que seguiu Freud, mas sem seguir este na literalidade de seu discurso. Porém, o espírito teórico do freudismo foi restaurado por Marcuse, contra os desvios culturalistas da psicanálise dos anos 1950, ao indicar a demanda de outro conceito de sublimação. Marcuse criti-

---

47. *Idem*. "Le créateur littéraire et la fantasie" (1908). In: Freud, S. *L'inquiétant étrangeté et autres essais. Op. cit.*
48. *Idem*. *Nouvelles conférences sur psychanalyse* (1933). Paris, Gallimard, 1931.
49. *Idem*. "Au-delà du principe du plaisir" (1920). In: Freud, S. *Essais de Psychanalyse.* Paris, Payot, 1981.

SER JUSTO COM A PSICANÁLISE

cou Freud, mas considerando apenas o primeiro conceito de sublimação, tal como era essa compreendida na tradição psicanalítica dos anos 1950. O que foi inevitável, dado o horizonte histórico e o discurso em que Marcuse estava inserido.

ETERNO RETORNO DE EROS

Para concluir este percurso teórico é preciso apontar ainda certas considerações históricas sobre o discurso freudiano, para enunciarmos as proximidades e diferenças conceituais em relação à interpretação de Marcuse. Antes de tudo, o discurso freudiano é uma reflexão sobre a *modernidade*, não sendo possível concebê-lo na exterioridade desta condição histórica. Com efeito, o que Freud enunciou como o mal-estar na civilização não seria rigorosamente uma reflexão sobre a civilização no sentido lato, mas uma crítica do mal-estar na modernidade,[50] e o ensaio de 1908 já indicava isso claramente. Além disso, o conceito de civilização é uma construção teórica do Iluminismo, que recebeu uma versão evolucionista no século XIX. Pela oposição entre civilização e barbárie procurava-se caracterizar a diferença do modelo ocidental em relação às outras modalidades de civilidade. Enfim, pode-se depreender disso que a reflexão freudiana sobre o mal-estar na civilização se centra na construção da modernidade e dos impasses que isso construiu para a subjetividade pela devastadora operação de repressão sexual e da dominação pela racionalidade instrumental.

Com isso, constituiu-se o campo da razão instrumental pela mediação do discurso da ciência, no qual a figura mítica de Prometeu dominava a cena da modernidade. A resultante disso foi a exclusão de Eros do registro de *logos*. Contudo, todo o discurso freudiano sublinhou a efetividade e o poder de Eros naquilo que foi justamente excluído do campo da razão instrumental, isto é, os campos da loucura e da fantasia. Mas o discurso freudiano restaurou tudo o que fora excluído, e seguiu os seus rastros, marcando o eterno retorno de Eros.

---

50. Birman, J. *Estilo e modernidade em psicanálise*. São Paulo, Editora 34, 1997.

A IMAGINAÇÃO, A FANTASIA E O SUBLIME EM PSICANÁLISE

Assim, os conceitos marcusianos de mais-repressão e de princípio do desempenho não seriam tão estranhos a Freud, apesar deste não se referir literalmente a estes, é óbvio. A diferença maior entre Freud e Marcuse, no entanto, seria a dimensão utópica deste; a crença em outro mundo possível na atualidade dos anos 1950 e a descrença freudiana na modernidade, na qual se produziriam permanentemente múltiplas formas de mal-estar. Enfim, se esta diferença indica efetivamente a fronteira entre ambos, indica também as proximidades, já que para Freud e Marcuse o que deve importar de fato para a subjetividade é o eterno retorno de Eros e a crítica que isso implica à hegemonia demoníaca de *logos*.

Marcuse acredita e aposta na revolução, pela via do desejo, como todos os grandes profetas de 1968. A política permitiria outra forma de repartição do tempo livre e do tempo de trabalho, outra divisão social do trabalho em função das novas tecnologias inventadas pelo capitalismo avançado. A vontade seria aqui o instrumento do desejo que viabilizaria a utopia de outro mundo a ser construído. Em contrapartida, Freud seria bem mais cético, supondo que, na sua crítica da modernidade pela produção do mal-estar, os homens poderosos não abririam mão do seu gozo condensado na propriedade privada para a distribuição mais democrática do prazer para os socialmente pobres e desfavorecidos. Aliás, este seria o maior impasse da Revolução Russa aos seus olhos.[51] Não bastaria aqui a força conjugada do desejo e da racionalidade face à onipotência perversa do gozo representada pela propriedade privada. Porém, Eros retorna sempre, abrindo novos caminhos e promessas para os homens, sendo assim aquilo que sempre surpreende. Quanto a isso, não há qualquer dúvida, a utopia de Marcuse e o desejo de Freud se encontram pela trilha de Eros, colocando ambos no mesmo barco do que há de imprevisível na modernidade. Enfim, em nome de Eros ambos continuam ainda a alimentar positivamente as mentes e os corações neste início do novo século.

---

51. Sobre isso, vide Freud, S. *L'avenir d'une illusion* (1927). Paris, Presses Universitaires de France, 1971; *Idem. Malaise dans la civilisation. Op. cit.*; *Idem. Nouvelles conférences sur la psychanalyse. Op. cit.*

10. A problemática da verdade na psicanálise, na genealogia e na estilística da existência

VERACIDADE, PODER E SUBJETIVAÇÃO

A intenção deste ensaio é esboçar a leitura das relações existentes entre o percurso teórico final de Foucault e a psicanálise, no que concerne tanto às suas diferenças quanto às suas similaridades. Quando enuncio a palavra "esboçar", quero dizer com isso, no entanto, que não pretendo ser exaustivo nesta leitura, mas apenas formular algumas proposições gerais que, como hipóteses de trabalho, devem ser posteriormente desdobradas e aprofundadas. De todo modo, o que se pretende realizar é a *problematização* das relações possíveis entre o discurso filosófico de Foucault e o discurso psicanalítico de Freud e principalmente o de Lacan.

Foucault e Lacan foram contemporâneos nos seus percursos teóricos, como se sabe, apesar de pertencerem a gerações diferentes, sendo o primeiro mais jovem do que o segundo. Em decorrência disso, estabeleceram um diálogo permanente mesmo que indireto ao longo da elaboração de suas obras, que teve assim efeitos significativos nos seus respectivos discursos teóricos, seja sob a forma de produção de conceitos, seja sob a forma de críticas em diferentes escalas de complexidade.

A categoria de problematização foi colocada em evidência por Foucault como aquilo que caracterizaria de maneira destacada a direção de sua pesquisa, no final de seu percurso teórico, de maneira que problematizar uma questão se inscreveria decididamente numa perspectiva eminentemente genealógica.[1] Porém, além disso, Foucault nos disse

---

1. Foucault, M. *L'usage des plaisirs*. Paris, Gallimard,1984; *Idem. Le souci de soi*. Paris, Gallimard, 1984.

SER JUSTO COM A PSICANÁLISE

que problematizar foi o que sempre fez,[2] isto é, desde a *História da loucura*,[3] mas que ainda não se valia de tal enunciado no início de seu percurso. Portanto, foi apenas num segundo momento de suas pesquisas que pôde afirmar que desde o início do seu trabalho teórico realizava a prática teórica da problematização.

Contudo, foi apenas no momento final de seu discurso teórico que este se propôs a pensar decididamente a problemática do *sujeito* de maneira frontal. Com efeito, se essa questão não estava até então presente na sua obra de maneira explícita e *positiva*, mas apenas *negativa e de forma alusiva*, na medida em que esta foi marcada principalmente pela crítica sistemática da tradição da filosofia do sujeito, foi justamente a problemática do sujeito que se impôs de forma imperativa no final do seu percurso. Porém, Foucault nos disse ainda, de maneira ao mesmo tempo surpreendente e paradoxal, que foi a problemática do sujeito que sempre lhe interessou desde o início de sua investigação, e ele a colocou em evidência de diferentes maneiras, mesmo que tenha empreendido a crítica sistemática e abrangente da tradição da filosofia do sujeito como seu alvo fundamental.[4]

Portanto, uma de nossas questões iniciais neste ensaio é a de situar devidamente a constituição da problemática do sujeito no discurso teórico de Foucault, destacando a posição de *negatividade* no seu percurso inicial e a sua *positividade* posterior. Assim, de forma panorâmica e condensada, é possível dizer que, após enfatizar no tempo inicial da *arqueologia do saber* a constituição das formas discursivas da veracidade[5] e em seguida no da *genealogia do poder* as articulações dessas

---

2. Foucault, M. "On the genealogy of ethics: an overview of work in progress" ("À propos de la généalogie de l'éthique: un aperçu du travail en cours"). In: Foucault, M. *Dits et écrits*. Volume IV, Paris, Gallimard, 1994.

3. *Idem. Histoire de la folie à l'âge classique* (1960). Paris, Gallimard, 1972.

4. *Idem.* "On the genealogy of ethics: an overview of work in progress". In: Foucault, M. *Dits et écrits. Op. cit.*

5. *Idem. Histoire de la folie à l'âge classique. Op. cit.*; *Idem. Les mots et les choses. Une archéologie de sciences humaines.* Paris, Gallimard, 1966; *Idem. Archeologie du savoir.* Paris, Gallimard, 1969.

A PROBLEMÁTICA DA VERDADE NA PSICANÁLISE

formas de discursividade com as modalidades de poder,[6] enunciando então o filosofema fundamental da articulação existente entre saber e poder, Foucault procurou posteriormente colocar em pauta a inscrição do sujeito, no campo polarizado entre os registros do saber e do poder. No entanto, é preciso enfatizar que o sujeito passou a ser concebido e circunscrito numa perspectiva eminentemente histórica e não mais atemporal e metafísica, enunciado como *forma de subjetivação*.[7] Isto é, marcado pela posição estratégica que assumiria, seja face às formas discursivas de veracidade, seja frente às formas de poder. Desse modo, a leitura das formas de subjetivação ocorreria numa perspectiva eminentemente *ética*, de sorte que as relações tecidas entre sujeito, ética e verdade seriam cruciais na problematização proposta por Foucault neste novo contexto teórico. Portanto, se Foucault realizou inicialmente a crítica sistemática da tradição da filosofia do sujeito, retomou, em seguida, a problematização do sujeito numa perspectiva oposta ao dessa tradição filosófica, articulando de forma decisiva, assim, o sujeito com os registros da ética e da verdade.

No que tange a isso, aliás, destacamos ainda como Foucault procurou diferenciar de forma preliminar os discursos da *ética* e da *moral*, enunciando que enquanto a segunda estaria centrada no registro do *código* de valores e das normas sociais correlatas, que seria sempre historicamente delineado, a primeira estaria marcada, em contrapartida, pela maneira pela qual o sujeito assumiria a *posição crítica* frente ao código moral e normativo, de forma a constituir *ações* e produzir ativamente *práticas de constituição de si*.[8] O que estaria em pauta seria a forma pela qual o sujeito se inscreveria e se posicionaria em relação ao campo do código moral. Nesta perspectiva, as práticas de si se fundariam no exercício da *liberdade*, não se configurando assim como modalidades de sujeição. Enfim, a *singularidade* do sujeito se constituiria por esses atos

---

6.   *Idem. Surveiller et punir*. Paris, Gallimard, 1974; *Idem. La volonte du savoir*. Paris, Gallimard, 1976.

7.   *Idem*. "Les techniques de soi" (1988). In: Foucault, M. *Dits et écrits. Op. cit.*

8.   *Idem*. On the genealogy of ethics: an overview of work in progress". In: Foucault, M. *Dits et écrits. Op. cit.*

de liberdade e de produção de si, pelos quais teceria e evidenciaria de forma seminal as linhas de força e de fuga da problemática da verdade.

Em outras palavras, o sujeito não estaria na origem e não teria a marca emblemática de ser *originário*, como foi formulado na tradição teórica da filosofia do sujeito, mas seria da ordem do *destino*, porque seria produzido por práticas de si, nas quais essas conjugariam simultaneamente os imperativos do saber e do poder.

ESTÉTICA DA EXISTÊNCIA E ESTILO DE VIDA

Esta problemática foi delineada inicialmente por Foucault no seu percurso genealógico sobre a Antiguidade, ao traçar as continuidades e principalmente as descontinuidades existentes entre esta, o cristianismo e a modernidade. A proposta inicial de empreender uma história da sexualidade no Ocidente conduziu Foucault à pesquisa da Antiguidade greco-romana numa mudança radical de rota do campo histórico de suas pesquisas iniciais, mas a investigação mudou paradoxal e decisivamente de foco e de direção na sua realização. Isso porque Foucault voltou-se menos para a realização de uma história da sexualidade do que para a genealogia do *sujeito no registro ético*. Portanto, o que foi colocado em questão foi a problematização desse, em diferentes registros das práticas sociais na Antiguidade, nos campos da *dietética*, dos laços *conjugais* e do *erotismo*, respectivamente.

Assim, Foucault pôde sublinhar de maneira surpreendente não apenas a presença da austeridade na experiência erótica da Antiguidade — contrariando o lugar-comum estabelecido até então nas pesquisas acadêmicas da existência da tolerância erótica no mundo pagão, face às posteriores tradições do cristianismo e da modernidade —, como também procurou destacar o ponto decisivo de ruptura entre essas diversas tradições culturais.[9]

---

9. *Ibidem.*

A PROBLEMÁTICA DA VERDADE NA PSICANÁLISE

Por onde passaria, então, a ruptura decisiva existente entre essas tradições? O que estaria em questão, afinal de contas, na ruptura em pauta? Estas foram as interrogações fundamentais propostas por Foucault neste contexto teórico de sua linha de pesquisa.

É possível afirmar que, com o cristianismo, a ruptura crucial estabelecida entre tais tradições culturais se deu pela constituição inequívoca de um *código de valores* supostamente *universal*, que passou a ser regulado ostensivamente pela Igreja, pelo qual se enunciava a existência de uma *Lei* moral e simbólica. Ou seja, foi pela mediação desta que se formulou um discurso moral com a finalidade de realizar uma *hermenêutica de si*, voltada para a purificação do desejo e para a eliminação sistemática dos malefícios da carne.

Na experiência da Antiguidade, em contrapartida, não existiria a presença da dita Lei moral e simbólica, de abrangência universal, pela qual as práticas de si deixavam ao sujeito a possibilidade de escolha no registro estrito das regras, no exercício da liberdade, sem que qualquer imperativo absoluto lhe fosse imposto de maneira insofismável,[10] como ocorreu posteriormente na história do Ocidente. Nos diferentes campos da dietética, da erótica e do laço conjugal, as práticas de si se esboçavam de maneira diversa e plural, não se pautando nunca pelo mesmo padrão, pois não havia uma Lei moral e simbólica que fosse absoluta e imperativa e que subsumisse como um universal os diferentes campos particulares das práticas de si.

No entanto, a universalidade conferida à categoria de *razão* no discurso da *filosofia estoica* já esboçava as coordenadas e as linhas de força que constituíram a matriz moral na qual se forjou posteriormente a tradição histórica e cultural do cristianismo.[11] Havia, portanto, continuidade e descontinuidade entre as tradições da Antiguidade e do cristianismo, e a ênfase colocada na descontinuidade se destacou decisivamente sobre a continuidade, pela qual a liberdade presente no

---

10. *Ibidem.*
11. *Ibidem.*

SER JUSTO COM A PSICANÁLISE

exercício das práticas de si seria a marca por excelência do sujeito ético na Antiguidade.

Foi em decorrência disso que Foucault evidenciou os conceitos de *estética da existência* e de *estilo de vida* como marcas do sujeito ético na Antiguidade, de forma que transformar a sua vida numa obra de arte se configurou como a característica fundamental do sujeito ético. Vale dizer, as práticas de si na Antiguidade seriam marcadas pela dimensão *etho-poética*, tal como Foucault enunciou ao se apropriar positivamente desse conceito forjado por Plutarco no mundo helenístico.[12]

CUIDADO DE SI E CONHECER A SI MESMO

Ao lado disso, o conceito de *cuidado de si* se colocou também no primeiro plano do discurso teórico de Foucault, como marca da experiência ética na Antiguidade, pois seria o que regularia o imperativo ético do *conhecer a si mesmo*, formulado inicialmente por Sócrates e repetido de forma exaustiva nos *Diálogos* de Platão.[13] Dito de outra maneira, o imperativo socrático de conhecer a si mesmo se inscreveria desde então na problemática maior delineada pelo cuidado de si. Mesmo que as práticas do cuidado de si tenham de forma insofismável se disseminado bastante nas tradições romana e helenística, essas práticas estariam já presentes em surdina na tradição grega clássica, como Foucault destacou na leitura de alguns *Diálogos* de Platão.[14]

Nesta oposição e tensão estabelecida entre os registros do cuidado de si e do conhecer a si mesmo, é importante destacar que a predominância do registro do conhecer sobre o do cuidado foi o caminho inequívoco pelo qual a moral do cristianismo se constituiu historicamente. Nesta

---

12. *Ibidem.*
13. *Idem. L'Herméneutique du sujet (1981-1982).* Paris, Gallimard/Seuil/EHESS, 2001.
14. *Ibidem.*

A PROBLEMÁTICA DA VERDADE NA PSICANÁLISE

perspectiva, a hermenêutica de si centrada na purificação do desejo, na resignação do indivíduo e na universalização do código moral foram os seus desdobramentos teóricos cruciais, modalidades específicas delineadas para o exercício do poder, que se forjou positivamente para a produção da sujeição.

Além disso, esta transformação moral também se encontraria no *solo* da constituição e da emergência da filosofia na Idade Clássica, na medida em que o *cogito* cartesiano condensaria a inversão entre os registros do conhecimento e do cuidado de si, de maneira que o campo do conhecer, sob a forma do discurso da ciência, passaria a ser autônomo do campo estrito da ética. Essa inversão, portanto, marcaria a diferença fundamental entre a Idade Clássica e a Antiguidade. Com efeito, nesta o sujeito, pela experiência da *ascese* e pelas *práticas de si*, estaria já imerso no campo da verdade, e naquela, em contrapartida, a verdade se articularia pela *objetivação* do conhecimento do sujeito e do mundo, realizada de forma positiva pelo discurso da ciência.[15] E o discurso da ciência teria se constituído historicamente em decorrência dessa ruptura fundamental, configurando-se pelas revoluções científicas dos séculos XVII e XVIII. Além disso, as diversas ciências humanas, constituídas no século XIX, se inscreveram posteriormente nesta mesma matriz teórica de objetivação do mundo e do sujeito.

Também é preciso destacar que foi pelo viés desta objetivação do sujeito que o imperativo da *normalização* se disseminou largamente no espaço social no século XIX, no qual foi meticulosamente delineado e cartografado pelas categorias do *normal*, do *anormal* e do *patológico*. Esse processo de normalização foi realizado inicialmente pelos discursos e pelo dispositivo da medicina, que teria sido o modelo antropológico e epistemológico para a constituição do campo das diferentes ciências humanas.[16]

---

15. *Idem.* "On the genealogy of ethics: an overview of work in progress". In: Foucault, M. *Dits et écrits. Op. cit.*
16. *Idem. Naissance de la clinique. Op. cit.*

SER JUSTO COM A PSICANÁLISE

GENEALOGIA E HISTÓRIA

Tudo o que dissemos nos últimos parágrafos indica o retorno crítico e decisivo empreendido por Foucault à Antiguidade, após ter permanecido circunscrito historicamente ao tempo da Idade clássica e à modernidade. Esse retorno, no entanto, foi ditado pelas questões e imperativos colocados pela *atualidade* em que vivia, pois Foucault tinha a pretensão de realizar uma pesquisa de caráter eminentemente genealógico e não histórico.

Por isso, não estaria em pauta uma simples retomada na contemporaneidade da tradição da Antiguidade, mas o propósito de uma incursão crítica nesta, guiada pelos impasses colocados na atualidade, com a perspectiva efetiva de constituir uma ética. Além disso, é preciso evocar que esse mesmo retorno à Antiguidade já se realizara em outros momentos da história do Ocidente, como no Renascimento, no tempo da Revolução Francesa e no século XIX, quando certos impasses cruciais foram perfilados na nossa tradição.[17]

Em decorrência do desentendimento teórico sobre as diferenças existentes entre as leituras genealógica e histórica, o percurso final de Foucault, nas tradições grega e romana, engendrou diversas *polêmicas* com os helenistas. Estes criticaram sistemática e diretamente o discurso teórico de Foucault por não reconhecerem nas suas descrições e problematizações a Antiguidade que conheciam, numa perspectiva eminentemente histórica.[18] Não cabe aqui analisar detidamente as particularidades e os termos desta polêmica, mas apenas evocar e enfatizar a diferença de leituras em questão que está na base de tal polêmica.

Mas é preciso evocar ao menos a crítica de Hadot a Foucault, pois ela permite evidenciar a perspectiva teórica assumida por Foucault — que já destaquei aqui e que interessa diretamente ao desenvolvimento deste ensaio —, de que a construção da ética teria ocorrido na An-

---

17. *Idem.* "Le retour de la morale" (1984). In: Foucault, M. *Dits et écrits. Op. cit.*
18. Sobre isso, vide: Pradeau, J. F. "Le sujet ancien d'une éthique moderne. À propos des exercices spirituels anciens dans l'histoire de la sexualité de Michel Foucault". In: Gros, F. *Foucault: Le courage de vérité.* Paris, Presses Universitaires de France, 2002.

A PROBLEMÁTICA DA VERDADE NA PSICANÁLISE

tiguidade pela não consideração do conhecimento ontológico. Para Hadot, os registros cognitivo e ético estiveram sempre articulados na Antiguidade, não sendo então possível separá-los artificialmente, como realizara Foucault.[19] Portanto, a verdade inscrita no discurso ético seria inseparável de sua constituição no discurso ontológico, indicando assim a continuidade existente entre as práticas espirituais na Antiguidade e no cristianismo, na perspectiva teórica que foi delineada por Hadot, na sua crítica da leitura realizada pelo discurso teórico de Foucault das práticas de si.

FOUCAULT E A PSICANÁLISE

Por este viés, a problematização da psicanálise como discurso teórico se impõe necessariamente neste percurso. Assim, como se inscreveria o discurso psicanalítico no campo deste debate, polarizado entre os registros da ética e do saber teórico? Qual seria a especificidade teórica da psicanálise?

Foucault empreendeu diversas leituras sobre a psicanálise ao longo de sua obra. Não pretendo evocá-las minuciosamente aqui, para não perder o foco de minha leitura e me deslocar do que está em pauta.[20] Contudo, não obstante os múltiplos comentários concisos em que criticou a psicanálise em diferentes contextos, Foucault enunciou duas formulações teóricas que devem ser colocadas em evidência.

No ensaio intitulado O que é um autor?, Foucault afirmou que a psicanálise não era uma ciência, mas uma forma de discursividade. Se naquela os conceitos enunciados dispensam a referência a seus autores, nesta, em contrapartida, os conceitos seriam sempre autorais. Por isso, no registro da discursividade, o movimento de retorno aos textos originários das formações discursivas seria fundamental, tal como realizou Lacan no seu retorno a Freud e como outros intérpretes — como

---

19. Hadot, P. Qu'est-ce que la philosophie antique? Paris, Gallimard, 1995.
20. Birman, J. Foucault et la psychanalyse. Lyon, Parangon/Vs, 2007.

SER JUSTO COM A PSICANÁLISE

Althusser — empreenderam em relação a Marx, o que jamais ocorreria no campo do discurso científico.[21] Nestes, o interesse estaria na constituição do campo conceitual e dos seus objetos teóricos respectivos.

Em *As palavras e as coisas*, publicado em 1966, Foucault fez o elogio à psicanálise e à antropologia estrutural, por terem ambas promovido o *descentramento do sujeito* dos registros da consciência e do eu.[22] Vale dizer, nesta operação teórica, a crítica da tradição da filosofia do sujeito foi empreendida de maneira crucial, de modo que Foucault implicaria efetivamente o seu projeto teórico nela, incorporando assim a problemática do descentramento do sujeito na arqueologia do saber e na genealogia do poder.

O que se coloca agora como problema é a indagação de como a psicanálise se articularia com o discurso da ciência e qual o destino a ser conferido à problemática do descentramento do sujeito. Nesse duplo questionamento o que estaria em pauta é se a psicanálise se inscreveria no campo da ética e não no campo da ciência. Em seguida, é preciso se perguntar se a experiência psicanalítica delinearia para o sujeito um campo similar às práticas de si da Antiguidade. Finalmente, se o imperativo de *dizer a verdade* (*parrésia*)[23,24] do discurso filosófico da Antiguidade seria o equivalente ao imperativo de *enunciação da verdade* formulada na psicanálise.

CIÊNCIA E ÉTICA

Não existe qualquer dúvida de que Freud pretendeu insistentemente inscrever a psicanálise no campo da racionalidade científica, mas desistiu deste projeto desde os anos 1920, principalmente após a formação

---

21. Foucault, M. "Qu'est-ce qu'un auteur?" (1969). In: Foucault, M. *Dits et écrits. Op. cit.*
22. *Idem. Les mots et les choses. Op. cit.*
23. *Idem. Le gouvernement de soi et des autres* (Course au Collège de France 1982-1983). Paris, Gallimard e Seuil, 2008.
24. *Idem. Le courage de verité* (1984). Paris, Gallimard/Seuil, 2009.

A PROBLEMÁTICA DA VERDADE NA PSICANÁLISE

do novo dualismo entre pulsão de vida e pulsão de morte, enunciado em *Além do princípio do prazer*. Diante da oposição reiterada das comunidades científica e filosófica às suas pretensões repetidas com vistas a sustentar a cientificidade da psicanálise, Freud desistiu disso e enunciou que sua teoria das pulsões seria a sua "mitologia".[25] E ao formular que a teoria das pulsões seria da ordem do *mito*, no contexto histórico e epistemológico triunfante do discurso do neopositivismo, Freud reconhecia alto e bom som que a psicanálise não seria de fato um discurso científico.

Lacan repetiu o gesto e a intenção teórica de Freud, em outras bases conceituais, é claro, ao pretender constituir a psicanálise como uma ciência, de fato e de direito. Em "Função e campo da fala e da linguagem em psicanálise",[26] afirmou que a psicanálise não era ainda uma ciência mas poderia se tornar desde que se inscrevesse e se constituísse no campo das *ciências conjecturais*. Valeu-se dos discursos da linguística, da lógica, da cibernética e da matemática para viabilizar esta proposta teórica. Porém, Lacan desistiu desta pretensão nos anos 1960, ao enunciar que o inconsciente não seria de ordem *ôntica*, mas de ordem *ética*, no seminário *Os quatro conceitos fundamentais da psicanálise*. A sua insistência, no final de seu percurso teórico, de que a psicanálise seria uma *prática*, mas uma prática que funcionaria efetivamente, se inscreve nesta perspectiva decididamente ética.

Além disso, a insistência de Lacan de que seria preciso definir previamente o que seria o fundamento do discurso científico para poder então inscrever a psicanálise no campo desse discurso apontou a diferença entre o que seria de fato o discurso científico e a especificidade teórica da psicanálise, face aos cânones epistemológicos desse discurso. O que implica em dizer, afinal de contas, que a psicanálise se constituiu como uma racionalidade e forjou de forma consistente uma teoria, mas não se inscreveria no campo estrito da racionalidade científica, tal como esta

---

25. Freud, S. *Nouvelles conférences sur la psychanalyse*. Paris, Gallimard, 1936.
26. Lacan, J. "Fonction et champ de la parole et du langage en psychanalyse" (1953). In: Lacan, J. *Écrits*. Paris, Seuil, 1966.

SER JUSTO COM A PSICANÁLISE

seria epistemologicamente definida, nas tradições teóricas da filosofia e
da ciência nesse contexto teórico.

Lacan também procurou delinear o lugar e a posição estratégica da
psicanálise no campo do discurso da ciência. Assim, se o sujeito da psicanálise seria efetivamente o sujeito oriundo do discurso da ciência,
como Lacan procurou sustentar no ensaio "A ciência e a verdade",[27] é
preciso que se coloque em destaque devidamente o que pretendia dizer
com essa afirmação peremptória. Com efeito, se o discurso psicanalítico
seria tributário da ruptura e da descontinuidade epistemológicas constituídas pela emergência histórica do discurso da ciência — proposição
que Lacan retirou da leitura de Koyré sobre a cesura existente entre a
modernidade e a Antiguidade, com a constituição do discurso da ciência
no século XVII com a filosofia de Descartes e a formação da física com
Galileu,[28] leitura essa modulada pela interpretação de Kojève[29] —, isso
não implica em dizer que a psicanálise se inscreve de fato no campo
da racionalidade científica. Historicamente, isso produziu a *Spaltung*,
isto é, a *divisão* do sujeito, tal como Lacan afirmou logo no início de
seu ensaio sobre "A ciência e a verdade".[30] Ou seja, o discurso da ciência aboliu justamente o sujeito e o colocou numa condição negativa de
suspensão, que a psicanálise teria procurado positivamente restaurar e
retomar com Freud, com a invenção do inconsciente. Enfim, a constituição histórica do discurso da ciência teria realizado inicialmente a
foraclusão do sujeito, que foi restaurado posteriormente pelo discurso
psicanalítico com Freud.

De forma que, quando Lacan inscreveu a dimensão do sujeito no inconsciente, sob a forma e o enunciado do *sujeito do inconsciente*, nos
indicou assim esta interpretação. Estaria assim situada, no discurso teó-

---

27. *Idem.* "La science et la verité" (1966). In: Lacan, J. *Écrits. Op. cit.*
28. Sobre isso, vide: Koyré, A. *Du monde clos à l'univers infini.* Paris, Gallimard,
    1970; *Koyré, A.* Études Galiléennes. Paris, Hermann, 1966.
29. Milner, J. C. *L'oeuvre Claire:* Lacan, le science, la philosophie. Capítulo 2. Paris,
    Seuil, 1995.
30. Lacan, J. "La science et la verité" (1966). In: Lacan, J. *Écrits. Op. cit.*

A PROBLEMÁTICA DA VERDADE NA PSICANÁLISE

rico de Lacan, a proposição teórica de Foucault que evocamos anteriormente, qual seja, de que a psicanálise teria promovido o descentramento do sujeito do campo do eu e da consciência.

Foi nesta medida que, desde o início de seu percurso teórico, Lacan fez a contraposição entre os registros do *je* (sujeito) e do *moi* (eu), colocando em evidência tal descentramento[31] do sujeito. Além disso, ao opor posteriormente os registros da *verdade* e do *saber*, Lacan estava inscrevendo o campo da verdade no registro do inconsciente e, consequentemente, do sujeito, e não no registro do saber. Da mesma forma que afirmar que o campo da psicanálise seria o que se fundaria nos registros da fala e da linguagem e que, além disso, o inconsciente seria organizado como uma linguagem,[32] colocaria em evidência a articulação existente entre os registros do sujeito e verdade.[33]

Foi ainda por esta perspectiva teórica que Lacan pôde sempre enunciar que a psicanálise não era um discurso inscrito no campo da psicologia e, por isso mesmo, pôde fazer o elogio do ensaio de Canguilhem, intitulado "O que é a psicologia?"[34] Além disso, Lacan criticou sistematicamente a *objetivação* que a psicologia pretendia empreender do psiquismo,[35] pois o sujeito não poderia ser objetivado por este saber supostamente científico. Enfim, enunciar ainda que o inconsciente seria da ordem *transindividual*, diferenciaria os discursos teóricos da psicanálise e da psicologia, costurando as relações intimamente entre os registros do sujeito, do inconsciente e da verdade.

---

31. *Idem*. "L'agressivité en psychanalyse" (1948). In: Lacan, J. *Écrits. Op. cit.*; Idem. "Le stade du miroir comme formateur de la function du je telle qu'elle nous est révélée dans l'expérience psychanalytique" (1949). In: Lacan, J. *Écrits. Op. cit.*

32. Lacan, J. "Fonction et champ de la parole et du langage en psychanalyse". In: Lacan, J. *Écrits. Op. cit.*

33. *Ibidem*.

34. Lacan, J. "La science et la verité" (1966). In: Lacan, J. *Écrits. Op. cit.*; Canguilhem, G. "Qu'est-ce que la psychologie?" In: Canguilhem, G. *Études d'histoire et de philosophie de la science*. Paris, Vrin, 1968.

35. *Idem*. "L'agressivité en psychanalyse". In: Lacan, J. *Écrits. Op. cit.*

SER JUSTO COM A PSICANÁLISE

Desta maneira, a psicanálise criticaria os processos de normalização realizados pela medicina, pela psiquiatria e pela psicologia ao empreender a crítica sistemática dos processos de objetivação do psiquismo formulados pelos saberes do psíquico, por um lado, e por não incidir e não se restringir como prática clínica ao campo do indivíduo centrado no registro do eu, pelo outro. Isso porque o que estaria em pauta na sua experiência clínica seria a relação do sujeito e da verdade, delineada pelos campos da fala e da linguagem. Contudo, delinear a construção do campo psicanalítico na articulação existente entre os registros do sujeito e da verdade aproximaria a psicanálise do discurso filosófico e ontológico. Por isso Lacan se valeu insistentemente do discurso da filosofia, a partir de diferentes teorias filosóficas, a começar pelo discurso de Hegel.

Na sua alusão e manejo teórico da filosofia de Heidegger, no começo dos anos 1950, a proximidade do campo do inconsciente com o registro do ser se tornou bastante eloquente e patente, de forma que a dialética entre o ser e o ente se faz presente na sua leitura do discurso freudiano.[36] Além disso, em *Os quatro conceitos fundamentais na psicanálise*, a leitura do inconsciente pelos movimentos de *abertura* e de *fechamento*, cadenciados pelo impacto da pulsão, se aproxima do filosofema heideggeriano sobre o *ocultamento* e a *revelação do ser*. Além disso, afirmar que na experiência psicanalítica a figura do analista pode apreender e reconhecer a emergência da verdade em estado nascente também é uma formulação teórica oriunda do discurso filosófico de Heidegger sobre o ser.

Na referência à filosofia de Heidegger a filosofia grega pré-socrática também se faz presente no discurso teórico de Lacan. Assim como quando do Lacan aproximou a experiência psicanalítica da *maiêutica* socrática,[37] em outra alusão à articulação entre sujeito e verdade, a referência grega foi também bastante eloquente.

---

36. Sobre isso, vide: Balmès, F. *Ce que Lacan dit de l'être* (1953-1960). Paris, Presses Universitaires de France, 1989.

37. Lacan, J. "Fonction et champ de la parole et du langage en psychanalyse". In: Lacan, J. *Écrits. Op. cit.*

A PROBLEMÁTICA DA VERDADE NA PSICANÁLISE

Assim, podemos afirmar que, com Lacan, a psicanálise se fundaria não apenas na relação entre os registros do sujeito e da verdade, na qual se articularia o inconsciente, como também que o sujeito em questão seria de ordem ética e não ôntica. No entanto, agora precisamos indagar se esse imperativo de verdade delineado por Lacan com pertinência, articulado nos registros da fala e da linguagem, é similar ao que Foucault enunciou sobre o dizer verdadeiro (*parrésia*) presente na tradição grega e na Antiguidade tardia. É o que veremos a seguir.

DIZER VERDADEIRO E FRANCO FALAR

Nos seus últimos cursos realizados no Collège de France, centrados principalmente na investigação da Grécia antiga, Foucault se voltou decisivamente para a leitura da *parrésia*, como imperativo e prática discursiva do *dizer verdadeiro* e do *franco falar*.[38] Procurou colocar em evidência como o dizer a verdade foi constitutivo da democracia grega, e como esta entrou em crise quando o franco falar se perverteu, na medida em que foi transformado no falar por falar e no falar não importa o quê, se transformando na prática da *tagarelice*. Com isso, a dimensão de verdade deste franco falar se esvaziou e se perdeu no seu vigor e potência, já que a convicção que o falante implicaria na sua elocução e que estava presente na sua versão originária foi transformada numa prática de mera persuasão e de engodo. Em decorrência disso, a filosofia continuou a se direcionar para o campo da política, mas, neste outro contexto, não estaria mais voltada para o imperativo do dizer verdadeiro no *espaço público* da *pólis*, mas para o trabalho de aconselhamento dos governantes, no *espaço privado do poder*. Além disso, o franco falar se deslocou também para o espaço público das ruas, onde se constituiu a personagem filosófica de Sócrates e a sua prática maiêutica. Finalmente, a filosofia propriamente dita teria se forjado pela prática do franco falar

---

38. Foucault, M. *Le gouvernement de soi et des autres*. Paris, Gallimard, 2008; Foucault, M. *Le courage de vérité*. Paris, Gallimard, 2009.

SER JUSTO COM A PSICANÁLISE

centrada numa ética. Nesta perspectiva, a filosofia não se identificaria decididamente com a *retórica*, pois o dizer verdadeiro sustentado pela primeira não se identificaria com o *bem dizer* forjado pela segunda, nem tampouco com o discurso da *sofística*. O franco falar também se diferenciaria decisivamente de outras práticas discursivas, como o *oráculo*, a *sabedoria* e a *técnica*.

O que seria então a *parrésia*? Seria uma prática discursiva que implicaria necessariamente na convicção efetiva do falante, de maneira que este se comprometeria inteiramente como sujeito com o que enunciaria. Com efeito, no franco falar o sujeito colocaria a sua *vida em risco*, pois a assunção e o enunciado da verdade podem ter desdobramentos imprevisíveis, pelos efeitos que podem produzir naqueles que escutam no campo social. Em razão disso, a dimensão ética da verdade estaria em pauta na prática do franco falar. Portanto, no franco falar como prática discursiva não estaria em questão apenas a formulação de um enunciado verdadeiro, mas a assunção efetiva de quem fala de forma plena, que correria assim o risco de vida pela verdade que pronuncia e sustenta. Não se trataria então de uma simples *performance* discursiva do falante, de ordem teatral, pois necessitaria da convicção do falante.

A possibilidade de morrer seria o maior risco para o sujeito no exercício do franco falar. Como se sabe, pelo exercício do dizer verdadeiro, Sócrates constituiu o campo discursivo da filosofia moral, e pagou com a vida por esse mesmo exercício. Na tradição helenística, os *filósofos cínicos* foram os representantes maiores da prática do franco falar, e nesse contexto histórico esta prática discursiva atingiu o limiar do escárnio e do escândalo, porque desafiava as instâncias e as figuras do poder, como ocorreu no desafio aberto de Diógenes à figura emblemática de Felipe da Macedônia.

A PSICANÁLISE EM QUESTÃO

O que se impõe agora para nós é a indagação sobre se o imperativo de dizer a verdade, delineado pelo dispositivo psicanalítico, assume a fun-

A PROBLEMÁTICA DA VERDADE NA PSICANÁLISE

ção radical dessa *coragem de verdade*, na qual a vida do sujeito estaria em risco, tal como Foucault sustentou na leitura da tradição filosófica, na Grécia antiga e na tradição helenística.

Podemos responder a isso de diferentes maneiras:

1. O imperativo de dizer a verdade na análise seria de fato uma experiência de risco para o sujeito, podendo implicar em sua morte, e o que estaria em jogo em tal circunstância seria imediatamente a *morte* simbólica, mas esta poderia conduzir posteriormente à morte real;

2. Contudo, mesmo que o funcionamento do dispositivo analítico possa conduzir a esse fim trágico, tanto a figura do analisante quanto a do analista recuariam face a essa possibilidade limite, em decorrência do imperativo narcísico dos personagens engajados na cena psicanalítica. A normalização histórica da experiência analítica se constituiu como um antídoto e uma barreira contra isso;

3. Finalmente, como a forma pela qual o inconsciente se enunciaria nos seus atos de abertura e de fechamento, a verdade seria então sempre dita de forma *parcial* e *incompleta*, no diapasão do *semidizer* (Lacan), isso impossibilitaria a radicalidade assumida pela coragem da verdade presente no franco falar, como nos disse Foucault sobre as práticas de si na Antiguidade. Nestes termos, o imperativo de dizer a verdade em psicanálise não seria da mesma ordem daquilo que Foucault descreveu de forma trágica nas práticas do franco dizer na Grécia antiga e na tradição helenística.

Não pretendo responder diretamente às indagações colocadas por estas três possibilidades, que não são apenas teóricas, mas também reais. Deixo para vocês, leitores, em aberto, a escolha e a polêmica que podem ser sustentadas com estas diferentes perspectivas esboçadas. Porém, diferentes versões teóricas da psicanálise estão implicadas em cada uma destas possibilidades que foram aqui enunciadas.

SER JUSTO COM A PSICANÁLISE

FOUCAULT E LACAN

Apesar das evidentes e múltiplas diferenças entre a problemática do sujeito ético delineado por Foucault e o sujeito ético colocado em evidência por Lacan, existem proximidades entre eles. Foucault reconheceu isso, aliás, de maneira indireta, numa entrevista realizada em 1981 pelo jornal italiano *Corriere della Sera*, intitulada "Lacan, o libertador da psicanálise".[39] Dessa entrevista, que tem certo caráter de necrológio de Lacan, podemos destacar diferentes tópicos sobre esses pontos decisivos:

1. Lacan procurou diferenciar o discurso teórico da psicanálise dos discursos da psiquiatria e da psicologia;
2. Além disso, procurou afastar decididamente a psicanálise dos campos da medicina, da psiquiatria, da psicologia, assim como das instituições médicas e psiquiátricas;
3. Não buscava realizar assim, com a psicanálise, uma prática de normalização dos indivíduos, mas pretendeu constituir uma teoria do sujeito;
4. Por isso mesmo, o trabalho teórico de Lacan contribuiu decisivamente para colocar criticamente em questão as práticas da medicina mental;
5. Finalmente, pela teoria do sujeito que propunha, Lacan procurava sair do impasse teórico presente no início dos anos 1950, de que o sujeito seria inteiramente livre (fenomenologia e existencialismo), ou então seria determinado pelas suas condições sociais de existência (marxismo e ciências sociais). Vale dizer, Lacan e outros teóricos de então propuseram a libertação do que existia de oculto e de enigmático no uso aparentemente simples do pronome *eu,* para constituir como decorrência disso uma teoria consistente do

---

39. *Idem.* "Lacan, le 'libérateur' de la psychanalyse" (1981). In: Foucault, M. *Dits et écrits. Op. cit.*

A PROBLEMÁTICA DA VERDADE NA PSICANÁLISE

sujeito. Contudo, Lacan enunciou uma teoria obscura e complexa do sujeito, que seria de difícil manejo;

6. Enfim, Lacan queria que os seus leitores se relacionassem de forma ética com os seus escritos e não de maneira cognitiva, como se estivessem inscritos numa experiência psicanalítica propriamente dita.

Portanto, Lacan e Foucault trabalharam a problemática do sujeito de maneira teoricamente próxima, apesar das suas diferenças evidentes e múltiplas. Ambos destacaram a dimensão ética do sujeito e assim se contrapuseram à redução desta à estrita dimensão de produção do conhecimento. Além disso, criticaram de forma ostensiva as estratégias positivistas presentes nos discursos da psiquiatria e da psicologia que visavam sempre à objetivação do sujeito, assim como a sua normalização.

11. Escrita e psicanálise
(Derrida, leitor de Freud)

LIVRO E TEXTO

A totalidade do percurso filosófico de Derrida está fundada na problemática da *escrita*. Foi em torno deste eixo teórico fundamental que ele desenvolveu todos os seus temas de meditação e de pesquisa, que seriam assim derivações circunscritas daquele centro efetivo de preocupação maior. Daí porque formulou, de maneira peremptória e até mesmo intempestiva, na *Gramatologia*, que não existiria nada fora do *texto*.[1] Esta foi a sua contribuição original para a filosofia contemporânea, sem qualquer dúvida, uma vez que passou a caracterizar a constituição da modernidade, iniciada no século XIX, pelo advento da problemática da escritura. Esta, identificada com a ideia de *texto*, se oporia à problemática que lhe antecedeu historicamente, que foi dominada pela presença do *livro*.[2] Este teria, portanto, regulado toda a tradição teórica anterior, de forma que, segundo Derrida, o livro foi constitutivo da metafísica e da teologia. Em razão disso, o capítulo inaugural da *Gramatologia* foi justamente intitulado de "O fim do livro e o começo da escritura".[3]

Nesse contexto, o discurso filosófico de Hegel foi destacado como o último representante legítimo da tradição do livro e o primeiro a balbuciar o começo da tradição da escrita.[4] Se Hegel elogia a leitura de Leibniz da escritura não fonética, por um lado, o horizonte do saber

---

1.   Derrida, J. *De la grammatologie*. Paris, Minuit, 1967, p. 227.
2.   *Ibidem*. Parte 1, Capítulo 1.
3.   *Ibidem*.
4.   *Ibidem*, pp. 39-41.

SER JUSTO COM A PSICANÁLISE

absoluto seria o apagamento da escritura em prol de *logos* e, pelo outro, a reapropriação da *diferença*. Porém, não se poderia esquecer que Hegel foi também o pensador da diferença irredutível e desta maneira reabilitou o pensamento como *memória produtora de signos*.[5]

Na segunda metade do século XIX, o discurso filosófico de Nietzsche já se destacava nesta direção, no discurso filosófico, pela sua crítica feroz à tradição metafísica e pela promoção que empreendeu do conceito de interpretação no registro estrito do texto.[6] Além disso, é preciso reconhecer que a filosofia do último Heidegger se inscreveu finalmente também nesta nova tradição, apesar das suas ambiguidades iniciais frente a isso, quando se aferrava ainda ao filosofema do ser como *voz*,[7] tal como foi enunciado no *Ser e tempo*[8] e na *Introdução à metafísica*.[9]

PRESENÇA, LOGOS E EPISTEME

Não é absolutamente arbitrária, aqui, esta referência inicial à problemática da voz, pois esta, como *phone*, dominou a totalidade da metafísica ocidental, desde Platão e Aristóteles. Seria por mediação dela que o *ser* se colocaria efetiva e imediatamente como *presença*, conforme nos disse Aristóteles em *Da interpretação*. Nessa perspectiva, a voz seria a produtora dos primeiros símbolos e teria uma proximidade imediata com a alma.[10]

A voz não seria então um simples significante entre outros, pois teria uma posição privilegiada e fundamental. Isso porque expressaria imediatamente o estado da alma, que refletiria as coisas por mera semelhança natural. Portanto, entre o ser e a alma, entre as coisas e as afecções, existiria uma relação de *significação natural*. Em outras palavras, entre

---

5. *Ibidem*, p. 41.
6. *Ibidem*, pp. 31-33.
7. *Ibidem*, pp. 33-39.
8. *Ibidem*, pp. 21-22.
9. *Ibidem*, p. 22.
10. *Ibidem*.

ESCRITA E PSICANÁLISE

a alma e o *logos* existiria uma relação de simbolização convencional. A primeira convenção, que se relacionaria imediatamente com a ordem da significação natural e universal, se evidenciaria como linguagem falada. Portanto, a linguagem escrita apenas fixaria posteriormente as convenções, ligando entre elas as demais convenções.[11]

Antes de Aristóteles, contudo, Platão já desqualificava a escrita em relação à voz. A escrita seria simples forma de registro daquilo que seria produzido primordial e vivamente pela palavra falada. Seria esta, portanto, que evocaria a presença plena do ser, como nos disse Platão no Diálogo *Fedro*. Nesta perspectiva, a escrita seria algo da ordem do *veneno* e não do *remédio*, como enunciou Derrida em "A farmácia de Platão",[12] já que na oposição entre remédio e veneno se articularia outra oposição fundamental, qual seja, a da verdade e a da não verdade, no campo de *logos*, comandado indiscutivelmente pelo imperativo da vontade de verdade.

Assim, na leitura teórica proposta por Derrida, a tradição da voz foi constitutiva da metafísica ocidental, sendo esta marcada também pelo *logocentrismo* e pela *episteme*, na qual a presença imediata do ser promovida por aquela seria a sua característica mais eloquente.[13] O *logos* e a episteme seriam assim os correlatos indiscutíveis do *imperativo da presença*. Nesta perspectiva, a tradição metafísica e logocêntrica ocidental seria fenomenológica desde os seus primórdios, enunciando a presença imediata do ser na consciência, que constituiria assim o sujeito propriamente dito.[14] Não seria então um simples acaso que esta tradição tenha atingido o seu apogeu e a sua crise com a fenomenologia, inicialmente com a filosofia de Hegel e posteriormente com a de Husserl.[15]

Essa tradição da voz estaria em crise desde o advento da escritura no século XIX, como disse inicialmente, mas nas últimas décadas o desen-

---

11. *Ibidem*.
12. *Idem*. "La pharmacie de Platon". In: Derrida, J. *La dissemination*. Paris, Seuil, 1967.
13. *Idem*. *De la grammatologie*. Parte 1, Capítulo 1, *op. cit.*
14. *Idem*. *La voix et le phénomène*. Paris, Presses Universitaires de France, 1967.
15. *Ibidem*.

SER JUSTO COM A PSICANÁLISE

volvimento dos discursos das ciências não mais permitiria a tradução deles no registro da linguagem falada. A *matematização* dos discursos científicos, cada vez mais complexa, teria progressivamente impossibilitado a redução ao registro estrito da *escrita fonética*.[16] Portanto, nesta perspectiva teórica as leituras de Ortigues e de Granger foram ostensivamente criticadas por Derrida, pois estes supunham que o simbolismo matemático seria o produto de uma elaboração secundária, fundado no uso do discurso e em convenções explícitas.[17]

Assim, para ser rigoroso é preciso enunciar que a dita tradição metafísica estaria fundada não apenas pela voz, pela presença imediata da coisa na consciência e pela referência ao *logos*, mas também no *fonologismo*. Assim, a *fonética* definiria indiscutivelmente a linguagem no seu ser, de maneira que a *fonologia* seria o saber de referência crucial para a sua elucidação. Por isso a dita tradição metafísica é também *fonocêntrica*, e uma contrapartida necessária do logocentrismo. Não por acaso, portanto, a fonologia foi alocada no centro conceitual da linguística moderna, que, com Saussure, Trubetzkoy e Jakobson, reduziu o ser da linguagem à sua estrutura fonética. A linguística moderna, enfim, estaria completamente fundada nos pressupostos da tradição metafísica da voz.[18]

A leitura teórica de Derrida foi fundada na própria *desconstrução* da tradição do logocentrismo, que por sua vez foi produzida ao longo da história da metafísica ocidental, que trouxe de volta a problemática da escritura,[19] que antes havia excluído. Não existiria então qualquer voluntarismo filosófico no gesto teórico empreendido por Derrida com a desconstrução, na medida em que esse seria o ponto de chegada de um longo processo histórico produzido no interior da própria metafísica.

É preciso enunciar agora o que Derrida concebe como escritura, para não reduzi-la no registro eminentemente conceitual. Assim, por

---

16. Derrida, J. *De la grammatologie*. Capítulo 2, Parte 1, *op. cit.*
17. *Ibidem*. Parte 1, Exergue, p. 12.
18. *Ibidem*, Parte 1, Capítulos 1 e 2.
19. *Ibidem*.

ESCRITA E PSICANÁLISE

escritura é preciso entender aqui todas as modalidades de escrita que sejam fundamentalmente *não fonéticas*, mesmo que se considere que a escrita fonética tenha se constituído num tempo posterior ao da história da escrita.[20]

A linguagem tecida por *características* – concebida por Leibniz – seria um exemplo privilegiado disso na história filosófica do Ocidente.[21] Contudo, a escrita chinesa, construída por *ideogramas*, seria outro exemplo destacado de escrita não fonética,[22] que indica ao mesmo tempo que o Oriente se ordenou segundo outras coordenadas e fundamentos filosóficos, bem diferentes dos que foram estabelecidos no Ocidente. Da mesma forma, a *escrita hieroglífica* egípcia se destacou ostensivamente na Antiguidade e se evidenciou como um enigma crucial no imaginário ocidental até o século XIX, quando foi finalmente decifrada por Champollion, justamente pelo seu caráter eminentemente não fonético.[23] Finalmente, a linguagem dos *sonhos* seria também um exemplo privilegiado disso, tendo sido comparada por Freud,[24] pelo seu não foneticismo, às escritas chinesa e egípcia.[25]

Derrida pretendeu destacar nesta ênfase teórica colocada na escritura a existência de um *pensamento do traço*[26] em oposição à tradição dominada pela voz. Tal modalidade de pensamento se contraporia fundamentalmente à tradição de *logos*, sendo o correlato da escritura e a contrapartida crucial para a restauração desta, com a desconstrução sistemática da metafísica ocidental.

---

20. *Ibidem*, Parte 1, Capítulo 1.
21. *Ibidem*, Parte 1, Capítulo 3, pp. 115-119.
22. *Ibidem*, pp. 121-130.
23. *Ibidem*, pp. 119-120.
24. *Idem*. "Freud et la scène de l'écriture". In: Derrida, J. *L'écriture et la différence*. Paris, Seuil, 1967, pp. 318-328.
25. Freud, S. *L'interpretation des rêves* (1900). Capítulos 6 e 7. Paris, Presses Universitaires de France, 1976.
26. Derrida, J. "Freud et la scène de l'écriture". In: Derrida, J. *L'écriture et la différence*, *Op. cit.*, p. 297-318.

SER JUSTO COM A PSICANÁLISE

CRÍTICA DA FENOMENOLOGIA E DO ESTRUTURALISMO

Não foi por eventualidade que o conceito de escrita enunciado por Derrida se balizou pela crítica sistemática de dois campos de pesquisa em filosofia, que ainda se opunham nos anos 1960. De um lado, a *fenomenologia transcendental* de Husserl, de outro, o *estruturalismo*, que desde a publicação por Lévi-Strauss, de *As estruturas elementares do parentesco*[27] em 1949, desbancou a posição teórica até então ocupada pela fenomenologia e ocupou a cena filosófica de maneira triunfante. Portanto, nestes contextos histórico e filosófico se realizaram as primeiras publicações de Derrida, que pela crítica sistemática destes discursos formalizou o seu projeto teórico.

Em pauta na crítica da fenomenologia de Husserl estava o *filosofema da presença*, que seria o apogeu da metafísica ocidental. Isso porque esta nunca deixou de pensar o *fenômeno* e a *fenomenalidade*, para buscar um terreno suficientemente seguro para fundar a ideia de verdade. Dessa maneira, a fenomenologia transcendental de Husserl seria não apenas a forma mais crítica, mas também original e moderna, para conceber a fenomenalidade do ser como presença plena para o sujeito.[28] Portanto, desconstruir sistematicamente filosofema da presença seria uma das condições teóricas de possibilidade para o enunciado do conceito de escritura.[29]

No estruturalismo, estava em pauta a concepção ao mesmo tempo estática, sincrônica e taxonômica do conceito de *estrutura*. Em decorrência disso, este conceito assumia uma versão marcadamente a-histórica, que era preocupante. Com efeito, como nos disse Derrida, o conceito de texto constituiria o limite do estruturalismo, tanto como saber quanto como ciência. Porque o texto seria aquilo que *excederia* o *campo* da estrutura, produzindo necessariamente a abertura desta para o que lhe é *Outro*. Com isso, o texto seria sempre permeado pela

---

27. Lévi-Strauss, C. *Les structures élémentaires de la parenté*. Paris, Presses Universitaires de France, 1949.
28. Derrida, J. *Positions*. Paris, Minuit, 1972.
29. *Idem. La voix et le phénomène. Op. cit*

ESCRITA E PSICANÁLISE

alteridade, relançando então a estrutura numa temporalidade marcadamente histórica.[30]

Assim, a partir dos conceitos de *diferir* (*différer*) e de *diferença* (*différance*), que marcariam o texto enquanto tal, Derrida procurou formular como a estrutura seria sempre relançada em direção à sua abertura, marcada agora pela *diferença*, promovida pela sequência diferencial de novos signos. Com isso, a *historicidade* seria restabelecida pela dinâmica escritural, que inscreveria o tempo na própria espacialidade da escrita. O *espaçamento*, como signo eloquente da escrita, seria marcado ao mesmo tempo pela *temporalidade* do diferir.[31]

Nessa perspectiva, o conceito de diferir se articularia intimamente com o de *suplemento*,[32] porque cada novo signo inscrito na escritura de maneira imperativa funciona como um suplemento daquele que lhe antecedeu imediatamente. Contudo, o suplemento não é o *complemento*. Se este alude a algo que falta ao signo anterior e que precisaria ser complementado como uma totalidade plena preestabelecida na e pela estrutura, o novo signo como suplemento teria a potência de reorganizar tudo o que lhe antecedeu na disposição da sequência anterior de signos. Portanto, o suplemento funcionaria como um efeito de *posterioridade* no registro estritamente textual,[33] tendo o efeito de *retroação* sobre o que lhe antecedeu na escritura, delineando, enfim, o horizonte da produção do sentido.

Dito tudo isso de maneira bem sintética e condensada, até mesmo bastante esquemática, podemos agora começar a enunciar o interesse da filosofia de Derrida pela psicanálise, particularmente pelo discurso freudiano, para o qual se voltou de forma original. Realizamos este percurso introdutório para evocar alguns conceitos básicos do discurso teórico de Derrida, para que fique um pouco mais clara a inscrição efetiva da

---

30. *Idem. Positions. Op. cit.*, p. 39.
31. *Idem. De la grammatologie. Op. cit.*
32. *Ibidem.* Carta 52, Parte 2, Capítulo 2.
33. Freud, S. "Lettres à Wilhelm Fliess, Notes et Plans" (1887-1902). In: Freud, S. *La Naissance de la psychanalyse*. Paris, Presses Universitaires de France, 1973; Freud, S. *Esquisses d'une psychologie scientifique*. Parte 2. *Op.cit.*

psicanálise em seu projeto filosófico. O que se pretende evidenciar neste ensaio é como o discurso freudiano seria a realização exemplar, por um lado, e uma contribuição teórica efetiva, pelo outro, para a constituição daquilo que Derrida chamou de *pensamento do traço*.[34]

LEITURAS DA PSICANÁLISE

A leitura que Derrida realizou da psicanálise se centrou quase que inteiramente na análise do discurso teórico de Freud. Mas também houve referências a outros teóricos do discurso psicanalítico, seja de forma episódica, mas fundamental, como foi o caso de Melanie Klein,[35] seja de forma mais ampla, como ocorreu com Lacan.[36] No entanto, a leitura do discurso teórico de Freud se empreendeu em tempos diversos do projeto teórico de Derrida, atravessando assim diferentes patamares de complexidade na leitura que foi proposta. Além disso, destacou ainda diferentes problemáticas presentes no discurso freudiano como objeto de sua leitura. Porém, não se pode esquecer nunca, pois que seria um erro teoricamente imperdoável, que a leitura da obra de Freud foi certamente seminal na constituição do pensamento teórico de Derrida, como se demonstrará ainda ao longo deste ensaio.

A inscrição da psicanálise no percurso filosófico de Derrida se iniciou nos anos 1960, numa conferência proferida para psicanalistas da Société Psychanalytique de Paris, que foi publicada em 1967, com o título de "Freud e a cena da escritura".[37] Nada do que se publicava então sobre o discurso freudiano, seja oriundo do campo psicanalítico, seja do campo filosófico, tinha qualquer proximidade com o que Derrida enunciou nes-

---

34. Derrida, J. "Freud et la scène de l'écriture". In: Derrida, J. *L'écriture et la différence*. *Op. cit.*
35. *Idem. De la grammatologie. Op. cit.*, pp. 131-136.
36. *Idem.* "Pour amour de Lacan" (1992). In: Derrida, J. *Résistances de la psychanalyse*. Paris, Galilée, 1996.
37. *Idem.* "Freud et la scène de l'ecriture". In: Derrida, J. *L'écriture et la différence*. *Op. cit.*

ESCRITA E PSICANÁLISE

se ensaio genial, que se mantém pertinente até hoje, considerando a sua originalidade, consistência e riqueza, assim como a sua complexidade.

Em seguida, Derrida escreveu um longo livro publicado em 1981, intitulado *Cartão-postal*: de Sócrates a Freud e além.[38] A originalidade se manteve neste ensaio, pela maneira com que trabalhou a teoria das pulsões de Freud, principalmente a relação entre a pulsão de vida e a pulsão de morte, com a problemática do diferir.

Num terceiro tempo, em 1994, Derrida retornou à psicanálise em outro registro, numa conferência realizada agora em Londres, no colóquio internacional Memory: the Question of Archives. Esta conferência foi publicada em 1996, sob o título de *Mal de arquivo*.[39] A contribuição do discurso freudiano para a renovação do conceito de arquivo se enunciou nesse ensaio magistral de forma eloquente, numa leitura original de "Moisés e a religião monoteísta",[40] de Freud.

Finalmente, Derrida pronunciou a conferência magistral nos "Estados Gerais da Psicanálise", realizada em Paris, em 2000. Este convite se deveu às suas múltiplas contribuições anteriores para a leitura filosófica de psicanálise. A conferência foi ainda publicada no mesmo ano, sob o título de "Estados da alma da psicanálise".[41]

Inscreve-se ainda neste percurso filosófico de Derrida o seu célebre debate com Foucault, centrado na sua leitura crítica da *História da loucura*: Na Idade Clássica.[42] Neste debate, Derrida pronunciou duas conferências, nas quais a psicanálise foi referida, principalmente na segunda, de 1991, intitulada "Fazer justiça a Freud".[43] A *resistência* provocada pela psicanálise foi neste contexto destacada com bastante eloquência.

---

38. *Idem. La carte postale, de Sócrates à Freud et au-delà*. Paris, Aubier Flammarion, 1980.
39. *Idem. Mal d'archive*. Paris, Galilée, 1996.
40. Freud, S. *L'homme Moise et la religion monothéiste* (1938). Paris, Gallimard, 1986.
41. Derrida, J. *Les états d'âme de la psychanalyse*. Paris, Galilée, 2000.
42. Derrida, J.; Foucault, M. *Três tempos sobre a história da loucura*. Rio de Janeiro, Relume Dumará, 2001.
43. Derrida, J. "Fazer justiça a Freud: A história da loucura na era da psicanálise".; Derrida, J.; Foucault, M. *Três tempos sobre a história da loucura. Op. cit.*

SER JUSTO COM A PSICANÁLISE

Daí porque Derrida reuniu diversos textos dispersos sobre a psicanálise numa obra posterior publicada sob o título *Resistências da psicanálise*,[44] em 1996.

No ensaio intitulado "Freud e a cena da escritura", do primeiro tempo deste percurso teórico, Derrida indicou de forma cabal a importância da psicanálise no seu projeto filosófico. O filosofema do pensamento do traço foi então enunciado de forma pertinente, assim como o conjunto de conceitos que lhe acompanhavam, como veremos ainda neste ensaio.

Em *Cartão-postal*, Derrida trabalhou no mesmo quadro conceitual que estabelecera no ensaio anterior, mas voltando-se neste novo contexto para a teoria das pulsões de Freud, enfatizando as relações existentes entre as pulsões de vida e de morte. Questionou ainda neste livro as consequências problemáticas da soberania e da hegemonia atribuída pelo discurso freudiano ao princípio do prazer.

No ensaio intitulado *Mal de arquivo*, terceiro tempo deste projeto teórico, Derrida desdobrou ainda os pressupostos enunciados no primeiro ensaio, pelo estabelecimento da problemática do *arquivo*. Neste contexto, a pulsão de morte foi interpretada como um *mal de arquivo*, pois apagaria de forma repetida os arquivos existentes, para que novos arquivos pudessem ser inscritos. Ao lado disso, o conceito de arquivo presente no discurso da ciência da história foi também criticado, pois se restringiria ao arquivo patente e seria escrito na linguagem fonética.

No quarto tempo de seu percurso, no ensaio *Os estados da alma da psicanálise*, Derrida investigou as antinomias existentes entre os registros da *soberania* e da *crueldade*, presentes no psiquismo, para inscrevê-los então nos registros da política e do direito. O autor retomou neste ensaio algumas questões que já esboçara anteriormente no ensaio *Cartão-postal*, mas dessa vez enfatizando as relações existentes entre a soberania e a crueldade.

Duas problemáticas maiores se destacaram como pontos de chegada desta última parte do percurso teórico, que se condensam nas palavras *álibi* e *resistência*, que estariam intimamente articuladas. Para Derrida,

---

44. *Idem. Résistance de la psychanalyse. Op. cit.*

ESCRITA E PSICANÁLISE

se a psicanálise era uma modalidade de saber *sem álibi*, com a constituição do conceito de inconsciente por Freud, de forma que a criação de álibis impossibilitaria efetivamente o discurso psicanalítico, pode-se entrever assim que a *resistência crescente à psicanálise* se articularia com a constituição desses álibis, tanto no interior quanto no exterior do discurso e da comunidade psicanalíticas. Com tais álibis, portanto, a psicanálise constituiria *mecanismos autoimunitários*, que provocariam finalmente a sua própria imobilização e dissolução como discurso.[45]

O TRAÇO

O ensaio inaugural foi fundamental no projeto teórico de Derrida de leitura da psicanálise, pois delineou o campo conceitual que foi retomado nos ensaios posteriores, não obstante as suas múltiplas diferenças e avanços teóricos a partir desta matriz seminal. Sua tese teórica era bastante original, como já disse antes, pois não existia então nada de similar nos campos filosófico e psicanalítico nos anos 1960 que se aproximasse do que ele então enunciou.

Qual seria essa tese? O aparelho psíquico, tal como foi forjado progressivamente por Freud, do começo ao fim do seu percurso teórico nas suas diversas remodelações, seria uma *máquina de escrita*. Assim, dos balbucios iniciais do "Projeto para uma psicologia científica",[46] de 1895, até o ensaio intitulado "Nota sobre o bloco mágico",[47] de 1925, o discurso freudiano perseguiu uma mesma problemática, a de articular o imperativo do dito aparelho ser uma máquina com o imperativo de que seria efetivamente uma máquina voltada para a produção da escrita. No entanto, a dificuldade em harmonizar estes dois imperativos fundamentais, máquina e escrita, regulava os múltiplos ajustes e desa-

---

45. *Ibidem*; Derrida, J. *Les états d'âme de la psychanalyse. Op. cit.*
46. Freud, S. "Esquisse d'une psychologie scientifique". In: Freud, S. *La naissance de la psychanalyse. Op. cit.*
47. *Idem*. "Note sur le bloc-notes magique" (1925). In: Freud, S. *Résultats, idées, problèmes*. Volume II. Paris, Presses Universitaires de France, 1985.

SER JUSTO COM A PSICANÁLISE

justes ocorridos no projeto teórico de Freud, ao longo do seu percurso teórico.

Assim, antes de tudo, a escritura como *gramma* seria um conceito fundamental no projeto teórico de Derrida, em oposição cortante aos registros da *voz* e da *phoné*. Derrida assume o pressuposto teórico do discurso freudiano, enunciado desde os seus primórdios no livro não publicado "Projeto para uma psicologia científica",[48] de que a problemática da *memória* seria fundamental na constituição do psiquismo. A memória como *engrama* – como formulava o discurso da então recente psicologia científica – seria constitutiva do psiquismo, de maneira que sem aquela este não poderia existir. Contudo, seria preciso não apenas mostrar, mas também demonstrar de forma consistente, em seguida, que a memória seria uma escrita marcada por *traços diferenciais*, pelos quais a *rede* de marcas escriturais definiria efetivamente a constituição e a produção do *sentido, delineando assim a ruptura teórica com o discurso da psicologia positivista.*[49]

Nessa perspectiva, a leitura de Derrida se contrapôs ao discurso teórico de Lacan, não apenas pela sua fundamentação estruturalista,[50] mas principalmente porque para este o campo da psicanálise seria constituído pela fala e pela linguagem[51]. Pelo viés da fala, portanto, Lacan se inscreveu na tradição metafísica da voz. Derrida, em contrapartida, se propôs a realizar outra modalidade de *retorno a Freud*, diferente da que foi realizada por Lacan, pela qual a dimensão escriturária do inconsciente estaria inscrita no primeiro plano de seu discurso teórico.

Derrida procurou evidenciar no discurso freudiano as marcas teóricas que enunciariam a formulação da existência de um pensamento do traço. Esta modalidade de pensamento estaria então presente do início

---

48. *Idem.* "Esquisse d'une psychologie scientifique". Parte 1. In: Freud, S. *La naissance de la psychanalyse. Op. cit.*
49. Derrida, J. "Freud et la scène de l'écriture". In: Derrida, J. *L'écriture et la différence. Op. cit.*
50. Lacan, J. "Fonction et champ de la parole et du langage en psychanalyse" (1953). In: Lacan, J. *Écrits. Op. cit.*
51. *Ibidem.*

ao fim do percurso teórico de Freud de forma flagrante, tal como enunciou Derrida no final do ensaio "Freud e a cena da escritura".[52] Para sustentar esta tese de maneira consistente, Derrida realizou uma inflexão metodológica crucial, que supôs uma crítica aos *conceitos metapsicológicos* presentes no discurso freudiano.[53]

Entretanto, essa leitura que nos propôs Derrida não se apoiou nos conceitos metapsicológicos que foram enunciados por Freud, pois todos os conceitos forjados por este seriam oriundos e estariam embebidos na tradição metafísica e logocêntrica. Com efeito, não apenas os conceitos de inconsciente, consciência, pré-consciente e percepção se inscreveriam no campo desta tradição, mas também as problemáticas conexas que definem as oposições estabelecidas entre dentro/fora e interior/exterior.

Porém, segundo Derrida, seria possível empreender outra leitura, que privilegiasse o percurso freudiano no registro estrito do *discurso*, para apreender então, em estado nascente, a crítica frontal desta tradição metafísica. Assim, Derrida se propôs a virar o discurso freudiano de ponta-cabeça, para evidenciar o esboço e o rastro de um pensamento do traço no discurso freudiano. Para isso, seria preciso realizar a leitura do discurso freudiano e não dos conceitos metapsicológicos, pois estes se oporiam efetivamente à novidade teórica representada pelo pensamento de Freud, que teria anunciado um pensamento do traço e da escritura.[54] Ou seja, do "Projeto para uma psicologia científica" ao pequeno ensaio tardio "Nota sobre o bloco mágico", o discurso freudiano perseguiu um pensamento sobre o traço, de maneira sistemática, mesmo que não tenha enunciado e explicitado todos os seus pressupostos. Isso porque estava marcado profundamente pela retórica conceitual da metafísica ocidental. Porém, as formas pontuais assumidas pelo pensamento de Freud e as múltiplas ênfases colocadas pelo discurso freudiano permitiriam evidenciar tais pressupostos teóricos.

---

52. Derrida, J. "Freud et la scène de l'écriture". In: Derrida, J. *L'écriture et la différence.* *Op. cit.*, p. 339.
53. *Ibidem*, p. 294.
54. *Ibidem*.

SER JUSTO COM A PSICANÁLISE

Contudo, seria necessário não se precipitar, pois a psicanálise não representaria a *desconstrução* da filosofia, mas ofereceria, sem qualquer sombra de dúvida, instrumentos teóricos importantes para que tal projeto fosse efetivamente possível.[55] Tomando o título de um dos livros de Derrida de maneira irônica, pode-se dizer que a psicanálise como pensamento do traço possibilitaria colocar em suspensão o "tom apocalíptico usado outrora pela filosofia",[56] isto é, pela tradição da metafísica.

Porém, se essa proposição teórica é efetivamente possível de ser sustentada no registro teórico, isso se deve à crítica contundente que o discurso freudiano realizou desde os seus primórdios da metafísica da presença, ao desalojar o sujeito do registro da consciência e fundar então o psiquismo no registro do inconsciente. Ou seja, Freud constituiu o *descentramento* do sujeito do registro da consciência,[57] e nisso se condensaria com eloquência sua crítica radical à metafísica da presença.

Com isso, segundo Derrida, leitor de Freud, os estados da alma não seriam mais o simples reflexo especular dos estados de coisa existentes no mundo, como estava pressuposto desde os tempos inaugurais da metafísica de Aristóteles. Porque os estados de coisa do mundo se inscreveriam no psiquismo de maneira sempre *difratada*, numa rede diferencial de traços de complexidade crescente. Mas nesta rede de diferenças não existiria mais qualquer representação pontual e substantiva dos ditos estados de coisa.

Portanto, com o discurso freudiano seria possível ultrapassar o filosofema da presença e caminhar assim em direção ao pensamento do traço. Desta maneira, o discurso freudiano seria uma crítica dos pressupostos da fenomenologia e da filosofia do sujeito, inscritas na problemática da presença. Contudo, para radicalizar ainda mais o que estaria em pauta no pensamento do traço, seria preciso também mostrar e demonstrar

---

55. *Idem.* "Freud et la scène de l'écriture". In: Derrida, J. *L'écriture et la différence. Op. cit.*, pp. 293-294.

56. Derrida, J. *D'un ton apocalyptique aborde naguère en philosophie.* Paris, Galilée, 1983.

57. Freud, S. *L'interprétation des rêves. Op. cit.*

ESCRITA E PSICANÁLISE

que com isso o sujeito não se deslocaria da consciência para o registro do inconsciente, positivado que seria como *sujeito do inconsciente*.[58]

Este foi, com efeito, o deslocamento teórico realizado por Lacan,[59] que ficou ainda atado na problemática da presença. Assim, para Derrida o inconsciente não seria um sujeito marcado pela presença da voz, que se inscreveria como *palavra plena*, como nos disse Lacan, em oposição à *palavra vazia*, de acordo com as categorias teóricas enunciadas pelo discurso filosófico de Heidegger.[60] Esta oposição cortante estabelecida entre o registro da palavra plena e o da palavra vazia, que remeteria à oposição entre os registros da verdade e da não verdade, não teria qualquer lugar possível numa modalidade de pensamento teórico que concebesse o inconsciente como traço e escritura.

Assim, seria preciso evidenciar no discurso freudiano que o inconsciente se ordenaria como um texto e uma escritura, isto é, como uma rede aberta e complexa de traços diferenciais, na qual o texto e a escrita não seriam redutíveis à escrita fonética. Não existiria neste contexto teórico, portanto, qualquer referência à fonologia que marcasse esta escritura e que permitisse então elucidá-la de forma pertinente. Enfim, foi esta a direção teórica primordial assumida pela leitura de Derrida do discurso freudiano.

Para isso, foi necessário inscrever o diferir como o operador fundamental da cena psíquica, responsável pela produção e distribuição disseminada de signos no campo de diferenças (*différances*). Nesta perspectiva, a *cena psíquica* seria transmutada e concebida fundamentalmente como uma *cena de escrita*, como evidenciou Derrida no título que deu ao seu ensaio inaugural de leitura do discurso freudiano.[61]

---

58. Derrida, J. *D'un ton apocalyptique aborde naguère en philosophie. Op. cit.*, *Idem* pp. 334-335.
59. Lacan, J. "Fonction et champ de la parole et du langage en psychanalyse". In: Lacan, J. *Écrits. Op. cit.*
60. *Ibidem.*
61. Derrida, J. "Freud et la scène de l'écriture". In: Derrida, J. *L'écriture et la différence. Op. cit.*

SER JUSTO COM A PSICANÁLISE

Assim, os trilhamentos e as grades de contato, enunciados no contexto teórico do "Projeto para uma psicologia científica", constituiriam um sistema complexo de diferenças; este, por sua vez, delineado na articulação entre a excitação que se dissemina e as resistências que essas diferenças encontram para a descarga, de maneira que os traços assim produzidos que constituiriam o aparelho psíquico.[62] Porém, é preciso destacar ainda que a descrição do psiquismo como um conjunto de traços se *oporia* à concepção de *máquina* a qual já se apegava Freud no "Projeto para uma psicologia científica" e que perseguiu teoricamente até "Nota sobre o bloco mágico",[63] isto é, em todo o seu percurso metapsicológico.

Essa *tensão* e *conflitualidade* estabelecidas entre os registros da máquina e do traço foram sublinhadas por Derrida de maneira sistemática e com toda a eloquência possível, já que seria necessário ao discurso freudiano enunciar qual modalidade de máquina seria finalmente adequada ao registro do traço.[64] Esta adequação teórica foi apenas formulada tardiamente por Freud na "Nota sobre o bloco mágico", quando afirmou que o aparelho psíquico funcionaria efetivamente como uma máquina de escrever.[65]

Não se pode esquecer, no entanto, que, como no "Projeto para uma psicologia científica" o aparelho psíquico foi descrito como um sistema de traços que definiriam o campo da memória, este sistema de traços não constituiria ainda uma escritura propriamente dita.[66] Apenas posteriormente o discurso freudiano transformou o sistema de traços numa escrita psíquica, de maneira que a cena psíquica seria uma cena da escrita, como já indiquei. Porém, muito precocemente no seu percurso teórico, na célebre Carta 52 a Fliess, Freud incorporou a retórica teórica da escrita, transformando definitivamente, enfim, a cena psíquica numa cena da escritura.[67]

---

62. *Ibidem.*
63. *Ibidem.*
64. *Ibidem.*
65. *Ibidem*, pp. 328-339.
66. *Ibidem*, pp. 297-305.
67. *Ibidem*; Freud, S. Carta 52. In: Freud, S. "Lettres à Wilhelm Fliess, Notes et Plans" (1887-1902). In: Freud, S. *La naissance de la psychanalyse. Op. cit.*

ESCRITA E PSICANÁLISE

Para que a astúcia teórica presente na leitura de Derrida fique patente, é preciso sublinhar que, para Freud, no "Projeto para uma psicologia científica", o psiquismo seria fundamentalmente constituído pela memória. Ou seja, sem memória não existiria qualquer aparelho psíquico, mas apenas um frágil organismo neurobiológico, voltado para a simples descarga das excitações. De forma que a questão teórica inaugural de Freud nesta obra foi a de ter que definir de fato o que seria a dita memória.[68] Assim, para Freud a memória seria constituída por um conjunto de marcas neurobiológicas, denominadas engramas, resultantes das resistências que se oporiam à livre circulação das excitações. Nesse contexto, o organismo visaria à descarga total das excitações, pela sua tendência fundamental à inércia. Porém, como tal descarga absoluta implicaria na morte do organismo, a "urgência da vida" se oporia então à dita descarga total. Com isso, a descarga seria apenas parcial, de forma que somente uma parcela das excitações se manteria circulante no organismo.[69] Justamente esta oposição à descarga constituiria as resistências neuronais na livre circulação das excitações, e seria a condição de possibilidade para a ordenação da memória enquanto tal.

É preciso destacar ainda que, no "Projeto para uma psicologia científica", Freud enunciou outra tese suplementar à anterior. Além de o aparelho psíquico ser fundado na memória, ele deveria ser concebido como um sistema que pudesse estar permanentemente aberto para a recepção das novas excitações – condição *sine qua non* para a sua sobrevivência e adaptação ao meio ambiente – e que ao mesmo tempo pudesse ser marcado de maneira *ilimitada* pelos traços oriundos das resistências.[70] Isso implicaria numa descrição do aparelho psíquico pela qual o polo de *recepção* das excitações não se confundiria e não se superporia jamais com o campo de *inscrição* dos traços. Ou seja, como o polo de recepção deveria estar permanentemente aberto às novas excitações, ele não poderia funcionar como o campo de inscrição dos traços.[71]

---

68. Freud, S. "Esquisse d'une psychologie scientifique". Parte 1. *Op. cit.*
69. *Ibidem.*
70. *Ibidem.*
71. *Ibidem.*

SER JUSTO COM A PSICANÁLISE

Foi também a conflitualidade produzida por esta *dupla exigência* teórica que conduziu Freud a ter que enunciar novas descrições para o aparelho psíquico, desde o "Projeto para uma psicologia científica", para harmonizar os diferentes imperativos existentes entre os registros da máquina e da escrita. Por isso, foi apenas com a formulação do modelo da máquina de escrever, forjado posteriormente no ensaio "Nota sobre o bloco mágico", que Freud pôde construir um modelo teórico, ao mesmo tempo simples e elegante, que respondesse à dupla exigência enunciada desde o início.[72]

Portanto, se o *polo sensorial* do aparelho psíquico poderia apreender permanentemente os novos estímulos, já que não seria um espaço de inscrição psíquica, mas apenas de *recepção das excitações*, o tecido da memória, marcado pelas redes neuronais, inscreveria no psíquico os traços, de maneira indelével.[73] Porém, a memória em questão não existiria jamais como presença plena dos estados de coisas que incidiriam no polo de recepção do aparelho psíquico. Com efeito, os estados de coisas nunca se fariam totalmente presentes como *cópia* em nenhum neurônio ou numa rede localizada de neurônios, mas se espalhariam e se disseminariam como uma rede complexa, constituindo um *sistema complexo de diferenças*, com a totalidade dos traços neuronais.[74]

Assim, os traços seriam forjados pelas forças que se disseminam e pelas resistências que estas encontram na rede neuronal. Desta maneira, o *sentido* seria constituído pelas diferenças assim produzidas e pelo diferir forjado entre as forças que se disseminam, articulado com a resistência que encontram na rede neuronal.[75] Enfim, não existiria qualquer *reflexo* dos estados de coisas no psiquismo, no sentido epistemológico deste conceito, na medida em que o conceito de reflexo seria outra versão da metafísica da presença.

---

72. *Ibidem.*
73. *Ibidem.*
74. Derrida, J. "Freud et la scène de l'écriture". In: Derrida, J. *L'écriture et la différence. Op. cit.*
75. *Ibidem.*

ESCRITA E PSICANÁLISE

Nessa perspectiva, também não existiria qualquer oposição entre os registros da *força* e do *sentido*, pois seria na conjunção e na disjunção das forças disseminadas e das resistências produzidas entre esses registros que os traços se inscreveriam no psiquismo. De modo que se tal oposição ainda estava presente na metapsicologia freudiana, seria uma problemática oriunda da tradição metafísica e do logocentrismo.[76]

Assim, a operação do diferir e do engendramento do sistema de diferenças dos traços se realizaria pela produção daquilo que Derrida denominou de espaçamento. Os traços se ordenariam então pelo *espaçamento*, que seria ao mesmo tempo a própria constituição da espacialidade e da disposição dos traços que se inscreveriam na dita espacialidade. Com efeito, o espaço não existiria antes do traço, mas se constituiria ao mesmo tempo que este, pelo engendramento da própria operação do diferir.[77] Portanto, da mesma forma que não existiria a oposição entre os registros da força e do sentido, oriunda do discurso do logocentrismo, não existiria também a oposição entre os registros do interno e do externo, oriunda igualmente do logocentrismo.[78]

Ainda pelo viés do dito espaçamento Derrida indica igualmente a presença da *temporalidade* na produção dos traços. Assim, o *devir* espaço se realizaria pela mediação da experiência do tempo e se evidenciaria por uma série de mecanismos enunciados no "Projeto para uma psicologia científica". Com efeito, os conceitos de *retardamento*, *repetição* e *posterioridade* indicariam a modulação temporal no processo de engendramento do dito espaçamento.[79] Enfim, para Derrida tais conceitos poderiam ser mais bem explicitados e compreendidos no contexto teórico do pensamento do traço do que na perspectiva teórica da neurobiologia e do fisicalismo.

---

76. *Ibidem.*
77. *Ibidem.*
78. *Ibidem.* Sobre isso vide também Derrida, J. *De la grammatologie.* Parte 1, Capítulos 2 e 3. *Op. cit.*
79. *Idem.* "Freud et la scène de l'écriture". In: Derrida, J. *L'écriture et la différence. Op. cit.*

SER JUSTO COM A PSICANÁLISE

No entanto, se o conceito de espaçamento é tão fundamental na leitura de Derrida, assim como a ideia do devir espaço pela mediação da temporalização, isso se deve à problemática fundamental de sua filosofia, a questão da escritura. Esta seria basicamente espaçamento, inscrevendo-se e dispondo então os traços num espaço produzido pelo próprio processo do diferir.

DO TRAÇO À ESCRITA

No "Projeto para uma psicologia científica" o aparelho psíquico foi esboçado como uma estrutura espacial de traços, no qual as forças se inscreveriam como sentido na rede neuronal das diferenças, mas não existiria ainda uma escrita propriamente dita. Isto é, a cena psíquica não seria ainda uma cena da escritura. Apenas em 1896, na Carta 52 enviada por Freud a Fliess,[80] este passo teórico decisivo foi finalmente realizado pelo discurso freudiano. Nesse texto o discurso freudiano começou a descrever o aparelho psíquico como uma escrita complexa. Assim, o psiquismo seria ordenado por diferentes camadas, no qual cada uma dessas seria produzida como um registro diferente da escritura. Porém, as diversas camadas de escritura se articulariam entre si de maneira *dinâmica*, já que um signo inscrito numa dada camada de escrita se inscreveria igualmente nas outras camadas, num processo pautado e regulado pela *reinscrição* permanente.[81] Portanto, a especificidade da escritura psíquica seria esta reinscrição permanente, pela qual o processo do diferir constituiria as redes de traços e inscreveria continuamente os signos em registros diferentes, de maneira a constituir outros espaçamentos.[82] Com isso, a temporalização do processo, que engendraria

---

80. Freud, S. Carta 52. In: "Lettres à Wilhelm Fliess, Notes et Planes". In: Freud, S. *La naissance de la psychanalyse. Op. cit.*
81. *Ibidem.*
82. Derrida, J. "Freud et la scène de l'écriture". In: Derrida, J. *L'écriture et la difference. Op. cit.*

ESCRITA E PSICANÁLISE

o devir espaço pelo tempo, se faria fundamentalmente pelo mecanismo da posterioridade.[83]

Assim, do signo da percepção aos registros do pré-consciente e da consciência, passando pelo registro do inconsciente,[84] o aparelho psíquico seria não apenas uma escrita, de fato e de direito, mas também uma escrita forjada por um processo permanente de reinscrição de seus signos.[85] A operação do diferir se evidenciaria neste contexto com bastante clareza, constituindo-se por uma textura e tessitura de espaçamentos e produzida pela temporalização pautada pela posterioridade.

Foi apenas na Carta 52 que se enunciou no discurso freudiano um *vocabulário* especificamente do registro textual. Assim, a *retórica* do texto se inscreveu no discurso freudiano de diferentes maneiras: pelos conceitos de *signo*, de *inscrição*, de *transcrição* e finalmente de *tradução*.[86] Dessa forma, um dado signo que se inscreveria inicialmente na cena da escrita seria transcrito e traduzido posteriormente em outros registros desta cena, imbricando os diferentes níveis e registros desta na cena da escrita.

Derrida criticou ainda neste contexto o conceito freudiano de tradução e a ideia de conceber a *interpretação* como simples tradução.[87] Como se sabe, estas problemáticas da tradução e da interpretação como tradução foram retomados pelo discurso freudiano em outros textos de seu percurso teórico, como *A interpretação dos sonhos*[88] e o Caso Dora.[89] Porém, Derrida as criticou de maneira recorrente, pois evidenciariam no discurso freudiano signos oriundos da metafísica logocêntrica, pela qual a ideia de presença se faria evidente pela cristalização de um sentido

---

83. *Ibidem.*
84. *Ibidem.*
85. *Ibidem.*
86. Freud, S. Carta 52. In: "Lettres à Wilhelm Fliess, Notes et Planes". In: Freud, S. *La naissance de la psychanalyse. Op. cit.*
87. Derrida, J. "Freud et la scène de l'écriture". In: Derrida, J. *L'écriture et la différence. Op. cit.*
88. Freud, S. *L'interprétation des rêves.* Capítulos 6 e 7, *Op. cit.*
89. *Idem.* "Fragments d'une analyse et hystérie (Dora)" (1905). In: Freud, S. *Cinq psychanalyses.* Paris, Presses Universitaires de France, 1975.

SER JUSTO COM A PSICANÁLISE

a ser traduzido.[90] Em contrapartida, a retranscrição permanente dos signos indicaria o processo do diferir como engendrador do sentido enquanto tal, pelo dinamismo de produção do sistema de diferenças.[91]

Portanto, a leitura de Freud na dita Carta 52 assumiu uma direção teórica que foi na contramão da que tomara anteriormente, isto é, do que enunciara sobre o realismo do trauma sexual na etiologia das psiconeuroses.[92] Reconhecer que o psiquismo seria não apenas um conjunto de signos diferenciais, mas também que estes seriam permanentemente reinscritos e transcritos em outros níveis de ordenação escriturária, se contraporia, assim, a qualquer realismo do sentido fixo, enunciado pelo suposto trauma sexual engendrador das psiconeuroses. Por isso mesmo, logo em seguida, em 1897, ainda na sua correspondência com Fliess, Freud pôde dizer a este que "não acreditava mais na sua neurótica",[93] isto é, na teoria realista do trauma sexual na etiologia das neuroses.

Nessa perspectiva, tudo aquilo que até então Freud tomava como realista, na narrativa de seus analisantes, passou a ser compreendido como oriundo de uma *interpretação* desses sobre algo que lhes teria impactado nas suas experiências psíquicas pretéritas. Em outras palavras, o que aqueles diziam nas suas narrativas seriam produções de seus *fantasmas* e seriam estes que regulavam e agenciavam o processo de interpretação que empreendiam.

Portanto, os fantasmas como signos circulariam na cena psíquica da escrita, sendo permanentemente reinscritos e transcritos em outros registros da escritura psíquica, num campo imantado pelas diferenças e marcado pelos diversos contextos diferenciais existentes na cena psíquica. Com toda esta nova construção teórica, o discurso freudiano desem-

---

90. Derrida, J. "Freud et la scène de l'écriture". In: Derrida, J. *L'écriture et la différence. Op. cit.*

91. *Ibidem.*

92. Freud, S. L'etiologie de l'hystérie (1896). In: Freud, S. *Névrose, psychose et perversion.* Paris, Presses Universitaires de France, 1973.

93. *Idem.* Carta 52. In: "Lettres à Whilhelm Fliess, Notes et Plans". In: Freud, S. *La naissance de la psychanalyse. Op. cit.*

ESCRITA E PSICANÁLISE

bocou decisivamente no livro sobre a interpretação dos sonhos, na qual não apenas o fantasma passou a ocupar uma posição primordial na cena psíquica, como também o conceito de escrita passou a se delinear e a evidenciar ainda mais a cena psíquica.[94]

ESCRITURA E MÁQUINA

Em *A interpretação dos sonhos* o discurso freudiano enunciou a existência da *realidade psíquica* no sentido estrito e opondo-se à *realidade material*.[95] Tal realidade psíquica seria constituída por traços e atravessada por fantasmas, de maneira que o sentido seria produzido por estes e aqueles, distante de qualquer realismo ordenado pelos estados de coisas. Na contramão da neurologia e da psiquiatria da segunda metade do século XIX, nessa obra Freud enunciou a tese de que o sonho era uma produção significativa, ou seja, uma modalidade de pensamento.[96] Existiria então uma *equivalência* entre os *sintomas* das diferentes psiconeuroses e os sonhos, na medida em que estes e aqueles se fundariam na dita realidade psíquica.[97] Posteriormente, os *lapsos*, os *atos falhos*[98] e os *chistes*[99] foram inscritos no mesmo sistema de equivalência, pois também estariam fundados na mesma realidade psíquica.

Porém, a realidade psíquica seria fundamentalmente inconsciente e este seria marcado pelo imperativo da *realização do desejo*.[100] Portanto, os sonhos seriam modalidades de realização de desejo, que se faziam patentes de maneira indireta, encoberta e figurada, apresentando-se de forma enigmática. Por isso, teriam que ser devidamente interpretados,

---

94. *Idem. L'interpretation des rêves*. Capítulo 7, *op. cit.*
95. *Ibidem.*
96. *Ibidem.* Introdução.
97. *Ibidem.*
98. *Idem. Psychopathologie de la vie quotidienne* (1901). Paris, Payot, 1973.
99. *Idem. Le mot d'esprit et ses rapports avec l'inconscient* (1905). Paris, Gallimard, 1969.
100. *Idem. L'interprétation des rêves*. Capítulo 2, *op. cit.*

SER JUSTO COM A PSICANÁLISE

para que o seu sentido latente pudesse explicitar a realização de desejo que estaria em causa.[101]

Assim, para enunciar a especificidade da interpretação psicanalítica, Freud criticou as modalidades existentes de interpretação dos sonhos: a *interpretação simbólica* — que considerava a narrativa onírica como uma totalidade fechada e bem estabelecida —, e a modalidade da interpretação presente na Antiguidade — baseada na fragmentação da narrativa onírica, mas que se valia de um código de significação preestabelecida, denominado de *chave do sonho*.[102] Porém, se Freud criticou a noção de chave de sonho pela fixidez do sentido que prescrevia, reconheceu a superioridade do segundo modelo em relação ao primeiro, pois propunha que o sonho seria composto por signos e, portanto, como algo a ser decifrado.[103]

A interpretação psicanalítica seria então fundada no *deciframento*, na medida em que a narrativa onírica teria que ser fragmentada nos diferentes signos que a compõem, mas estes não teriam mais qualquer sentido preestabelecido. Seria a *livre associação* do sonhador o que ofereceria outros signos capazes de entreabrir a cena psíquica latente e que se faria patente nas experiências do sonho.[104] Isso porque a livre associação relançaria o processo do diferir, que regularia a cena psíquica da escrita, pela inscrição permanente de outros signos.

Em *A interpretação dos sonhos*, Freud retomou não apenas a descrição da Carta 52, de forma bem mais elaborada, mas principalmente a retórica escriturária que caracterizava esta descrição. Nesta perspectiva, o sonho seria não apenas uma produção psíquica da ordem da escrita, mas também uma escritura de caráter não fonético de maneira ostensiva. Foi neste contexto que o discurso freudiano se valeu dos modelos das escritas chinesa e egípcia para descrever a cena psíquica do sonho

---

101. *Ibidem.*
102. *Ibidem.*
103. *Ibidem.*
104. *Ibidem.*

ESCRITA E PSICANÁLISE

como uma cena da escrita.[105] Assim, mesmo quando apareciam palavras nos sonhos, o discurso freudiano as considerava como uma escrita não fonética e não segundo a lógica da escrita fonética.[106]

Não obstante isso, a cena escriturária do psiquismo ainda se conjugaria neste contexto teórico com um modelo do aparelho psíquico descrito como uma máquina, na qual esta não se conjugaria com o modelo da escritura. Com efeito, em *A interpretação dos sonhos* os modelos ópticos — o microscópio e o telescópio — serviam de metáforas para Freud descrever o aparelho psíquico, da mesma forma que no "'Projeto para uma psicologia científica' o discurso freudiano se servia das metáforas neurobiológicas".[107]

Portanto, no enunciado da cena da escrita no discurso freudiano posterior, a metáfora da máquina também se fazia presente, de maneira desarmônica e ruidosa com o modelo escriturário. Assim, nos ensaios metapsicológicos de Freud,[108] a mesma tensão entre modelos teóricos incompatíveis ainda estava presente de forma ostensiva.[109] Porém, na "Nota sobre o bloco mágico" a tensão finalmente teria se apagado e dissolvido, porque o brinquedo infantil escolhido por Freud para descrever o aparelho psíquico funcionaria como um brinquedo voltado primordialmente para a escrita.[110]

Dessa maneira, o aparelho psíquico seria uma máquina de escrever que conseguia incorporar na sua própria estrutura as duas condições enunciadas desde o "Projeto para uma psicologia científica", quais sejam, a de ter um *polo de recepção* que pudesse receber de forma contínua as excitações exteriores e uma *superfície de inscrição ilimitada* para as ditas excitações. Se a desarmonia entre o modelo da máquina e da escritura se silenciou nesse contexto teórico, isso se deve ao fato de

---

105. Derrida, J. "Freud et la scène de l'écriture". In: Derrida, J. *L'écriture et la différence. Op. cit.*
106. *Ibidem.*
107. *Ibidem.*
108. Freud, S. *Métapsychologie.* Paris, Gallimard, 1968.
109. Derrida, J. "Freud et la scène de l'écriture". In: Derrida, J. *L'écriture et la différence. Op. cit.*
110. *Ibidem.*

SER JUSTO COM A PSICANÁLISE

que o aparelho psíquico seria uma máquina de escrever, que produziria então permanentemente a cena da escrita.

Ao lado disso, a insistência no discurso freudiano de que o psiquismo teria que ser um aparelho que funcionasse como uma máquina — mesmo na melhor solução teórica que seria a da máquina de escrever — revelaria o que estaria em questão naquela insistência de Freud: a problemática da *morte* como fundadora do psiquismo e da vida. Em outras palavras, a insistência na metáfora da máquina como arcabouço do aparelho psíquico fundado na escrita evidenciaria como a possibilidade da morte levaria o psiquismo ao imperativo da escrita como forma de afirmação da vida.[111]

---

111. *Ibidem*.

12. Arquivo e mal de arquivo

PROBLEMÁTICA

A intenção primordial deste ensaio é realizar uma leitura das concepções de *arquivo* e de *mal de arquivo*, que foram desenvolvidas por Derrida num longo ensaio intitulado justamente *Mal de arquivo*. Este tem, de maneira sugestiva, como subtítulo, o enunciado "Uma impressão freudiana".[1] Digo sugestiva, porque o dito subtítulo evidencia de imediato a importância da psicanálise e particularmente do discurso freudiano, na economia teórica desse ensaio de Derrida.

Assim, a intenção teórica de Derrida foi colocar em questão o conceito de arquivo, que é fundamental, como se sabe, no campo teórico da *história*, com base no que foi enunciado na psicanálise com os conceitos de inconsciente[2] e de pulsão de morte.[3] Se esses conceitos já tinham sido objeto da leitura acurada daquele em obras anteriores, a saber, "Freud e a cena da escritura"[4] e *Cartão-postal*,[5] o que Derrida empreendeu no ensaio em questão foi a retomada de seu percurso precedente para rea-

---

1. Derrida, J. *Mal d'archive*. Paris, Galilée, 1995.
2. Freud, S. *L'interprétation des rêves* (1900). Paris, Presses Universitaires de France, 1976; *Idem*. "L'inconscient" (1915). In: S. Freud, *Métapsychologie*. *Op. cit.*
3. Freud, S. "Au-delà du principe de plaisir" (1920). In: S. Freud, *Essais de psychanalyse*, Paris, Payot, 1981.
4. Derrida, J. *Freud et la scène de l'écriture*. In: J. Derrida, L. *Écriture e la différence*. *Op. cit.*
5. *Idem. La carte postale. De Sócrates à Freud et au-delà*. Paris, Aubier Flammarion, 1980.

SER JUSTO COM A PSICANÁLISE

lizar a leitura original do texto de Freud intitulado "O homem Moisés e a religião monoteísta".[6]

Para isso, a oposição entre os conceitos de *verdade material* e *verdade histórica*, enunciados por Freud nessa obra tardia, foi o fio de prumo discursivo para que Derrida realizasse a leitura crítica dos textos de Yerushalmi, historiador israelense radicado nos Estados Unidos. Este publicou pelo menos duas grandes obras de referência sobre o judaísmo, a saber, *Zakhor:* História judaica e memória judaica[7] e *O Moisés de Freud:* Judaísmo terminável e interminável.[8] No confronto crítico estabelecido com Yerushalmi, que foi tecido em torno da dupla oposição conceitual, a saber, verdade material/verdade histórica e arquivo/mal de arquivo, a *desconstrução* do conceito de arquivo foi empreendida por Derrida, pela qual se enunciou finalmente um conceito original, o de mal de arquivo.

O ensaio em pauta — publicado inicialmente na França em 1995 e traduzido para o português em 2001[9] — se baseou numa conferência realizada em Londres, em junho de 1994, no colóquio internacional Memory: The question of archives, organizado pela Société Internationale d'Histoire de la Psychiatrie et de la Psychanalyse, pelo Freud Museum e pelo Courtauld Institute of Art.[10] Entretanto, entre a conferência e a sua publicação como ensaio, Derrida modificou o seu título de maneira significativa. O título inicial da conferência era "O conceito de arquivo. Uma impressão freudiana",[11] e foi transformado posteriormente em *Mal de arquivo*, mantendo, contudo, o mesmo subtítulo. A mudança realizada no título evidencia, assim, a proposição fundamental que Derrida

---

6. Freud, S. *L'homme Moïse et la religion monothéiste* (1930). Paris, Gallimard, 1986.

7. Yerushalmi, H. *Zakhor. Jewish History and Jewish Memory.* Washington, Washington University Press, 1982.

8. *Idem. Freud's Moses — Judaism Terminable and Interminable.* New Haven, Yale University Press, 1991.

9. Derrida, J. *Mal de arquivo* Rio de Janeiro: Relume-Dumará, 2001.

10. *Idem. Mal d'archive. Op. cit.*

11. *Ibidem*, p. 10.

ARQUIVO E MAL DE ARQUIVO

pretendeu formular sobre a problemática em pauta, a saber, a crítica sistemática da concepção de arquivo no discurso da história pelo enunciado do conceito de mal de arquivo.

Ao lado disso, desapareceu também a palavra conceito nessa modificação, indicando, portanto, que a leitura crítica do arquivo implicava em uma crítica da leitura do conceito enquanto tal. Como se verá posteriormente, a *desconstrução*, como método e teoria, se desdobra numa crítica do *conceito* propriamente dito, com as consequências que essa formulação implica para o discurso filosófico.

ARQUIVOS SOBRE O MAL

Para empreender a leitura crítica do conceito de arquivo no discurso teórico de Derrida, é preciso, antes de tudo, inscrever essa leitura no contexto histórico em que ela se inscreve. Isso porque o exercício teórico da desconstrução, enquanto prática filosófica, se inscreve no campo da história, no qual os conceitos foram tanto construídos quanto desconstruídos.[12] Isto é, a desconstrução não é um voluntarismo filosófico, mas uma reflexão empreendida pela filosofia com base no que se realiza e se produz efetivamente no campo da história.

Assim, a leitura de Derrida do conceito de arquivo se inscreve inteiramente na contemporaneidade, num contexto histórico marcado pelas múltiplas desconstruções dos *arquivos sobre o mal*. Com efeito, os múltiplos debates sobre o *holocausto* judaico e os horrores promovidos pelo nazismo, passando pela ampla naturalização do *genocídio* na segunda metade do século XX e pela criação do Tribunal Penal Internacional, até a constituição da categoria do *crime contra a humanidade*, foram colocados como questões políticas e éticas da maior relevância no plano internacional. Ainda nesse contexto histórico foi enunciada como discurso político a existência de *Estados fora da lei*, com os desdobramentos militares que isso teve na política intervencionista norte-americana

---

12. *Idem. De la grammatologie.* Paris, Minuit, 1967.

SER JUSTO COM A PSICANÁLISE

empreendida por Bush, assim como se constituiu a problemática do *testemunho*, nos diferentes registros da história, da literatura, da arte e da filosofia. Ao lado disso, o estatuto da *pena de morte* foi bastante criticado, em decorrência do seu incremento nos últimos anos e de sua disseminação no plano internacional, inclusive em países inscritos na tradição do cristianismo. Finalmente, a quebra da categoria política da *soberania*, em decorrência da perda de poder do *Estado-nação* e do seu correlato, isto é, a *mundialização*, trouxe ao primeiro plano do discurso político a ênfase colocada no *cosmopolitismo* e a crítica do antigo ideário político e ideológico do nacionalismo.

Portanto, *Mal de arquivo* deve ser inscrito nesse conjunto mais abrangente, pois fora dele se perde e seu alcance estratégico é silenciado. Da mesma forma, é preciso evocar ainda que a leitura das problemáticas ética e política marcaram incisivamente o percurso teórico de Derrida nos anos que antecederam a sua morte, delineando uma descontinuidade na sua obra. Essa ruptura se realizou no contexto histórico que foi aqui esboçado. Assim, os seus trabalhos teóricos sobre o *perdão*,[13] a *promessa*,[14] a *crueldade*,[15] a *hospitalidade*,[16] os Estados fora da lei[17] e o cosmopolitismo[18] procuraram interpretar as mudanças cruciais e os impasses políticos então em curso.

Assim, o ensaio sobre o *Mal de arquivo* aqui se inscreve, de fato e de direito, onde os conceitos de *história*, de *verdade* e de *poder* foram conjugados com o de arquivo, sendo todos esses declinados na mesma direção crítica. A ousadia teórica de Derrida se formula justamente ao colocar em questão o *suporte*, que não apenas registra os nossos enun-

---

13. *Idem. Spectres de Marx.* Paris, Galilée, 1993; Derrida, J. *Force de loi.* Paris, Galilée, 1994.
14. *Ibidem.*
15. *Idem. États d'âme de la psychanalyse.* Paris, Galilée, 2000.
16. *Idem. De l'hospitalité.* Paris, Calman-Lévy, 1997.
17. *Idem. Voyous.* Paris, Galilée, 2003.
18. *Idem. Cosmopolites de tous les pays, encore un effort!* Paris, Galilée, 1997; Derrida, J. *Le droit à la philosophie du point de vue cosmopolitique.* Paris, Unesco, Verdier, 1997.

ARQUIVO E MAL DE ARQUIVO

ciados, mas também os ordena hierarquicamente nas suas várias séries discursivas, isto é, o arquivo.

A problemática de arquivo não é uma questão qualquer e por assim dizer acidental, mas a questão fundamental que perpassa aquelas diferentes problemáticas, na medida em que a *tradição* se constitui sobre e com o arquivo, pelos arquivamentos promovidos pelo poder e pelo *arconte*.[19] Assim, a tradição enquanto tal não é exterior a isso. Portanto, empreender a leitura crítica do arquivo e propor a sua desconstrução, que já se realiza efetivamente no campo da história contemporânea pela abertura dos múltiplos arquivos sobre o mal, implica não apenas em uma interpretação do passado da tradição ocidental, mas principalmente na sua possível abertura para o futuro. É preciso destacar com toda a ênfase possível que o projeto filosófico da desconstrução implica no questionamento crucial do conceito de arquivo, repito. Estaria justamente aí a ousadia maior, ao mesmo tempo teórica, ética e política, que se enuncia nesse percurso teórico tardio realizado por Derrida.

VERSÃO CLÁSSICA

Digo ousadia por diferentes razões. Antes de tudo, porque, ao colocar em questão a concepção consolidada de arquivo como algo *estático* e *fixo* na sua consistência *ontológica*,[20] isto é, o próprio conceito de arquivo enquanto tal, Derrida pretendeu questionar o que repetidamente enuncia ao longo de seu ensaio, a versão *clássica*[21] do trabalho intelectual presente nos discursos da *historiografia* e da *história*. Com efeito, nessa versão o arquivo seria o conjunto de *documentos* estabelecidos como *positividades*, na sua materialidade, e que seria ainda, na sua pretensa objetividade, o reflexo do que ocorreu de *fato* na experiência histórica.

---

19. *Idem. Mal d'archive. Op. cit.*, pp. 12-13.
20. *Ibidem*, pp. 11-12.
21. *Ibidem*.

SER JUSTO COM A PSICANÁLISE

Portanto, enquanto verdade de fato de uma dada tradição, o arquivo, na sua versão clássica, seria o *monumento* dessa tradição.

Nada seria mais enganoso, até mesmo ilusório e ingênuo, do que acreditar que o arquivo seria constituído por uma massa documental fixa e congelada, tendo no registro do *passado* a sua única referência temporal, sem que os registros do *presente* e do *futuro* estejam efetivamente operantes no processo de arquivamento. Esse engano e essa ilusão querem fazer crer que o arquivo é constituído por documentos patentes, isto é, tudo aquilo que de fato ocorreu de importante no passado estaria efetivamente arquivado sem *rasuras* e sem *lacunas*, ou seja, sem que estivesse em pauta qualquer *esquecimento*.[22]

Nessa suposição clássica, portanto, não existiriam arquivos *virtuais*.[23] Dessa maneira, colocar em questão a concepção clássica de arquivo seria interpelar a oposição teórica, estabelecida pela metafísica aristotélica, entre *potência* e *ato*.[24] Numa outra concepção de arquivo, que criticaria a sua versão clássica, ele teria uma potência efetiva na sua virtualidade e tal potência seria um ato.[25]

Em seguida, a ousadia teórica de Derrida estaria em afirmar que o arquivo seria necessariamente *lacunar* e *sintomático*, isto é, *descontínuo* e perpassado pelo *esquecimento*, em decorrência de sua própria *virtualidade*. Além disso, o arquivo seria perpassado e trabalhado insistentemente pelo *mal de arquivo*. Este não apenas apagaria o arquivo *constituído* na sua positividade patente, mas seria, ainda e fundamentalmente, a condição de possibilidade para que o processo de arquivamento pudesse continuar posteriormente e ser então reiterado ao infinito. Seria a dimensão *constituinte* do arquivo que assim se destacaria pelo enunciado do mal de arquivo. Portanto, a constituição do arquivo implicaria necessariamente no apagamento e no esquecimento de seus traços, condição necessária para sua própria *renovação*.[26]

---

22. *Ibidem*, pp. 24-26 e pp. 49-54.
23. *Ibidem*, pp. 102-107.
24. *Ibidem*.
25. *Ibidem*.
26. *Ibidem*, pp. 23-31.

ARQUIVO E MAL DE ARQUIVO

Tudo isso se desdobra em outra leitura sobre o *tempo*, que seria operante no processo de arquivamento. Esse tempo se realizaria sempre no *presente*, numa temporalidade que se ordena em três direções concomitantes: o presente *passado*, o presente *atual* e o presente *futuro*. A temporalidade no arquivo, nessa tripla direção, configuraria a dimensão da *finitude*, que lhe marcaria necessariamente. Em contrapartida, seria essa mesma finitude que, como condição de possibilidade, delinearia a infinitude do processo de *repetição* do ato arquivante, na medida em que o arquivo enquanto tal implicaria fundamentalmente na perspectiva do futuro e na sua insistente abertura para o *devir*.[27]

Vale dizer, essa leitura crítica do arquivo, na sua versão clássica, pressupõe a totalidade do percurso teórico anterior de Derrida, centrado na desconstrução do filosofema da *presença*, como se verá em seguida, de maneira esquemática.

DIFERENÇA E VONTADE DE VERDADE

Assim, a construção teórica empreendida por Derrida considera a existência de um princípio de *disseminação*,[28] que se inscreve no campo do arquivo e do processo de arquivamento. O que ele pretende dizer com o enunciado de tal princípio? Nada mais nada menos que o signo linguístico, na sua materialidade efetiva, seria internamente *dividido* e *divisível*, pois seria marcado pela *fragmentação* e destinado à condição e ser sempre *fragmentável*. Isso porque aquele seria permeado pelo processo infinito do *diferir* e da produção da *diferença*.[29]

Nessa perspectiva, o *um* e o *uno*, isto é, o *unitário*, implica sempre o *Outro*,[30] nos deslizamentos e deslocamentos infinitos operantes no campo dos signos, de maneira que a operação crítica sobre o dito filo-

---

27. *Ibidem*, pp. 83-102.
28. *Idem. La dissémination*. Paris, Seuil, 1972, p. 392-445.
29. *Idem. J. De la grammatologie. Op. cit.*, pp. 42-108; *Idem. L'écriture et la différence. Op. cit.*; *Idem. Freud et la scène de l'écriture. Op. cit.*, pp. 293-340.
30. *Idem. La dissémination*. Paris, Seuil, 1972, pp. 349-380.

SER JUSTO COM A PSICANÁLISE

sofema da presença se impõe aqui necessariamente na leitura do arquivo que nos é proposta. A crítica deste filosofema se enunciara desde o início do percurso teórico de Derrida, na sua introdução de *A origem da geometria*, de Husserl,[31] mas tomou corpo teórico apenas numa obra posterior, *A voz e o fenômeno*.[32] Esse projeto teórico se desdobrou imediatamente na elaboração de dois livros, *Gramatologia*[33] e *A escritura e a diferença*[34], que delinearam a direção teórica da pesquisa de Derrida.

Assim, nesse projeto de desconstrução, a restauração da dimensão da *escrita* seria fundamental, levando à crítica sistemática da prevalência atribuída aos registros da *voz* e da *fala* na metafísica ocidental, desde Platão[35] e Aristóteles.[36] A escrita foi assim concebida numa dimensão não fonética, constituída por *traços* que a configurariam na sua materialidade. O dito processo de desconstrução começou efetivamente a se realizar no interior da própria tradição da metafísica ocidental, com o privilégio progressivo assumido pelo *texto* no lugar do *livro*, que teria assumido desde Nietzsche a sua viragem histórica no campo da filologia e do discurso filosófico.[37]

Portanto, na crítica que Derrida empreendeu, para a desconstrução sistemática da leitura clássica do arquivo, estariam em questão os discursos da história e da historiografia, assim como as demais ciências afins nas suas *positividades*, como a *filologia*, mas ao que aquele visaria de fato seria algo muito mais abrangente e radical do que isso. Estaria em pauta o próprio estatuto de *conceito*. No que concerne a isso, é preciso evocar e destacar com ênfase que, em múltiplas passagens do seu ensaio sobre o arquivo, Derrida afirmou repetidamente que, *se* não dispomos ainda de um conceito consistente e seguro do que é o arquivo, seria também

---

31. *Idem*. Introduction. In: Husserl, E. *L'origine de la géométrie*. Paris, Presses Universitaires de France, 1962.
32. *Idem*. *La voix et le phénomene*. Paris, Presses Universitaires de France, 1967.
33. *Idem*. *De la grammatologie*. Paris, Minuit, 1967.
34. *Idem*. *L'écriture et la différence*. *Op. cit.*
35. *Idem*. *La pharmacie de Platon*. Paris, Seuil, 1972.
36. *Idem*. *De la grammatologie*. *Op. cit.*
37. *Idem*. *Mal d'archive*. *Op. cit.*, p. 17.

ARQUIVO E MAL DE ARQUIVO

o estatuto do conceito que ficaria, assim, em questão. Derrida desliza de maneira insistente do questionamento do conceito de arquivo para a interpelação, ainda mais radical, do estatuto do conceito em geral.

No entanto, com a colocação em questão do estatuto do *conceito* em geral, o que se interpela é o próprio estatuto da *verdade*. Vale dizer, o que Derrida pretende interpelar, na radicalidade de sua crítica, é o próprio estatuto do discurso filosófico, na medida em que a problemática da verdade se inscreve nos pressupostos desse discurso.

Derrida retoma, à sua maneira e com seus instrumentos teóricos, a interpelação da tradição metafísica do Ocidente na sua pretensa *vontade de verdade*. Esta, com efeito, teria marcado a metafísica desde os seus primórdios na tradição grega, de acordo com a leitura inaugural de Nietzsche sobre isso. Outros filósofos, contemporâneos de Derrida na França, também retomaram as sendas entreabertas pela crítica de Nietzsche à tradição metafísica do Ocidente e à vontade de verdade especificamente, como Foucault. A totalidade do percurso teórico deste foi a sistemática colocação em questão dessa vontade de verdade, que se realizou sobre certas problemáticas cruciais da tradição ocidental desde o Renascimento até a modernidade. Portanto, pela interpelação dos estatutos da *razão*[38] e do *erotismo*,[39] passando pelos estatutos da *morte*,[40] da *linguagem*,[41] da *verdade*[42] e da *punição*,[43] o que estava sempre em pauta para Foucault era o questionamento dessa vontade de verdade.

Assim, numa trama linguageira centrada sempre no diferir e na produção contínua da diferença, a fixidez e a estabilidade ontológica do conceito estariam também em causa nessa formulação radical de Derrida. A instabilidade insistentemente diferencial do signo, no seu permanente diferir e em sua fragmentação, se desdobraria inequivocamente numa abertura do horizonte do discurso para o futuro e para o *devir*.

---

38. Foucault, M. *Histoire de la folie à l'âge classique*. Paris, Gallimard, 1972.
39. *Idem. La volonté de savoir*. Paris, Gallimard, 1976; *Idem. Le souci de soi*. Paris, Gallimard, 1984; *Idem. L'usage de plaisirs*. Paris, Gallimard, 1984.
40. *Idem. Naissance de la clinique*. Paris, Presses Universitaires de France, 1963.
41. *Idem. Les mots et les choses*. Paris, Gallimard, 1966.
42. *Ibidem*.
43. *Idem. Surveiller et punir*. Paris, Gallimard, 1974.

SER JUSTO COM A PSICANÁLISE

Seria justamente isso que Derrida compreendia como o que definiria a especificidade da experiência da história, isto é, como permanente devir, desde a sua crítica inicial ao discurso do estruturalismo de Lévi--Strauss, nos anos 1960.[44]

De todo modo, nessa abertura insistente da linguagem para a temporalidade do futuro e para o devir, a dimensão *metafórica* do discurso, na sua dimensão *poética*, se sobreporia às dimensões do conceito e de verdade, desestabilizando a pretensa fixidez ontológica destes.[45] Portanto, o registro da *ficção* se perfila aqui efetivamente, na trama da discursividade, permeando esta com a dimensão do *espectral*.[46]

Nesse contexto teórico específico a oposição estabelecida no discurso freudiano (enunciada em "Construções em análise" e "O homem Moisés e a religião monoteísta") entre *verdade material* e *verdade histórica* se inscreve no centro desse ensaio de Derrida sobre o estatuto de arquivo. Foi para dizer algo sobre o estatuto teórico da verdade histórica no discurso freudiano, na sua diferença específica com o de verdade material, que o ensaio de Derrida se construiu e se realizou nesse percurso, de múltiplas maneiras, mas nunca de forma direta e frontal. A leitura minuciosa do comentário de Yerushalmi a respeito do ensaio de Freud sobre Moisés ocupa a maior parte do texto de Derrida e é certamente a sua principal cena teórica.

PRINCÍPIOS ONTOLÓGICO E NOMOLÓGICO

Assim, para circunscrever devidamente esse conjunto de proposições e de enunciados, Derrida parte de uma formulação inicial pela qual delineia a problemática do arquivo. Enuncio que ele propriamente delineia a problemática e não o conceito de arquivo, pois pretende destacar

---

44. Derrida, J. *Positions*. Paris: Minuit, 1972, pp. 39-42.
45. *Idem. Mal d'archive. Op. cit.*, p.22-39.
46. *Ibidem*, pp. 81-128.

ARQUIVO E MAL DE ARQUIVO

algumas exigências mínimas para esboçar o que seria um arquivo, tal como foi este estabelecido na tradição ocidental.

Antes de tudo, a palavra arquivo remete para a palavra grega *arkhé*,[47] que é familiar no vocabulário filosófico. Essa palavra condensa dois significados, o de *começo* e o de *comando*. A dificuldade teórica maior estaria em definir *onde* e *quando* começa o arquivo, por um lado, e *quem* comanda o arquivo, pelo outro.

Se o começo remete à dimensão *ontológica* do arquivo, que se constituiria de enunciados de *ordem física e histórica*, o comando alude à dimensão da *lei*, que o regularia. Com isso, a dimensão *nomológica* seria constitutiva do arquivo, na medida em que a *autoridade*, através dos deuses ou através dos homens e da ordem social, delineia a ordem que estabeleceria o arquivo de maneira imperativa. Dessa maneira, o arquivo enquanto tal seria constituído pela articulação de pelo menos três registros: o *cognitivo* (*princípio ontológico*), o *ético* e o *político* (*princípio nomológico*).

Vale dizer, o arquivo seria um conjunto de documentos que remeteriam a diversos *acontecimentos* que ocorreram numa dada ordem social. Porém, tais documentos recobririam os tratamentos prévios de decantação e de classificação, que implicariam no agenciamento realizado pelo poder propriamente dito. Este, na sua autoridade e pela força de que dispõe, indicaria um *lugar* e um *domicílio*[48] para o arquivo, nos quais algo da ordem do *segredo* seria cultuado e preservado. Com isso, o conjunto de documentos seria objeto de uma *consignação*,[49] que classificaria e ordenaria os signos e os enunciados que estariam ali presentes. O que implicaria, portanto, na ação de um agente específico, que seria, ao mesmo tempo, um *guardião* e um *intérprete*[50] do arquivo, isto é, um *arconte*, que exerceria a sua autoridade no espaço da *arkheîon*.[51] Enfim,

---

47. *Idem. Mal d'archive. Op. cit.*, p.11.
48. *Idem. Mal d'archive. Op. cit.*, pp. 12-13.
49. *Ibidem*, p. 14.
50. *Ibidem*, pp. 12-128.
51. *Ibidem*, pp. 39-41.

SER JUSTO COM A PSICANÁLISE

arkhé, *arkheîon* e *arconte* são palavras-chave para a leitura da constituição do arquivo realizada por Derrida.

Na leitura clássica do arquivo, nos sentidos filosófico e histórico do termo, que pretenderam definir uma ciência do arquivo, este teria não apenas um começo *absoluto* e um *momento inaugural* para a sua constituição, mas estaria também centrado no tempo do passado. Portanto, o arquivo teria uma *origem* e se configuraria como experiência de *rememoração*, que seria definida e materialmente realizada pela configuração de uma historiografia de uma dada tradição.[52]

Contudo, para Derrida, o arquivo não se restringiria ao registro da memória, isto é, não seria apenas *mneme* que implicaria somente na *anamnese*, mas seria também da ordem da *hypomnese*.[53] Em outras palavras, o que o arquivo pode conter não está totalmente presente como memória pela sua documentação *patente*. Se fosse esse o caso, bastaria que o sujeito pudesse realizar a sua rememoração. O arquivo não se restringiria à sua verdade material, mas incluiria também a sua verdade histórica, como diria Freud.[54] Esta, portanto, não se encontra apenas no registro patente dos enunciados, isto é, como documento, mas também no registro *latente*. Ou seja, o arquivo não se restringe ao enunciado *constatativo*, mas se desdobra também nos registros do *performativo* e da *enunciação*,[55] como diria a *filosofia analítica da linguagem*, de que Derrida lança mão fartamente nesse ensaio e na sua obra filosófica em geral.

O que o leva a formular, portanto, que é o princípio nomológico do comando que delineia os diversos discursos patentes, os quais constituem o arquivo nos seus enunciados ontológicos, numa temporalidade centrada no presente atual, mas que se articularia necessariamente com o presente futuro e com o presente passado. O intérprete, como arconte, constituiria o arquivo no registro ontológico. Com isso, este perderia a sua fixidez e suposta estabilidade documental, isto é, a sua

---

52. *Ibidem.*
53. *Ibidem*, pp. 25-27.
54. Freud, S. *L'homme Moïse et la religion monothéiste. Op. cit.*
55. Derrida, J. *Mal d'archive. Op. cit.*, p. 11.

ARQUIVO E MAL DE ARQUIVO

pretensa dimensão de fato e de verdade material, para se transformar pela consignação, realizada pelo intérprete, em verdade histórica. Para isso, contudo, o intérprete deveria relançar permanentemente o que se repete no arquivo insistentemente.[56]

Assim, o intérprete, como arquivista fundamental, não deve apenas acolher a *repetição* que insiste no arquivo, mas também relançá-la em direção ao futuro. Essa leitura, constitutiva do próprio arquivo, o direciona para o devir que perpassa também o arquivo enquanto tal. Seria o arquivista/intérprete, enfim, quem constituiria, por tais operações de leitura, a consignação do arquivo em pauta.

PULSÃO DE MORTE, SILÊNCIO E ESQUECIMENTO

Em decorrência desses pressupostos críticos delineados para a constituição de arquivo, o discurso freudiano colocou em questão a concepção clássica sobre o arquivo e colaborou decisivamente para a sua desconstrução filosófica. O que não implica dizer que aquele discurso não tenha também ficado preso em alguns dos pressupostos teóricos da leitura clássica. Isso porque não retirou, com a radicalidade necessária, todas as consequências dos pressupostos teoricamente originais que forjara sobre o arquivo.[57]

Derrida retoma no ensaio em questão, numa outra direção e registros teóricos, o que já esboçara na sua leitura inaugural do discurso freudiano, no ensaio "Freud e a cena da escritura". Se Freud avançara teoricamente na desconstrução do filosofema da presença pela proposição de que o psiquismo seria uma máquina de escrever, por um lado, não deixou, por outro lado, de ficar ainda preso em alguns outros pressupostos desse filosofema, que marcaram a tradição metafísica ocidental.[58] O que se pode destacar efetivamente no discurso freudiano, de todo modo, é a

---

56. *Ibidem*, "Avant-propos".
57. *Ibidem*, pp. 29-32.
58. *Idem*. "Freud et la scène de l'écriture". In: Derrida, J. *L'écriture et la différence. Op. cit.*, pp. 293-295.

SER JUSTO COM A PSICANÁLISE

proposição axial de que, se o inconsciente é uma escrita,[59] esta se constituiria então como um arquivo, de fato e de direito.

Assim, a concepção de que o aparelho psíquico seria permeado por *marcas* e *traços*, disseminados em diferentes *espaços* psíquicos — inconsciente, pré-consciente e consciência, na primeira tópica;[60] isso, eu e supereu, na segunda tópica —,[61] agenciados por diversas operações, tais como *posterioridade*, *recalque* e *repressão*, colocaria radicalmente em questão a dita leitura clássica do arquivo.[62]

Dessa maneira, o arquivo não se constituiria apenas de traços patentes e ostensivos, mas também pelas múltiplas leituras possibilitadas pela condição de posterioridade do intérprete e pela ação das operações do recalque e da repressão, que transformariam o que é patente em latente e virtual. Os traços, enfim, apareceriam de maneira indireta, sob as diversas configurações assumidas pelas formações do inconsciente, a saber, o sintoma, o sonho, o lapso, o ato falho e o chiste.

Além disso, o aparelho psíquico assim esboçado seria ainda permeado por *fantasmas*, que impregnariam os interstícios dos traços psíquicos. Com isso, estes perderiam qualquer veleidade de objetividade e de consistência ontológica, pois os traços seriam atravessados pela *espectralidade*.[63] Assim como os traços, esta espectralidade se inscreve nos interstícios do arquivo, não podendo ser, então, eliminada e colocada entre parênteses na sua leitura. Vale dizer, o arquivo seria uma construção efetivamente espectral, não podendo existir arquivo sem espectralidade, numa ilusão de pura objetividade, nos registros do fato e do documento.

É preciso considerar ainda que o discurso freudiano, com a hipótese da *pulsão de morte*, enunciou que existiria algo no psiquismo que

---

59. *Ibidem*, p. 306-318.
60. Freud, S. *L'interprétation des rêves. Op. cit.*
61. *Idem.* "Le moi et le ça" (1923). In Freud, S. *Essais de psychanalyse.* Paris, Payot, 1981.
62. Derrida, J. "Freud et la scène de l'écriture". In: Derrida, J. *L'écriture et la différence. Op. cit.*, pp. 306-328.
63. *Idem. Mal d'archive. Op. cit.*, pp. 80-128.

ARQUIVO E MAL DE ARQUIVO

apagaria as marcas e os traços deste.[64] Enquanto potência de produção do *silêncio*,[65] a pulsão de morte, enunciada por Freud como *pulsão de destruição*, apagaria as marcas e os traços arquivados. Derrida positiva assim a pulsão de morte como mal de arquivo, pois seria aquela que possibilitaria tanto o *esquecimento* quanto a *renovação* do arquivo pelas novas consignações que seriam a condição de possibilidade de promover novos arquivamentos.[66] Enfim, a pulsão de morte seria denominada por Derrida como *arquiviolítica*, apagando os traços inscritos e possibilitando que novas inscrições pudessem ser realizadas no arquivo.

Assim, nessa formulação radical de Freud, a crítica à leitura clássica do arquivo — que já ocorria na concepção do psiquismo fundado no inconsciente e no enunciado de diferentes lugares psíquicos, regulados pelas operações da posterioridade, do recalque e da repressão — teria atingido o seu apogeu teórico. Com isso, o arquivo seria inevitavelmente marcado na sua materialidade discursiva pelo mal de arquivo, pelo apagamento e esquecimento promovido pela pulsão de morte. Enfim, o mal de arquivo seria necessariamente o Outro lado do arquivo, frente e verso de uma mesma superfície de inscrições, na qual se realizariam as trocas e as circulações discursivas.

ARQUIVO *VERSUS* ARQUEOLOGIA

Apesar de tudo isso, o discurso freudiano não teria se descolado inteiramente dos pressupostos da leitura clássica do arquivo, pois não teria radicalizado inteiramente o enunciado proposto de que o arquivo seria da ordem da metáfora e da ficção, isto é, seria permeado por fantasmas e pelos espectros, que permeariam as suas marcas e traços no processo infinito e insistente de produção do diferir e da diferença.

---

64. *Ibidem*, pp. 23-29.
65. Freud, S. "Au-delà du principe de plaisir". Capítulos 6 e 7, *Op. cit.*
66. Derrida, J. *Mal d'archive. Op. cit.*, pp. 23-29.

SER JUSTO COM A PSICANÁLISE

Por que não? Pela insistência sempre presente, no discurso freudiano, de encontrar algo da ordem do *real* como constitutivo da ordenação dos traços e marcas escriturárias, como se devesse existir ainda algo da ordem da *origem* na construção do psiquismo como arquivo.[67] Vale dizer, o discurso freudiano insistia na pesquisa infinita de uma pretensa *verdade material*, na qual esta estaria subjacente à verdade histórica. Apesar de Freud ter ultrapassado a *teoria inicial do trauma e da sedução*[68] pela formulação da *teoria do fantasma*,[69] quando disse a Fliess que "não acreditava mais na sua neurótica",[70] o discurso freudiano continuou a insistir de maneira oscilante na busca da origem e do estabelecimento de um real, que pudesse ser finalmente o fulcro ordenador das marcas e dos traços psíquicos.[71]

Foi nessa direção crítica que a parte final do ensaio de Derrida se centrou, voltando-se para a leitura realizada por Freud do romance *Gradiva*, de Jensen.[72] Assim, não obstante Freud destacar que era o *desejo de saber* o que orientava de maneira decisiva o pretenso discurso científico do arqueólogo Norbert Hanold, a busca sôfrega de uma impressão originária ainda obcecara Freud nessa sua leitura. A cientificidade do discurso psicanalítico se fundaria, em última instância, numa suposta verdade material e na existência de um real irrefutável.

Isso implica dizer que, se a leitura crítica da concepção clássica do arquivo proposta por Derrida, sublinhando-se aqui o destaque conferido ao mal do arquivo, encontra *ressonâncias* fundamentais no discurso freudiano, não deixa de destacar também a existência de algumas *dissonâncias cruciais*. Estas se condensam decisivamente em torno da ideia de *arqueologia*. Com efeito, se a psicanálise pretendia com Freud per-

---

67. *Idem. Mal d'archive. Op. cit.*, pp. 149-154.
68. Freud, S. *L'étiologie de l'hystérie* (1896). *Op. cit.*
69. *Idem. L'interprétation des rêves* (1900). Capítulos 2 e 7, *op. cit.*
70. *Idem. Lettres a Wilhelm Fliess, Notes et Plans* (1887/1902). *Op. cit.*, p. 190.
71. *Idem.* "Extrait de l'histoire d'une névrose infantile (L'homme aux loups)" (1918). In: Freud, S. *Cinq psychanalyses. Op. cit.*
72. *Idem. Delire et rêves dans la Gradiva de Jensen* (1907). Paris, Presses Universitaires de France, 1971.

ARQUIVO E MAL DE ARQUIVO

manecer ainda no registro da arqueologia, isso se desdobraria inequívoca e necessariamente na busca da origem e da verdade material para as marcas e traços psíquicos, ou seja, na retomada indireta dos pressupostos positivistas presentes nos discursos da história e da historiografia,[73] que estariam justamente aqui colocados na berlinda.

É bastante conhecido que a identificação da psicanálise com o discurso da arqueologia marcou profundamente o discurso freudiano, de seus primórdios até quase o final de seu percurso,[74] encontrando-se ainda presente no *Mal-estar na civilização*. O que estaria em pauta nessa insistência? O imperativo de que algo da ordem do real pudesse fundar o psiquismo como arquivo, de modo que esse arquivo se identificasse com a memória e que pudesse ser inteiramente resgatado pela experiência da rememoração. Diante dessa impossibilidade, Freud enunciou, no final de seu percurso, em "Construções em análise" e *O homem Moisés e a religião monoteísta*, o conceito de verdade histórica em oposição ao de verdade material, destacando a importância da primeira sobre a segunda no campo psíquico. Procurava, mediante o novo conceito, enfim, desistir de encontrar qualquer fundamento real para o processo de compulsão à repetição.

Ricoeur, no seu importante ensaio sobre Freud[75] publicado nos anos 1960, retomou essa preocupação teórica de Freud, identificando a psicanálise com o discurso teórico da arqueologia, enfatizando, assim, a importância tanto da memória quanto da rememoração. Certamente a filiação fenomenológica de Ricoeur (Hegel e Husserl) o marcou nessa leitura, pela pregnância assumida nesta pelo filosofema da presença, de forma a fundar finalmente a psicanálise como uma *arqueologia do sentido*.[76]

Portanto, a crítica de Derrida à preocupação com a arqueologia presente no discurso freudiano explicita a impossibilidade de captura da

---

73. Derrida, J. *Mal d'archive. Op. cit.*, Post-scriptum.
74. Freud, S. *Malaise dans la civilisation* (1930). Paris: Presses Universitaires de France, 1971.
75. Ricoeur, P. *De l'interpretation*: Essais sur Freud. Paris, Seuil, 1965.
76. *Ibidem.*

SER JUSTO COM A PSICANÁLISE

origem e da verdade material, radicalizando a dimensão escriturária e fantasmática do psiquismo. Seria por esse viés, enfim, que o arquivo estaria necessariamente marcado por traços permeados pelos espectros.

DESCONSTRUÇÃO E CONSTRUÇÃO DO COMANDO

Não obstante todas essas ponderações e críticas, não resta qualquer dúvida de que o discurso freudiano teria sido o que mais colaborou para a desconstrução da leitura clássica do arquivo. Não apenas por tudo o que já disse anteriormente, mas também porque, a hipótese da morte do pai da horda primitiva e do seu correlato, qual seja, a da constituição de uma sociedade fraternal[77] (um esboço do que poderia ser efetivamente uma sociedade democrática), colocou radicalmente em questão o princípio *patriarcal* do comando de caráter falocêntrico e multiplicou as instâncias efetivas de comando. O discurso freudiano questionou, assim, a *autoridade* do princípio nomológico do arquivo pela promoção da *arkhé* nomológica da lei.[78]

Nessa perspectiva, toda vez que tal princípio era colocado seria imediatamente repudiado e liquidado, logo em seguida, pelo *parricídio*. Vale dizer, com o enunciado do princípio do *pai morto*, o que se colocava efetivamente em questão era o dito princípio arcôntico da autoridade.[79] Estaria condensada nessa formulação radical, enfim, a colaboração inestimável do discurso freudiano para a desconstrução da leitura clássica do arquivo. No entanto, o homem Freud não conseguiu se desembaraçar de fato do princípio arcôntico da autoridade na sua existência. Tanto na sua vida privada quanto em muitas de suas obras, assim como em diversas de suas teses teóricas e nas suas práticas institucionais, o princípio patriarcal se repunha invariavelmente em seu discurso.[80]

---

77. Freud, S. *Totem et tabou* (1912). Capítulo 4. Paris, Payot, 1975.
78. Derrida, J. *Mal d'archive. Op. cit.*, p. 147-148.
79. *Ibidem.*
80. *Ibidem*, p. 148.

ARQUIVO E MAL DE ARQUIVO

No que concerne a isso, é preciso evocar e sublinhar devidamente o que Freud enunciou em "O homem dos ratos", no qual afirmou, de maneira peremptória, que o princípio do direito patriarcal marcaria um efetivo progresso civilizador da razão. Essa mesma tese foi repetida por ele, com pequenas variações, em "O homem Moisés e a religião monoteísta".

PROMESSA E JUSTIÇA

Na leitura acurada que nos propõe da obra de Yerushalmi sobre Moisés, Derrida esboçou e colocou em prática a maneira pela qual pode ser operante e teoricamente produtiva a sua interpretação do arquivo. Essa leitura ocupa a maior parte de seu ensaio, estando no centro de sua exposição, como já disse anteriormente.

Assim, Yerushalmi,[81] em sua obra O Moisés de Freud: Judaísmo terminável e interminável, se mantém ainda ligado ao modelo clássico do arquivo, principalmente ao contestar a tese central de Freud na sua obra sobre Moisés, de que Moisés teria sido assassinado pelo povo judaico na travessia do deserto. Porque não existia qualquer documentação sobre isso, de maneira que não haveria qualquer fato que pudesse verificar materialmente a formulação de Freud.

Porém, o que Freud nos propôs de mais radical no seu livro – a morte de Moisés, que foi realizada pelo povo judeu – apareceu apenas posteriormente na história, de maneira oblíqua, sob a forma de *sintoma* e de *repetição*. Com efeito, para Freud a morte posterior de Cristo foi a repetição da morte de Moisés. Além disso, a morte de Moisés já seria algo da ordem da repetição, qual seja, a repetição da morte do pai da horda primitiva realizada pelos filhos.[82]

---

81. Yerushalmi, H. *Freud's Moses – Judaism Terminable and Interminable*. New Haven: Yale University Press, 1991.

82. Freud, S. *L'homme Moïse et la religion monothéiste* (1939). *Op. cit.*, terceiro ensaio.

SER JUSTO COM A PSICANÁLISE

Portanto, a marca arquival do assassinato de Moisés se insinua de maneira indireta e sinuosa, como um sintoma e como um mal de arquivo, pois os traços foram apagados no registro patente do documento. No entanto, no registro latente e virtual, os seus traços ainda insistem, sob a dupla forma do retorno do recalcado e da repetição. Em outras palavras, a verdade material do *acontecimento* não existe, no registro do fato como documento, mas a verdade histórica daquele se enuncia de maneira eloquente pelo retorno do recalcado e pela compulsão à repetição.[83] Estaria aqui, enfim, o grande obstáculo teórico que norteia a leitura de Yerushalmi, na leitura clássica que ainda realiza do arquivo como historiador.

Derrida destaca com argúcia o deslocamento realizado por Yerushalmi da leitura clássica do arquivo e a sua aproximação possível de outra leitura deste, a partir do Capítulo "Monólogo com Freud", de *O Moisés de Freud*. Com efeito, Yerushalmi interrogou aqui Freud como um espectro e como um fantasma, num fascinante corpo a corpo discursivo e progressivamente interpelante e desesperador, mas o fantasma de Freud não responde e não pode efetivamente responder aos seus apelos, não apenas porque Freud está morto, mas também porque é analista e, como tal, mantém-se silencioso.[84]

Derrida considera essa parte do livro de Yerushalmi como a mais importante, caracterizando-a como o *umbigo da obra*,[85] numa alusão direta ao *umbigo do sonho*, enunciado por Freud em *A interpretação dos sonhos*. Tudo o que Yerushalmi escrevera anteriormente no livro — isto é, os capítulos eruditos do historiador — seria assim uma mera introdução para esse capítulo final, no qual algo de novo se anuncia e se enuncia fora dos cânones da leitura clássica do arquivo.

Nesse contexto a leitura de Yerushalmi se abre para o horizonte do futuro, para a leitura do arquivo de Moisés como *promessa*, pela qual o conceito de *judeidade* pôde se formular em oposição ao de *judaísmo*,

---

83. Derrida, J. *Mal d'archive. Op. cit.* "Avant-propos".
84. *Ibidem*, p. 82-120.
85. *Ibidem*, p. 82-120.

ARQUIVO E MAL DE ARQUIVO

pela radicalidade de sua interpelação fantasmática e espectral de Freud. Portanto, se o judaísmo seria terminável e com isso o antissemitismo poderia ser efetivamente eliminado da história no tempo futuro, a judeidade, como *ética* da promessa, seria interminável.[86] Yerushalmi promoveria dessa maneira, enfim, a renovação efetiva do arquivo de Moisés e da figura bíblica de Moisés na leitura de Freud.

Assim, da mesma forma que o umbigo do sonho é o que se abre para o desconhecido e para o silêncio, para as bordas do segredo insondável do sonho que não se torna jamais patente como verdade material, no que tange ao arquivo, a sua origem também não seria capturável como verdade material. Podemos percorrê-lo pelas suas múltiplas repetições e pelos infinitos retornos do recalcado, pelos quais a verdade histórica pode se enunciar de maneira indireta e sinuosa, mas sempre de maneira performativa.

Dessa maneira, a ética da promessa como dimensão e horizonte do devir se destaca aqui com eloquência, fundamento daquilo que poderia ser um projeto de *Justiça*. Assim, a leitura crítica do arquivo remete para um *messianismo* sem Messias, isto é, para um processo libertário de Justiça em que não deveria existir qualquer princípio arcôntico de autoridade.[87] Enfim, Derrida retoma nesse ensaio as mesmas formulações que enunciara em outros de seus livros dos anos 1990, quais sejam, *Espectros de Marx*[88] e *Força de lei*.[89]

Por isso, o *umbigo do argumento* do livro de Yerushalmi remeteria à ausência de origem, na qual a verdade material entra efetivamente em estado de *colapso* e de suspensão, e a verdade histórica poderia se enunciar de maneira fulgurante, pela ética da promessa e o ideário messiânico da Justiça.

---

86. Derrida, J. *Mal d'archive. Op. cit.* Capítulos "Avant-propos" e "Thèses".
87. *Ibidem.*
88. *Idem. Spectres de Marx.* Paris, Galilée, 1993.
89. *Idem. Force de loi.* Paris, Galilée, 1994.

13. Signos e excessos
(A clínica em Deleuze)

PREÂMBULO

A psicologia é certamente a última forma do racionalismo: o leitor ocidental espera a palavra final. Desse ponto de vista, a psicanálise relançou as pretensões da razão. Mas, se ela quase não poupou as grandes obras romanescas, nenhum grande romancista de seu tempo chegou a se interessar muito pela psicanálise.[1]

Neste ensaio empreenderemos uma leitura da problemática da clínica em Deleuze. Além de seu interesse por certos autores cruciais da modernidade — como Kant, Hume, Spinoza, Leibniz, Nietszche, Foucault e Bergson, por exemplo —, sabe-se que Deleuze foi buscar na literatura, no cinema, nas artes plásticas, na psiquiatria e na psicanálise certas condições necessárias ao exercício da filosofia. Por isso ele não se contentou em produzir a exegese rigorosa e inventiva de numerosos autores clássicos da história da filosofia, e passou a defender sua prática filosófica no campo de outras práticas discursivas, entre as quais a psiquiatria e a psicanálise.

O significante "clínica" terá, portanto, aqui, um sentido muito preciso, com fronteiras bem delimitadas. A clínica não remete absolutamente às práticas médica e neurológica, mas às clínicas psiquiátrica e psicanalítica, pois são essas as referências clínicas que encontramos na obra de

---

1. Deleuze, G. "Bertleby, ou la formule". In: Deleuze, G. *Critique et clinique*. Paris, Minuit, 1993, p. 104-105.

SER JUSTO COM A PSICANÁLISE

Deleuze. No campo da filosofia contemporânea, sabe-se que Foucault se interessou intensamente por psiquiatria e psicanálise, tendo escrito uma das maiores obras sobre a arqueologia da clínica médica.[2]

É preciso lembrar que Deleuze não realizou sozinho esse sinuoso trajeto clínico. Seu antigo interesse pela psiquiatria e a psicanálise viu-se reforçado pela profunda relação de amizade e colaboração que o ligava a Guattari, com quem escreveu suas obras mais significativas no que concerne a esses dois campos. Como sabemos, Guattari sempre privilegiou a clínica, que ele praticava com verdadeira paixão.

Por isso, *O anti-Édipo*[3] e *Mil platôs*,[4] escritos em parceria com Guattari, talvez condensem o essencial da contribuição deleuziana à questão da clínica. Entretanto, não podemos esquecer os textos escritos apenas por Deleuze, nos quais a problemática da clínica ocupa um lugar crucial e estratégico. Os ensaios que foram reunidos em 1993, sob o título de *Crítica e clínica*,[5] constituem uma contribuição importante de Deleuze sobre essas questões. Entre esses ensaios, alguns são inéditos, outros haviam sido publicados anteriormente em revistas. Se alguns revelam influências provenientes das duas grandes obras escritas com Guattari, outros, em contrapartida, contêm reflexões incontestavelmente originais de Deleuze acerca da clínica.

Da mesma forma, o ensaio de Deleuze sobre Proust, intitulado *Proust e os signos*,[6] revela uma reflexão profunda a respeito da clínica, sobretudo na elaboração da ideia proustiana de *memória involuntária*, em que Deleuze trabalhou a oposição essencial entre *diferença* e *repetição*, para enfatizar a distinção — retomada posteriormente — entre a *repetição do*

---

2. Sobre isso, vide Foucault, M. *Maladie mentale et psychologie*. Paris, Presses Universitaires de France, 1954; *Idem. Naissance de la clinique*: une archéologie du regard médical. Paris, Presses Universitaires de France, 1963; *Idem. Histoire de la folie à l'âge classique*. Paris, Gallimard, 1972; *Idem. La volonté de savoir*. Paris, Gallimard, 1976.
3. Deleuze, G., Guattari, F. *L'anti-Oedipe*. Paris, Minuit, 1972.
4. *Ibidem. Mille Plateaux*. Paris, Minuit, 1980.
5. Deleuze, G. *Critique e clinique*. Paris, Minuit, 1993.
6. *Idem. Marcel Proust et les signes*. Paris, Presses Universitaires de France, 1964.

SIGNOS E EXCESSOS

mesmo e a *repetição diferencial.*[7] Os conceitos de *cópia* e de *simulacro*, igualmente desenvolvidos em *Diferença e repetição* e *Lógica do sentido*,[8] são o objeto de uma nova elaboração, inscrita no registro sensível da escrita literária.

Além disso, a leitura de Sacher-Masoch empreendida por Deleuze no final dos anos 1960[9] revela uma leitura particularmente acurada e original dos grandes temas do masoquismo, marcada por grande finura e originalidade. Essa leitura é reveladora de um imenso saber clínico, e indica de maneira irrefutável, a nosso ver, a irredutibilidade do conceito de pulsão de morte a qualquer tentativa que pretenda recuperá-lo no registro simbólico.

Nos comentários a seguir, apresentaremos um primeiro esboço da *clínica* deleuziana. Iremos nos apoiar nas duas obras — sobretudo *O anti-Édipo* — escritas a quatro mãos com Guattari, mas também nos livros dedicados a Proust e Sacher-Masoch e, enfim, nos ensaios reunidos sob o título de *Crítica e clínica*.

AS SOMBRAS DA HISTÓRIA

Como esse conjunto de textos constitui o campo discursivo do comentário que se segue, é preciso considerar devidamente também o contexto histórico em que Deleuze passou a se interessar pela psiquiatria e pela psicanálise. Acrescentarei que, não podendo realizar aqui uma leitura pormenorizada de cada um desses textos, vou me dedicar à *orientação clínica da leitura* de Deleuze. É nessa perspectiva que empreenderei uma leitura *transversal* desses textos.

A devida consideração da conjuntura histórica na qual Deleuze passou a se interessar pela psiquiatria e pela psicanálise pode tornar mais

---

7. *Idem. Différence et répétition.* Paris, Presses Universitaires de France, 1969.
8. *Idem. Logique du sens.* Paris, Minuit, 1969b.
9. *Idem. Présentation de Sacher-Masoch.* Paris, Minuit, 1967.

SER JUSTO COM A PSICANÁLISE

evidente sua preocupação com a questão da clínica. Com isso, poderemos perceber melhor a inflexão particular dada à *experiência clínica*.

O interesse de Deleuze pela psiquiatria e pela psicanálise se manifestou durante os anos 1960. A primeira de suas obras que dá um grande destaque à teoria da clínica, *O anti-Édipo*, foi publicada no início dos anos 1970. Estamos, então, na França, no auge do pensamento lacaniano, onde a *psicanálise* funciona ainda no domínio da filosofia e das ciências humanas, como um importante saber de referência. É o momento de apoteose do pensamento estruturalista francês, no qual a psicanálise, em sua versão lacaniana, ocupava o lugar estratégico que todos conhecemos.

Mas é preciso igualmente evocar que estamos então em pleno desenvolvimento do movimento francês de *reforma institucional psiquiátrica*, o qual pretendia transformar as estruturas asilares dos hospitais e promover assim a prática da psiquiatria de setor para modernizar o sistema de assistência. Entre os defensores da modernização psiquiátrica, uma oposição importante se fazia presente no campo social. Havia os representantes da "psiquiatria social-democrata", segundo a irônica expressão de Guattari, que propunham uma reforma da assistência pública que implicava na introdução da psicanálise na prática clínica dos hospitais psiquiátricos e nos centros médico-pedagógicos (a psicanálise era a aliada incondicional dos novos instrumentos terapêuticos possibilitados pela psicofarmacologia). Mas existia também outra linha de trabalho institucional cuja orientação era bastante diversa da anterior, na medida em que a crítica da estrutura asilar do dispositivo psiquiátrico se associava a um projeto político. Esse novo projeto tinha uma evidente ambição revolucionária – não podemos nos esquecer de que esse era o contexto de desdobramento do movimento político de maio de 1968.

Assim, a primeira corrente institucionalista estava inscrita no que havia de mais tradicional no campo da psicanálise francesa, mas a segunda corrente, em contrapartida, encontrou no pensamento inaugural de Lacan um de seus fundamentos. De fato, apesar de ter se originado com Tosquelles na Espanha anarquista e republicana do período da guerra civil espanhola, o institucionalismo de esquerda, ao migrar para a França, encontrou no pensamento de Lacan uma de suas referências teóricas fundamentais. O que estava em jogo, no registro específico do

SIGNOS E EXCESSOS

pensamento e da prática institucional psiquiátricos, era, enfim, a oposição entre reforma social e revolução; entre a ideologia do reformismo e a busca de uma ruptura social radical.

A junção do pensamento psicanalítico aos ideais revolucionários dos anos 1960 teve como maiores consequências duas proposições fundamentais, que acabaram por determinar os destinos da esquerda "institucional" nos anos 1970:

1. A crítica sistemática a um modelo de clínica restrita à relação médico-paciente, ou analista-analisante. Nesse contexto, a clínica deveria ultrapassar esse espaço acanhado e limitado, e inscrever-se decididamente no campo social. Essa clínica pretendia, portanto, enraizar-se no campo social, perpassando o conjunto de suas práticas, e não mais se restringindo unicamente ao diálogo personalizado e singular entre o analista e seu analisante;

2. A crítica ao pensamento teórico de Lacan passou a ser feita de maneira sistemática, por ser ele o sustentáculo da concepção limitada da clínica referida. Além disso, não se pode esquecer a posição abertamente conservadora de Lacan diante dos acontecimentos de maio de 1968, que, segundo alguns observadores, teria sido mesmo lamentável. Com efeito, se o discurso teórico de Lacan fora uma das principais alavancas do movimento institucional psiquiátrico francês, em suas origens, a situação havia mudado radicalmente no fim dos anos 1960, na qual ele se tornara então obstáculo.

A consideração desse contexto histórico é, portanto, fundamental para poder compreender a produção teórica de Deleuze sobre a clínica, pois é esse mesmo contexto que explica sua crítica à posição estratégica até então ocupada pela psicanálise nos campos da filosofia e das ciências humanas na França. Convém ainda lembrar que as questões filosóficas subjacentes a essa problemática foram renovadas de tal forma por Deleuze, que a crítica sistemática ao estruturalismo proposta em O anti-Édipo poderá figurar como uma das origens do pensamento pós--estruturalista. Um recomeço filosófico se anuncia aqui, pois, com o que há de mais sombrio nos destinos clínicos da loucura.

SER JUSTO COM A PSICANÁLISE

O ÉDIPO, AS MÁQUINAS DESEJANTES E O CORPO SEM ÓRGÃOS

Nessa perspectiva, o eixo argumentativo de O *anti-Édipo* se constitui a partir da oposição entre a categoria de *máquina desejante* e a figura do *Édipo*, seja este considerado como um complexo (Freud) ou como uma estrutura (Lacan). O deslocamento crucial do Édipo da posição de *complexo* para o de *estrutura* implicou na sua radicalização teórica, ou seja, na sua centralidade para a constituição do sujeito e até mesmo em alçá-lo para uma dimensão quase transcendental. Esta mudança de acento e de posição do Édipo na construção do sujeito encontra-se no fundamento da leitura estruturalista da psicanálise e do famoso "retorno a Freud" realizado por Lacan, desde o início dos anos 1950.[10]

Entre os conceitos de *máquina desejante* e de Édipo, Deleuze e Guattari enunciaram a inscrição da categoria de *corpo sem órgãos* (Artaud), maneira precisa de desalojar o Édipo de sua posição estratégica de centralidade no sujeito e de enunciar outra interpretação possível do conceito de recalque originário,[11] formulado por Freud.[12] Com isso, o conceito de Édipo como estrutura passa a ocupar uma posição secundária na construção do sujeito e na concepção de corpo; como um conjunto de máquinas desejantes, disseminadas e acopladas de maneira anárquica, passa a ocupar a posição fundamental.

Assim, foi através do desenvolvimento do conceito de máquina desejante que Deleuze e Guattari procuraram realizar a *desconstrução* do modelo edípico na psicanálise e enunciar outra leitura possível do conceito do inconsciente, visando para tal ao discurso teórico de Freud, mas principalmente o de Lacan, como indicarei adiante. A finalidade teórica disso tudo é propor as bases do que eles denominaram de uma *psiquiatria materialista*, na qual o materialismo remeteria às problemáticas da *materialidade desejante* e da *história*.[13] Ou seja, deveriam empre-

---

10. Lacan, J. "Fonction et champ de la parole et du langage en psychanalyse" (1953). In: Lacan, J. *Écrits*. Paris, Seuil, 1953.
11. Deleuze, G.; Guattari, F. *L'anti-Oedipe. Op. cit.*, Capítulo 1.
12. Freud, S. "Le refoulement". In: Freud, S. *Métapsychologie*. Paris, Gallimard, 1968.
13. Deleuze, G.; Guattari, F. *L'anti-Oedipe. Op. cit.*, Capítulo 1.

SIGNOS E EXCESSOS

ender com Freud e Lacan aquilo que Marx realizou com o naturalismo de Feuerbach, isto é, inscrever a materialidade desejante no registro da história e arrancá-la definitivamente do registro da natureza.[14]

Desse ponto de vista, poderíamos afirmar que os discursos de Freud e de Lacan são ambos criticados por se restringirem às dimensões individual e familiar, pois não consideram absolutamente o campo social na sua complexidade. O conceito de *fantasma coletivo* oriundo da psicoterapia institucional, enunciado por Oury, é um momento crucial da construção argumentativa, contra a leitura individualista e imaginária do fantasma.[15] Enfim, a releitura dos escritos de Freud sobre o fantasma, particularmente do ensaio "Bate-se numa criança", revela certamente a argúcia crítica dos autores.

Mas principalmente o modelo estruturalista de Lacan e sua concepção do inconsciente estruturado como uma linguagem são visados por essa análise.[16] Isso não quer dizer, é claro, que Freud também não seja atingido pela leitura de Deleuze — o complexo de Édipo é um conceito freudiano, e muitas páginas de *O anti-Édipo* estão centradas numa crítica sistemática de Freud —, mas a crítica se dirige claramente ao pensamento de Lacan. Aliás, foi contra certa apropriação lacaniana de Freud, então hegemônica na França, que *O anti-Édipo* foi escrito. Com isso se elaborou uma nova concepção do inconsciente, em que as *máquinas desejantes* e o *corpo sem órgãos* vêm ocupar as posições fundamentais na leitura do campo da clínica, de modo que as noções de *intensidade* e de *excesso* passam a definir o ser do inconsciente.

Para realizar esta operação teórica, Deleuze e Guattari apoiaram-se explicitamente na teoria das pulsões de Freud. Criticando assim o modelo lacaniano do inconsciente, eles pretenderam conduzir Freud na direção daquilo que denominaram de uma *psiquiatria materialista*. É como se fosse preciso apoiar-se necessariamente no discurso teórico de Freud para criticar o de Lacan e devolver então à psicanálise o que Lacan, na

---

14. *Ibidem.*
15. *Ibidem*, Capítulo 2.
16. Lacan, J. "Fonction et champ de la parole et du langage en psychanalyse". In: Lacan, J. *Écrits. Op. cit.*

SER JUSTO COM A PSICANÁLISE

leitura que ele havia feito dela, havia posto entre parênteses. Contudo, para realizar esta leitura seria preciso radicalizar os enunciados freudianos, indo bem mais longe do que eles. Daí a formulação aparentemente paradoxal de Deleuze e Guattari: ser *freudianos contra Freud*, pois seria necessário e fundamental redimensionar todas as consequências teóricas e políticas que este ignorou na construção do discurso psicanalítico.

O EXCESSO PULSIONAL E A IMPESSOALIDADE SINGULAR

Nesta perspectiva, a ideia de *economia* é fundamental para que se possa apreender a interpretação que está sendo proposta. A economia remete ao mesmo tempo à *economia política* e à *economia pulsional*, que se articulam e mesmo se identificam no registro das máquinas desejantes. Estas duas modalidades do registro econômico são indissociáveis, sendo reenviadas então para os campos social e político. Com isso, o inconsciente fundado nos registros do excesso e da intensidade, modulado pelas máquinas desejantes, seria permeado pela economia.

Porém, é preciso ficar atento ao fato de que a questão das pulsões e o registro econômico da metapsicologia freudiana sempre foram o ponto de maior oposição do discurso teórico de Lacan ao pensamento psicanalítico de Freud. Esta recusa sistemática do ponto de vista econômico, na leitura lacaniana de Freud, definia inicialmente uma perspectiva cientificista para a psicanálise.

Com efeito, desde o início do seu percurso teórico — evoquemos aqui os ensaios "Para além do princípio de realidade",[17] "O estádio do espelho como formador da função do Eu (Je)"[18] e "A agressividade em psicanálise"[19] —, no período de seu pensamento centrado na *tópica do imaginário*, Lacan excluiu de maneira concisa e deliberada o conceito de pulsão e a problemática econômica da metapsicologia de Freud. Entre

---

17. *Idem.* "Au-delà du principe de realité" (1936). In: Lacan, J. *Écrits. Op. cit.*
18. *Idem.* "Le stade du miroir comme formateur de la fonction du Je" (1949). In: Lacan, J. *Écrits. Op. cit.*
19. *Idem.* "L'agressivité en psychanalyse" (1948). In: Lacan, J. *Écrits. Op. cit.*

SIGNOS E EXCESSOS

os anos 1930 e 1940, em que estes textos foram elaborados, estas questões foram trabalhadas pela psicanálise anglo-saxônica em dois registros diferentes, mas certamente complementares, isto é, elas foram pensadas num modelo eminentemente biológico e representadas como o pressuposto para uma teoria da afetividade. Foi justamente isso que Lacan pretendeu excluir da metapsicologia freudiana, para fundamentar teoricamente a especificidade epistemológica da psicanálise.

Em seguida, no novo período de seu percurso teórico, iniciado em 1953, no qual foi dominante a *tópica do simbólico*, a exclusão do registro econômico e do conceito de pulsão da metapsicologia freudiana foi ainda mais radicalizado por Lacan. Seu fascínio pelo modelo linguístico de Saussure o conduziu, pelas sendas abertas pelos discursos teóricos de Lévi-Strauss e de Jacobson, para a formulação do conceito do inconsciente pensado como uma linguagem, excluindo de forma eminente da psicanálise qualquer alusão possível às intensidades pulsionais. Além disso, foi eliminado do inconsciente o conceito de afeto, pois somente existiria o recalque do *representante-representação* da pulsão e não do *representante afetivo*.[20]

Pode-se depreender disso que a problemática da intensidade e o registro econômico da metapsicologia freudiana colocavam problemas insuperáveis para o racionalismo de Lacan, fundado na tradição filosófica de Hegel e incorporado pela via do ensino de Kojève. Com isso, a tese do inconsciente estruturado como uma linguagem e o seu ordenamento lógico representado como uma cadeia de significantes permitiram associar as exigências teóricas advindas do racionalismo e do hegelianismo na direção de uma leitura linguística do *sujeito do inconsciente*. A maior consequência desta leitura foi a concepção não pulsional do inconsciente, em que este foi representado pela lógica da estrutura edipiana. Foi construída assim a superposição entre o modelo linguístico do inconsciente e o modelo do Édipo como estrutura, pela qual a problemática da intensidade foi eminentemente eliminada. Por isso, foi enunciado um

---

20. *Idem*. "Fonction et champ de la parole et du langage en psychanalyse". In: Lacan, J. *Écrits. Op. cit.*

SER JUSTO COM A PSICANÁLISE

conceito inédito de pulsão de morte no qual este se encontraria inscrito no registro simbólico, de forma tal que não existiria mais qualquer alusão ao excesso pulsional e à intensidade. Enfim, a lógica do significante regularia inteiramente a estrutura do sujeito do inconsciente.[21]

Em oposição a isso, Deleuze e Guattari formularam em *O anti-Édipo* que o inconsciente é perpassado pela pulsão de fio a pavio, isto é, que não existiria o inconsciente sem intensidades.[22] Vale dizer, face à formulação teórica de Lacan do inconsciente como *falta*, Deleuze e Guattari enunciaram a tese do inconsciente como *excesso*. Portanto, esta oposição entre o excesso e a falta é fundamental para que se construa um argumento consistente pelo qual se possa fundar outra leitura do sujeito do inconsciente, numa direção bem diferente daquela que foi estabelecida pelo discurso teórico de Lacan.

Desde 1967, na sua obra sobre Sacher-Masoch, Deleuze já insistia nesta diferença crucial que tinha em relação ao discurso psicanalítico de Lacan, sobre o estatuto teórico do inconsciente, pois este seria atravessado pela pulsão. Deleuze nos disse então que seria preciso distinguir novamente entre a "pulsão de morte" e o "instinto de morte", de forma aparentemente paradoxal, no contexto de uma tradição psicanalítica em que o conceito de instinto tinha sido eliminado definitivamente,[23] pela via do ensino de Lacan. Mas isso não quer dizer que Deleuze pretendesse realocar o discurso teórico da biologia na psicanálise, pela introdução surpreendente do significante instinto. Pelo contrário, pela inscrição renovada deste significante, Deleuze tem a intenção teórica de reintroduzir no inconsciente a dimensão pulsional, desarticulando com isso a leitura de Lacan sobre a pulsão de morte, na qual esta estaria definitivamente inscrita no registro simbólico. Portanto, Deleuze realocou a economia pulsional no inconsciente, onde este passa a ser fundamentalmente marcado pelo excesso e pelas intensidades, pela mediação do conceito de máquina desejante.

---

21. *Ibidem.*
22. Deleuze, G. *Présentation de Sacher-Masoch. Op. cit.*
23. Laplanche, J.; Pontalis, J. B. *Vocabulaire de la Psychanalyse.* Paris, Presses Universitaires de France, 1973.

SIGNOS E EXCESSOS

Esta tese foi retomada com radicalidade em O anti-Édipo, desde as suas páginas inaugurais com o enunciado do conceito de máquinas desejantes, que nada mais são que a radicalização ostensiva do conceito de pulsão como força[24] e de pulsão de morte,[25] na metapsicologia freudiana. Neste contexto, a pulsão se enunciou como *desconectiva*, *disjuntiva* e *desconstrutora* de unidades, ao mesmo tempo. Enfim, o conceito de pulsão remeteria à mobilidade e à ruptura das unidades, desconstruindo a concepção do sujeito como unidade.

Assim, se o discurso freudiano é indubitavelmente criticado neste contexto, isso se dá pelas ênfases realizadas negativamente pela leitura de Lacan, isto é, pela lógica da estrutura edípica e não pela ordem da economia das pulsões. Esta é retomada positivamente por Deleuze, que a radicaliza de maneira bem específica quando formula que as máquinas desejantes estão no *campo social* e não se restringem ao registro do indivíduo. Por isso mesmo, Deleuze e Guattari valorizam as categorias da *economia pulsional* de Freud, pois elas lhes permitem remeter efetivamente para o campo da *economia política*: trabalho, investimento, força e intensidade.[26]

A decorrência mais importante disso tudo, para a concepção do sujeito e para o real da experiência clínica, é a distinção entre uma clínica centrada na *pessoalidade* e outra fundada na *singularidade*. Mesmo que Lacan tenha sustentado o seu percurso teórico na crítica sistemática da psicologia do eu norte-americana, após 1953, o que Deleuze e Guattari indicam com precisão é que o Édipo estrutural de Lacan conduz este a uma leitura do sujeito ainda centrada no eu, e não a uma concepção de subjetividade centrada na ideia de singularidade.[27] Esta última se fundaria paradoxalmente no atributo da *impessoalidade*. Portanto, a singularidade seria eminentemente impessoal, pois, do contrário, o sujeito não

---

24. Freud, S. "Pulsions et destins des pulsions" (1915). In: Freud, S. *Métapsychologie*. *Op. cit.*
25. *Idem.* "Au-delà du principe du plaisir" (1920). In: Freud, S. *Essais de Psychanalyse*. *Op. cit.*
26. Deleuze, G.; Guattari, F. *L'Anti-Oedipe*. Capítulo 2. *Op. cit.*
27. *Ibidem.*

SER JUSTO COM A PSICANÁLISE

poderia jamais ser marcado pelo que é singular, ficando ainda ligado ao campo do eu.

Nesta perspectiva, a singularidade implicaria necessariamente na quebra dos limites e das fronteiras do eu, pela quebra do território restrito da individualidade e pela inserção do sujeito em outras territorialidades. Com isso, o sujeito se inscreveria como *singularidade impessoal*, pela sua dispersão inevitável nas diversas máquinas desejantes inscritas no tecido social.[28] Parece-me que esta é a ideia cardinal da clínica para Deleuze, pois, enquanto impessoal, a singularidade não se identifica mais com a concepção de unidade, porque o *um* do traço unário se apagaria definitivamente diante dos registros do *múltiplo* e da dispersão. Por isso, há este aparente paradoxo: o singular, que seria o máximo da pessoalização na tradição da filosofia do sujeito, tende agora para a impessoalidade. Dessa forma, a singularidade, centrada que é no excesso pulsional e na economia das intensidades, pende para o silenciamento da pessoa e do eu.

Por isso mesmo, a figura da esquizofrenia interessa tanto a Deleuze e Guattari, pois não apenas revela a impossibilidade de ser reduzida ao Édipo estrutural e de ser transgeracional, como também indica os impasses do sujeito de querer se tornar singular na impessoalidade. Desta maneira, a esquizofrenia como figura típica da modernidade psiquiátrica é o ponto de apoio estratégico para se pensar num sujeito não inscrito na estrutura do Édipo, pois nos revelaria esta forma fundamental de existência do sujeito que é a impessoalidade singular.

Também não devemos nos esquecer – pois isso está no centro da argumentação em pauta e no seu alvo crítico – que a concepção de Lacan do sujeito se fundou sempre no modelo clínico da *paranoia*.[29] Em contrapartida, para Deleuze e Guattari o sujeito como singular impessoalidade se centra na figura paradigmática da esquizofrenia. Enfim, esta oposição entre as figuras clínicas da paranoia e da esquizofrenia é reveladora do

---

28. *Ibidem.*
29. Lacan, J. "Le stade de miroir comme formateur de la fonction du Je". In: Lacan, J. *Écrits. Op. cit.*

SIGNOS E EXCESSOS

que está em questão nas diferentes leituras sobre a subjetividade em psicanálise.

Assim, a *paranoia* como modelo clínico do sujeito implica na glorificação do eu e da pessoalidade, enquanto, pela fragmentação e pela dispersão, a *esquizofrenia* revela de forma eloquente a problemática da impessoalidade singular. Além disso, o modelo da paranoia e a concepção do sujeito daí decorrente remeteram diretamente Lacan para a categoria da alienação de Hegel, enquanto a singular impessoalidade do sujeito não é mais pensada no registro da alienação. Em contrapartida, Deleuze e Guattari estão bem mais próximos de Marx, jamais de Hegel, como é indicado ao longo de todo *O anti-Édipo*. Com Marx, seria possível pensar a psiquiatria materialista, centrada no inconsciente permeado pelas pulsões e pelas intensidades. Porém, com o racionalismo hegeliano, a materialidade econômica desta psiquiatria seria da ordem do impossível, como se revela claramente na concepção do sujeito em Lacan. A letra do inconsciente é de uma materialidade fosca e evanescente, remetendo assim para uma idealidade platônica.

De todo modo, se ainda é necessário insistir sobre isso, é sempre com Lacan e a concepção linguística do sujeito do inconsciente que Deleuze está dialogando criticamente, para propor uma concepção pulsional do inconsciente como base de uma psiquiatria materialista. No registro estrito da experiência clínica a figura central que se delineia então é a da impessoalidade singular, na qual não há mais lugar para se pensar na velha e usada categoria de alienação.

OS SIGNOS, OS TRAJETOS E AS CARTOGRAFIAS

Esta leitura anterior nos conduz inevitavelmente a retomar a distinção entre a repetição do mesmo e a repetição diferencial, que Deleuze estabelecera em 1964 na sua obra sobre Proust.[30] A repetição diferencial implica no excesso pulsional, que funda a possibilidade da diferença

---

30. Deleuze, G. *Marcel Proust et les signes. Op. cit.*

SER JUSTO COM A PSICANÁLISE

subjetiva e da singularidade. Ou seja, não é possível pensar na existência da impessoalidade singular sem a regulação operatória da repetição diferencial. Nós sabemos que Lacan retomou posteriormente esta distinção de Deleuze para pensar na compulsão de repetição em psicanálise, sublinhando-a nas suas dimensões positiva e negativa. Além disso, Lacan se valeu disso para refletir acerca da experiência transferencial na clínica psicanalítica.

Da mesma forma, os conceitos de *simulacro* e de *cópia* seriam os balizamentos cruciais para que o sujeito pudesse ser representado enquanto impessoalidade singular.[31] Sem a consideração destas categorias, seria impossível chegar nesta concepção de sujeito, pois o simulacro e a cópia remetem, sem se identificarem, à oposição entre a repetição diferencial e a repetição do mesmo. A singularidade impessoal passaria necessariamente pela cadeia de simulacros, pela qual o sujeito poderia aceder à sua condição de diferença irredutível face a qualquer outro sujeito.

Estes comentários anteriores desembocam inequivocamente nos ensaios de Deleuze reunidos em *Crítica e clínica*. Esta obra, na sua diversidade temática e temporal, é uma elaboração renovada da clínica em Deleuze, que o faz ir além das teses formuladas em *O anti-Édipo*. Neste contexto, as formulações da obra inicial com Guattari conduzem Deleuze para caminhos inéditos sobre a clínica e sobre a psiquiatria materialista, nos registros da escritura e da literatura. Nestes campos renovados de pesquisa a leitura pós-estruturalista de Deleuze se configurou de maneira ainda mais nítida e nuançada. Foi sublinhada a oposição relativa entre a *literatura* e a *ciência linguística*, na qual a segunda não poderia dar conta da primeira, pois a literatura contradiria a ciência linguística.[32]

Se esta obra renova a concepção de Deleuze sobre a clínica, isso se deve às novas possibilidades de pensar que para ele se entreabriram na figura do sujeito como singularidade impessoal. A literatura foi o campo privilegiado desta exploração continuada e renovada, pela oferta quase

---

31. *Idem. Logique du sens. Op. cit.*
32. *Idem.* "La littérature et la vie". In: Deleuze, G. *Critique et clinique. Op. cit.*, p. 13.

SIGNOS E EXCESSOS

infinita da multiplicidade de escritas, o seu laboratório preferencial para forjar as novas concepções sobre o sujeito e a clínica. Contudo, enquanto ficção, a literatura se materializa na prática da escritura de tal maneira que entre *escritura* e *ficção* se empreende a tentativa de se pensar no sujeito da diferença, nos simulacros e na singularidade impessoal. É agora neste campo multifacetado que tudo se decide de maneira efetiva, para se enunciar a concepção de clínica em Deleuze e a materialidade da psiquiatria.

Neste contexto, a preocupação inicial de Deleuze foi empreender uma leitura da singularidade impessoal pela análise acurada de obras literárias e da produção delirante. Esta revela os impasses presentes na verdadeira criação literária e por isso é rica de ensinamentos, pois nos indica os obstáculos presentes na criação e nos processos de continuidade da vida. Seriam estes que promoveriam a literatura e a ficção, sendo assim estas um "empreendimento de saúde".[33] Porém, quando os processos de vida são paralisados, como na neurose e na psicose, a criação é interrompida e impedida.[34] Neste sentido, "a enfermidade não é processo, mas parada do processo".[35] Consequentemente, "o escritor enquanto tal não é doente, mas antes médico, médico de si mesmo e do mundo".[36] Vale dizer, com isso, "o mundo é o conjunto de sintomas cuja doença se confunde com o homem".[37]

Portanto, se a produção delirante revela os obstáculos presentes na verdadeira criação literária, o interesse de Deleuze por L. Wolfson, R. Russel e J. L. Brisset indica que encontra nas suas obras um esforço literário eloquente, mesmo que se considere a estranheza provocada por suas escritas.[38] Isso porque é possível encontrar nas suas obras a tentativa

---

33. *Ibidem*, p. 14.
34. *Ibidem*, p. 13.
35. *Ibidem*, p. 14.
36. *Ibidem*.
37. *Ibidem*.
38. Deleuze, G. "Louis Wolfson, ou le procedé". In: Deleuze, G. *Critique et Clinique*. *Op. cit.*

SER JUSTO COM A PSICANÁLISE

de realizar o que Proust afirma em *Contre Sainte-Beuve*, de forma inusitada: "os belos livros são escritos numa espécie de língua estrangeira."[39]

Na verdade, os ensaios de Deleuze reunidos em *Crítica e clínica* são um comentário sistemático e multifacetado desse fragmento de Proust, colocado como epígrafe desta obra. Assim, a escritura supõe a possibilidade de o sujeito constituir uma nova língua e outra linguagem no campo da língua instituída como código vigente e normativo. Seria esta a condição de possibilidade para a constituição das "belas obras", isto é, aquelas que podem ainda nos dizer algo de inédito e de renovado. Para isso, contudo, é preciso escrever "numa espécie de língua estrangeira", desterritorializando a língua instituída, de maneira a poder transformá-la em não familiar e em propriamente estranha.

Nessa perspectiva, a literatura como ficção supõe a fabulação, na qual esta não implica nem em imaginar nem tampouco em projetar um eu (*moi*).[40] A fabulação seria assim a própria potência em ato, o que possibilitaria tornar estrangeira a língua instituída. Desta forma, a escritura pressupõe a decomposição da *língua materna*, mas também "a invenção de uma nova língua na língua, pela emoção da sintaxe".[41] Com isso, Deleuze nos indica que a ficção literária e a escrita são o próprio exercício da *paternidade*, isto é, aquilo que faz ruptura com a língua materna. Enfim, seria justamente isso que estaria implicado na transformação radical do familiar naquilo que é eminentemente estrangeiro.

É ainda Proust que nos revela de maneira eloquente o "ataque" criativo da paternidade sobre a língua materna: "A única maneira de defender a língua é atacá-la".[42] Neste deslocamento para a posição de estrangeiro na relação com a sua própria língua se produziria a inversão do lugar do sujeito, pois o que pode se enunciar então literalmente é a passagem crucial do registro da pessoalidade do eu para o da impessoal singularidade. Enfim, esta diferença se realiza no registro concreto da escrita.

---

39. *Idem*. "Proust et les signus". In: Deleuze, G. *Critique et Clinique. Op. cit.*
40. *Idem*. "La litterature et la vie". In: Deleuze, G. *Critique et Clinique. Op. cit.*, p. 13.
41. *Ibidem*, p. 16.
42. Proust, M. *Correspondance avec Madame Strauss*. Apud: Deleuze, G. "La littérature et la vie". In: Deleuze, G. *Critique et Clinique. Op. cit.*, p. 16.

SIGNOS E EXCESSOS

Por isso, Deleuze evoca Blanchot de forma bem precisa, em *A conversa infinita* e em *A parte do fogo*, quando este afirma que "alguma coisa acontece [aos personagens], da qual eles não são capazes de se reapropriar, a menos que se desapropriarem de seu poder de dizer Eu *(Je)*".[43] Para Blanchot secundado por Deleuze, o sujeito só pode se reassumir como singularidade quando perde provisoriamente seu poder de dizer *eu*.

Por ocasião desse comentário Deleuze irá marcar o sentido da ruptura teórica com o discurso estruturalista: "A literatura parece aqui desmentir a concepção linguística, que encontra nos embreantes, e principalmente nas duas primeiras pessoas, a condição da enunciação".[44] É bastante evidente nestes comentários de Deleuze que é necessária a leitura acurada da literatura como fabulação para que se possa pensar na emergência do sujeito como singular impessoalidade, que está no fundamento de sua concepção de clínica. Assim, a literatura como ficção e fabulação parece desmentir a linguística como ciência, porque a literatura seria inteiramente habitada pelos *fluxos, intensidades* e *afetações*, que transformariam como potência *a língua familiar e materna* em *língua estrangeira*. Enfim, para se retomar como sujeito, este deve se desprender e se desgarrar do registro da pessoalidade do eu.

E mais uma vez Deleuze critica a concepção de Lacan — do inconsciente estruturado como uma linguagem —, que é centrada no estruturalismo linguístico. Enuncia assim uma concepção pulsional do inconsciente, que é *avesso* à *lógica do significante* e que celebra a condição fundante do *signo* na economia do sujeito. Seria então pelo caminho do signo e não do significante que se introduziriam as afetações e as intensidades no sujeito, possibilitando uma leitura pulsional do inconsciente.

Para isso, contudo, o que se deve sublinhar na escrita é o *artigo indefinido*.[45] Pela mediação do artigo indefinido o eu seria desapropriado para que o sujeito pudesse se reapropriar como singularidade impessoal. O artigo indefinido na escrita nos remete para a lógica do signo e não

---

43. Blanchot, M. *La part du feu*; Blanchot, M. *L'entretien infini*. Apud: Deleuze, G. "La littérature et la vie". In: Deleuze, G. *Critique et Clinique. Op. cit.*, p. 13.
44. *Ibidem.*
45. *Ibidem*, p. 12.

SER JUSTO COM A PSICANÁLISE

para a do significante, pois nos reenvia como leitores para algo situado na fronteira e fora da linguagem, isto é, para as visões e as audições não linguageiras.[46] Com isso, a problemática da escritura remete para uma questão do ver e do escutar, como efeitos "de *cores* e de *sonoridades* que se elevam acima das palavras".[47] Enfim, existiria "uma *pintura* e uma *música* próprias à escritura",[48] que remeteriam para a lógica do signo e não para a do significante.

Nesta perspectiva, Deleuze pôde apreciar e revalorizar a categoria de *espaço* na singularidade impessoal e não se restringir à categoria de *tempo*. Com efeito, a categoria de espaço se articula com a lógica do signo. Além disso, a categoria de espaço se desdobra na de *cartografia*, que é fundamental no pensamento filosófico de Deleuze. A experiência do tempo seria relançada então a partir desta ancoragem espacial e cartográfica do signo.

Pelos fluxos e pelas afetações, isto é, pelas pulsões e pelas máquinas desejantes, Deleuze retoma pela espacialidade do signo uma nova potência no dizer e no escrever, na qual se enfatizam as concepções de *trajeto* e de *cartografia*. Assim, no artigo intitulado "O que as crianças dizem", Deleuze nos indica a importância dos trajetos espaciais no percurso clínico do pequeno Hans de Freud e nos relatos clínicos de M. Klein sobre o jovem Richard, que não foram valorizados nem por Freud nem tampouco por M. Klein, preocupados que estavam com as representações presentes nos discursos dos meninos.[49] Nestes termos, os trajetos revelam a circulação dos fluxos e das afetações num espaço bem mais amplo que aquele definido pelo *triângulo* (Freud) ou *quadrilátero* (Lacan) edípico, pois conduziriam o sujeito do registro do espaço para o da temporalidade.

É pela consideração destes comentários que posso reconhecer o encantamento e mesmo o fascínio de Deleuze pela literatura norte-ameri-

---

46. Deleuze, G. "Avant-Propos". In: Deleuze, G. *Critique et Clinique. Op. cit.*
47. *Ibidem*, p. 9. O grifo é meu.
48. *Ibidem*. O grifo é meu.
49. *Idem*. "Ce que les enfants disent". In: Deleuze, G. *Critique et Clinique. Op. cit.*

SIGNOS E EXCESSOS

cana, principalmente Whitman[50] e Melville.[51] O que o seduz neste último é redescobrir a figura da singularidade impessoal em cada um dos personagens de seus livros e nos menores detalhes de seus romances, em que a lógica do signo se desdobra sempre nos seus cortejos musicais, sonoros e pictóricos. Além disso, o impacto das intensidades se revela pela *fragmentação* imanente à narrativa romanesca, marca indelével da cultura norte-americana.

Com efeito, em oposição à tradição europeia marcada pelo universalismo e pela exigência premente de *totalização*, a tradição norte-americana seria permeada pela fragmentação e pela *dispersão*, na qual a totalização, embora almejada como finalidade e mesmo como utopia, não é quase nunca alcançada. A oposição entre a totalização europeia e a dispersão norte-americana se inscreveria também nos registros da organização das concepções de Estado e de nação, isto é, no plano propriamente político, que se amalgamariam, sem fendas, com o registro propriamente da escrita.[52]

É possível assim concluir que a importância da *recepção* do pensamento de Deleuze nos Estados Unidos e no Brasil se deve às dimensões fragmentária e dispersiva de suas respectivas culturas? Se esta formulação for pertinente, é possível enunciar que uma relação de homologia se constituiria entre a filosofia deleuziana e as formas culturais do Novo Mundo?

---

50. *Idem*. "Whitman". In: Deleuze, G. *Critique et Clinique. Op. cit.*
51. *Idem*. "Bartleby, ou la formule". In: Deleuze, G. *Critique et Clinique. Op. cit.*
52. *Idem*. "Whitman". In: Deleuze, G. *Critique et Clinique. Op. cit.*, pp. 75-76.

14. Psicanálise e filosofia política na contemporaneidade (Sobre as categorias de povo, de populismo e de identidade)

PREÂMBULO

A leitura de publicações teóricas recentes indica que existe uma *novidade evidente* em alguns discursos filosóficos da atualidade, nas quais se enunciam teses interessantes e sugestivas para pensar nos "destinos políticos da esquerda no mundo contemporâneo". Contudo, é preciso afirmar que, se essa novidade é evidente, ela é completamente *inesperada*. Não há qualquer dúvida de que entre a evidência patente — que pode ser facilmente verificada pela leitura de alguns textos de certos autores que se destacam na cena filosófica do mundo contemporâneo — e o que se enuncia como inesperado nessa evidência delineia-se o campo da novidade teórica em questão no cenário atual. Qual é a novidade teórica hoje em pauta, afinal de contas? Nada mais nada menos, do que a *posição teoricamente estratégica* que foi conferida e atribuída à *psicanálise* nesses diferentes discursos filosóficos, que conduziram a pensar nas alternativas para as esquerdas hoje. Se essa posição estratégica é efetivamente nova no campo discursivo, numa perspectiva histórica, isso se deve ao silêncio anterior conferido à psicanálise quando o discurso político estava em pauta, principalmente na tradição das esquerdas ao longo do século XX. Neste contexto histórico, a psicanálise era representada como *apolítica*, na melhor das hipóteses, ou como *reacionária* e *conservadora*, na pior das hipóteses. O discurso psicanalítico era figurado como um discurso político e ideológico que representava os interesses sociais da pequena burguesia, não podendo assim se inscrever no ideário político da esquerda.

SER JUSTO COM A PSICANÁLISE

Portanto, uma *inversão* significativa ocorreu na contemporaneidade em relação a isso, que deve ser não apenas registrada, mas também reconhecida em toda a sua eloquência, pois algo de original se delineou na inflexão sobre a psicanálise na contemporaneidade, de forma a torná-la uma referência teórica crucial para a teorização da filosofia política atual.

No que tange a isso, é preciso reconhecer que a inversão em pauta evidencia que estamos em face de um *acontecimento* discursivo,[1] que deve ser pensado devidamente nas suas linhas de força e nas suas linhas de fuga. Ou seja, devemos ficar atentos à constituição desse acontecimento discursivo decisivo, para que possamos apresentá-lo em toda a sua complexidade.

A inversão discursiva em questão pode ser avaliada e aquilatada na leitura da obra intitulada *Contingency, Hegemony, Universality*: Contemporary Dialogues on the Left,[2] composta pelo debate estabelecido entre Judith Butler, Ernesto Laclau e Slavoj Žižek em 2000. Com efeito, a psicanálise foi fartamente evocada como discurso teórico, nos diferentes textos que foram elaborados pelos três autores, numa obra que assume a forma *dialógica*.

É preciso salientar que a *problemática*[3] do *sujeito* foi o ponto de *convergência* entre os diferentes autores no destaque que foi conferido à psicanálise, para pensar o campo da política na contemporaneidade. No comentário que escreveu sobre as "universalidades convergentes", que se inscreve no campo deste diálogo, Judith Butler explicitou este tópico com eloquência.[4]

Portanto, a intenção deste ensaio é pensar nas *condições de possibilidade* desta referência teórica à psicanálise no campo da filosofia política de esquerda na contemporaneidade, na qual se evidencia a importância

---

1. Foucault, M. *Dits et écrits*. Volume IV. Paris, Gallimard, 1994.
2. Butler, J.; Laclau, E.; Žižek, S. *Contingency, Hegemony, Universality*: Contemporary Dialogues on the Left. Londres, Verso Books, 2000.
3. Foucault, M. *Dits et écrits*. Op. cit.
4. Butler, J. "Des universalis concernentes". In: Butler, J.; Laclau, E.; Žižek, S. *Après l'émancipation*: Trois voix pour penser la gauche. Paris, Seuil, 2017.

PSICANÁLISE E FILOSOFIA POLÍTICA NA CONTEMPORANEIDADE

conferida à problemática do sujeito no discurso psicanalítico. Entretanto, as condições de possibilidade em pauta se inscrevem numa temporalidade histórica, de forma que as leituras delas devem se inscrever no campo teórico da *genealogia*,[5] tal como Foucault retomou esse conceito a partir da leitura de Nietzsche sobre a filosofia da história.[6]

UNIVERSAL E PARTICULAR

Parece não existir qualquer dúvida de que estamos confrontados hoje com um novo debate sobre o *universal*, pelo menos na tradição política da esquerda, que procura repensar o argumento teórico do *universalismo* face ao *particularismo* na atualidade. Foi no contexto histórico e teórico deste debate que Balibar passou a propor a existência do universalismo no *plural* e não mais no *singular*, enunciando assim a existência de *universalismos*.[7] É preciso se indagar se a pluralização da categoria do universal transforma as regras discursivas do campo do universal de forma radical, nos lançando em outro recomeço teórico no campo da filosofia política. De todo modo, diferentes autores importantes da tradição política da esquerda se inscreveram decididamente no campo desse debate para repensar o *estatuto teórico* do universalismo, tais como os citados, cuja obra *Contingency, Hegemony, Universality* foi a cena teórica onde esta discussão ocorreu e os argumentos levantados pelos filósofos implicados no calor dos debates continuam vivos na atualidade.

É preciso reconhecer que estamos inseridos hoje numa *situação teórica* de *impasse*, para que possamos pensar o *discurso da política* na sua especificidade, na tradição política da *esquerda* e do *pensamento* propriamente *socialista*. Inicialmente está em pauta o registro teórico do universalismo, como disse anteriormente, tal como esta categoria foi

---

5. Foucault, M. "Nietzsche, la généalogie, l'histoire" (1970). In: Foucault, M. *Dits et écrits. Op. cit.*

6. Nietzsche, F. *Seconde considération intempestive. De l'utilité et de l'inconvénient des études historiques pour la vie.* Paris, Flammarion, 1989.

7. Balibar, E. *Des universels.* Paris, Galilée, 2016.

SER JUSTO COM A PSICANÁLISE

concebida por Marx, em "Contribuição à crítica da filosofia do direito de Hegel".[8] Qual era então o argumento de Marx?

Na formulação clássica de Marx o proletariado seria representante do *universal*, apesar de ser uma classe social *particular* e então marcada pelo *particularismo*, na sua *visão de mundo* e na sua ideologia. Contudo, seria preciso salientar que para Marx a classe operária teria perdido tudo, pois foi inscrita num "escândalo universal" e num "crime notório",[9] no contexto histórico do modo de produção capitalista. Isto é, o proletariado poderia representar assim o universal, pois teria *perdido a sua posição social de particularidade*, no espaço social moderno delineado pelo horizonte histórico do capitalismo.

Contudo, foi a crítica sistemática desse argumento de Marx, que por sua vez foi fundado no conceito de *luta de classes* no modo de produção capitalista, que conduziu posteriormente à impossibilidade e mesmo ao impasse do discurso político de esquerda. Com efeito, no novo contexto social e histórico o proletariado não poderia mais representar o universal, tal como enunciou Marx, na medida em que a classe operária não mais ficaria restrita ao horizonte ideológico do particularismo, pois as coordenadas sociais e políticas se transformaram radicalmente no capitalismo, desde a segunda metade do século XIX.

O argumento clássico de Marx foi criticado por duas ordens de razão. No desenvolvimento histórico posterior do capitalismo, o proletariado não se manteve na mesma posição de poder representar o universal e teria se restringido ao particularismo, por um lado, assim como não obstante se inscrever no discurso teórico de Marx nos registros da *sociedade civil* e da *superestrutura social*, estaria também numa posição de dependência da *infraestrutura* econômica no modo de produção capitalista, pelo outro.

Além disso, destacamos que no impasse e na impossibilidade do discurso político da esquerda na contemporaneidade, para além da polê-

---

8. Marx, K. "Contribution à la critique de la philosophie du droit de Hegel". In: Marx, K. *Critique du droit politique hégélien*. Paris, Sociales, 1975, p. 201-212.
9. *Ibidem.*

PSICANÁLISE E FILOSOFIA POLÍTICA NA CONTEMPORANEIDADE

mica do argumento teórico de Marx, é preciso considerar o colapso social e político do socialismo real, em consequência da derrocada da União Soviética, assim como a expansão espetacular da *sociedade neoliberal* em *escala global* no mundo contemporâneo, pela qual os antigos países pertencentes ao bloco soviético passaram a se inscrever também no campo da *globalização* neoliberal. Ao lado disso, mesmo países que se denominam comunistas, como a China, se inscreveram na lógica neoliberal de produção de riqueza, passando a se regular pelo processo de *mundialização* da economia internacional.

Para tornar mais complexo o campo teórico da leitura do impasse e da impossibilidade do pensamento de esquerda na atualidade, também é preciso evocar que a interpretação *economicista* de Marx, centrada no *determinismo* estrito da infraestrutura econômica sobre a superestrutura política, social e ideológica, foi sistematicamente criticada desde as primeiras décadas do século XX por diferentes teóricos. O que estava em foco nessa crítica era a posição de *relativa autonomia* do registro da superestrutura política e ideológica face à infraestrutura econômica, na medida em que seria no campo específico da política que os embates e antagonismos sociais tomariam corpo e forma.

Portanto, foi em torno da reflexão teórica do campo específico da política, na sua autonomia em relação ao registro estrito da infraestrutura econômica, que os debates contemporâneos para delinear novas alternativas para a esquerda se inscreveram. O que se impôs como problemática crucial foi a indagação sobre a posição do universal no registro específico do campo da política, na sua relativa autonomia.

HEGEMONIA E DEMOCRACIA RADICAL

Como se sabe, na tradição marxista, Gramsci – entre outros autores – se opôs à leitura economicista do pensamento teórico de Marx, desde os anos 1930, para propor outra interpretação do campo da política sem considerar a referência estrita do determinismo econômico e com vistas a pensar esse campo na sua autonomia. Esta posição crítica de Gramsci

SER JUSTO COM A PSICANÁLISE

se enunciou de forma bastante precoce no seu percurso político, quando ainda era prisioneiro do regime fascista e escreveu os célebres *Cadernos do cárcere*.[10]

Nesse contexto histórico Gramsci enunciou o conceito político de *hegemonia* para pensar o registro da política na sua *especificidade* e *autonomia*. Para constituir a hegemonia política seria necessário realizar o trabalho minucioso de tecer *alianças* entre diferentes classes e segmentos sociais, para que avançassem as linhas de força das lutas sociais e políticas no espaço social, que, por sua vez, seria constituído por conflitos violentos e poderosos.[11] Em decorrência disso, para Gramsci a categoria de *vontade* seria crucial para tecer tais linhas de força das alianças e para forjar a hegemonia política, articulando assim as diferentes classes e segmentos sociais.[12] O que implica em dizer que se o argumento da luta de classes, formulado por Marx, não seria descartado nesta leitura, seria, no entanto, relativizado e deslocado do confronto frontal do proletariado com a burguesia. O que importa de forma decisiva na cena política assim reconfigurada é a *posição estratégica* ocupada pela classe operária na tessitura da hegemonia política.

Ernesto Laclau e Chantal Mouffe retomaram o conceito de hegemonia enunciado por Gramsci, em 1985, para formular o conceito de *democracia radical*, na obra intitulada *Hegemony and Socialist Strategy*: Towards a Radical Democratic Politics.[13] Assim, para construir a democracia radical numa perspectiva hegemônica seria necessário desconstruir a tese marxista clássica — a relação estabelecida entre a infraestrutura econômica e a superestrutura ideológica e política, de forma determinista e unívoca —, de qualquer inscrição ontológica.[14] Isso porque o registro estritamente econômico seria sempre político e não poderia ser artificialmente separado dessa característica. Com efeito, o

---

10. Gramsci, A. *Cahiers de prison*. Volumes 2 e 3. Paris, Gallimard, 1978.
11. *Ibidem*.
12. *Ibidem*.
13. Laclau, E.; Mouffe, C. *Hegemony and Socialist Strategy*: Towards a Radical Democratic Politics. Londres e Nova York, Verso, 1985.
14. *Ibidem*.

PSICANÁLISE E FILOSOFIA POLÍTICA NA CONTEMPORANEIDADE

registro da economia seria um dos lugares discursivos da luta política, permeado pelas linhas de força do poder e da resistência, de tal maneira que ele seria um campo penetrado pela indecidibilidade pré-ontológica dos dilemas cruciais do campo político, na sua especificidade.[15]

Desta maneira, para conceber o conceito de democracia radical pelo privilégio outorgado ao registro político na sua autonomia, Laclau e Mouffe retomaram também a tese teórica de Leffort sobre a *invenção democrática*, pois esta seria uma marca fundamental da modernidade política no Ocidente.[16]

Com a queda da *soberania* empreendida pela Revolução Francesa, o poder político se deslocou vertiginosamente do registro *vertical* da soberania absoluta para o registro *horizontal* dos laços sociais, de forma que as ordens política e social foram radicalmente viradas de ponta-cabeça no Ocidente.[17] Em conjunção com esta operação fundamental, o deslocamento em pauta se realizou ainda do polo do *um* (*soberano*) para o do *múltiplo* (*cidadãos*), de maneira a constituir a soberania popular. Em consequência disso, a soberania permaneceu como referência *espectral* no espaço social da modernidade, com as tentativas sempre malogradas de restauração da unidade do poder vertical voltada para a figura da soberania, como ocorreu com o *nazismo, fascismo* e o *stalinismo*, e os confrontos políticos na modernidade ocidental se inscreveram no registro horizontal dos laços sociais.[18] Por este viés, a modernidade política no Ocidente seria marcada fundamentalmente pelo ideário da invenção democrática.[19]

Na retomada que empreenderam da formulação teórica de Leffort, Laclau e Mouffe enunciaram que todas as lutas sociais e políticas ocorridas na modernidade seriam *derivações* do princípio da invenção democrática em outros *domínios* do espaço social: a questão da *raça*, da *etnia*,

---

15. *Ibidem.*
16. Leffort, C. *Essais sur le politique*: XIXe-XXe siècle. Paris, Seuil, 1986.
17. *Ibidem.*
18. *Ibidem.*
19. *Ibidem.*

SER JUSTO COM A PSICANÁLISE

do *sexo*, da *religião* e da *economia*.[20] Portanto, o ideário da invenção democrática se transformou no projeto político da *democracia radical*.[21]

Assim, impõe-se a problemática de como seria possível o deslocamento do registro *particular* destas diferentes *dimensões* de lutas e confrontos para tecer a hegemonia entre estes como figuração do *universal*. Contudo, a construção da dita hegemonia universal suporia a *contingência* como marca imanente do espaço social.[22] Nesta perspectiva, estaríamos lançados de forma vertiginosa na luta e no imperativo da democracia radical, como desdobramento no limite do conceito de invenção democrática de Leffort, no qual o *multiculturalismo* estaria no cerne da cena política contemporânea. Enfim, para que pudesse tecer o imperativo da democracia radical, a construção da hegemonia na contemporaneidade passaria pela tessitura dos diferentes registros sociais do multiculturalismo.

EQUIVALÊNCIA E TRADIÇÃO

Entretanto, para Laclau, a construção da ordem política hegemônica em prol da constituição da democracia radical deve se sustentar no registro *tropológico*, no qual se tecem e se configuram os diferentes *discursos* no espaço social,[23] marcados pelas múltiplas e diversas demandas particulares. Contudo, esses discursos são considerados como *jogos de linguagem*, segundo a concepção enunciada por Wittgenstein, na obra *Investigações filosóficas*.[24] Portanto, a constituição da hegemonia impli-

---

20. Laclau, E.; Mouffe, C. *Hegemony and Socialist Strategy: Towards a Radical Democratic Politics. Op. cit.*
21. *Ibidem.*
22. *Ibidem.*
23. Laclau, E. "Identité et hégémonie. Le rôle de l'universalisme dans la constitution des logiques politiques". In: Butler, J.; Laclau, E.; Žižek, S. *Après l'émancipation. Op. cit.*, pp. 67-117.
24. Wittgenstein, L. *Tractatus logico-philosophicus suivi de Investigations philosophiques* (1922). Paris, Gallimard, 1961.

PSICANÁLISE E FILOSOFIA POLÍTICA NA CONTEMPORANEIDADE

caria na costura estratégica tecida entre tais *demandas particulares*, com vistas à construção de *universais contingentes*.[25]

Para que esta operação estratégica seja possível, seria necessária a *relativização preliminar* dos particularismos das demandas pelo seu *esvaziamento* relativo, para possibilitar a constituição de um discurso hegemônico marcado pela universalidade contingente. Em decorrência deste imperativo teórico e político, Laclau retomou o conceito de *significante vazio*, enunciado inicialmente por Lévi-Strauss na antropologia social e retomado posteriormente por Lacan na psicanálise, para propor a costura dos diferentes discursos particulares enunciados no espaço social para forjar universais contingentes e sempre provisórios, para tornar possível a hegemonia política.[26,27]

Nesta perspectiva, é preciso enunciar que existe uma proximidade teórica entre as proposições de Laclau e Mouffet e a que foi enunciada por Judith Butler, na qual o registro da política se tece em torno de *performances*, sejam esses atos *alocutórios*, sejam *perlocutórios*.[28] Além disso, para Butler a problemática da política se delineia com a finalidade de tornar possível a democracia radical, pela mediação do confronto entre discursos/demandas no espaço social, pela radicalização das *contradições performáticas*.[29] Assim, se a democracia radical deve ser sempre reinventada pela própria mobilidade das demandas no espaço social, o reconhecimento do multiculturalismo contemporâneo se impõe como matéria-prima para a construção do campo da política.[30]

Desta maneira, tanto para Laclau e Mouffe quanto para Butler, a construção da hegemonia política supõe e implica ao mesmo tempo na

---

25 Laclau, E. "Identité et hégémonie. Le rôle de l'universalisme dans la constitution des logiques politiques". In: Butler, J., Laclau, E., Žižek, S. *Après l'émancipation. Op. cit.*

26. *Ibidem.*

27. Laclau, E. *La raison populiste.* Paris, Seuil, 2008.

28. Butler, J. "Remettre en jeu l'universal. L'hégémonie et les limites du formalisme". In: Butler, J.; Laclau, E.; Žižek, S. *Après l'émancipation. Op. cit.*, p. 29-66.

29. *Ibidem.*

30. *Ibidem.*

SER JUSTO COM A PSICANÁLISE

crítica radical da problemática da *identidade*, na medida em que nesta se condensariam as diferentes modalidades de particularismos. Consequentemente, as identidades deveriam ser ultrapassadas na sua dimensão substantiva, com o intuito de privilegiar as *identificações*. Por este viés seria possível a construção sempre contingente e provisória dos universais, que seria assim configurada pela costura realizada pela hegemonia política como resultante deste processo.

Portanto, por esta crítica sistemática da essência e da ontologia da identidade, propõe-se uma formulação sobre o *sujeito*, na qual este é configurado pela via das identificações, que são não apenas *flexíveis*, mas também *múltiplas* e *plurais*. Assim, pela via das identificações o sujeito perderia qualquer marca substantiva, pois seria esvaziado de seus traços particulares.

É preciso evocar ainda, na concepção da hegemonia pela articulação do discurso mediado pelo conceito de significante vazio, em Laclau, o enunciado do conceito de *equivalência*, pois seria pela mediação desta que a superação das demandas particulares poderia ser esvaziada de seus particularismos identitários. Isso possibilitaria, em contrapartida, a construção de universais contingentes, que condensariam a hegemonia.[31]

O mesmo imperativo teórico foi enunciado por Butler, quando formulou a problemática da *tradução* entre as diferentes modalidades de particularismos como condição concreta de possibilidade para a costura entre estes de universais contingentes.[32] Neste contexto, tais particularismos identitários deveriam perder a condição preliminar de universais concorrentes, com vistas à construção de universais contingentes.[33] Laclau, portanto, enunciou de forma pertinente a similaridade entre o conceito de equivalência que formulou com o conceito de tradução enunciado por Butler.[34]

---

31. Laclau, E. *La raison populiste*. *Op. cit.*
32. Butler, J. "Remettre en jeu l'universel. L'hégémonie et les limites du formalisme". In: Butler, J.; Laclau; E., Žižek, S. *Après l'émancipation*. *Op. cit.*
33. *Ibidem*.
34. Laclau, E. "La structure, l'histoire et le politique". In: Butler, J.; Laclau, E., Žižek; S. *Après l'émancipation*. *Op. cit.*, pp. 225-260.

PSICANÁLISE E FILOSOFIA POLÍTICA NA CONTEMPORANEIDADE

Porém, Butler afirma ainda que para a formulação de tal universal contingente, seria necessário considerar não apenas as demandas sociais dos países europeus e dos Estados Unidos, mas também as dos países do terceiro mundo, para que se possa descolar e suspender os *impasses do colonialismo* por considerar apenas as demandas dos países hegemônicos no cenário internacional.[35]

POVO E POPULISMO

Também é preciso colocar em evidência, na leitura de Laclau e Mouffe, que eles enunciaram sobre a categoria de *povo* pela perda de qualquer marca essencialista e substancial que caracterizava a concepção de povo desde o século XIX, assim como qualquer traço identitário. Com efeito, para o projeto teórico de construção política da hegemonia pelo viés da retórica, o universal é sempre contingente, como disse anteriormente, de forma que a categoria de povo deve ser constituída pelo projeto da hegemonia como universal contingente. Assim, essa categoria não se inscreve mais no campo semântico e conceitual da *tradição*, nem tampouco nos corpos conceituais da *nação* e do *nacionalismo*.[36]

Foi em decorrência desta perspectiva crítica e política que Laclau, no livro intitulado *A razão populista*, procurou despojar o conceito de *populismo* de toda marca *negativa*, *construída* pelo discurso da ciência política, para torná-lo não apenas um conceito *positivo*, mas a forma pela qual a prática política poderia como tal ser enunciada, de fato e de direito. Portanto, para Laclau, sem populismo não existiria a política propriamente dita,[37] o que, venhamos e convenhamos, é certamente

---

35. Butler, J. "Remettre en jeu l'universal. L'hégémonie et les limites du formalisme". In: Butler, J.; Laclau, E.; Žižek, S. *Après l'émancipation. Op. cit.*, pp. 29-62.
36. Laclau, E. "Identité et hégémonie. Le rôle de l'universalisme dans la constitution des logiques politiques". In: Butler, J.; Laclau, E., Žižek, S. *Après l'émancipation. Op. cit.*
37. Laclau, E. *La guerre des identités*: Grammaire de l'émancipation. Paris, La Découverte, 2000.

SER JUSTO COM A PSICANÁLISE

uma formulação radical e original. Contudo, não se pode esquecer que as categorias de povo e de populismo remetem sempre a universais contingentes, que foram delineados pelas linhas de força e pelas linhas de fuga da hegemonia.

MULTICULTURALISMO E LUTA DE CLASSES

Não obstante as múltiplas diferenças existentes entre as leituras da política na contemporaneidade, como evidenciam os diversos ensaios que compõem a obra/debate *Após a emancipação*,[38] Laclau e Butler concordam e convergem em questões básicas deste debate. Para ambos o campo da política deve ser considerado pelo viés da *retórica*, assim como as demandas particulares dos diversos grupos e segmentos sociais correlatos evidenciam a existência do *real* social marcado pelo multiculturalismo. Como disse Laclau, se o multiculturalismo evidencia a existência da "guerra das identidades", a construção da hegemonia implica na *superação* desta *guerra identitária*, com vistas a tornar possível a constituição de universais contingentes.[39] Seria então por este viés que se poderia delinear a "gramática da emancipação",[40] no sentido estrito.

Além disso, na obra intitulada *A guerra das identidades*, Laclau criticou sistematicamente o conceito de *luta de classes* de Marx, pela ênfase colocada nesta guerra de diferentes demandas particulares e oriundas todas do campo do multiculturalismo contemporâneo, para construir a "gramática da emancipação".[41] Ou seja, a leitura do campo da política na contemporaneidade passaria necessariamente pela consideração devida do multiculturalismo e não da luta de classes. Enfim, Butler

---

38. Butler, J.; Laclau, E.; Žižek, S. *Après l'émancipation. Op. cit.*
39. Laclau, E. *La guerre des identités. Op. cit.*
40. *Ibidem.*
41. *Ibidem.*

PSICANÁLISE E FILOSOFIA POLÍTICA NA CONTEMPORANEIDADE

concorda com esta formulação de Laclau sobre o multiculturalismo e a crítica da luta de classes na atualidade.

No entanto, Žižek criticou as leituras de Laclau e Butler, no que concerne à luta de classes, destacando a importância deste conceito de Marx para a interpretação do campo da política na contemporaneidade. Assim, apesar de concordar com Butler e Laclau na consideração da retórica para empreender a leitura do registro da política na contemporaneidade, e na da importância do multiculturalismo, não abre mão do argumento da luta de classes.[42]

Como evidencia o título de seu ensaio inicial na obra *Após a emancipação*, Žižek indaga se haveria a *disjunção* efetiva entre o registro de luta de classes e o registro do pós-modernismo, para responder imediatamente, de maneira irônica e provocativa, no subtítulo do artigo para Butler e Laclau: "sim, por favor!"[43]

Com esta ironia provocativa, Žižek introduziu o conceito de luta de classes como pertinente para empreender a leitura do campo da política na atualidade, enunciando a *conjunção* como categoria de luta de classes e a configuração do multiculturalismo pós-moderno. Isto é, seria pelas diversas configurações identitárias, presentes no campo agonístico do multiculturalismo, que a luta de classes tomaria corpo e forma no tempo histórico da contemporaneidade.

No ensaio "A estrutura, a história e a política", Laclau criticou Žižek em termos bastante duros, ao formular que este manejaria os conceitos de luta de classes e de ideologia de forma superficial e tosca.[44] Com efeito, não obstante Žižek evidenciar uma leitura acurada e sofisticada do discurso psicanalítico de Lacan, a sua leitura de Marx sobre os conceitos de luta de classe e de ideologia, em contrapartida, seria pobre e amador.[45] É claro que Žižek responde a Laclau de forma igualmente

---

42. Žižek, S. "'Lutte de classes ou postmodernisme' Ou, s'il vous plait!". In: Butler, J.; Laclau, E.; Žižek, S. *Après l'émancipation. Op. cit.*, pp. 119-171.
43. *Ibidem.*
44. Laclau, E. "La structure, l'histoire et le politique". In: Butler, J.; Laclau, E.; Žižek, S. *Après l'émancipation. Op. cit.*, pp. 225-260.
45. *Ibidem.*

SER JUSTO COM A PSICANÁLISE

cortante, no ensaio intitulado "Da capo senza fine", para restaurar a legitimidade teórica de realizar a conjunção entre os registros da luta de classes e do multiculturalismo, na sociedade pós-moderna.[46]

No entanto, considerando as divergências maiores e menores entre os oponentes deste debate para pensar a política da esquerda na contemporaneidade, o ponto de convergência efetiva de Butler, Laclau e Žižek foi a retomada e a referência do discurso psicanalítico como instrumento teórico para empreender a leitura do campo da política. Além disso, o campo da convergência em pauta se centra ainda na pertinência teórica do conceito do sujeito para realizar a leitura em questão.[47]

PSICANÁLISE REVISITADA

Para desenrolar o fio desta meada, apontarei inicialmente as referências à psicanálise no discurso de Laclau, que enfatizou as pertinências teóricas dos discursos de Freud e Lacan para realizar a leitura do campo político.

Em *A razão populista* Laclau destacou a importância crucial do discurso teórico de Lacan[48] — principalmente os conceitos de *significante*[49] e de *objeto a*[50] como objeto causa do desejo, para enunciar o conceito de *significante vazio*, retomado do discurso teórico de Lévi-Strauss em *As estruturas elementares do parentesco*,[51] para conceber então a construção da hegemonia e da categoria do universal contingente —, e o ponto de partida de sua obra foi o discurso psicanalítico de Freud, em

---

46. Žižek, S. "Da capo senza fine". In: Butler, J.; Laclau, E.; Žižek, S. *Après l'émancipation. Op. cit.*, pp. 261-317.
47. *Ibidem.*
48. Laclau, E. *La raison populiste*. Paris, Seuil, 2008.
49. Lacan, J. "Fonction et champ de la parole et la langage en psychanalyse" (1953). In: Lacan, J. *Écrits*. Paris, Seuil, 1966.
50. *Idem. L'angoisse* (1962-1963). Le Séminaire, livre X. Paris, Seuil, 2010.
51. Lévi-Strauss, C. *Les structures elémentaires de la parente* (1948). Paris, Monton, 1967.

PSICANÁLISE E FILOSOFIA POLÍTICA NA CONTEMPORANEIDADE

particular a leitura que este realizou do campo da política em "Psicologia das massas e análise do eu",[52] ensaio publicado em 1921.

No que tange a isso, Laclau teria realizado *outra* leitura do campo da psicologia das massas, tal como essa foi empreendida numa longa tradição teórica oriunda da segunda metade do século XIX, para evidenciar como a lógica da equivalência já estaria patente no discurso teórico de Freud para evidenciar a construção da figura de líder político.[53] Neste contexto, o conceito de identificação – tecido entre o líder e a massa, assim como entre os componentes da massa pela mediação crucial da figura do líder – era fundamental, descolando então Freud de maneira decisiva de qualquer referência à categoria da identidade.[54]

É preciso reconhecer que estamos face a um *acontecimento* discursivo *inesperado*. Por que inesperado? Porque é surpreendente que o discurso psicanalítico seja considerado como referência teórica importante para pensar o discurso de política, quando nós sabemos que ele foi rejeitado enquanto referência teórica legítima e como instrumento conceitual para pensar o campo da política na sua especificidade durante décadas no século XX.

Além disso, também é inesperado que o discurso psicanalítico tenha sido retomado pelo campo da esquerda na contemporaneidade, quando anteriormente, na modernidade avançada, a psicanálise como discurso teórico foi considerada francamente *apolítica*, na melhor das hipóteses, ou efetivamente *conservadora* e *reacionária*, na pior das hipóteses. É preciso lembrar novamente que a psicanálise foi considerada pelo *stalinismo*, em seus tempos triunfantes, como uma *ideologia da pequena burguesia* que representava interesses sociais opostos aos do proletariado revolucionário.

Ainda sobre esta retomada surpreendente da psicanálise na leitura do campo da política, temos que destacar que Lacan é certamente conside-

---

52. Freud, S. "Psychologie des foules et analyse du moi" (1921). In: Freud, S. *Essais de psychanalyse*. Paris, Payot, 1981.
53. Laclau, E. *La raison populiste. Op. cit.*
54. Freud, S. "Psychologie des foules et analyse du moi" (1921). In: Freud, S. *Essais de psychanalyse. Op. cit.*

SER JUSTO COM A PSICANÁLISE

rado o autor de referência fundamental, tanto por Laclau quanto por Butler e Žižek. Por que Lacan?, devemos nos interrogar. Porque Lacan desenvolveu de forma sistemática o conceito do *discurso* na sua especificidade, nas suas relações com os registros do *gozo*, do *desejo* e da *verdade*,[55] que ocupa uma *posição estratégica* na leitura do campo da política, para Laclau, Butler e Žižek. Assim, foi pelo viés do campo do discurso que a categoria do sujeito foi colocada em evidência pelos três autores no debate em pauta.

No entanto, é preciso enfatizar ainda que a referência teórica à psicanálise não se restringe ao discurso teórico de Lacan, pois Freud é também crucial. Como vimos, Laclau retomou o discurso teórico de Freud, em *A razão populista*, e Butler, por sua vez, retomou Freud em diversas obras, nas quais o campo da política foi colocado em cena, como *Sujeitos do desejo*,[56] publicado em 1985, e *A vida psíquica do poder*,[57] publicado em 1997.

Contudo, é preciso destacar ainda que no campo da recusa geral à psicanálise como discurso teórico pertinente para realizar a leitura do campo da política, na tradição marxista, houve algumas *vozes isoladas* que realizaram a *recepção* teórica do discurso psicanalítico nessa tradição. Evidentemente, tais vozes ficaram isoladas tanto no campo do discurso teórico do marxismo, quanto no campo do discurso teórico da psicanálise. Nos anos 1930, no campo psicanalítico alemão, Reich produziu algumas obras teóricas de referência para pensar na conjunção entre a psicanálise e o marxismo, como *A psicologia de massa do fascismo*[58] e *Escute, Zé-Ninguém*.[59] Em ambas as obras, a leitura de Reich procurava dar conta de como a dominação política do nazismo se realizou na modernidade avançada pelas trilhas da sexualidade da classe operária, para promover a *homogeneização das massas* e implementar

---

55. Lacan, J. *L'envers de la psychanalyse*. Le Séminaire, livre XVII. Paris, Seuil, 2000.
56. Butler, J. *Sujets du désir*: Réflexions hégéliennes en France au XXe siècle (1985). Paris, Presses Universitaires de France, 2000.
57. *La vie psychique du pouvoir* (1997). Paris, Editions Léo Scheer, 2002.
58. Reich, W. *The mass psychology of facism*. Londres, Condor, 1972.
59. *Idem. Listen, little man!* Londres, Condor, 1972.

PSICANÁLISE E FILOSOFIA POLÍTICA NA CONTEMPORANEIDADE

a dita ideologia do nazismo. Com efeito, para Reich o que estava em pauta era a promoção da *sexualidade pré-genital* às expensas da genital no sujeito, para a configuração da ideologia nazista. Além disso, procurou ainda articular meticulosamente os discursos teóricos de Marx e de Freud para analisar os campos da ética e da política, assim como as ideologias do capitalismo no seu projeto político de dominação da classe operária.

Nos anos 1960, na obra intitulada *Eros e civilização*, Marcuse retomou o discurso psicanalítico para pensar as relações entre civilidade e sexualidade, numa leitura eminentemente crítica de Freud, no que concerne a isso, repensando assim o conceito freudiano de sublimação. Contudo, não resta qualquer dúvida de que a referência teórica à psicanálise era crucial na leitura que Marcuse enunciou para pensar a modernidade avançada no Ocidente, colocando na pauta de sua interpretação a constituição de novas relações de trabalho.[60]

Da mesma forma, Adorno retomou o discurso psicanalítico de Freud para analisar as fragmentações subjetivas promovidas ostensivamente pelo modo de produção capitalista, sob a forma da leitura das novas modalidades de experiência de alienação social. Não obstante as suas ironias para com o discurso freudiano, principalmente na obra intitulada *Minima moralia*,[61] Adorno reconhecia a pertinência das leituras desse discurso para analisar os impasses da experiência sublimatória nas formas alienadas de existência social promovidas pelo modo de produção capitalista.[62] Para isso, destacou a importância da teoria das pulsões de Freud, como operador psíquico para as práticas da negatividade realizadas pelo sujeito. Enfim, valorava a leitura teórica de Freud sobre a sociedade, em oposição à leitura da tradição psicanalítica norte-americana, representada pelos autores do discurso teórico sobre *cultura e personalidade*.[63]

---

60. Marcuse, H. *Eros et civilisation*. Paris, Minuit, 1963.
61. Adorno, T.W. *Minima moralia*. São Paulo, Ática, 2000.
62. *Ibidem*.
63. *Idem. La psychanalyse révisée. Suivi de Jacques Le Rider L'allié incomode*. Paris, L'Olivier, 2007.

SER JUSTO COM A PSICANÁLISE

Este primeiro conjunto de vozes foi oriundo da tradição freudiana e marxista alemã, que de diferentes maneiras procurou conjugar os discursos teóricos de Freud e de Marx para empreender a leitura das *formas alienadas da existência* no capitalismo avançado, no qual imperava a *reificação* da existência social em todos os seus níveis de existência e não apenas no registro estritamente econômico (Lukács).[64] Em contrapartida, a tradição marxista francesa passou a retomar positivamente o discurso freudiano apenas nos anos 1960.

Como interpretar esta decalagem histórica existente entre as tradições francesa e alemã sobre o marxismo, no que concerne à consideração teórica do discurso psicanalítico para a leitura do campo da política? Antes de tudo, a partir da influência decisiva da *leitura crítica* e francamente negativa de Politzer no que se refere a isso. Assim, não obstante seu elogio teórico inicial frente à psicanálise – com a intenção de construir o discurso teórico da *psicologia concreta*, apesar das reticências à metapsicologia freudiana, na obra *Crítica aos fundamentos da psicologia*,[65] publicada em 1928 –, com a sua incorporação posterior ao movimento comunista internacional, Politzer criticou fortemente o discurso psicanalítico como instrumento teórico legítimo para realizar a leitura do campo da política. Em decorrência disso, sua leitura crítica em relação à psicanálise marcou negativamente de forma indelével o discurso marxista francês durante algumas décadas.

Somente em 1964, com a publicação do ensaio "Freud e Lacan",[66] Althusser retomou positivamente o discurso psicanalítico no campo da tradição marxista francesa, para analisar a constituição da *subjetividade* nas suas relações com o campo da *ideologia*, no modo da produção capitalista. Em seguida, na obra *Pour Marx*,[67] publicada nos anos 1970, Althusser retomou o conceito freudiano de *sobredeterminação* enuncia-

---

64. Lukács, G. *Histoire et conscience de classe*. Paris, Minuit, 1960.
65. Politzer, G. *Critique des fondements de la psychologie* (1928). Paris, Presses Universitaires de France, 1968.
66. Althusser, L. "Freud et Lacan" (1964). In: Althusser, L. *Positions*. Paris, Sociales, 1976; Althusser, L. Lénine et la philosophie. Paris, Maspero, 1969.
67. *Idem. Pour Marx*. Paris, Maspero, 1973.

PSICANÁLISE E FILOSOFIA POLÍTICA NA CONTEMPORANEIDADE

do em *A interpretação dos sonhos*, para pensar a categoria filosófica de causalidade numa perspectiva estrutural. Além disso, na obra sobre os *aparelhos ideológicos do Estado* — na qual a proximidade teórica com o conceito de hegemonia de Gramsci se encontra presente —, Althusser procurou pensar na constituição do sujeito nas suas relações com a ideologia, de forma que o sujeito foi concebido numa perspectiva eminentemente psicanalítica.[68] Finalmente, o autor procurou pensar nas relações entre os discursos teóricos de Freud e de Marx, que confluiriam pela importância conferida por ambos à problemática do *conflito*, nos campos psíquico e social, respectivamente.[69]

Entretanto, é preciso indagar por que a psicanálise passou a ser retomada positivamente pelo discurso filosófico para pensar no campo da política na atualidade. Nesta retomada, os autores concernidos procuraram articular os registros da *política* e da *ética*, pela mediação dos discursos teóricos de Freud e de Lacan. Como é possível pensar esta retomada inesperada da psicanálise, na tradição da política de esquerda, na contemporaneidade? É o que vou tentar responder em seguida.

DIFERENÇA

Sobre isso, é preciso destacar inicialmente que a consideração teórica tardia do discurso psicanalítico, para pensar o campo da política nas suas relações intrincadas com o campo da ética, se construiu pelo reconhecimento efetivo da problemática da *diferença*. Para enunciar as problemáticas da inovação democrática e da democracia radical foi necessário reconhecer plenamente, como condição preliminar, que o espaço social da contemporaneidade seria marcado nas suas linhas de força e de fuga pelas diferenças. Estas seriam certamente *múltiplas* e *plurais*. Portanto, não resta qualquer dúvida de que a presença eloquente do multicultu-

---

68. *Idem.* "Aparelhos ideológicos do Estado". In: Althusser, L. *Posições 2*, Rio de Janeiro, Graal, 1980.
69. Althusser, L. "Sur Marx et Freud". In: Althusser, L. *Écrits sur la psychanalyse*. Paris, Stock/IMEC, 1993.

SER JUSTO COM A PSICANÁLISE

ralismo na pós-modernidade e das marcas enunciadas no tempo histórico da modernidade avançada foram caracterizadas pelas diferenças nos seus menores detalhes.

Além disso, é preciso reconhecer que os discursos teóricos da pós-modernidade são marcados pela referência permanente à problemática da diferença como correlato do que ocorria no real do campo social. Em decorrência disso, a diferença foi então transformada num conceito fundamental no discurso filosófico, desde os anos 1960 no Ocidente.

Assim, é impossível problematizar o discurso filosófico de Deleuze sem a consideração de tal conceito. Com efeito, tanto em *Diferença e repetição*,[70] publicado em 1968, quanto em *Lógica do sentido* (1969),[71] a problemática da diferença é crucial, assim como nas obras *O anti-Édipo*,[72] de 1972, e *Mil platôs*,[73] de 1980, em colaboração com Guattari. Refiro-me apenas a essas obras porque elas são cruciais para os autores em questão, mas poderia citar todas as demais no que se refere a isso, pois o conceito de diferença ocupa uma posição estratégica no discurso teórico de Deleuze e Guattari.

Além disso, o discurso psicanalítico é crucial nas múltiplas problematizações realizadas por Deleuze e Guattari mesmo quando a psicanálise é duramente criticada, como ocorreu em *O anti-Édipo*. Porém, a intenção crítica é colocar em evidência a dimensão da política existente no discurso psicanalítico, pelo enunciado do conceito de *máquina desejante*,[74] com a finalidade de constituir as condições de possibilidade da *esquizoanálise*.[75] Da mesma forma, foi a ênfase destacada do registro da política que se enunciou no livro de Guattari intitulado *Psicanálise e transversalidade*, publicado em 2003.[76] Enfim, *Apresentação de Sacher-Masoch*,[77]

---

70. Deleuze, G. *Différence et répétition*. Paris, Presses Universitaires de France, 1968.
71. *Idem. Logique du sens*. Paris, Minuit, 1969b.
72. Deleuze, G. Guattari, F. *Mille Plateaux: Capitalisme et schizophrenie 2*. Paris, Minuit, 1980.
73. *Ibidem*.
74. *Idem. L'anti-Oedipe. Op. cit.*
75. *Ibidem*.
76. Guattari, F. *Psychanalyse et transversalité*. Paris, Maspero, 1972.
77. Deleuze, G. *Présentation de Sache-Masoch*. Paris, Minuit, 1967.

PSICANÁLISE E FILOSOFIA POLÍTICA NA CONTEMPORANEIDADE

publicado por Deleuze em 1967, foi uma problematização original dos fundamentos teóricos do discurso freudiano.

No que tange a isso, é preciso destacar ainda como a problemática da diferença foi crucial no percurso teórico de Derrida desde os anos 1960, tendo destacado em múltiplas obras a categoria teórica do *diferir* e formulado incisivamente a problemática da diferença como *différance*. Com efeito, esta problemática original se evidenciou nos livros intitulados *Gramatologia* (1967) e *A escritura e a diferença* (1967). Além disso, é preciso evocar que, na segunda parte de seu percurso teórico, Derrida destacou a importância estratégica do conceito de *différance* para pensar diferentes problemáticas inscritas nos registros ético e político, quando se confrontou com as questões de *hospitalidade*,[78] do *perdão*, da *amizade*[79] e do *arquivo*[80], entre outras.

Nesta série de problemáticas articuladas pelos registros da ética e da política, a questão do arquivo ocupava uma posição estratégica, porque o método filosófico da *desconstrução* se centra no campo teórico do arquivo. Assim, Derrida voltou-se para a existência dos *arquivos sobre o mal*, que permeariam o mundo contemporâneo, pela mediação dos conceitos de arquivo e de *mal de arquivo*.[81]

No entanto, é preciso evocar que Derrida considerou seriamente o discurso psicanalítico como objeto teórico de leitura, não apenas o discurso teórico de Freud, mas também o de Lacan. Assim, no ensaio intitulado "Freud e a cena da escritura", publicado como capítulo do livro *A escritura e a diferença*, Derrida enunciou uma leitura original do discurso freudiano com base nos conceitos de *escrita* e de *"différance"*.[82] Além disso, no ensaio intitulado "Mal de arquivo", publicado em 1995, formulou a releitura original do conceito freudiano de *pulsão de morte*

---

78. Derrida, J.; Dufourmantelle, K. *Of Hospitality*. Califórnia, Stanford University Press, 2000.
79. *Idem. Politiques da l'amitié*. Paris, Galilée, 1994.
80. *Idem. Mal d'archive*. Paris, Galilée, 1995.
81. *Ibidem.*
82. *Idem.* "Freud et la scène de l'écriture". In: Derrida, J. *L'écriture et la différence*. Paris, Seuil, 1967.

SER JUSTO COM A PSICANÁLISE

como condição de possibilidade de apagamento e de reestruturação de arquivo (*Mal de arquivo*).[83] Finalmente, no ensaio *Estados da alma da psicanálise*, publicado em 2000, as condições ética e políticas presentes no discurso psicanalítico na contemporaneidade foram colocadas em pauta, numa conferência realizada em Paris.[84]

Além disso, em *Cartão-postal*, publicado em 1980, Derrida examinou não apenas a constituição do campo da escrita, mas também a sua circulação social e histórica, de forma que, criticando Lacan, enunciou que as mensagens podem se desviar e nem sempre chegar então ao seu destinatário.[85] Foi neste contexto que Derrida analisou criticamente o famoso seminário de Lacan sobre "A carta roubada" baseado na leitura do conto de Edgar Allan Poe.[86]

Assim, podemos afirmar que pelo reconhecimento efetivo da problemática da diferença, como marca eloquente do espaço social na contemporaneidade, o discurso psicanalítico foi positivamente considerado posteriormente pelos autores que procuraram pensar na construção da democracia radical na atualidade. Contudo, é preciso reconhecer ainda que a problemática da diferença foi *apenas uma* das condições de possibilidade para a consideração teórica da psicanálise, e não é, portanto, a única dimensão a ser evidenciada. Enfim, é preciso enunciar que se a ênfase na problemática da diferença na contemporaneidade foi certamente a *condição necessária* para a utilização conceitual da psicanálise para pensar o campo da política na atualidade, não foi, no entanto, a *condição suficiente*.

---

83. *Idem. Mal d'archive. Op. cit.*
84. *Idem. États d'âme de la psychanalyse.* L'impossible au-delà d'une souveraine cruauté. Paris, Galilée, 2000.
85. *Idem. La carte postale. De Sócrates à Freud et au-delà.* Paris, Aubier Flammarion, 1980.
86. *Ibidem*; Lacan, J. *Écrits. Op. cit.*

SUJEITO E SUBJETIVAÇÃO

Assim, a problemática da diferença foi crucial para a retomada positiva da psicanálise na leitura do campo da filosofia política, na medida em que aquela remetia ainda para as problemáticas do *sujeito* e da *subjetivação*, que foram meticulosamente tecidas pelo discurso psicanalítico. Com efeito, seria impossível pensar o campo da política, imantado que este seria por múltiplas diferenças na contemporaneidade, sem destacar a importância correlata do sujeito e da subjetivação, que seriam imanentes nos antagonismos e conflitos presentes no espaço social. Seria então pela mediação dos registros do sujeito e da subjetivação que os particularismos poderiam se enunciar com eloquência, até mesmo tomar efetivamente corpo e forma.

É preciso destacar sobre isso o conceito de *reflexividade, no discurso da sociologia,* formulado por Giddens para pensar o espaço social na modernidade avançada, pelo viés do qual as categorias de sujeito e de subjetivação se inscreveriam de forma positiva na leitura dos campos político e social.[87] Da mesma forma, foi formulado o conceito de *modernidade reflexiva,* por Giddens, Beck e Lash,[88] no qual os registros do sujeito e da subjetivação se inscreveriam decisivamente nas cenas em que se configurariam os conflitos sociais na modernidade avançada.

Além disso, seria impossível ler os múltiplos textos de Butler sobre os *performativos* e as *contingências,*[89] no mundo contemporâneo, sem a referência teórica à reflexividade, na acepção enunciada por Giddens. A partir dele, Butler pôde pensar na existência da *vida psíquica do poder,*[90] na qual o *assujeitamento* do sujeito ao Outro seria crucial para a reflexão acerca da constituição do sujeito enquanto tal. Da mesma forma,

---

87. Giddens, A. *A transformação da intimidade. Sexualidade, amor e erotismo nas sociedades modernas.* São Paulo, Unesp, 1992.
88. Giddens, A.; Beck, U.; Lash, S. *Modernização reflexiva.* Política, tradição e estética na ordem social. São Paulo, Unesp, 1995.
89. Butler, J. *Le pouvoir des mots:* Discours de haine et politique du performatif. Paris, Amsterdã, 2017.
90. *Idem. La vie psychique du pouvoir. Op. cit.*

SER JUSTO COM A PSICANÁLISE

a retomada que Butler realizou da filosofia de Hegel, para pensar os conceitos do sujeito e da subjetivação no registro da retórica, passou ainda pelo destaque conferido para as categorias de *reflexividade* e de *reconhecimento*, na obra *Sujeitos do desejo*.[91]

Não foi por acaso que Foucault, no final de seu percurso teórico, enunciou as problemáticas do sujeito e da subjetivação para articular os imperativos dos registros do *saber* e do *poder*, que já tinha problematizado outrora nas suas pesquisas. Em *A vontade de saber*,[92] publicada em 1976, Foucault enunciou o conceito de sujeito pelo viés da subjetivação; em seguida, nos cursos finais do Collège de France, quando trabalhou os tempos históricos da Antiguidade e do Helenismo, procurou pensar na constituição do sujeito como *si*, sob a forma eloquente das *tecnologias de si*.[93]

É claro que o discurso psicanalítico não era uma referência teórica importante para Foucault pensar no sujeito e na subjetivação, como foi para Butler, Laclau e Žižek. Contudo, faço alusão ao discurso tardio de Foucault sobre o sujeito e a subjetivação para indicar como tais problemáticas foram cruciais para pensar o campo da política na contemporaneidade, na qual as diferenças se impunham com eloquência no espaço social.

Assim, é possível afirmar que se a psicanálise foi considerada como um discurso teórico importante para a leitura do campo da política na contemporaneidade, de forma inesperada, isso apenas se impôs efetivamente pela presença dos conceitos de sujeito e de subjetivação no discurso psicanalítico. Por este viés seria então possível analisar com pertinência o espaço social marcado pelas múltiplas diferenças e pelos particularismos identitários. Enfim, seria possível ainda enunciar as linhas de força e as linhas de fuga para a retomada da psicanálise para pensar o campo da política na contemporaneidade.

---

91. *Idem. Sujets du désir. Op. cit.*
92. Foucault, M. *La volonté du savoir. Op. cit.*
93. *Idem.* "Les tecnologies de soi même". In: Foucault, M. *Dits et écrits*. Volume IV. *Op. cit.*

TRAUMA

É preciso avançar ainda um pouco mais sobre tudo isso, para pensar em outras condições concretas de possibilidade para que a psicanálise fosse considerada como um discurso teórico legítimo para a leitura do campo da política na contemporaneidade, pelo viés das problemáticas da diferença e do sujeito. No que concerne a isso, precisamos destacar a importância assumida pela problemática do *trauma* no mundo contemporâneo, que incidiria sobre o sujeito e os processos de subjetivação, que foi amplamente pesquisada pela psicanálise.

Assim, pode-se enunciar inicialmente que, em um espaço social marcado pelas múltiplas diferenças na contemporaneidade, entre segmentos sociais diversos que sustentam demandas diferentes e até mesmo opostas — daí porque, segundo Laclau, seria necessária a construção da hegemonia para empreender a constituição de universais contingentes para articular assim os discursos sociais antagônicos —,[94] a incidência do *traumatismo* está permanentemente presente em todos os segmentos sociais, principalmente os marcados pela marginalização e exclusão. Portanto, é preciso considerar a condição das mulheres, assim como a da população LGBTQIA+, sem esquecer a presença ostensiva do racismo. Da mesma forma, é preciso colocar em destaque as questões dos imigrantes e dos refugiados, que se impõem hoje no nível internacional como uma questão política urgente e crucial. Estes diferentes segmentos sociais são constituídos por sujeitos nos quais o *trauma* se impõe como uma questão primordial nas suas existências, em algum tempo e em algum contexto. Ou seja, é preciso enfatizar que a *ausência de reconhecimento* e a *exclusão social* correlata que marcam de forma eloquente aqueles segmentos sociais são canteiros mortíferos de obra para a *produção* do trauma e para a sua *disseminação* vertiginosa no mundo contemporâneo.

É possível interpretar que pelo viés do imperativo da problemática do trauma na contemporaneidade o discurso psicanalítico ofereceu

---

94. Laclau, E. *Le raison populiste*. Paris, Seuil, 2008.

SER JUSTO COM A PSICANÁLISE

ferramentas conceituais fundamentais no registro do sujeito e das subjetivações, no registro eminentemente retórico, com Butler, Laclau e Žižek.[95] Nesta perspectiva, ultrapassar os particularismos dos diversos segmentos sociais para construir a hegemonia marcada pelo universal contingente pressupõe o reconhecimento preliminar, entre os diferentes segmentos sociais, no registro das identificações múltiplas. Em decorrência disso, o particularismo identitário poderia ser desconstruído de forma contingente, constituindo as linhas de fuga para o remanejamento das condições humanas no sujeito e nos diferentes segmentos sociais.

É preciso evocar que Deleuze, tanto em *O Anti-Édipo*[96] quanto no "Post-scriptum sobre as sociedades de controle,[97] destacou a importância crucial da *desterritorialização* como marca eloquente no capitalismo contemporâneo. Além disso, é possível afirmar que a desterritorialização é a fonte permanente de traumatismo no mundo contemporâneo, que se enunciaria pela fragmentação disseminada dos sujeitos. Contudo, esta referência de Deleuze à desterritorialização no capitalismo avançado deve ser aproximada da passagem célebre de Marx e Engels, no *Manifesto comunista*, em que estes enunciaram que no capitalismo "tudo que é sólido desmancha no ar", de maneira que os sujeitos e os laços sociais se fragmentariam em larga escala, promovendo então traumatismos de forma disseminada. Porém, no capitalismo contemporâneo, caracterizado pela globalização neoliberal, a dissolução dos laços sociais se radicalizou de maneira mortífera e terrorífica, fazendo os sujeitos e os segmentos sociais se desterritorializarem e se fragmentarem mais ainda. Com isso, o trauma foi promovido de forma permanente, na medida em que a ausência de reconhecimento social se disseminou de forma avassaladora.

---

95. Butler, J.; Laclau, E.; Žižek, S. *Après L'emancipation*. Trois voix pour penser la guache. *Op. cit.*
96. Deleuze, G. *L'anti-Oedipe. Op. cit.*
97. *Idem*. "Post-scriptum sur les sociétes de controle". In: Deleuze, G. *Pourparlers*, 1972-1993. Paris, Minuit, 1990.

PSICANÁLISE E FILOSOFIA POLÍTICA NA CONTEMPORANEIDADE

Também precisamos afirmar que Freud, em "Psicologia das massas e análise do eu", enunciou o conceito de *narcisismo das pequenas diferenças*[98] para caracterizar a sociedade ocidental no tempo imediatamente posterior à Primeira Guerra Mundial, delineando assim as linhas de força presentes na modernidade avançada. Desta maneira, o discurso freudiano enunciava que existia na modernidade avançada a existência de uma *guerra civil* permanente no espaço social, pois nas diferentes escalas do indivíduo, do segmento social e da classe social não existia mais possibilidade de reconhecimento do Outro na sua diferença, de forma que o sujeito, na escola individual e coletiva, não podia aceitar a existência do diferente, de forma que este como *adversário* seria transformado no limite na figura do *inimigo*, impondo-se assim a sua eliminação de forma violenta, pela morte implacável. Enfim, a modernidade avançada seria a fonte permanente de traumatismo, pela violência generalizada engendrada no âmbito da guerra civil que se instituiu no espaço social.[99]

Desta maneira, é possível inscrever as três referências anteriores numa escala histórica da longa duração do capitalismo e da modernidade, de forma que, de Marx a Deleuze, passando por Freud, a descrição da fragmentação subjetiva e da dissolução dos laços sociais foi radicalmente incrementada, tendo como correlato a produção de traumatismos psíquicos disseminados.

Podemos dizer que o discurso psicanalítico enunciou um conceito teórico sobre o sujeito no qual este seria marcado pelo traumatismo e pela fragmentação psíquica, na medida em que aquele foi concebido no campo dos laços sociais e dos rituais de reconhecimento, que seria o oposto do modelo solipsista e autônomo do sujeito enunciado desde o século XIX, no Ocidente. A leitura do sujeito enunciada pela psicanálise seria similar à que foi retomada pelo discurso filosófico contemporâneo, que pretende pensar o campo da política, seria então o oposto deste modelo teórico do sujeito.

---

98. Freud, S. "Psychologie des foules et analyse du moi" (1921). In: Freud, S. *Essais de psychanalyse.* Paris, Payot, 1981.
99. Butler, J.; Laclau, E.; Žižek, S. *Après L'emancipation. Op. cit.*

SER JUSTO COM A PSICANÁLISE

Em decorrência disso, portanto, em conjunção com a existência de uma ordem social contemporânea marcada pelas diferenças e pelas oposições sociais radicalizadas, o discurso psicanalítico foi incorporado positivamente pela filosofia política, por oferecer subsídios teóricos cruciais para pensar o campo da política na atualidade. Neste contexto, os conceitos de sujeito e de subjetivação enunciados no discurso psicanalítico foram as mediações teóricas entre a existência de uma ordem social marcada pela diferença e pela incidência do trauma em larga escala, como indicador eloquente das desterritorializações presentes na contemporaneidade.

Bibliografia

Adorno, T.W. *Minima moralia*. São Paulo, Ática, 2000.

_____. *La psychanalyse révisée suivi de Jacques Le Rider L'allié incomode*. Paris, L'Olivier, 2007.

Althusser, L. *Pour Marx*. Paris, Maspero, 1965.

_____. *Lenine et la philosophie*. Paris, Maspero, 1969.

_____. *Lênin e a filosofia*. Lisboa, Presença, 1970.

_____. *Positions*. Paris, Sociales, 1976.

_____. *Posições 2*. Rio de Janeiro, Graal, 1980.

_____. *Écrits sur la psychanalyse*. Paris, Stock e IMEC, 1993.

_____. *Psychanalyse et sciences humaines*. Paris, Le Libre de Poche, 1996.

Althusser, L.; Balibar, E. *Lire le Capital*. Paris, Maspero, 1967.

Aristóteles. *Poétique*. Paris, Le livre de Poche (Classiques de Poche), 1990.

Assoun, P.L. *Introduction à l'Épistémologie Freudienne*. Paris, Payot, 1981.

Avtonomova, N.; Badiou, A.; Baudry, F.; Borch-Jacobsen, M.; Conté, C.; Deguy, M.; Derrida, J.; Doumit, E.; Duroux, F.; Forbes, J.; Goux, J.J.; Granel, G.; Guyomard, P.; Henry, P.; Jambet, P.; Lacque-Labarthe, P.; Lavalle, P.; Le Gauffey, G.; Loparic, A.; Loraux, N.; Macherey, P.; Major, R.; Melville, S.; Milner, J.C.; Nancy, J. L.; Ogilvie, B.; Richardson, W.; Rogozinski, J.; Roudinesco, E.; Terzian, P.A.; Vappereau, J.M.; Viderman, S.; Weber, S. *Lacan avec les philosophes*. Paris, Albin Michel, 1991.

Bachelard, G. *O novo espírito científico* (1934). Rio de Janeiro, Tempo Brasileiro, 1968.

_____. *L'Engagement Rationaliste*. Paris, Presses Universitaires de France, 1972.

_____. *La Formation de l'Esprit Scientifique*. Paris, Vrin, 1975. Badiou, A. *Lacan et l'anti-philosophie*. Paris, Seuil, 2012.

Balibar, E. *Des universels*. Paris, Galilée, 2016.

Balmès, F. *Ce que Lacan dit de l'être* (1953-1960). Paris, Presses Universitaires de France, 1989.

Benjamim, W. *Magia e técnica, arte e política*. Obras Escolhidas. Volume 1. São Paulo, Brasiliense, 1986, 2ª edição.

_____. "Critique de la violence" (1921). In: Benjamin, W. *Oeuvres*. Volume I. Paris, Gallimard (Folio), 2000.

Birman, J. *Enfermidade e Loucura*. Sobre a medicina das inter-relações. Rio de Janeiro, Campus, 1980.

_____. *Freud e a interpretação psicanalítica*. Rio de Janeiro, Relume Dumará, 1988.

_____. *Freud e a experiência psicanalítica*. Rio de Janeiro, Taurus-Timbre, 1989.

_____. "A filosofia e o discurso freudiano. Hyppolite, leitor de Freud" (Introdução). In: Hyppolite, J. *Ensaios de Psicanálise e Filosofia*. Rio de Janeiro, Taurus-Timbre, 1989.

_____. *Psicanálise, ciência e cultura*. Rio de Janeiro, Zahar, 1994.

_____. *Estilo e modernidade em psicanálise*. São Paulo, Editora 34, 1997.

_____. *Foucault et la psychanalyse*. Lyon, Paragon e Vs, 2007.

_____. "Laços e desenlaces na contemporaneidade". *Jornal de Psicanálise*. Volume 40, número 72. São Paulo, Instituto de Psicanálise – SBPSP, 2007, pp. 47-73.

_____. "A reconstrução do discurso psicanalítico. Ferenczi e Lacan". *Tempo Psicanalítico*. Volume 41, número 2. Rio de Janeiro, SPID, 2009. Blanchot, M. *La part du feu*. Paris, Gallimard, 1949.

_____. *L'entretien infini*. Paris, Gallimard, 1969.

Braudel, F. *Escritos sobre a História*. São Paulo, Perspectiva, 1978.

Breuer, J.; Freud, S. *Études sur l'Hystérie*. Paris, Presses Universitaires de France, 1971.

Bruno, P. *Lacan, Passeur de Marx*. L'invention du symptôme. Paris, Érès, 2010.

Burke, E. *Recherche philosophique sur l'origine des nos idées du sublime et du beau* (1757). Paris, Vrim, 1990.

Butler, J. *Sujets du désir*: Réflexions hégéliennes en France au XXe siècle (1985). Paris, Presses Universitaires de France, 2000.

_____. *La vie psychique du pouvoir* (1997). Paris, Editions Léo Scheer, 2002.

_____. *Le pouvoir des mots*: Discours de haine et politique du performatif. Paris, Amsterdam, 2017.

Butler, J.; Laclau, E.; Žižek, S. *Contingency Hegemony, Universality*: Contemporary Dialogues on the Left. Londres, Verso Books, 2000.

_____. *Après l'émancipation*: Trois voix pour penser la gauche. Paris, Seuil, 2017.

Canguilhem, G. *La formation du Concept de Reflexe aux XVIIe et XVIIIe siècles*. Paris, Presses Universitaires de France, 1955.

_____. *Études d'histoire et de philosophie de la science*. Paris, Vrin, 1968.

Clausewitz, C. *Da Guerra*. São Paulo, Martins Fontes, 1996.

Dalbiez, R. *La Méthode Psychanalytique et la Doctrine Freudienne*. Volumes I e II. Paris, Desclée de Brouwer, 1936.

Deleuze, G. *Présentation de Sacher-Masoch*. Paris, Minuit, 1967.

BIBLIOGRAFIA

_____. *Critique et clinique*. Paris, Minuit, 1993.

_____. *Différence et répétition*. Paris, Presses Universitaires de France, 1969.

_____. *Logique du sens*. Paris, Minuit, 1969.

_____. *Marcel Proust et les signes*. Paris, Presses Universitaires de France, 1964.

_____. *Pourparlers*, 1972-1993. Paris, Minuit, 1990.

Deleuze, G.; Guattari, F. *L'anti-Oedipe:* Capitalisme et schizophrenie 1. Paris, Minuit, 1972.

_____. *Mille Plateaux:* Capitalisme et schizophrenie 2. Paris, Minuit, 1980.

Derrida, J. Introduction. In: Husserl, E. *L'origine de la géométrie*. Paris, Presses Universitaires de France, 1962.

_____. *De la grammatologie*. Paris, Minuit, 1967.

_____. *La voix et le phénomene*. Paris: Presses Universitaires de France, 1967.

_____. *L'écriture et la différence*. Paris, Seuil, 1967.

_____. *La dissémination*. Paris, Seuil, 1972.

_____. *Positions*. Paris, Minuit, 1972.

_____. *La carte postale, de Sócrates à Freud et au-delà*. Paris, Aubier Flammarion, 1980.

_____. *D'un ton apocalyptique aborde naguère en philosophie*. Paris, Galilée, 1983.

_____. *Spectres de Marx*. Paris, Galilée, 1993.

_____. *Force de loi*. Paris, Galilée, 1994.

_____. *Politiques de l'amitié suivi de L'oreille de Heidegger*. Paris, Galilée, 1994.

_____. *Mal d'archive*. Une impression freudienne. Paris: Galilée, 1995.

_____. *Résistances de la psychanalyse*. Paris, Galilée, 1996.

_____. *Cosmopolites de tous les pays, encore un effort!* Paris: Galilée, 1997.

_____. *De l'hospitalité*. Paris, Calman-Lévy, 1997.

_____. *Le droit à la philosophie du point de vue cosmopolitique*. Paris, Unesco e Verdier, 1997.

_____. *États d'âme de la psychanalyse:* L'impossible au-delà d'une souveraine cruauté. Paris, Galilée, 2000.

_____. *Mal de arquivo:* Uma impressão freudiana. Rio de Janeiro: Relume-Dumará, 2001.

_____. *Voyous*. Paris, Galilée, 2003.

_____. *Cartão-postal:* De Sócrates a Freud e além. Rio de Janeiro, Civilização Brasileira, 2005.

Derrida, J.; Dufourmantelle, K. *Of Hospitality*. Califórnia, Stanford University Press, 2000.

Derrida, J.; Foucault, M. *Três Tempos sobre a História da loucura*. Rio de Janeiro, Relume-Dumará, 2001.

SER JUSTO COM A PSICANÁLISE

Descartes, R. *Oeuvres et lettres de Descartes*. Paris, Gallimard, 1949.

Dilthey, J. *Introducción a las Ciencias del Espiritu*. Madri, Revista do Occidente, 1966.

Einstein, A. "Why war?" (1932). In: Freud, S. *The Standard Edition of the Complete psychological works of Sigmund Freud*. Volume XXII. Londres, Hogarth Press, 1961.

Einstein, A.; Infeld, L. *A evolução da física*. Rio de Janeiro, Zahar, 1966.

Ernst-Cassirer. *Rousseau-Kant-Goethe:* Two essais. Princeton, Princeton University Press, 1970.

Esquirol, J.E.D. "De la folie". In: Esquirol, J.E.D. *Des maladies mentales*. Volume I, Paris, J. B. Baillière, 1983.

Ferrater Mora, J. *Dicionário de Filosofia*. Volume 2. Madrid, Alianza Editorial, 1982.

Ferenczi, S. "Príncipe de relaxation et neocatharsis" (1929). In: Ferenczi, S. *Pschanalyse IV. Oeuvres Completes*. Volume IV. Paris, Payot, 1982.

Fichant, M. "L'epistémologie en France". In: Châtelet, G. *Histoire de la philosophie*. Volume 8. XXeme siècle. Paris, Hachette, 1973.

Fichant, M.; Pécheux, M. *Sur l'Histoire des Sciences*. Paris, Maspero, 1969.

Foucault, M. *Raymond Russell*. Paris, Gallimard, 1963.

_____. *Naissance de la clinique:* une archéologie du regard médical. Paris: Presses Universitaires de France, 1963.

_____. *L'archeologie du savoir*. Paris, Gallimard, 1969.

_____. *L'ordre du discours*. Paris, Gallimard, 1971.

_____. *Histoire de la folie à l'âge classique* (1960). Paris, Gallimard, 1972.

_____. *Surveiller et punir*. Paris: Gallimard, 1974.

_____. "A verdade e as formas jurídicas". In: *Cadernos da PUC-Rio*, n. 16. Rio de Janeiro, PUC-Rio, 1975.

_____. *La volonté de savoir:* Histoire de la sexualité I. Paris, Gallimard, 1976.

_____. *Dits et écrits*. Paris, Gallimard, 1966-1994.

_____. *Il faut défendre la société*. Paris, Gallimard e Seuil, 1997.

_____. *Le courage de verité*. Paris, Gallimard/Seuil, 2009.

_____. *Le gouvernement de soi et des autres* (Cours au Collège de France – 1982-1983). Paris, Gallimard/Seuil, 2008.

_____. *Le souci du soi:* Histoire de la sexualité III. Paris, Gallimard, 1984.

_____. *Les mots et les choses*. Paris, Gallimard, 1966.

_____. *Les usages des plaisirs:* Histoire de la sexualité II. Paris, Gallimard, 1984.

_____. *L'Herméneutique du sujet* (1981-1982). Paris, Gallimard/Seuil/EHESS, 2001.

_____. *Maladie mentale et psychologie*. Paris, Presses Universitaires de France, 1954.

_____. *Naissance de la biopolitique* (Cours au Collège de France – 1978-1979). Paris, Gallimard e Seuil, 2004.

_____. *Securité, territoire, population*. Paris, Gallimard e Seuil, 2004.

BIBLIOGRAFIA

Freud, S. *On Aphasia* (1891). Nova York, International Universities Press, 1953.

_____. *Cinq psychanalyses.* Paris, Presses Universitaires de France, 1954.

_____. *Trois essais sur la théorie de la sexualité* (1905). Paris, Gallimard, 1962.

_____. *Extrait de l'histoire d'une névrose infantile* (L'homme aux loups) (1918). Paris, Presses Universitaires de France, 1967.

_____. *Métapsychologie* (1915). Paris, Gallimard, 1968.

_____. *Le mot d'esprit et ses rapports avec l'inconscient* (1905). Paris, Gallimard, 1969.

_____. *La vie sexuelle.* Paris, Presses Universitaires de France, 1969.

_____. *Delire et rêves dans la Gradiva de Jensen* (1907). Paris, Presses Universitaires de France, 1971.

_____. *Malaise dans la civilization* (1930). Paris, Presses Universitaires de France, 1971.

_____. *Résultats, idées, problèmes.* Paris, Presses Universitaires de France, 1972.

_____. *La technique psychanalytique.* Paris, Presses Universitaires de France, 1972.

_____. *Psychopathologie de la vie quotidienne* (1901). Paris, Payot, 1973.

_____. *L'avenir d'une illusion* (1927). Paris, Presses Universitaires de France, 1973.

_____. *Inhibition, symptôme et angoisse* (1926). Paris, Presses Universitaires de France, 1973.

_____. *Lettres a Wilhelm Fliess, notes et plans* (1887-1902). Paris, Presses Universitaires de France, 1973.

_____. *Névrose, psychose et perversion.* Paris, Presses Universitaires de France, 1973.

_____. *La naissance de la psychanalyse.* Paris, Presses Universitaires de France, 1973.

_____. *Cinq psychanalyses.* Paris, Presses Universitaires de France, 1975.

_____. *Totem et tabou* (1913). Paris, Payot, 1975.

_____. *L'interprétation des rêves* (1900). Paris, Presses Universitaires de France, 1976.

_____. *Un souvenir d'enfance de Léonard de Vinci* (1927). Paris, Gallimard, 1977.

_____. *The Standard Edition of the Complete Psychological Works of Sigmund Freud.* Londres, Hogarth Press, 1978.

_____. *Considérations actuelles sur la guerre et la mort* (1915). Paris: Gallimard, 1981.

_____. *Essais de psychanalyse.* Paris, Payot, 1981.

_____. *Histoire du mouvement psychanalytique* (1914). Paris, Gallimard, 1984.

_____. *Nouvelles conférences sur les psychanalyse* (1933). Paris, Gallimard, 1984.

_____. *L'inquiétante étrangeté et autres essais.* Paris, Gallimard, 1985.

_____. *Résultats, idées, problèmes.* Volume II. Paris, Presses Universitaires de France, 1985.

_____. *L'homme Moïse et la religion monothéiste* (1930). Paris: Gallimard, 1986.

_____. "La Dynamique du Transfert" (1912). *Revue française de psychanalyse,* v. 77, pp. 653-658, 2013.

SER JUSTO COM A PSICANÁLISE

Freud, S., Breuer, J. Études sur l'hystérie (1895). Paris, Presses Universitaires de France, 1971.

Fukuyama, F. *O fim da história e o último homem*. Rio de Janeiro, Rocco, 1992.

Gaukroger, S. *The Emergence of a Scientific Culture: Science and the Shaping of Modernity, 1210-1685*. Oxford, Clarendan Press, 2006.

Giddens, A.; Beck, U.; Scott Lash. *Modernização reflexiva*. Política, tradição e estética na ordem social. São Paulo, UNESP, 1995.

Giddens, A. *A transformação da intimidade*. Sexualidade, amor e erotismo nas sociedades modernas. São Paulo, UNESP, 1992.

Glover, E.; Fenichel, O.; Strachey, J.; Bergler, E.; Nunberg, H.; Bibring, E. "Symposium on the theory of the therapeutic results of psychoanalysis". In: *International Journal of Psycho-analysis*. Volume XVIII, Partes 2 e 3. Londres, 1937.

Gramsci, A. *Cahiers de prison*. Volumes 2 e 3. Paris, Gallimard, 1978.

Guattari, F. *Psychanalyse et transversalité*. Paris, Maspero, 1972.

Habermas, J. *Connaissance et intérêt*. Paris, Gallimard, 1976.

Hadot, P. Qu'est-ce *que la philosophie antique?* Paris, Gallimard, 1995.

Hartmann, H. *Essays on Ego Psychology*. Nova York, International Universities Press, 1976.

Hartmann, H.; Kris, E.; Lowenstein, R.M. *Papers on Psychoanalytic Psychology*. Nova York, International Universities Press, 1964.

Hegel, G.W.F. *Phénoménologie de l'esprit* (1807). Paris, Aubier, 1946.

———. *Science de la logique*. Volumes I e II. Paris, Aubier Montaigne, 1981.

Heidegger, M. *Kant et le problème de la metaphysique*. Paris, Gallimard, 1953.

———. *L'être et le temps* (1927). Paris, Gallimard, 1964.

———. *Carta sobre o humanismo*. Rio de Janeiro, Tempo Brasileiro, 1974.

Hobbes, T. *Léviathan: Traité de la matière, de la forme et du pouvoir de la république ecclésiastique et civile* (1651). Paris, Sirey, 1972.

Hollier, D. *Le Collège de Sociologie*. Paris, Gallimard, 1979.

Horkheimer, M. *Les débuts de la philosophie bourgeoise de l'historie*. Paris, Payot, 1980.

Horkheimer, M, Adorno, T. W. *Dialectique de la raison*. Paris, Gallimard, 1974.

Huntington, S.P. *O choque de civilizações e a recomposição da ordem mundial*. Rio de Janeiro, Objetiva, 1997.

Hyppolite, J. *Genèse et structure de la Phénoménologie de l'esprit de Hegel*. Paris, Aubier, 1946.

———. *Figures de la pensée philosophique*. Paris, Presses Universitaires de France, 1971.

———. "La Phénoménologie de Hegel et la pensée française contemporaine". In:

Jimener, M. *Qu'est-ce que l'esthétique?* Paris, Gallimard, 1997.

BIBLIOGRAFIA

Jones, E. *La Vie et l'Oeuvre de Sigmund Freud*. Volume I. Paris, Presses Universitaires de France, 1969.

Jung, C.G. "Symbols of transformations" (1911-1912). In: Jung, C.G. *The collected works of C.G. Jung*. Volume V. Londres, Routeledge & Kegan Paul, 1974.

Kant, E. *La critique de la raison pratique*. Paris: Presses Universitaires de France, 1943.

_____. *Critique de la raison pure* (1781). Paris, Presses Universitaires de France, 1971.

_____. *Critique de la faculté de juger*. Paris, Gallimard, 1985.

_____. *Vers la paix perpétuelle* (1795). Paris, Vrin, 2007.

_____. "Que signifie s'orienter dans la pensée ?" (1784). In: Kant, E. *Qu'est-ce que les lumières?* Paris, Flammarion, 1991.

Klein, M. "Oedipus complexe in the Light of Early Anxieties" (1949). In: Klein, M. *Love, Guilt and Reparation*. Londres, Hogarth Press, 1975.

Kojève, A. *Introduction à la lecture de Hegel*. Paris, Gallimard, 1947.

_____. *Études Newtoniennes*. Paris, Gallimard, 1968.

_____. *Du monde clos à l'univers infini*. Paris, Gallimard, 1970.

Kuhn, T. *The Structure of Scientific Revolutions*. Chicago, University of Chicago Press, 1970.

_____. *A estrutura das revoluções científicas*. São Paulo, Perspectiva, 1975.

Lacan, J. *Le mythe individuel du nevrose* (1951). Paris, Seuil, 2007.

_____. *Écrits*. Paris, Seuil, 1966.

_____. *Situation de la psychanalyse en 1956* (1956). Paris, Seuil, 1966.

_____. *Ou pire*. Le Séminaire, livre XIX. Paris, Seuil, 1971-1972.

_____. *RSI*. Le Séminaire, livre XXII, Paris, Seuil, 1974-1975.

_____. *De la psychose paranoïaque dans ses rapport avec la personnalité suivi de Premiers écrits sur la paranoïa* (1931- 1933). Paris, Seuil, 1975.

_____. *Écrits techniques de Freud* (1953). Le Séminaire, livre I. Paris, Seuil, 1975.

_____. *Les formations de l'inconsciente* (1957-1958). Le Séminaire, livre V. Paris, Seuil, 1978.

_____. *Les quatre concepts fondamentaux de la psychanalyse*. Le Séminaire, livre XI. Paris, Seuil, 1978.

_____. *Les complexes familiaux dans la formation de l'individu*: Essai d'analayse d'une fonction en psychologie (1938). Paris, Navarin, 1984.

_____. *L'éthique de la psychanalyse* (1959-1960). Le Séminaire, livre VII. Paris, Seuil, 1986.

_____. *L'envers de la psychanalyse* (1969-1970). Le Séminaire, livre XVII. Paris, Seuil, 1991.

_____. *Autres écrits*. Paris, Seuil, 2001.

_____. *Le transfert* (1960-1961). Le Séminaire, livre VII. Paris, Seuil, 2001.

_____. *L'angoisse* (1962-1963). Le Séminaire, livre X. Paris, Seuil, 2004.

_____. *La logique du fantasme* (1967-1968). Le Séminaire, livre XIV. Paris, Seuil, 2004.

_____. "Le symbolique, l'imaginaire et le réel" (1953). In: Lacan, J. *Des noms du pére.* Paris, Seuil, 2005.

_____. *D'un Autre à l'autre* (1968-1969). Le Séminaire, livre XVI. Paris, Seuil, 2006.

Laclau, E. *La guerre des identités:* Grammaire de l'émancipation. Paris, La Découverte, 2000.

_____. *La raison populiste.* Paris, Seuil, 2008.

Laclau, E., Mouffe, C. *Hegemony and Socialist Strategy:* Towards a Radical Democratic Politics. Londres e Nova York, Verso, 1985.

Laplanche, J. *Le Normal e le Pathologique* (1943). Paris, Presses Universitaires de France, 1966.

_____. "Notes sur Marcuse et la Psychanalyse". In: *La NEF,* n. 36. Paris, 1969.

Laplanche, J.; Pontalis, J. B. *Vocabulaire de la Psychanalyse.* Paris, Presses Universitaires de France, ed. 4, 1973.

Leffort, C. *Essais sur le politique:* XIXᵉ-XXᵉ siècle. Paris, Seuil, 1986.

Lévi-Srauss, C. *Les Structures elémentaires de la parenté* (1949). Paris, Mouton, 1969.

_____. *As estruturas elementares do parentesco* (1949). Petrópolis, Vozes, 1976.

Lukàcs, G. *Histoire et conscience de classe.* Paris, Minuit, 1960.

Marcuse, H. *Eros and Civilization.* A philosophical inquiry into Freud. Boston, Beacon Press, 1955.

_____. *Eros e Civilização.* Uma interpretação filosófica do pensamento de Freud. Rio de Janeiro, Jorge Zahar Editores, 1966.

_____. "Estudo sobre a autoridade e a família". In: Marcuse, H. *Ideias sobre uma teoria crítica da sociedade.* Rio de Janeiro, Jorge Zahar Editores, 1981.

Marx, K. "Le Capital" (1867). In: Marx, K. *Oeuvres.* Volume I. Paris, Gallimard, 1963.

_____. "Contribution à la critique de la philosophie du droit de Hegel". In: Marx, K. *Critique du droit politique hégélien.* Paris, Sociales, 1975.

_____. "Critique de la philosophie politique de Hegel" (1843). In: Marx, K. Oeuvres. Philosophie. Volume III. Paris, Gallimard, 1982.

_____. "De l'abolition de l'État à la constitution de la société humaine". In: Marx, K. Oeuvres. Volume III. Paris, Gallimard, 1982.

_____. "L'idéologie allemande". In: Marx, K. Oeuvres. Philosophie. Volume III. Paris, Gallimard, 1982.

_____. "Le Manifeste Communiste" (1948). In: Marx, K. *Oeuvres.* Volume I. Paris, Gallimard, 1982.

BIBLIOGRAFIA

_____. "Thèses sur Feuerbach". In: Marx, K. Oeuvres. Philosophie. Volume III. Paris, Gallimard, 1982.

Merleau-Ponty, M. *La Structure du Comportement.* Capítulo III, parte III, 3. Paris, Presses Universitaires de France, 1942.

_____. *Phénoménologie de la Perception.* Paris, Gallimard, 1945.

_____. *Le Visible et l'Invisible.* Paris, Gallimard, 1964.

_____. *Résumés de cours* (Collège de France – 1932-1960). Paris, Gallimard, 1968.

Milner, J. C. *L'oeuvre claire.* Lacan, le science, la philosophie. Capítulo 2, Paris, Seuil, 1995.

Nietzsche, F. *Généalogie de la morale.* Paris, Gallimard, 1971.

_____. *Seconde considération intempestive. De l'utilité et de l'inconvénient des études historiques pour la vie.* Paris, Flammarion, 1989.

Panofsky, E. *Idea.* Paris, Gallimard, 1983.

Politzer, G. *Critique des fondements de la psychologie*(1928). Paris, Presses Universitaires de France, 1968.

Pontalis, J.B. *Perdre de vue.* Paris, Gallimard, 1988.

Popper, K. *Conjectures and Refutations.* Londres, Routledge and Kegan Paul, 1963.

Pradeau, J. F. "Le sujet ancien d'une éthique moderne. À propos des exercices spirituels anciens dans l'histoire de la sexualité de Michel Foucault". In: Gros, F. *Foucault: Le courage de vérité.* Paris, Presses Universitaires de France, 2002.

Proust, M. *Correspondance avec Madame Strauss.* In: Deleuze, G. "La littérature et la vie". In: *Critique et Clinique.* Paris, Minuit, 1993.

Rank, O. (1924). *Le traumatisme de la naissance.* Paris, Payot, 1976.

Reich, W. *La psychologie de masse du fascisme.* Paris, Payot, 1972.

_____. *Listen, little man!* Londres, Condor, 1972.

_____. *The mass psychology of facism.* Londres, Condor, 1972.

Ricoeur, P. *De l'Interprétation.* Essais sur Freud. Paris, Seuil, 1965.

Rouanet, S.P. *Teoria crítica e psicanálise.* Rio de Janeiro, Tempo Brasileiro, 1983.

Rousseau, J.J. *Discours sur l'origine et les fóndements de l'inégalité parmi les hommes.* Paris, Aubier Montaigne, 1971.

Roudinesco, E. *Jacque Lacan.* Esquisse d'une vie, histoire d'um système de pensée. Paris, Fayard, 1993.

_____. *Histoire de la psychanalyse en France.* Volume 2. Paris, Seuil, 1986.

Sartre, J. P. *L'Être et le Néant.* Paris, Gallimard, 1943.

Saussure, F. *Cours de linguistique générale* (1916). Paris, Gallimard, 1964.

_____. *Curso de Lingüística Geral* (1916). São Paulo, Cultrix, 1974.

Schaeffer, J. M. *L'art de l'âge moderne.* Paris, Gallimard, 1992.

Schiller, F. *A educação estética do homem.* São Paulo, Iluminuras, 1990.

Turkle, S. *Jacques Lacan:* La irrupción del psicoanálisis en Francia. Buenos Aires, Paidoós, 1983.

Weber, M. *Essais sur la Théorie de la Science.* Paris, Plon, 1965.

Wiggershaus, R. *L'École de Francfort.* Paris, Presses Universitaires de France, 1993.

Winnicott, D.W. *O brincar e a realidade.* Rio de Janeiro, Imago, 1975.

Wittgenstein, L. *Tractatus logico-philosophicus suivi de Investigations philosophiques* (1922). Paris, Gallimard, 1961.

Yerushalmi, H. *Zakhor:* Jewish History and Jewish Memory. Washington, Washington University Press, 1982.

Yerushalmi, H. *Freud's Moses:* Judaism Terminable and Interminable. New Haven: Yale University Press, 1991.

Zafiropulos, M. *Lacan et Lévi-Strauss.* Paris, Presses Universitaires de France, 2003.

Sujeito e História
Organização de Joel Birman

A coleção Sujeito e História tem caráter interdisciplinar. As obras nela incluídas estabelecem um diálogo vivo entre a psicanálise e as demais ciências humanas, buscando compreender o sujeito nas suas dimensões histórica, política e social.

Títulos publicados:

A crueldade melancólica, Jacques Hassoun
A psicanálise e o feminino, Regina Neri
Arquivos do mal-estar e da resistência, Joel Birman
Cadernos sobre o mal, Joel Birman
Cartão-postal, Jacques Derrida
Cartografias do avesso, Joel Birman
Deleuze e a psicanálise, Monique David-Ménard
Foucault, Paul Veyne
Gramáticas do erotismo, Joel Birman
Lacan com Derrida, Rene Major
Lacan e Lévi-Strauss, Markos Zafiropoulos
Mal-estar na atualidade, Joel Birman
Metamorfoses entre o sexual e o social, Carlos Augusto Peixoto Jr.
Manifesto pela psicanálise, Erik Porge, Franck Chaumon, Guy Lérès, Michel Plon, Pierre Bruno e Sophie Aouillé
O aberto, Giorgio Agamben
O desejo frio, Michel Tort
O olhar do poder, Maria Izabel O. Szpacenkopf
O sujeito na contemporaneidade, Joel Birman
Ousar rir, Daniel Kupermann
Problemas de gênero, Judith Butler
Rumo equivocado, Elisabeth Badinter

*O texto deste livro foi composto em Sabon, desenho
tipográfico de Jan Tschichold de 1964, baseado nos
estudos de Claude Garamond e Jacques Sabon no
século XVI, em corpo 11/15.
Para títulos e destaques, foi utilizada a tipografia
Frutiger, desenhada por Adrian Frutiger, em 1975.*

*A impressão se deu sobre papel off-white
pelo Sistema Cameron da
Divisão Gráfica da Distribuidora Record.*